| 前海戏曲研究丛书 |

# 汤显祖编年评传

黄芝冈 著

文化艺术出版社
Culture and Art Publishing House

**前海戏曲研究丛书专家委员会**

主　任：郭汉城
副主任：龚和德　薛若琳
委　员：
刘厚生　沈达人　曲润海　周育德
王安葵　刘　祯　刘文峰　贾志刚


**前海戏曲研究丛书编辑委员会**

主　编：郭汉城
副主编：龚和德　薛若琳
委　员（按姓氏笔画排序）：
王安葵　刘文峰　刘　祯
沈　梅　周育德　贾志刚

# 作者简介

**黄芝冈** 原名黄衍仁，字德修，曾用名（笔名）有黄素、黄伯钧、黄芝岗、芝冈、芝岗、罗复、拔古等。1895年5月27日出生于湖南省长沙市。早年在长沙与毛泽东、谢觉哉、何叔衡、熊瑾玎等一起积极宣传马克思主义，与反动势力作斗争，被誉为"短棍老师"。历任湖南济难会常务委员，"自由大同盟"常委，"左翼作家联盟"执委，中华全国文艺界抗敌协会和中华全国戏剧界抗敌协会理事、监事、常务理事。新中国成立后，为中国戏曲研究院研究员。"文革"中受"四人帮"迫害，1971年6月12日病故于长沙。主要著述有：专著《中国的水神》、《从秧歌到地方戏》、《汤显祖编年评传》；论文《粤风与刘三妹传说》、《论"黄巾起义"和"三国战争"》、《论长沙湘剧的流变》、《论"琵琶记"的封建性和人民性》、《论魏良辅新腔创立和他的〈南词引正〉》、《明代初、中期北杂剧的盛行和衰落》等。

作者像(前排居中)

# 总　序

郭汉城

"前海戏曲研究丛书"（以下简称"丛书"）即将付印，编委会要我写一篇短序，扼要地说明几个问题，帮助读者对编辑这套丛书的了解。

## 一

"丛书"的编辑，与中国艺术研究院设立"中华艺文奖"有关。2011年12月19日，首届中华艺文奖颁奖大会举行，我是23名获奖者之一。考虑如何使用这笔奖金的时候，就想到编辑这套"丛书"。当时想到的理由有两个：其一，我从20世纪50年代调到中国戏曲研究院，从事戏曲研究工作，经过种种曲折过程，始终没有离开这个学术群体。这个学术群体是以张庚同志为中心，戏曲艺术各个部门的一批史、论专家学者为基础的。我在这个群体中做了一些工作，就其主要成就而言，如《中国戏曲通史》、《中国戏曲通论》等，都是集体攻关的成果。还有一些大型学术著作，如《中国大百科全书·戏曲 曲艺》卷（戏曲部分）、《中国戏曲志》，更凝聚着全国广大戏曲专家、学者的心血。所以中华艺文奖对我的奖励也包含着奖励我们这个学术群体的意义。把奖金用在编辑这套"丛书"上，是最恰当不过的了。其二，当前戏曲仍处在"危机"之中，形势相当严峻。克服危机最根本的办法，在于增强戏曲本身内在机制的活力，发展戏曲在文艺生态环境中的竞争优势，以取得在新时代生存、发展的权利。但要完成这个任务，必须认真总结经验，深化戏曲改革，长期地耐心地做许许多多工作。"丛书"是密切结合戏曲改革运动的产物，其中涉及很多情况、很多问题，主要是如何正确贯彻、落实"二为"方向、"双百"方针以及"推陈出新"等一系列方针、政策的问题。其中有经验也有教训，经验可以借鉴，教训可以警惕，都是克服戏曲危机、开辟一种新局面所必不可少的。当然，"丛书"规模有限，如果全国各地都来做这件工作，就有更大的整体性、实践性、科学性。

没有想到，我的这些简单想法，得到了各方热烈的反响。首先，中国艺术研究院王文章院长十分重视这部书的价值。对编辑方针、组织机构等作了细致、热情的指导，并给予了人力、物力、经费的援助。领导的态度大大提高了我的信心和力量！中国艺术研究院戏曲研究所、中国戏曲学会的领导也积极支持，主动提出承担"丛书"的编辑任务；文化艺术出版社承诺投入最优秀的、懂专业的编辑力量，保证"丛书"的出版质量。更使人感动的是"丛书"的作者们，都是九十、八十，最小也是七十以上年龄段的人了，他（她）们不惮老、不辞累、不怕苦，全心全意投入繁重的工作。有的作者本人已经不在，由家属、同事、亲友代替完成编辑工作。一句话，建设社会主义文化强国、实现中华民族复兴的伟大梦想，鼓舞着每一个人。

## 二

以"前海戏曲研究丛书"为书名，专业性质很清楚，但前面冠以"前海"二字，则含义模糊，颇费猜测，特别容易与社会上、戏曲界很有争议的"前海学派"相混淆，需要做一点说明。

在长长的六十多年中，随着国家形势的发展和时间的推移，戏曲研究的任务及研究集体的领导、研究人员的构成、研究机构所在地区等也是不断变换的，大致可以"文革"划线，分为前后两个阶段："文革"前的中国戏曲研究院阶段为第一阶段；"文革"后的中国艺术研究院戏曲研究所阶段为第二阶段。"丛书"所辑入的著作，就出版时间来说，大体是第二阶段的最多；但就撰写的时间来说，大多是开始于第一阶段，定稿、出版于第二阶段。这种出版时间与撰写阶段不一致的复杂情况，若以阶段标志书名，都有偏颇，都不贴切。再三考虑的结果，还是采用第二阶段当时所在地——北京什刹海的前海比较合适，含义虽然模糊，却有更大的历史包容性，而且地名与书名结合，叫起来顺口，也符合习惯。还有一个实际原因，我们的出版经费不多，编辑力量有限，以地名作书名，也是编选范围的一种限制。

关于"前海学派"的争论，首先涉及一个对"学派"的认识问题。一个学派不是一个组织实体，也不是一种学术价值标准，其实质是共同的学术思想、学术追求、某种社会群体意识在理论上的反映。每当社会发生重大变革，引起人们思想上种种变化，也是各种学派及其争鸣最活跃的时代。我国历史上出现过的几次重要的学术争鸣，影响很大，推动了学术思想的发展，促进了社会的进步，是一种合乎人类认识发展规律、推动各民族文化发展的前进动力。一百多年来的戏曲改良、戏曲改革，同样始终伴随着由社会变革引起的各种各样的学术争鸣。所以今天我们应该为它创造一种宽松自由的环境，让各种不同的学术观点都发表出来，逐渐形成一个"百家争鸣"的局面。我们的戏曲改革一开始就制定了"双百"方针，可惜没有贯彻；"改革开放"以后有了很多改进，今天已经到了借建设社会主义文化强国的"东风"，实现"百家争鸣、百花齐放"方针的时候了。

## 三

依据以上的分析来衡量所谓的"前海学派",我认为它已具备了成为一个学派的学术条件和特点,今后将在持续研究和百家争鸣中得到进一步发展、成熟。这个判断是否得当,可以讨论。回顾我们这个学术群体,经过长长的六十多年的时间,曲曲折折的道路,之所以能够取得不少学术成就,对戏曲改革做出了贡献,在社会上、学术界产生了一定的影响,其缘由概括起来有以下四个方面:

1. 以马克思主义为指导,力求运用辩证唯物主义和历史唯物主义的观点,来研究戏曲的历史、戏曲的现状。从时代与戏曲、内容与形式的交互作用的关系中,从戏曲这种程式积累型艺术与继承、变革的特殊形态的关系中,探求戏曲艺术发展的规律。而在各种关系中,人民群众始终处于积极、主导的地位,是关系中最重要的关系,规律中最大的规律。运用这种观点,就把研究置于科学的基础之上。虽然因为我们马克思主义理论水平不高,现实研究条件有限,未能系统、缜密、细致、深入地贯穿在各个方面,运用于各种问题的研究,但由于我们自觉坚持马克思主义的立场、观点、方法,从而能够在某些方面突破前人的研究水平,提出一些新的看法、新的做法,符合戏曲在当代发展的需要。这较为明显地体现在《中国戏曲通史》、《中国戏曲通论》和一些文章上面。

2. 理论密切联系实际。从大的方面讲,联系国家的命运、民族的尊严,使学术群体有远大的眼光、崇高的抱负、实事求是的精神和经受挫折的勇气;从具体方面讲,我们这个学术群体与"坐在书斋中研究"不同,经常参加各种学术研讨、观摩汇演、调查研究等活动。"开门研究"沟通了与地方的联系,有助于了解戏曲改革的整体面貌和存在的问题、群众的要求,这就提高了研究的实践性、针对性、群众性,尤其是能够在工作出现问题、偏差的时候,及时提出改进的意见、建议,这对于处在矛盾复杂、变化激烈的运动中的"戏改"是十分必要的。但中国戏曲剧种繁多、流布广泛，活动方式多样，地区的历史、文化、群众审美情趣各异，从这个角度看，联系的广泛、深入地程度，就显得不够了。

3. 发扬学术民主，尊重不同的学术观点，不搞"一言堂"，不搞"领导说了算"，充分发挥研究人员自由、自主的研究精神。这种学术民主作风，更显著地体现在集体攻关的大型著作上。我们这个学术群体的专家、学者来自五湖四海，业务范围相距甚远，工作阅历、研究水平各有长短，学术观点也自难一致。这种情况对集体编撰很不利，不克服这个弱点，工作就难以进行；即使勉强完成任务，也难保证一定的质量。要解决这个问题，只有大力发扬学术民主，没有别的路可走。学术问题必须学术解决，是一条颠扑不破的真理。我们在编写过程中，广泛开展学术争论，充分调动每个人的积极性、主动性、创造性，通过反复争论，求得认识上的一致。为了扩大学术民主，还邀请地方上的研究人员来作报告、讲经验、谈认识，以开阔我们的眼界，弥补我们的不足。经过种种艰苦的努力，才完成了任务，保证了一定的质量。正如戏曲界有的同志所说："长时间在戏曲理论界具有主导地位，是与这个学术群体的学术民主作风分不开的。"

4. 重视学习，不断提高队伍的素质。学习丰富的戏曲遗产，学习先进的理论，学习前辈专家、学者的研究成果，学习戏曲改革中创造的新鲜经验，使我们这个学术群体不断充实、不断提高，与时俱进。对于已经取得的研究成果，也采取客观分析的态度，既不妄自菲薄，也不骄狂失态。我们欢迎社会上的批评，认真听取，安排力量搜集、整理，准备将来修改参考。张庚同志常常提醒、告诫我们："我们是边工作边学习"、"运用马克思主义是多么不易啊！"这成为大家的"座右铭"。

以上四个方面，既包括我们的成就，也包括我们的不足。但这些不足的存在，并不妨害它成为一个学派。任何一个学派，在其发展过程中，都有阶段性，都有局限性，都有这样那样的缺点和不足，没有一个十全十美的学派，这是客观世界不断运动、发展反映在认识上的必然，是永恒的。只有顺应着这种规律，积极开展百家争鸣，才能不断超越阶段性的局限和认识上的不足。

## 四

在结束这篇短序的时候，我还想提一个设想。当前戏曲工作正处在一个发展的重要关口，一边是建设社会主义文化强国的大好形势，一边是现实存在的种种困难和问题，必须加强戏曲理论指导，深化戏曲改革，进行戏曲基本建设，从而走向戏曲复兴的目标。我们进行这项工作有一个很大的优势，即我们有半个多世纪戏曲改革，乃至一百多年戏曲改良的实践经验可以做参考、借鉴。我们的工作能否取得成功，与有没有这个借鉴有很大的关系。我们编辑"前海戏曲研究丛书"，主要也是为了总结经验。但规模小、力量微，形不成一种气势，如果全国各地的戏曲研究部门都来参加总结，相互参照，相互补充，情况就会大不相同，必将大大推动具有中国特色的社会主义戏剧理论的发展，促进社会主义文化强国梦早日实现。

2013年10月6日

# 目 录

导 言 …………………………………………………… 1

嘉靖二十九年　（1550）庚戌　汤显祖生 …………… 1
嘉靖三十年　　（1551）辛亥　两岁 …………………… 3
嘉靖三十一年　（1552）壬子　三岁 …………………… 5
嘉靖三十二年　（1553）癸丑　四岁 …………………… 6
嘉靖三十三年　（1554）甲寅　五岁 …………………… 7
嘉靖三十八年　（1559）己未　十岁 …………………… 8
嘉靖四十年　　（1561）辛酉　十二岁 ………………… 9
嘉靖四十一年　（1562）壬戌　十三岁 ………………… 10
嘉靖四十二年　（1563）癸亥　十四岁 ………………… 13
嘉靖四十三年　（1564）甲子　十五岁 ………………… 14
隆庆二年　　　（1568）戊辰　十九岁 ………………… 16
隆庆四年　　　（1570）庚午　二十一岁 ……………… 17
隆庆五年　　　（1571）辛未　二十二岁 ……………… 19
万历元年　　　（1573）癸酉　二十四岁 ……………… 21

| 万历二年 | （1574）甲戌 | 二十五岁 | 23 |
| 万历四年 | （1576）丙子 | 二十七岁 | 24 |
| 万历五年 | （1577）丁丑 | 二十八岁 | 28 |
| 万历六年 | （1578）戊寅 | 二十九岁 | 36 |
| 万历七年 | （1579）己卯 | 三十岁 | 41 |
| 万历八年 | （1580）庚辰 | 三十一岁 | 44 |
| 万历九年 | （1581）辛巳 | 三十二岁 | 52 |
| 万历十年 | （1582）壬午 | 三十三岁 | 54 |
| 万历十一年 | （1583）癸未 | 三十四岁 | 56 |
| 万历十二年 | （1584）甲申 | 三十五岁 | 63 |
| 万历十三年 | （1585）乙酉 | 三十六岁 | 69 |
| 万历十四年 | （1586）丙戌 | 三十七岁 | 75 |
| 万历十五年 | （1587）丁亥 | 三十八岁 | 81 |
| 万历十六年 | （1588）戊子 | 三十九岁 | 86 |
| 万历十七年 | （1589）己丑 | 四十岁 | 90 |
| 万历十八年 | （1590）庚寅 | 四十一岁 | 97 |
| 万历十九年 | （1591）辛卯 | 四十二岁 | 106 |
| 万历二十年 | （1592）壬辰 | 四十三岁 | 115 |
| 万历二十一年 | （1593）癸巳 | 四十四岁 | 122 |
| 万历二十二年 | （1594）甲午 | 四十五岁 | 129 |
| 万历二十三年 | （1595）乙未 | 四十六岁 | 135 |
| 万历二十四年 | （1596）丙申 | 四十七岁 | 144 |
| 万历二十五年 | （1597）丁酉 | 四十八岁 | 147 |
| 万历二十六年 | （1598）戊戌 | 四十九岁 | 151 |
| 万历二十七年 | （1599）己亥 | 五十岁 | 160 |
| 万历二十八年 | （1600）庚子 | 五十一岁 | 176 |
| 万历二十九年 | （1601）辛丑 | 五十二岁 | 181 |

万历三十年　　　（1602）壬寅　五十三岁 …………… 194

万历三十一年　　（1603）癸卯　五十四岁 …………… 207

万历三十二年　　（1604）甲辰　五十五岁 …………… 214

万历三十三年　　（1605）乙巳　五十六岁 …………… 218

万历三十四年　　（1606）丙午　五十七岁 …………… 227

万历三十五年　　（1607）丁未　五十八岁 …………… 236

万历三十六年　　（1608）戊申　五十九岁 …………… 251

万历三十七年　　（1609）己酉　六十岁 ……………… 260

万历三十八年　　（1610）庚戌　六十一岁 …………… 267

万历三十九年　　（1611）辛亥　六十二岁 …………… 274

万历四十年　　　（1612）壬子　六十三岁 …………… 280

万历四十一年　　（1613）癸丑　六十四岁 …………… 285

万历四十二年　　（1614）甲寅　六十五岁 …………… 291

万历四十三年　　（1615）乙卯　六十六岁 …………… 296

万历四十四年　　（1616）丙辰　六十七岁 …………… 300

万历四十五年　　（1617）丁巳　死后一年 …………… 308

万历四十六年　　（1618）戊午　死后二年 …………… 310

后　记 ……………………………………………………… 315

# 导 言

　　1956年6月里，我到了江西临川，在抚州专署新建房屋二楼住宿，可望见临川近郊景色。这时候正值江西雨季，四望葱翠，使人想到汤显祖诗"远色入江湖，烟波古临川"（《玉茗堂诗·二京归觉临川城小》）的句子。我所到的地方是这位诗人和戏曲家的故乡，是景色清幽的江西地方。刘继庄在《广陵杂记》里称道江西风土，说"江西山水树木有超然远举之致"，可以"洗涤尘秽，开拓心胸"。在汤显祖的故乡，我初次感到他这些话亲切有味。因此，我对于这地方就深为爱慕，一直到今天写这篇序文的时候。

　　玉茗堂街离专署不远，我首先见到了街旁的"汤家玉茗堂"碑。我寻见汤显祖的故居是在雨晴散步的时候，不经意的遇合，真使我如获奇珍。碑立在一家住宅门的右方，立碑的时间是清同治十二年（1873），立碑的人自署"西蜀居士"。玉茗堂原是汤显祖沙井新居里面的一所建筑。新居落成在万历二十九年（1601）。新居的地址在沙井巷里，沙井巷离玉茗堂街不远，可推知立碑地方也就在沙井新居附近。只是新居落成离立碑的时间已有二百七十多年，那时候的玉茗堂是汤家设宴演戏的地方，从汤显祖生前到他死后，都经常能听到堂上的笙歌。直到清顺治二年（1645），揭重熙、曾亨应等在临川起义抗清，被清兵围困三月，当时近城民居都被焚毁，几十里外都被清兵掳掠。等到城破以后，清兵在城里驻防，汤显祖的沙井新居就被毁了。直到清康熙三十三年（1694），陆辂任抚州通判以后，汤寅祖的儿子汤秀琦才借助汤斌的力量，收回了他伯父的这所住宅，并由陆辂重加兴建，作为汤显祖的祠堂，汤家玉茗堂就从此再建成了。据说新堂落成，陆辂大会地方官吏，并由昆班在堂上演出了汤显祖的剧作《还魂记》，也可知这所新堂仍和往日规模一样a，这时候离立碑的时间也还有一百七十九年。再经过一些变迁，新堂只剩了旧址，清末的临川人也忘怀了这所祠堂了。立碑的是一位四川人，和汤显祖非亲非故，但因为和杜丽娘认做同乡，他却让汤家玉茗堂在它的旧址上留下这一点痕迹。这可算《还魂记》的最后一个掌故，也可说汤显祖剧作的精神不死。

在一个落雨的天气，和抚州市人民委员会取得联系，洗净了这块碑，并拍了两张照片。街道居民对这件事情感到有些奇怪，都来看热闹了。市委会的一位同志对街道居民进行了宣传，并托他们对这件文物加以保护，因此就延长了这块碑的寿命。据街道居民说，他们正倡议修沟，这块碑将取作铺街石了。有一位老年居民谈到他少年时的见闻。据他说："碑的前面原是一大塘，塘的前面原是一大坪，现在的马路就穿这大坪而过，可见清光绪时，这所遗址并不像今天这样局促。"

由市委会的同志介绍了傅再希老先生。由傅先生的引导，凭吊了汤显祖的坟墓。汤墓在文昌桥（现名解放桥）下太平街十七号怡茂隆烟号屋后的小块隙地里面，墓地却早已平了，只剩下一块短碑和碑旁的两条石柱。这墓碑是清光绪二十九年（1903）重立的新碑，立碑人是权知临川县事江召棠，他在两条石柱上面题写了"文章超海内，品节冠临川"两句话。江字云卿，桐城人，曾任江西上高、临川等县知县，在临川县的

---

① 顺治二年清兵陷抚州，据《明史·曾亨应传》、《抚州府志》卷二十《兵卫志》，汤斌和汤秀琦联宗，据《临川县志》卷四十九之四《艺文》，汤秀琦《碧涧草》汤斌《序》。陆辂就玉茗堂遗址建祠演戏，据焦循《剧说》卷六，康熙甲戌重刻《玉茗堂全集》汤秀琦《序》。

任内曾修建汤显祖墓。后来调任南昌县知县。光绪三十二年（1906）南昌教案起，江召棠被法教士包围在老贡院的天主教堂里面，逼勒他释放教民，枉杀百姓，江力争不屈，被教士用刀杀死。第二天，激起了老百姓的一场暴动，将这所教堂烧了，并杀死了几名英、法教士。[①] 江召棠是一位很有骨气的官，因此，就修墓立碑的人说，这墓碑和石柱也应当是很重要的历史文物。

这地方原来是灵芝园，现在叫汤家山，又叫灵芝山，是汤家祖墓所在地，也就是汤显祖出生的地方。这地方原葬有许多坟墓，抗战的时候，日本兵在这里挖战壕，把这些坟墓都铲平了。汤墓得以保存，是因为烟店老板用竹篱把墓地圈入自己家里，想作为他自己的私有土地，并用这块土地做他晒烟叶的场所，用汤墓石碑磨他切烟叶的刀。由于他这一点自私的心，汤显祖的墓地和这块墓碑反能够保存下来，只是在墓碑的右上角却平白地增添了磨烟刀的一处缺痕。我们问烟店的人，他们的回答干脆只一句话，说"这都是解放前的事情"，也就将毁损的一切责任全推开了。

在汤墓的右方西首是汤家祠堂的遗址，墓地左方东首有一藕塘，据说塘里藕种比别地藕种多一眼，别地藕种七眼、九眼，但这塘里藕种却有八眼、十眼，因为藕种好，藕味也就很甜，可算是一种特产。这一带地方原名汤家村，在汤显祖的沙井新居还不曾兴建以前，原是他父亲一辈聚族而居的地方。

但现在汤家的族人却散居在临川各地，和江西人聚族而居的生活习惯相反。他们散居的地点有西津场（出西城八里）、榆坊场（出西城三十多里）、桐源圩（出西城四五十里）、云山场（出东城靠北四十五里）、丁村场（出东城）、湖口岗、白水场（已绝）、杨铁坑、杨铁坊、杨州坊各处地方。我曾在辟火焦汤钵子家、下璜村汤锦桂家借到两部文昌汤氏宗

---

[①] 据六修《南昌县志》卷七七《官师》。

谱，方知汤家族人散居临川还不止以上所举的这些地方。

现在汤家的族人都是农民。据说清乾、嘉以后，汤家族里曾出了两位登仕郎；嘉、道以后，汤家族里出了一位武秀才。这说法虽不尽可靠，但汤族的人世代务农，到现在也还是这样，却是一个事实。

汤家族人散居各地和清初临川兵乱的关系很深，同时汤显祖的儿子又是复社朋友，汤季云毁去他甲申以后所作的诗，更应当和清初文字狱深有关系。可知从南明到清初一段时间，汤家子弟和族人曾饱受逃亡痛苦和政治黑暗的威胁。

因此，汤族的人对他家的这位祖先——汤显祖的印象一直就很淡薄。这情况在清嘉庆五年（1800）稍前就已经开始。破额山人的《夜航船》，是这个时候刊行的书，书里写到他的朋友严又茗曾到临川访问汤的后人，和这位汤的后人引起一场龃龉的事。他在这书里说：

> 亡友严又茗，明代至今五百余年，其所瓣香而心注者唯一汤若士，颜其堂曰："又茗。"有荐之南昌幕中，主人调抚州，遂访临川汤氏后裔。得一副贡生，其人胡须满颊，腐气触人。又茗曰："久仰玉茗先生清风亮节，不识玉茗全集外，还有几种遗书否？"其人曰："客误矣。豫铭堂稿乃敝徒邵某所刻，仆为之批阅。尊驾所问玉茗堂集，舍下无书名，去问坊肆可耳。"又茗大哭。其家以为不吉，哄起一堂，几被诟骂。

南庐叔替这书作跋，认为这件事情并非"虚妄"。这时候，汤后人读书的还不知他家里有这样一位祖先，农家子弟就更不用提了。这事情并不是一件笑谈，却是件使人闷损的事。因此，我在这次访问回来，就认为对这位诗人和戏曲家的一生事迹有详尽加以搜集、介绍并进行研究、评论的必要。

汤显祖的家庭是一个衣食丰足的读书人家，在当时江西地主早已进行土地兼并的社会情况下，他产生在这个开明的中小地主家庭里面。因此，他在二十九岁以前是一位不事劳动，不惯拘束，不大谙练世故，性情孤介，善爱高谈阔论，却又是一位长厚、质实、有洁癖和正义感的读书人。就在这个时候，他刻印了他的诗集《问棘堂邮草》。他的少年知友谢廷谅在这书的序言里，将这时候的汤显祖形象地刻出个轮廓来了。谢在《汤临川问棘堂邮草·叙》里说：

> 君气亮盖世，而常共于匹夫。长安长者多所知名，而州大夫或无半面。乡人有不能得其片字，而四方有识传宝其书。语帝王大略，激昂万乘，而不能说丘巷。足不识城府逵路，而好谈天下厄塞。料人物数千里之外，而常为眉目小儿所绐。发策周历，譜冥律气，而手不能差量币物。娶妇十年矣，而袖无半钱，恶恶道至甚，而闻盗贼之死亦悲。幻提贵达，而石友无聊之士。僿而务分，人克后房，而居常不内反。拒绝人地，而好观名山川，寻师服食。此予有所解，有所未解也。

谢廷谅解不开汤显祖性情上、生活上、思想上的许多矛盾，因归结为"有所解，有所未解"，却不知生活在这许多矛盾里面是每一个封建统治下的开明知识分子都不能独免的事。汤显祖对乡绅地主（乡人）、地方官吏（州大夫）不肯随和；不爱和有名位的人们（贵达）交往，却爱和不得志的读书人（无聊之士）交好朋友；习惯过老百姓（匹夫）的朴素生活；对遭受压迫和敢于反抗压迫的老百姓（盗贼）寄予同情；看不起私人财产，时常没有钱用，也时常分钱给人：却都是他的好处。只是他对日常生活不肯留心，不能和老百姓在生活上打成一片；他的学问不从日用实践中来，因此流于空虚、理想——走向唯心超世的路；他时常谈一些帝王大略，兵家形势，只是他在放言高论里面，却同时蕴藏了一个为封建统治服务的用世思想；他看不惯乡绅地主、地方官吏，更看不惯贵达的人们，但又想在仕途上一显身手，或是想遗弃世缘，走他的高蹈的路。就由于他的用世思想和他对社会的不满，使他在这两条路上摇摆不定，但他却想不到有第三条可走的路。这一些却都是他的时代和他的阶级成分所给予他的限制，他自然无法解脱。

汤显祖从出生到十三岁，是权相严嵩执政的时候。从十八岁到三十三岁，是权相张居正执政的时候。严嵩和张居正是明代最有实权的两个宰相。当严嵩执政的时候，民间已经非常穷困，但他却威权独揽，贿赂公行，替明朝封建统治腐蚀、崩溃的悲惨命运扎了个深的根子。张居正原是个经济长才，只是他的施政却是以初明的独裁政治为目标的。他不知明太祖当时的种种措施，到他身死以后就已经一去不复返了。明太祖的统一对象是腐蚀、崩溃的元封建统治，但张居正却不想把腐蚀、崩溃的明封建统治做他的革新对象；他想让明神宗再造个明太祖的统治局面，但开明的言官们却要求他开放言路。张居正所支持的既然是当时封建统治的原有局势，因此，他不能不和当时开明力量造成对立形势；明神宗既然是当时腐朽政治所派生的一位君主，张居正久揽政权，他们间的总矛盾就终于爆发，张居正就因此倒下来了。

继张居正做宰相的是申时行、王锡爵一类人物，这些人都是些善于逢迎的老官僚，有的是张居正的短处，却没有张居正的长处。他们的政治措施只是逢迎取巧，更引导明神宗走向腐朽的路，他们把持政权、阻塞言路却又和张居正执政时代的作风一样。张居正和当时的开明力量既造成对立形势，就不能不引用私党来排除异己；他们却继承了这个传统来维持个人政权，再借助这些人贪赃进贿，营私舞弊，就因此加深了明朝封建统治的腐蚀崩溃，就因此更不为开明的朝士大夫所容。

张居正的政治主张虽不免和时代车轮背驰，但他却有他的政治主张和他的政治抱负。他为了要施展他的抱负，才不愿放弃他取到手的政权，并不顾一切地排除异己来延缓他政权的崩溃。申时行、王锡爵一类人物却谈不到他们的政治主张和政治抱负，他们借政权来投机取巧，把政权看成是私囊里的东西；他们没有政治措施，对国计民生都只是因循敷衍，对当时边患纯主和款，对全国灾荒漠不关心，对矿税扰民依违两可。他们也一样排斥异己，但主要是权力的争夺，谈不到政见上的同或不同；也一样引用私人，却纯然是培植自己私党来和别人争权夺利。

因此，就张居正和反张的在朝士大夫说，还能够从政见的不同分出个是非、邪正；从申、王到沈一贯继起执政，党同伐异就渐和政见无关，内阁的更迭所争的只是权力，做官的人也大都此依彼附，幸进诡随。这时候，在朝的正人已日见减少，在野的清议就日渐高涨，明朝封建统治的腐朽、崩溃已开始进展到不可收拾的最后阶段。沈一贯所培植的浙党小人为了作最后挣扎，就联合昆、宣、齐、楚等小人党，不择任何手段，对在野的东林党人进行险恶攻击。当时东林党人斥小人党为小人，小人党斥东林党人为小人，就在这邪正相攻，纷如聚讼的政治情势下，汤显祖在临川隐居，就结束了他的一生。

汤显祖在二十八岁第二次进京会试的那年就尝到了仕途的苦味。这一年是张居正大权独揽已达到最高峰的一年，也就是张居正和言官们的矛盾总爆发的一年。前一年，刘台因劾张革职，到本年，张居正夺情事起，张居正这独裁政治家的面孔明摆在这富有正义感的书生面前，汤显祖对未来的政治生涯就不能不望而却步。汤显祖一面在发展他孤介的气质和高隐的情调，但一面却怀抱着浪漫的、空洞的政治理想。他曾在诗里说："神州虽大局，数着亦可毕；了此足高谢，别有烟霞质。"他认为中国的事可由他轻而易举地大做一手，他认为做完了这一手再退隐也不为迟罢。因此，他在三十四岁中进士后就选择了南京太常寺博士的闲职做自己的退步，并作为自己的前进基础。但当时执政申时行、王锡爵一类人物，比起张居正来却一蟹不如一蟹，因此他只好选择礼部祠祭司主事做他的第二退步。这时候他很有闲时安心读书，但是他的心里却藏有忍不住的愤懑。他眼见追名逐利的一群人物，真好像漆黑的一群蜗蚁，如果和这群人长此纷扰，倒不如走"永割攀缘"的出世的路。

但现实却摆开在汤显祖的眼前。申时行对万历十五年到十七年（1587—1589）的全国性的大灾荒熟视无睹，直到万历十九年才派遣杨文举到江南经理荒政，杨到东南以后却无钱不贪，把地方灾情全都放在脑后。万历十八年洮州失事。申时行和边将贿赂。对边将的欺蔽进行庇护，而且他力主和款，只图苟安一时，却无意留心战守。十九年偶因小捷，边将大报战功，申时行却引以自居，并在他考绩的敕语里大书一笔。在全国性的大灾荒里，全中国的老百姓都救死不暇，朝臣们却争论着科场弊端，申时行的儿子是当时弊中的人物之一，因此，申时行就成了科场弊端的庇护人了。十八年洮河失事，万国钦劾申时行主和畏敌，通贿护私，既击中了申时行的要害，十九年又值星变，言官们更大有弹劾执政的机缘。申时行借神宗的谕旨反责科道诸臣，原企图用高压达到他钳制言论的阴私，却不防汤显祖针对着神宗的谕旨给申时行和他的私人们当头打了一棒。这时候，汤显祖面对现实。激起了难压抑的义愤，他那种"永割攀缘"的消极情调刚发展到最高峰，却早被现实的光芒引向了恰相反的斗争的道路，由于他难压抑的义愤发出了震惊一时的论劾辅臣、科臣的有名的弹章。

汤显祖虽因为这本弹章被贬为徐闻县典史，但申时行和他的私人杨文举、胡汝宁等竟因为汤的一击完结了他们的政治生命，其他的执政私人也不敢露出鳞爪。这弹章的威力是非常大的，汤显祖却反因被贬漫游了广东的名胜，开拓了他诗人的胸襟。汤显祖到徐闻不久，就升任了遂昌县知县，他在遂昌施政却也是很可称道的。他营建了学舍和射堂，替遂昌县的文教设施打下了初步基础；他进行诛虎、缉盗，加强了遂昌县的治安保卫工作，并和勾结"隐民"的"富人"，"势人"展开了正面的斗争；他时常和当地读书人讲学问字，并和当地老百姓闲话农桑，陈说"天性大义"；他是个亲民的官，并能因"百姓所欲"安排他施政的方针；他能廉洁自持，并能够爱惜百姓。等到他施政三年，诸事就理以后，又敢于遣囚、纵囚；在深得民心的保障下，做了两件其他地方官吏所不敢做的事。他在封建王朝是属于循吏一类的官，他做官是为封建统治服务，这是无可疑的。他的文教设施是为了昌明礼教，他曾替封建统治者对老百姓做了一些好事，也就是替封建统治者做了一些好事。

但当时的封建统治者却有加无已地尽做坏事。万历二十四年（1596），也就是汤显祖遣囚、纵囚的那一年，明神宗借矿税搜刮民财，派遣宦官多人到河北、河南、山东、山西、浙江等省开矿。宦官们招集地方无赖，到处骚扰，使民间贫富都不能自安。在这年的十二月，宦官曹金到了浙江，汤显祖这亲民的官，在政务刚就理的时候偏遇见这一件扰民的事。明朝封建统治既愈陷愈深地走向它腐蚀、崩溃的路，汤显祖要想在这种情势下面，替封建统治者做多少有利于老百姓的事情，自然就是很难的了。

当时首相赵志皋老悖柔懦，在次相张位削籍以后，内阁实权都落在工于迎合、好同恶异的沈一贯的手里，小人党在朝廷开始抬起头来。顾宪成在二泉书院讲学，东林党在民间也树立了初步的基础。汤显祖是申时行、王锡爵所惧怕的正义人物。张位是汤显祖的老师，沈一贯因排挤张位才取得内阁实权，对汤显祖当然更不相容。因此，汤在他诗里说："心知故相嗔还得，直是当今丞相嗔。"（《玉茗堂诗·漫书所闻答吴观察四首之三》）他心知在这种山雨欲来的黑暗政治情势下面，已没有他施展政治抱负的任何可能性了。因此，他决计投劾回家，丢官不做。也就在他投劾回家的第三年，适当吏部外察，汤显祖这亲民的官却竟被主持察政的人用"不羁"两字作为考语，追论削籍了。

从汤显祖追论削籍以后，沈一贯和他的党徒们对在朝的正人君子和社会的开明势力展开了全面进攻。他们对正人君子、开明势力不断进行迫害，造成了攻禅逐僧事件、楚府事件、妖书事件，李贽和达观既先后殉难，郭正域也几濒于危。这时候，明朝政治黑暗已达到前所未有的境地。一方面，顾宪成在东林书院已树起了论政讲学的斗争旗帜，李贽和达观的思想启蒙精神更笼罩一切开明人士，不能不使代表封建势力的正统理学望而生畏。一方面是正人和邪党，开明和黑暗已接近主力战斗，沈一贯和浙党小人要巩固本身的政治势力，就不能不面对新的压力作顽强的抵抗，并企图对在朝、在野的一切开明势力全部加以扑灭。

李贽和达观是汤显祖所尊敬的人。汤在他追论削籍以后，又遭遇他两人因政治倾陷先后殉难的事，他心里有说不出的许多冤苦。这时候，在朝的士大夫们都是些此依彼附，幸进诡随的人。汤显祖说："此时男子多化为妇人，侧行俛视，好语巧笑，乃得立于时。不然，则如海母目虾，随人浮沉，都无眉目，方称盛德。"（《玉茗堂尺牍·答马心易》）就指的是这一类人物。沈一贯所培植的浙党小人更不断兴风作浪，使汤在这种黑暗的政治情势下面随时都放心不开。他随时被一种低沉的政治情调苦恼着，使他无法自解，他自称这种情调是一种"无服之丧，无声之哭"。因此，他就自号"茧翁"。他很想咬穿这个茧子，飞向光明天地，但他却自认为无力咬穿这个茧子，就只好在这个茧里干到死了。

在达观殉难的第二年，顾宪成就开始在东林书院讲学，这事件是正人和邪党、开明和黑暗的主力战斗的良好的开端。汤显祖刚离开政治生涯，由于他一意隐居，对这个新兴的战斗力量却不曾作充分的正确估计。东林党人大都是汤显祖的好朋友，但和在野开明朝臣互通声气。被小人党说成是"遥制朝权"的东林党人于中甫到了南昌，汤显祖却避不和他见面。丁元荐是东林党的急先锋，他曾上疏揭发浙党小人和昆、宣两党的狼狈为奸，因被小人党围攻去职，但汤在给他的信里却说："吾辈得白头为佳，无须过量。"（《玉茗堂尺牍·与丁长孺》）汤和东林党人是不会有政见上的参差的，和于、丁两人交情也都很深厚，但他的政治感情却和于、丁两人有一定的距离。这和他脱离政治生涯有关，也和他知识分子的孤介性格、消极情调有关。

沈一贯因倾陷郭正域不为朝野清议所容，便将他的政权移交其同乡朱赓，让朱赓在内阁里掩护他所培植的私党，并做他去位后的缓冲人；他却拉了他的政敌沈鲤一同罢职回里去了。他认为保存他朝里的私党并拉走了政治敌人，就是去职也等于在朝。从他个人权利打算，总可算很得计了。只是他去位以后，朱赓却做了他顶缸的人，被言官攻击到死。

朱赓身死以后，内阁实权转到了叶向高的手里，情况就完全变了。浙党小人既都有"树倒猢狲散"的忧虑，只好扶植外援来维护本身的势力。昆党和宣党就由于个人权利的互相勾结，和浙党小人沆瀣一气，成了个争权夺利的黑暗堡垒。

浙党小人企图拥昆党的顾天埈，在顾被推倒以后，又企图用宣党的汤宾尹做继承沈一贯衣钵的第二对象。但汤也被推倒了。因此，浙党小人就集矢于东林党人所属望的李三才。向东林党进行反扑，并由李扩大到对东林党人顾宪成等的狂乱的进攻。这时候，浙党小人铤而走险，不择任何手段，颠倒是非黑白，真如同瘈狗一样。李三才因势不可留，弃职回家去了。第二年，顾宪成也因病死了。昆党、宣党虽从此一蹶不振，但浙党小人却又和楚党、齐党互相勾结，继续对东林党人进行攻击。汤显祖在《玉茗堂尺牍·答岳石帆》中说："读手笔云，世入乱萌，何言之徐徐也。"他已经见到了明朝封建统治腐朽、崩溃的悲惨命运迫近眉睫，但这时他年纪已经老了。由于他忠厚待人和对汤宾尹的偏信，因此他对汤宾尹被察罢官的事和东林党人的意见相左。他不就当时的政治局势考虑问题，不想到在这种贤奸对立的紧张局势下面，掌握政权的如果是李三才，或是汤宾尹，就全不是一回事了。这时候，汤显祖脱离实际政治斗争的时间已经太久，他的真心和热情已更多离开实际政治，更倾向于私人感情。但汤显祖和东林党人仍站在一条线上，东林党人对汤的爱敬和尊重，却始终是一致的。

徐良傅是汤显祖第一位文学教师，但徐却是一位谏官，并因进谏罢官回里。罗汝芳是汤显祖第一位理学教师，但罗的理学却属于民间王学的泰州学派。"人人都可成为圣人"和"百姓日用即道"，是泰州学派的基本精神。李贽说："人都是现现成成的圣人。"又说："穿衣吃饭，即是人伦物理。"（《焚书》卷一《答邓石阳》）也就是这种精神的更明确的表现。他们认为愚夫愚妇和圣人全都是平等的人；他们认为"百姓日用"、"穿衣吃饭"都符合于生活的客观规律，也就都是"道"了。因此，他们这些哲人已经把他们的理学精神建立在平等的唯物的基础上面。只是这个"道"字虽可由生活的客观规律作为解释，但它在当时人的心目中却又是和封建统治思想的唯心论的观点分不开的。当时民间王学是劳动人民所倡导的理学，它因此掌握了民间的思想武器。民间王学哲人的平等观点、唯物观点全都是由民间现实所产生的积极思想因素，它应当和形而上学的封建统治思想并没有任何渊源，只是这些哲人却又都或多或少地深受封建统治思想的唯心影响，因此，就都在这些积极的思想因素上面蒙一层谈心说性的主观唯心论的雾障，做他们自陷于矛盾的说明。

民间王学的积极思想因素对当时的封建统治者和忠于封建统治者的正统理学家们是一种可怕的正面威胁。当时的独裁政治家张居正最反对讲学，他嘲笑了民间王学的唯心的雾障，认为是"虚而无当"，但他却很害怕它那个积极的民间核心，说它能"摇撼朝廷，爽乱名实"。(《张太岳文集》卷二十九《答南司成屠平石论为学书》)张居正对民间王学的畏惧心情，也正是当时封建统治者和正统理学家们所同具的畏惧心情。因此，他们在实际政治斗争上所展开的，就是不择任何手段对民间王学哲人不断进行卑劣的诬陷和倾害。颜钧被当时的封建统治者提到南京，问成死罪；梁汝元被张居正示意地方官吏诬陷杀害；罗汝芳入京讲学，被张居正嗾人弹劾，致仕回家；之后，李贽在沈一贯对在朝开明势力进行迫害所制造的攻禅逐僧事件里被诬殉难，民间王学的积极思想因素和封建统治者两不相容，到这时表现得更露骨了。不能把这种政治性的诬陷说成是程朱理学和民间王学的理学争论，即客观唯心论和主观唯心论的思想论争。事实上很明显，这种诬陷是当时封建统治思想和民间王学的积极思想因素，即反动的唯心主义和革命性的唯物主义思想因素所展开的生死斗争。

汤显祖是达观的在家弟子。达观是一位聪明机辩的和尚，他能够用机锋笼络当时开明的朝士大夫，并能让汤显祖心悦诚服，也不是单靠他那一套空洞的主观唯心的宗教哲学所能够见功效的。有人称道达观的雄心霸气，说他恨众生不能成佛，这和尚却是位很多情、很实际的宗教家。如他说："生死关头须直过为得。"(《紫柏老人集·与汤义仍之二》)如他说："断发如断头。"他这种无畏、舍生的积极精神，也就是人所称的雄心霸气，却都从有情世间的实际观点出发。达观的这些精神都应当值得称许。中国的佛教徒和历代的农民起义原都有深的渊源，达观也承继了这民间血缘。因此，他说矿税不停在他是"救世一大负"。(《紫柏老人集》卷首，憨山《达观大师塔铭》)他不计利害地来到北京，并坚持在北京久住，也正可说明他真能把全中国人民的痛苦都担在他自己的肩上。只是他的宗教哲学认尘世是苦海，他的雄心霸气也在于度众生脱苦海，因此他不将当时人民的痛苦归到封建统治者的黑暗政治上来。这一点，却不如李贽的《藏书》，从中国历史的观点，对当时封建政治展开他翻天覆地的无情打击。但达观和李贽同被当时封建统治者和正统理学家们认为是最可怕的思想敌人，不惜用种种阴谋加以诬陷。从这种政治斗争的险恶情势说，达观之佛学和民间王学在当时同具思想启蒙的进步的政治因素，却又无可否认，不过，这两种启蒙思想的尖锐的政治斗争性，又因它本身的矛盾逃不过最后的悲剧终场。李贽思想的唯物因素既跳不过那禅学的五行山，刚见到一线光芒，又终于被它唯心的雾障所吞没了。达观思想的唯心成分，却成了他"我自调心"的深的执着，造成了他"世法如此，久住何为"(憨山《达观大师塔铭》)的悲剧的死。他担负着当时人民的痛苦，却在走向他圆寂的正路上死去。

讲学是当时一种风气，在江西更其如此。汤显祖在十三岁以后，就在里中结社讲论理学。汤的儿子汤开远后来也在里中建立归仁书院，会友讲论理学。汤的老师罗汝芳，更曾在江西各地和浙江、南京等地讲学。梁汝元屡变姓名，在大江南北讲学；李贽在黄安、麻城、南京、济宁等地讲学，他两人都因此遭到了封建统治者的迫害。袁宏道等在北京结社聚讲佛学和李贽被逐寄居通州，达观来北京讲学佛法，竟使当时封建统治者感到正面威胁，因而制造攻禅逐僧、楚府、妖书等一连串的倾陷事件。

东林党的讲学论政，声威遍于全国，在这里更不用提了。当时的讲学是一种新的风气，是封建社会内部所孕育的资本主义开始萌芽所发动的自由、解放的新的思想潮流。张居正不能让明太祖的独裁政治再现于明神宗的时代，当时的言官们不容许张居正的独裁政治在当时实现，就因为有这种讲学风气。明神宗借矿税来加重对老百姓的榨取，沈一贯等用把持政权作他们私党的致富捷径，在这些封建统治者正不断加深社会危机、加速政治崩溃的时候，也就因这种思想潮流不断地和他们展开斗争，才促进此后的新的变化出现。民间王学的积极思想因素，佛教的平等见解和无畏、舍生的积极精神，乃至于跟利玛窦的天主教义同来中国的科学实用精神，更主要的是东林党的坚强、实际的政治斗争精神，这些精神的现实立场无情地打击了当时的封建统治和替它作护符的唯心思想，并开始替此后的思想革新开辟道路，而成为革命的、唯物主义的思想核心。

汤显祖尝自称"吾师罗明德夫子而友达观"。又说："见以可上人之雄，听以李百泉之杰，寻其吐属，如获美剑。"（《答管东溟》）可上人即达观，李百泉即李贽。汤的哲学根基既由于罗汝芳民间王学的启发，他的佛学思想更由于达观的导引，再加上了李贽的思想成分，因此，他结合了民间王学的人民性和达观的勇猛无畏、李贽的指斥道统，成为他现实性的哲学精神。我们不能离开汤显祖的政治环境、社会环境和时代环境来探讨汤显祖哲学思想的进展和变化。汤显祖致力理学和佛学，并从达观受记，却在他任南京礼部祠祭司主事以后，论劾辅臣、科臣以前的一段时间里面。这时候，他宦途险巇，更目击人民苦痛，对追逐名利的一群人物感到深深的愤懑，因此他发展了消极情调，意图借理学和佛学"永割攀缘"，只是他面对着当前现实，却走向了相反的"星变陈言"的政治斗争的道路。从此以后，哲学的唯心精神常使他向往着"绝想人间，澄清觉路"的究竟归宿，但哲学的唯物核心却使他"终为情使"，在他的时代现实里突破了理学、佛学两重唯心精神的包围，并从达观、李贽的积极思想因素跨进一步，成了一个出死入生的为"情"而斗争的倡导者。

汤显祖的哲学思想，散见在他的诗文、尺牍里面的都只是一鳞一爪，想见到他哲学思想的全部面貌，却还当在他的剧作里面加以探寻。他在《南柯记》里说："人间君臣眷属，蝼蚁何殊！一切苦乐兴衰，南柯无二。"又说："不须看尽鱼龙戏，浮世纷纷蚁子群。"（《南柯记》四十四出《情尽》）他认为当时的封建统治者们，在个人争权夺利的矛盾里面，都逃不脱必然的悲剧终场，即便有人能显贵到底，他一己的功名福泽既和人民利益无关，到老来也只能感到他个人的空虚。当汤显祖在刚打定《南柯记》腹稿的同时，更准备编写嘉、隆两朝政治史，达观忽向他说："严、徐、高、张、陈死人也，以笔缀之，如以帚聚尘。"（《答吕玉绳》）他因此就无心写这部书了。汤显祖在《南柯记》里所表露的，也正是他这种愤世的悲观情绪。他这种悲观情绪是具有时代的现实性的。只是他不能用社会制度来解释这一类时代现实，便将这一类时代现实都归结为"空花梦境"，走向主观唯心论的神秘、空虚的路上来了。

汤显祖在《紫箫记》里用张居正做对象，写了个四空和尚点化杜黄裳的戏曲情节；《南柯记》更扩大了《紫箫记》里四空和尚"从十岁说到百岁"的一段唱词，演成为整部戏曲情节；《邯郸记》也用张居正做主要对象，把张居正做宰相时的事迹填充到卢生的梦里面来。《紫箫记》、《南柯记》表现了佛家的出世思想，《邯郸记》表现了道家的出世思想，这与当时朝士大夫稍有正义感的，在苦闷的政治环境里都喜欢讲道参禅，高谈性理的思想作风是分不开的。汤显祖对当时朝政既深有不满，就自然不能例外。但就这三部剧作说，《紫箫记》里借佛法做幌子，对张居正进行讽刺；《南柯记》更扩大了这个讽刺，但着重点仍在于发挥他"浮世纷纷蚁子群"的愤世的悲观情绪。《邯郸记》却成为明中叶的官场现形记了。汤显祖虽无心写嘉、隆两朝的政治史，却用他悲愤的心，冷峭的笔在邯郸一梦里面，描出了万历朝封建统治者的各种各样的丑恶面型，让这些达官贵人在他的笔下无处躲藏。他写出的已不是梦境，扫来的也不是灰尘，却显然是对时人时事的露骨的讥评，聚在他笔底下的已经是生活在这朝代的魑魅魍魉。他的道家出世思想,在这部剧作里已成为可有可无的附加的东西,虽说还代表着它的结论,但如果除去了这种结论,人们就会从现实性的"梦境"里,得出个更正确的结论来的。

汤显祖早在《南柯记》里就标出了他那个"情"字。他在第一出《提世》里说:"有情歌酒莫教停,看取无情虫蚁,也关情。"但他却又将这个"情"字结束在第四十四出"情尽"的标目里,他说:"一点情千场影戏,做的来无名无记。"汤对于《南柯记》的创意约在万历十五年(1587)京察以后,他当时身受的委屈,使其认识到宦途的争权夺利,真好像蚁穴里的群蚁纷争一样。他的那个"情"字,指的是世俗的饮食男女,也指宦途的权利争夺而言。这时候,他对于"情"的现实,只认为是一场"春梦"。他说:"春梦无心只似云。"(《南柯记·情尽》)因此,他把"情"的现实看成是有尽的空虚,无论"长梦"、"短梦",全都是瞒人的"空花"。他用"空花"来说明封建统治者没落的必然性是一点没有错的,但不当把"情"的现实说成"空花"。这时候,汤显祖这个知识分子并不曾和民间多有接触,他第一步所接触的反而是宦途险巇,因此,他就用悲观情绪来认识"情"的现实,这大大地发展了他哲学思想的主观唯心论的一面。但是他在名著《还魂记》里标出的那个"情"字,就和他在《南柯记》里所标出的根本不相同了。他在《牡丹亭记·题词》里说:"情不知所起,一往而深,生者可以死,死可以生。"他用"情"的斗争的永恒性否定了《南柯记》的"情尽"的说法;又说:"梦中之情,何必非真。"他用"情"的斗争的真实性否定了《南柯记》里"春梦"、"空花"的说法。他巧妙地安置在一场梦境里的却是个现实性、斗争性的主题。《邯郸记》所写出的虽同是现实性的主题,但这个讽刺性的现实主题,却又和《还魂记》所写的入死出生的"情"的斗争不可同日而语。《还魂记》从悲观情绪走向了乐观精神,从梦境的空虚走向了现实性的斗争的道路,从主观唯心的狭隘观点走向了现实主义的广阔的原野,它对于杜丽娘追求自由的时代精神进行了强烈的热情歌颂。汤显祖的"情"的哲理,从前半到后半已不是一般的变化进展，而是从悲观到乐观，从厌世到斗争，从空无到现实，从唯心到唯物的跃进，它已经从头到尾来一个大翻身了。

"情"是有它的阶级性的。封建统治阶级的权利争夺是一种"情"，被压迫的人民要争取自由却又是另一种"情"。就汤显祖的生活素质说，他对于被压迫的人民虽寄予同情，却不能和人民在生活上打成一片。他的生活圉于当时开明知识分子的小圈子里，并跳进了封建统治者的蚂蚁窠里，被争权夺利的险恶空气包围，因此，他不能不走向悲观、空无、厌世、唯心的路。但"星变陈言"一疏却成了汤显祖一生的大转折点，他因此而漫游了广东各地，并在遂昌做了四年亲民的官。他在遂昌任内，时常和老百姓闲话农桑，他曾将他这种生活情调写入了《还魂记》的《劝农》一出里。他更站在老百姓一面，向遂昌的富人、势人展开正面斗争。因此，他在矿税搜刮将要来到遂昌的时候，就再也不能自安，投劾回家去了。《还魂记》正是他在遂昌做官到投劾回家后一段时间所写成的。虽说它还只能代表当时开明知识分子要求自由的时代呼声，但这时汤显祖的生活情调已初步和人民打成一片，更由于他饱经仕途苦闷和他的实际社会斗争经验，改变了他原有的悲观、空无、厌世、唯心的思想面貌，他因此就走向了乐观、斗争、现实、唯物的"情"的哲理的光明前途。汤显祖在《还魂记》里能反映他现实性的"情"的斗争精神，并能在《牡丹亭记·题词》里写出他"情"的哲理的宣言书来，从他的生活转变到他的思想转变来看这个问题，也并不是不能解释的事。

汤显祖的"情"的哲理，导源于民间王学的"百姓日用即道"。但他却敢和封建统治思想的"道"划清鸿沟，他不将他所说的"情"解释为封建统治思想所谈的"道"，却敢于将"情"和"性"、"理"对立起来。他向张位说："师讲性，某讲情。"（陈继儒《批点〈牡丹亭〉题词》）他向达观说："情无，并理亦无。"（《寄达观》）他标出他那个"情"字以后，就一直和他的师友们所标出的"性"和"理"进行思想论战，对张位和达观是这样，到以后《答罗匡湖》说："夫秋波一转，息念便可遏耶？可得而遏，恐终是五百年前业冤耳。"《答邹尔瞻》说："大见闻全在新声。"也采取和张位、达观进行思想论战的同样精神。他肯定"情"是生活的客观规律，不同于封建统治思想的"道"，因此，更肯定了人民的"情"的斗争的永恒性和真实性，绝不犹疑地从民间王学的基本精神更向他的唯物观点跨进一步，让他所尊敬的那些师友都因他这个论点感到有些不安。只是，汤显祖所受于师友们的主观唯心论的哲学影响毕竟是太深厚了，因此，他不能不摆动在主观唯心主义和更接近于唯物主义的思想歧途上，这成为他发表名著《还魂记》以后的思想上的长期动摇和长期苦闷。但主观唯心论却始终不再是他的家当，一直到他死前，他这个"情"的儿子已不但和当时的正统理学宣战，更不愿对自己所倾向的理学、佛学低头，实际上，他已经背叛了他思想里的主观唯心成分，但由于时代的局限性和平生师友的思想包围，终不能来一个彻底澄清罢了。

从嘉靖到万历的一段时期，明朝的封建统治已快将接近尾声。封建社会内部所孕育的资本主义因素已开始萌芽，无论从经济、政治思想以及文学、艺术都可以反映出这一个不可抗拒的新的变化。明弘治年间，李献吉把平庸、萎弱的初明文学更引向"文必秦汉，诗必盛唐"的摹拟的道路。嘉靖时李攀龙、王世贞奉以为宗，当时文人更争相标榜，生吞活剥、装模作样就成了这时的文学风气。这种文学风气无视内容，灭没个性，违反时代，反映了当时封建统治的没落的前途，是当时文学的封建逆流。当时王、李摹古文风笼盖一切，但也有两个人能卓然自树，不受它的笼盖。这两个人一个是徐文长，一个是汤显祖。因此，他两人虽一直不曾谋面，但他们对诗文却各以第一手自许，并对对方诗文都给予最高评价。徐文长对王、李文风进行讥评，汤显祖更标涂了李献吉、李于鳞、王世贞的假古董，对他们不可一世的文才声望加以蔑视。在万历十四五年间，王世贞的兄弟世懋是汤显祖的主官，每当公讌赋诗，汤显祖从不酬答他的诗篇。但汤显祖的初期赋作也同样走向故作艰深的窄路里去，徐文长虽盛赞汤显祖的诗文，认为是"真奇才也"，但却用"四夷语"、"译字生"来讥嘲汤显祖赋作的涩辟古奥，全不肯加以假借。

　　王、李的摹古文风到万历中年就衰歇了。这时候，长篇小说的创作、批点、刊印像雨后的春笋一样，在民间已形成一种新的巨流。从徐、汤反对王、李文风开始，古文运动又渐渐抬起头来，文学趋向已渐由艰深转到平易，多数人对王、李文风也开始感到厌倦。批点过《水浒》、《西厢》的一代哲人李贽，更用他行云流水的文笔和纯任天真的诗篇来驰骋他的辩才。袁宗道兄弟是汤显祖的知友，也同时在哲学方面和李贽有很深的师承关系。李贽在袁家兄弟里面最推奖袁宏道，因此汤显祖说李贽将辩才都交与袁宏道了。李贽的诗文风更发展了袁家兄弟的诗文作风，因此而突破了王、李文风的摹古逆流。当王、李文风气焰方张，徐、汤向这种文风展开进攻的时候，袁宗道也讥评王、李摹古。他在《同惟长舅读唐诗有感》的诗里说："家家椟玉谁知赝，处处描龙总忌真。"又说："一从马粪卮言出，难洗诗林入骨主。"（《白苏斋类集》）他对王世贞的《艺苑卮言》，也进行激烈攻击。但当时就文学深度说，能和王、李角逐的人，还只能推尊徐、汤。到袁宗道等在北京结社讲论佛学，因而成为沈一贯等攻禅逐僧的倾轧对象的时候，袁家兄弟才和同社黄辉、陶望龄等掀起了独抒性灵、不拘格套的文坛风气，成为异军突起的公安文派。由此可知，当时文学革新的路和思想革新的路是相辅而行的，是和这不可抗拒的新的时代变化不可分的。

　　这时候，徐文长早已死了。他死后遗稿丧失，但遗稿的一部分却保存在陶望龄的手里，这一部分遗稿被袁安道在陶望龄的书架上找到了，他因此喜得"一夜狂走、惊呼拜跪"（《王季重十种·杂序》、《徐文长逸稿叙》），随即将这一部分遗稿加以刊行。公安派对徐的诗文何等推尊就由此可知道了。袁家兄弟对汤显祖的交情极厚，陶望龄也和汤显祖深有交情，但当这个时候，汤显祖的文学倾向却已经转到"四梦"写作上去了，因此，公安派的文学革新，就和汤显祖不发生直接关系。汤显祖极重视文学的时代性，他曾说："汉宋文字各极其致是也。"他不主张违反时代摹拟秦、汉、盛唐，更不主张摹拟其他一切和现代不同时代的文字。丘兆麟《汤若士绝句序》说："时论称先生制义、传奇、诗赋昭代三异。曷异尔？他人拟为，先生自为也。拟为者学唐宋，究竟得唐宋而已。自为者天性发皇之际，天机灭没，一无所学，要以自得其为先生。自得其为先生，此先生之所以过人。"沈际飞《玉茗堂文集·题词》说："机以神行，法随力满。言一事，极一事之意趣神色而止；言一人，极一人之意趣神色而止。何必汉宋，亦何必不汉宋。"都可以说明汤显祖的文学精神。汤显祖《答张梦泽》说："李梦阳而下，至琅琊，气力强弱巨细不同，等赝文尔。"从李梦阳到王世贞一代文风，汤显祖用"赝文"两字整个加以否定。他又说："不真不足行。"他提出个"真"字来做他的论文标准。他所说的"真"，包括了抒情、说理，也包括了记述描写的"真"，这在汤显祖的诗文里是随处都能领略到的。汤显祖的诗文功力极为深厚，虽不能用任何文派来加以衡量，但诗文的严整、精密反成为他文学革新的局限，更因此不能同公安、竟陵文派同在明代末年卷起轩然巨波。当文学的反动趋势企图再起来的时候，却有如丘兆麟《汤若士绝句序》里所说的话："而天下人厌王、李者，思袁、徐；厌袁、徐者，思先生。"他这话正代表明末士大夫的保守观点，并不能认为是对汤显祖的文学革新成就有所称许。这时候，士大夫的革新文学里面正发展着更生动的散文活力，民间的小说、词曲在明末清初更成为壮阔的新的主流。因此，从正面估价汤显祖的文学革新成就，不能专注意他的诗文，更应当注意他震撼一时的有名的剧作。

汤显祖的《还魂记》继承了元杂剧的反抗精神。《还魂记》的女主角杜丽娘，继承了元杂剧里成功的女主角们所具有的明朗、奔放、坚强不屈的民间斗争精神。她虽然也是个深闺女郎，只是她和明传奇里所描写的深闺女郎们那一种幽娴贞静、循礼守法的封建奴隶性格，却恰好形成了鲜明的对比。明传奇里的深闺女郎们，都是些驯顺的羔羊，连《紫钗记》中的霍小玉也不例外，但杜丽娘却被称为善触的羚羊。在元朝的封建黑暗统治下面产生了关汉卿、王实甫等戏曲作家。在万历时，明朝的封建统治已达到黑暗腐蚀的顶点，便产生了汤显祖的《还魂记》，都不是偶然的事情。汤显祖的《还魂记》所写出的是一个现实性的主题，是当时官宦人家深闺少女的时代苦闷，是一个压倒在封建礼法下的女郎求爱情自由，从生追求到死，从死追求到生的斗争精神。这种斗争精神不但是杜丽娘的精神，也即是汤显祖的精神，也即是当时开明士大夫和广大人民所同具有的时代的反抗精神，《还魂记》的全部剧作贯注了这现实性的新精神，就能够热情奔放地驱使这种精神；就能够把每一个正面的、反面的人物都刻画得非常生动，都有血肉；就能够用酣畅的文笔来驾驭熟练的写作技巧，使剧里的关目、语言都能够机趣明快，引人入胜。

我们单从写作技巧或单从作者的意兴一面来探讨《还魂记》的伟大成功，是得不出应得的结论来的。如有人说《还魂记》所具有的元杂剧风格只模仿元人写作技巧，或是说作者意兴所至就能够自我作古来驱策他所熟练的一切写作技巧，这全都是拘于形式的片面性的说法。《还魂记》的主要成功，是由于这剧作掌握了时代的新的思想内容，因此，它就和《紫钗》、《南柯》以及较成功的《邯郸记》都显出了不相同的新的面貌。曲情和曲词，意兴和思想原都是不可分的。元杂剧的曲词本色、豪俊，这和元杂剧作者的意兴飞越有关；元杂剧作者的意兴飞越，更和他们的反抗精神有关。汤显祖在《答孙俟居》的信中强调"曲意"，在《与宜伶罗章二》的信中强调他在《牡丹亭记》中"原做的意趣"，汤显祖强调他剧作的"原做的意趣"，也就是强调他剧作的思想精神。他掌握了这主要的一面，就可以鞭棰一切；他不但能善用元人的方言入曲，并能将许多江西方言灵活地用在他的曲子里面，一反他以前剧作的骈绮派的作风，而被称为本色派的名家。

但不结合思想精神，专从形式技巧一面来讨论《还魂记》的本色，也同样是说不通的。《曲律》说《还魂记》的引子"时有最俏而最当行者"，乃是"从元人剧中打勘出来"，虽可称见到的话，但《还魂记》里的"深"

的曲词毕竟还占主要地位。李笠翁在《闲情偶寄》中说"惊梦"、"寻梦"两出是《还魂记》的"精华所在",但因为这两出戏的曲词"心口皆深",所以"犹是今曲",不是"元曲"。他举出"袅晴丝"作为他的论据,他的评论自然也是很得当的。不过他将"袅晴丝"那句曲词解做"以游丝一缕,逗起情丝",他只向"深"处着想,却又不怎样得当。"惊梦"中的【绕地游】、【步步娇】两支曲子,深刻地描写出官宦家妇女们的深闺生活无一毫人间的自由情味,在这个封建的牢监里面只听见墙外的莺声或者是偶见到晴天的游丝因风吹过墙来,但外面却春已深了,少女们天天在深闺里烧香、绣花或是睡觉,但她们心情上对春天到来却一年比一年更关情了。如结合作者的思想精神来看这两支曲子,却具有何等地关不住的斗争力量。不能"出之以浅",却还应当看成是汤显祖作曲的局限性的。但汤显祖在下一支曲子里却迸出了"可知我常一生儿爱好是天然。恰三春好处无人见"(《牡丹亭·惊梦》【醉扶归】)的句子,这却是何等直切、何等显明、何等犀利的斗争性的言辞,汤显祖的本色却恰当在这种地方才能明白地看出来的。有人说汤显祖的"才情在浅深浓淡之间",有人说他的剧作"愈俚愈雅,愈新愈古",都各从深入和本色两面看问题,但都不能说中要害。汤显祖曲词的"浅、淡、俚、新",是《还魂记》的新事物,是重要的一面。但汤显祖怎样能突破他原有的"浓、深、雅、古",走向"浅、淡、俚、新",再继续写出像"这般花花草草由人恋,生生死死随人愿,便酸酸楚楚无人怨"(《牡丹亭·寻梦》【江儿水】)的斗争性的言辞,这却是对他的曲辞最值得进行研究的中心问题。汤显祖在《还魂记》里能有这样"意深词浅","无一毫书本气"的曲词,从它们的风趣和作者的意兴来说都更接近元人。他的这种造诣,不但如李笠翁所说,只要"多购元曲,寝食其中"(《闲情偶寄》)就能够做得到的,更不能孤立地将这个问题只看成是个人的文风转变问题。这问题实质上是作者对人民的爱力,是作者发扬了广大人民所同具的时代反抗精神,是作者和元杂剧的作家们共呼吸因此而和元杂剧同血肉。概括的一句话,是和作者思想精神的转变问题分不开的。

元杂剧在民间有深的渊源，它经常在都市的瓦舍勾栏和乡镇的集场演出，在民间叫搬演词传。元杂剧的故事、曲词、表演和戏曲音乐是一种有机结合，但主要是搬演故事。到明代，除民间的戏曲如南戏的弋阳腔还保持这种民间风格外，当时南方的北杂剧和南曲的海盐腔，直到后来昆曲的兴起，这些戏曲声腔却都被士大夫搬到客厅里面来了。当时的士大夫对戏曲的欣赏是和民间不相同的。一种人咬文嚼字、专挑剔曲词的雅和俗，因此而产生一味填词，不讲关目、排场的骈绮曲派；一种人专讲求腔调板眼、平仄阴阳，不问曲词成句与否，便产生斤斤于声律的曲律派。曲律派见不到民间的戏曲音乐是以表达曲词的情感为主的，他们把戏曲音乐看成是纯音乐，见不到戏曲故事和曲词的重要性，反认为曲律是戏曲的"主帅"，他们说句、字、声、咏可以和故事语言不发生密切关联，只要声律和协就尽了极大的能事了。因此这时候就出现了"戏曲"这个名称和民间的"词传"、"戏文"两相对立。在这种主张下面，曲词反为曲律所限，退居于从属的位置。曲不服从于词，词反服从于曲。表现思想内容的戏曲语言不是"主帅"，曲反是"部署一切的三军司命"。曲不是词意表现的最好的辅助者，却成了比表现词意更直接的东西，戏曲语言和曲调相比反居于间接地位。因此而发展为沈璟的"宁律协而词不工，读之不成句，而讴之始叶"（吕天成《曲品》）的极偏狭的结论。

魏良辅创造昆曲是当时声腔上的重大进展。但昆曲的创立却纯然是曲调的改进，它改进了初期南曲的率直的唱法，却失去了曲调的本色和民间的放散性，更因为曲调偏重纤巧，和本色的曲词也两不相容，曲词为曲调的工致所限，更走向遗弃思想内容的骈绮雕镂的路。偏重曲调的纤巧和偏重曲词的雕镂相为因果，便成为当时的一种颓风。从魏良辅的新腔到沈璟的曲律派，从梁伯龙的《浣纱记》到《玉玦》、《玉合》的因时兴起，曲律派和骈绮曲派并不是不同的两种东西，却同是明朝封建统治的腐朽、崩溃在艺术上和文风上的反映。

初期南曲是怎样一种唱法，明万历时人早听不到了。南曲由温州杂剧渐变为余姚、海盐、弋阳、昆山等腔，各地方的方音、方言使戏曲声腔发生了多种变化，余姚、海盐是浙音区域，昆山是吴音区域，弋阳是江右方音区域，早不能由一种方音来作为南曲的戏曲声腔正统。魏良辅的昆曲由弋阳、海盐故调蜕变而成，但这种新腔的创制，地点却在昆山，因此，曲律派就主张用"吴音正南曲"。"无宫调"、"罕节奏"是初期南曲的民间特点，"变易喉舌，趁逐百端"是南曲在转变过程中的民间特点。魏良辅的昆曲提高了弋阳、海盐故调的唱腔，讲求宫调、字面、板眼，真正做到字正腔圆。但这种字正腔圆的高度进展，却反而变成了曲调的清规戒律。当时一种曲牌只许有一种唱法，曲词是依据曲牌填进去的，"先有律而后有词"，就先已成为曲词的一种限制。昆曲的每一曲牌，其宫调、字面、板眼都各有它们唱曲时的很多讲究，而曲牌本身的严格限制，更加强了曲词的严格限制。曲律派在昆曲兴起以后，承接这种潮流，不但主张"用吴音正南曲"，而且还企图用昆曲唱腔的严格限制做一切唱腔的准则，来划一全中国的戏曲唱腔，并企图使全中国戏曲作家都在这划一的准则下按字模声地填写曲牌，不能越出雷池一步。这企图又怎能行得通呢？

这不但行不通，而且也说不通。曲律派不能承认"音从其地"和"世之腔调，每三十年一变"的客观事实，却不能不承认魏良辅创制昆曲以后，"今自苏州而太仓、松江，以及浙之杭、嘉、湖"等吴音区域，对昆曲唱腔已"声各小变"的客观事实，更不能否认当时吴江曲调"不越方数百里辄不能相通"的客观事实。沈璟想严格规定昆曲唱腔，使这种唱腔能成为一种全国共守的、一成不变的唱腔法律，但他在考订南曲全谱的时候，却不能不在他示范的那些曲调上面标出些"出何调、犯何调"、"又一体、又一体"的语句，说明他这种唱腔法律并不能规定得一成不变，让全国共同遵守。因此，汤显祖认为他对曲学并不大了然。沈璟生平对宫调声咏讲起来很神秘，只是他本人填起曲子来却"更韵、更调，每折而是",因此被讲求曲律的王骥德认为是"良多自恕、殆不可晓"。词曲声腔的流变进展是一种客观规律,也即是词曲声腔的重要准则,曲律派企图违反这种客观规律来个一成不变的死硬规定,使全国划一遵守,以成雅道,到头来不但谁也无法遵守,连沈璟本人考订曲谱,填写曲子也无法一一遵守他这种划一的唱腔法律,因此他的曲律反成了他本身的一种苦趣了。

  沈璟和孙如法、顾大典先后同时罢官回里。他们罢官的时间很早,隐居的生活很长。他们都是吴中富家,隐居生活都很优裕。他们既不接触民间,更不结交官府,只在家里以声律词曲自娱。他们三人除彼此往来以外,其他往来的人只有王骥德、吕天成一类的词曲同好者。因为他们交游范围很窄。其曲学眼光也只好囿于吴江一隅,用昆曲做他们唯一的对象了。远在嘉靖四十年(1561)的时候,谭纶把海盐腔带回宜黄,改变了宜黄子弟的弋阳旧腔。经过四十年后,宜黄艺人发展到千多人,宜黄戏班的演出地点不但在临川、南昌一带,它还到江西各地演唱,也还到过南京。像这样的地方剧种,是不在这班人的知识领域内的。沈璟的初期剧作《红蕖记》是一部骈绮派的作品,它的曲调也"时时为法所拘",因此"不复条畅";后期的《义侠记》却平实本色,但沈璟这个为曲律而曲律的人,作曲虽平实本色,却缺少生活灵动,而且,这本戏的思想性是绝不高的。沈璟的剧作很多,但够得上好的剧作却很少。有人说,沈璟是曲学家,不是剧作家,但问题的主要关键却还在他只管曲的清规戒律,不管曲的思想精神。他认为故事的思想性和文词的艺术性都不关重要,只要合律依腔,就尽了戏曲的一切能事。他一生在声律里转,不管艺术手法,更不管思想内容,这样,又怎能写得出好的剧作来呢?

  汤显祖《还魂记》的成功,却由于作者的思想精神和人民的反抗精神打成一片。他更能运用他的才情和他的写作技巧,来奔放地驱使他这种精神。这两个最优越的条件,在沈璟的剧作里都是不具有的。就沈璟的《坠钗记》看,他在这部剧作里面因袭了《还魂记》的故事情节,却遗弃了《还魂记》的反抗精神，就是个显著的证明。汤显祖削籍回家以后，不但有广阔的交游范围，而且和当地人民、艺人都很亲近。当时宜黄戏班流动的地域很宽，艺人人数也非常之多，临川是这种戏腔的主要据点，汤显祖最熟习这种戏腔。同时，各地地方戏腔如荆沙、广东戏班以及当时昆班也经常在江西流通，因此，汤显祖的眼界也就和沈璟等自囿于吴江一隅的情形不相同了。沈璟和顾大典等都各蓄声伎，但汤显祖却没有，因此，汤显祖和宜黄艺人更接近于师友关系。他时常把艺人们叫到他家里来，和他们探讨《还魂记》的唱腔，他对待艺人们如对待门生一样。因此，汤显祖和艺人们的关系非常亲切，跟沈、顾等又各有不同。汤显祖并非不懂曲律，但他所懂得的是宜黄海盐腔的唱曲规律，依他自己的话来说，那就是"半学吴侬"的唱曲规律。他谐的是宜黄艺人所唱的曲，自然管不到昆曲艺人所用的是一条怎样的嗓子。但沈璟和汤显祖斤斤较量，却正在这块地方。

汤显祖也不是没有他的曲律主张，或者是不假思索就否定了沈璟的曲律主张。他在他所评点的《花间集》里，认为从乐府（古诗）到诗馀都不能全不突破"平仄断句"的局限，不但词曲为然。他认为"填词平仄断句皆定数"，但"词人语意所到"，却不妨"时有参差"。他的这种意思，就是说曲的法律仍当服从"词人语意"，也就是他所说的"曲意"。他更认为北曲的声调近古，现在已失传了。如果你真想打出"以成雅道"的曲律招牌，却捧出个"一意纤靡"的吴江唱腔，来做中国各地戏腔的唯一准则，却是件极无道理的事。他更在《答凌初成》的一封信里，深切地说出了他的曲律主张。他认为古代的语文简单，越到近代，语文就越加复杂。长时期语文的不断变化和声律的不断变化相关，因此，就应当从语文和声律的不断发展上看问题，不能够在今天求得个离开语文变迁发展的一成不变的曲律准则。汤显祖自己有他的曲律主张，因此，汤和沈的曲律之争就不能单看成是"曲律"和"曲意"的一场争执，还应当看成是"曲律"的机械论和"曲律"的辩证论的一场争执。在当时，要看成是曲学理论上的一个问题。

曲律派的曲学理论在当时是一种权威。当时的曲律派和一般人把才情归汤，把曲学归沈，因而让汤显祖的曲律主张不为时人重视。王骥德在《曲律》中说："吴江守法，斤斤三尺，不欲令一字乖律，而毫锋殊拙；临川尚趣，直是横行，组织之工，几与天孙争巧，而屈曲聱牙，多令歌者齚舌。"又说，词隐"持法"，临川"修辞"。又说："松陵具词法而让词致，临川妙词情而越词检。"他的论调好像是很持平，但一面掩盖了沈璟也难于实践他曲学理论的显明事实，另一面更抹煞了汤的曲律主张，肯定汤对作曲不是当行。到稍后，这种论调更推波助澜，如凌濛初在《谭曲杂劄》中就说汤显祖"填词不谐，用韵庞杂"。更说："江西弋阳土曲。句调长短、声音高下，可以随心入腔，故总不必合调，而终不悟矣。"又如臧懋循在《玉茗堂传奇引》里所说："今临川生不踏吴门，学未窥音律，艳往哲之声名，逞汗漫之词藻，局故乡之闻见，按亡节之弦歌，几何不为元人所笑乎？"由否定汤显祖的曲学到否定汤显祖的才情，更可知当时汤、沈曲律之争，到稍后更扩大为当时封建正统曲学论点和民间革新曲学论点的矛盾和争执。昆曲是沈璟曲律派的生命源泉，如果离开昆曲就成了它的致命伤，它也就再没有曲律可言了。因此，它们对南曲的民间流变就不能不加以否定，它们就只能歪曲事实，说昆曲和元曲是声腔正统的一脉相承。① 凌濛初既不懂宜黄海盐腔是什么声腔，臧懋循更不懂南北曲调流转变迁在民间所走的是怎样的一条路径，只知道死赖在封建

---

① 臧懋循《负苞堂集》卷三《荆钗记·引》说："今乐府盛行于世，皆知王大都《西厢》，高东嘉《琵琶》为元曲，无敢置左右袒。"又说："乃知元人所传，总一衣钵，分南北二宗。"同卷，《玉茗堂传奇·引》说："当元时，所工北剧耳；独施君美《幽闺》、高则诚《琵琶》二记，声调近南，后人遂奉为榘矱。"他认为南曲、北曲只是元曲的一种分派，南曲不从温州民间产生，《西厢》、《琵琶》同是元曲，《琵琶》、《幽闺》是声调近南的两种北曲，南人奉为榘矱，因成为昆曲先河。《玉茗堂传奇·引》又说："《幽闺》'天不念'、'拜新月'等曲，吴人以供清唱。"又说："魏良辅只点《琵琶》板。"想借此说明昆曲声腔正统的一脉相承，和南曲的民间发展无关。

正统的庙堂上拖住昆曲腿子不肯放手，但如果他的唯一支柱——昆曲还必须从民间来，也还得到民间去，曲律派定于一尊的声腔准则也从此就破产了。

自从沈璟把汤显祖的《还魂记》改窜为《同梦记》，因引起汤、沈的曲律之争，稍后更相习成风，冯犹龙、臧懋循一类的人也各以改窜《还魂记》为他们的能事了。曲律既不能孤立在文词以外，这些人对《还魂记》的改窜就不能只看成是曲学上的问题。在这些人中间，臧懋循是一个急先锋。他在汤显祖死的那一年编成了《元曲选》，他改窜了他所选的元曲，却不管音律的叶与不叶。他对曲学并非当行，却敢笑汤显祖"来窥音律"，并敢说临川"南曲绝无才情"（《元曲选·序》）。当时人王骥德也认为他的话并不公允。在"音从其地"的客观原则下，作曲的人多用乡音入曲，如梁伯龙用"苏州土音"入曲，汪南溟用"徽州土音"入曲，顾大典"操吴音以乱押"，从王骥德、徐复祚所举的例证来看，可证知梁、顾等骈绮派、曲律派也大都如此，并非是汤显祖才特创此例。但《还魂记》所具有的和人民打成一片的时代反抗精神，这时代的新的思想内容是其他的明传奇所不能具有的，因此，他不能不意兴飞越地驱使他的曲词，而他的曲词才"可与实甫《西厢》交胜"（张琦《衡曲塵谭》）。汤显祖掌握了这种精神，从思想内容的解放到文词声律的解放是一条必然的路。他认为曲的法律当服从"词人语意"，他创作的思想精神更无法"俛就矩度"，他创作的思想精神和他的曲律主张也显然是很一致的。因此，我们要将《还魂记》的音律问题看成是和思想内容不可分割的问题，要将汤、沈曲律之争和改窜《还魂记》的一连串的问题，看成是由曲词改窜到曲意改窜，也就是由改窜《还魂记》的曲词来达到改窜《还魂记》的新的思想内容的问题。汤显祖的《还魂记》，是无法让当时的那些人妄加改窜的。茅元仪《批点牡丹亭记》说："雉城臧晋叔，以其为案头之书，而非场中之剧，乃删其采，剉其锋，使其合于庸工俗耳。读其言，苦其事怪而词平，词怪而调平，调怪而音节平，于作者之'意'，漫灭殆尽，并求其如世之词人俯仰抑扬之常局而不及。"难道能说臧懋循改窜《还魂记》所损害的只是这剧作的声律和文词吗？因而可知，汤、沈的曲律之争和改窜《还魂记》的一连串问题，实质上也还是封建正统精神对汤剧所含有的时代反抗精神的矛盾和斗争。

汤显祖的《还魂记》对当时封建正统思想是一把犀利的剑，但它在脱稿的第二天就已经排演，第三天就已经当场演出，到处传扬。① 无论从思想内容到文词声律，在当时人眼光里都不能不是件新的事物，以昆曲做唯一支柱的曲律派就首先感到恐慌，在他们的心的深处早意识到声律文词的解放和思想内容的解放是不可分割的。《还魂记》的新的面貌将成为他们的定于一尊的封建曲学的主要威胁，因此，他们就企图从改窜曲词进一步来达到损害《还魂记》思想内容的目的。在昆曲的一出戏里，所有曲牌由一个宫调直唱到底，没有犯调是它的一种规律，但民间南曲却有犯调，临川四梦更随处都用犯调②，这一点是自囿于昆曲的曲律派所不懂的。他们就借此向汤显祖攻击，说他填词不守宫格。汤显祖填词自有他的曲律主张，他认为曲的法律当服从"词人语意"。他这种曲律主张适合于《还魂记》的新的才情和新的思想内容的发挥，但封建正统曲学所反对的却正是他这种曲律主张。沈璟、冯犹龙、臧懋循一类的人，展开了《还魂记》的改窜运动，但他们却真像蚍蜉撼大树一样，并无损于《还魂记》的毫末。孔尚任在《桃花扇·传歌》出里写苏昆生教李香君唱曲，所唱的正是《还魂记·惊梦》出【皂罗袍】、【好姐姐】两支曲子。由这点就可以推知，当清康熙三十八年（1699）即《桃花扇》成书的那年前后，南方的歌舞台榭仍盛行汤显祖的原曲，凡沈璟等所改窜的都已经和草木同腐朽了。此后，在清乾隆五十四年到五十七年（1789—1792）间，冯起凤谱《吟香堂曲谱》、叶堂谱《纳书楹曲谱》，都先后替《还魂记》谱成

---

① 《吟香堂曲谱》，石韫玉《序》说："汤临川作《牡丹亭》传奇，名擅一时。当其脱稿时，翌日而歌儿持板，又翌日而旗亭已树赤帜矣！"
② 《纳书楹四梦全谱》《凡例一》说："南曲之有犯调，其异同得失，最难剖析，而临川为'四梦'尤甚。"

了曲词的全谱，这两件事情在昆曲史上是值得大书一笔的。就由这两种曲谱，扭转了以前依曲填词的曲律派的主张，进展为依词填曲，这不能不算是昆曲曲调的大变革了。王文治《纳书楹曲谱·序》说："怀庭（叶堂）乃苦心孤诣，以意逆志，顺文律之曲折，作曲律之抑扬，顿挫绵邈，尽玉茗之能事。"他这段话正说明叶堂谱《还魂记》的曲谱全谱，所依据的正是汤显祖曲律当服从词意的主张。汤显祖的这种主张，代表词曲新进展的必然趋势，虽说此后昆曲作家仍走的是曲律派依曲填词的老路，但就今天昆曲革新而言，汤的曲律主张却仍是颠扑不破的极有力的主张。

《西厢记》和《还魂记》从表面看起来，所写的只是件爱情故事，但实质却写的是压倒在封建礼法下面的贵家女郎要追求爱情自由和封建礼法所进行的生死搏斗。万历中年有一些礼法家庭已开始禁演《西厢》，这时候，汤显祖却正在写他的名剧《还魂记》。当时的开明士大夫正盛行结社，争取思想解放已成了那时的一种风尚。封建统治阶级和正统理学家们对这种新的风尚已经感到震惊，正准备竭全力进行扑灭，《西厢记》在这个时候开始禁演，就不能看成是偶然的事情。这时候，一面是《西厢记》的开始禁演，一面是《还魂记》的写成和它的到处传扬。《还魂记》的家传户诵，虽只在当时士大夫的小范围里，但对于知书识字的某一些女性却具有极强烈的刺激性。封建女性是一直被束缚在三贞九烈的锁链下的，在万历初年的时候，像昙阳子那样的贵家女郎，当她死了丈夫以后就只有长斋奉佛。李贽在万历中年对正统理学展开正面攻击，主张封建女性的婚姻自由，但向他问法的贵家女郎如梅澹然等，死了丈夫以后也只能逃入空门。只是在汤显祖的《还魂记》盛行以后，却有些民间女郎如俞二娘、金凤钿、商小玲等，都因为《还魂记》的无声的反抗以致深受感染，郁郁而死。妇女解放在当时的社会条件下是不可能的，但当《还魂记》盛行以后，却已经看见了当时女性要求解放的一点萌芽。这虽然还只是一点萌芽，但对于封建统治阶级和正统理学家们却已经是一件忍无可忍的事。在清朝入关以后，禁止结社讲学，泰州学派只能在民间秘密流传。当时的封建统治者更大力奖励程朱学派来统治汉人思想。因此，在当时便出现了一些正统的卫道腐儒，如汤来贺、徐树丕、顾公燮等，对汤显祖和他的名著《还魂记》进行恶毒攻击，说汤死时"手足尽堕"，是因为"绮语受报"，或说汤显祖和王实甫都被打入阿鼻地狱，永不超生。从清康熙到乾隆年间，这一类的恶毒攻击正有加无已地发展到无所不至的卑劣程度。但这一类的恶毒攻击越无所不至，却恰好能证明《西厢记》、《还魂记》这两部名著对当时社会的感染力量还正在有增无已。

从明代中叶以后，中国封建社会已经在日渐解体，孕育在封建社会内部的资本主义因素已经在逐渐萌芽。虽然说，清朝入关曾实施对汉人的黑暗统治，当时的社会经济和一些人的进步思想却不免因这种黑暗的封建统治遭受到一时阻遏，只是这种阻遏却是表面的、无力的，拦不住整个社会经济的进展，也拦不住进步思想的新的抬头。曹雪芹是清乾隆时的伟大小说家，如果说汤显祖的《还魂记》是中国资本主义因素开始萌芽时的伟大剧作，曹雪芹所写的《红楼梦》就当是中国资本主义因素萌芽晚期的无可比拟的长篇小说，《红楼梦》的林黛玉比《还魂记》的杜丽娘更写得明朗、深刻，但曹雪芹写林黛玉的斗争性却可称是杜丽娘的斗争性的延续和发展。《红楼梦》二十三回《牡丹亭艳曲警芳心》，写林黛玉听《还魂记》时的心情：

> 这里黛玉见宝玉去了，听见众姐妹也不在房中，自己闷闷的，正欲回房，刚走到梨香院墙角外，只听见墙内笛韵悠扬，歌声婉转，黛玉便知是那十二个女孩子演习戏文。虽未留心去听，偶然两句吹到耳朵内，明明白白，一字不落，道："原来姹紫嫣红开遍，似这般都付与断井颓垣！"黛玉听了，倒也十分慨叹缠绵，便止步侧耳细听。又唱道是："良辰美景奈何天，赏心乐事谁家院？"听了这两句，不觉点头自叹，心下自思："原来戏上也有好文章！可惜世人只知看戏，未必能领略其中的趣味。"想毕，又后悔不该胡想，耽误了听曲子。再听时，恰唱到：

> "只为你如花美眷，似水流年。"黛玉听了这两句，不觉心动神摇。又听到"你在幽闺自怜"等句，越发如醉如痴，站立不住，便一蹲身，坐在一块山子石上，细嚼"如花美眷，似水流年"八个字的滋味。忽又想起前日见古人诗中有"水流花谢两无情"之句；再词中又有"流水落花春去也，天上人间"之句；又兼方才所见《西厢记》中"花落水流红，闲愁万种"之句，都一时想起来，凑聚在一处。仔细忖度，不觉心痛神驰，眼中落泪。

这写的是林黛玉呢，还写的是杜丽娘呢？是"惊梦"出的品评和赞扬呢，还是将"惊梦"出译写成白话散文，让林黛玉也走向杜丽娘的梦里来呢？总之《还魂记》和《红楼梦》，是同一新的时代思想进程所产生的两个婴儿。它们的前后辉映，正说明这新的时代思想长时期的不断进展，这是任何旧的封建统治势力也不能阻遏的。

《红楼梦》是曹雪芹的自传。二十三回写贾宝玉读《西厢记》。他读的这部书是书僮茗烟从书坊里寻来孝敬他的，因而可知《西厢记》在当时人家是子弟禁读的书，可是贾家那些唱戏的女孩子却在演习"惊梦"，这说明《还魂记》在当时官宦人家并不禁演。那时，汤显祖的"四梦"中，《邯郸记》和《还魂记》，是官宦人家常演的两部戏。① 洪昇在当时是一位进步的剧作家，他在他的代表作《长生殿·例言》里，自叹"文采不逮临川"，只是他这部戏却被人称做是"一部热闹《牡丹亭》"。洪昇在这部戏的前半部写唐明皇杨贵妃的宫闱生活，用现实的手法写历史的真实，对当

---

① 当时《还魂记》的演出，如嘉兴吴吏部昌时的家乐演出，朱云子有《鸳湖主人出家姬演〈牡丹亭记〉歌》，记当时声伎之盛，见《明诗纪事》辛签。如云间顾明藏家演《牡丹亭》传奇，用白米三百担换演杜丽娘某少年髭须四十三茎，见王应奎《柳南随笔》。如唐英家童雪儿唱《牡丹亭·寻梦》，唐英诗说："澹境欲寻鸥鹭梦，雪儿低唱牡丹亭。"见唐英《陶人心语续选》卷八。当时《邯郸记》的演出，如冒巢民歌童徐郎在得全堂演《邯郸梦》，见陈瑚《确庵文稿·得全堂夜宴后记》。如唐英在九江关榷署西堂，累次演出《邯郸记》，见《陶人心语续选》卷四。

时封建统治者荒淫生活展开了暴露和批评,却因此加强了后半部爱情悲剧的气氛。后半部用浪漫的手法歌颂明皇、贵妃生死不渝的爱,把宫闱的荒淫生活美化为人间儿女的爱情追求,用杜丽娘的斗争精神写死后的杨玉环。他在《传概》出的【满江红】里,说出他这种写作意图。他说:"今古情场,问谁个真心到底?但果有精诚不散,终成连理。万里何愁南共北,两心那论生和死。笑人间儿女怅缘悭,无情耳。"洪昇的这种宣言,也和汤显祖《牡丹亭记·题词》所说一样。杨玉环在《情悔》出里说:"只有一点那痴情,爱河沉未醒。说到此悔不来,惟天表证。"《神诉》写马嵬坡土地向织女谈杨玉环说:"就是情可辜,意可辜,则那金钗、钿盒的信难辜。拼抱恨守冥途。"杨玉环的"真心到底"也正和杜丽娘的入死出生是同样的斗争性格。① 汤显祖追求自由的时代精神,由明万历到清乾隆,在戏曲和小说等文艺作品里,还一直是跟着时代进展并继续发展着的。

  从明万历中叶到清乾隆时,中国封建社会内部孕育着资本主义因素的萌芽,汤显祖和他的《还魂记》,一直是这段长时期的时代骄子。《还魂记》所反映的追求自由的时代精神,在这段时期里是时代生活里的新事物的表现。当时的封建统治阶级和正统理学家们都不择任何手段对这种新的精神企图加以摧残,但开明的士大夫们却对它十分热爱,并在文字里深加赞许,或是在自己的作品里面体现、发扬这种精神。直到清乾隆时,有人说《还魂记》是"坏人闺门"的淫书,作者当坠入地狱,但《还魂记》的时代精神却反在当时著名的剧作、小说里面看出它的不断进展。有人说《还魂记》所以能盛行一时,是因为作者丰富的才情。但没有这种时代精神来驱使他的才情,《还魂记》也不能卓然树立,排除一切攻击非难,用它的战斗姿态来开拓这新时代文艺的新的进路。

---

①  《还魂记·幽媾》出说:"莫不是小梁清夜走天曹罚。"《长生殿·觅魂》出说:"早难道逐梁清又受天曹谴。"梁清是梁玉清,太白星窃织女侍儿梁玉清逃入卫城少仙洞,四十六日不出。天帝命五岳搜捕,谪梁玉清于北斗下,常春。见《太平广记》卷五十九引《独异志》。两剧同用这个僻典,不但词句构造相同,梁玉清省作梁清也无不相同、可作为《长生殿》的写作精神由《还魂记》脱胎的一个旁证。

## 嘉靖二十九年（1550）庚戌　汤显祖生

汤显祖，初字义，改字义仍①，别号若士，又号海若，江西抚州临川县人。嘉靖庚戌年八月十四日卯时生。②

钱谦益《列朝诗集小传·汤遂昌显祖》，蒋士铨《临川梦》卷首《玉茗先生传》都说汤出生时"有文在手"。他们的根据是汤诗《三十七》所说："初生手有文，清羸故多疾。"汤可能从《左传》上引用了一个典故，说他小时就很聪明。钱、蒋据以为实，就说他手上真的有文了。

汤《答邹愚公毗陵秋约二首》之第二首说："蹇予幼多病。"汤显祖幼年多病却实有其事。邹愚公在汤生前，曾替他写了一篇《汤义仍先生传》里说："生而颖异不群，体玉立，眉目朗秀，见者啧啧曰：'汤氏宁馨儿'。"因知汤当婴儿时就是个很聪明，很清秀，但又是一个体弱多病的小孩子。

当汤出生的这年夏天，俺答进攻大同。八月，破蓟州，从古北口取道通州，进攻北京。这时候，兵部尚书丁汝夔清点京营，原有十万七千兵额只剩五六万人。明世宗下诏勤王，大将军咸宁侯仇鸾从大同带兵二万入援，各地勤王兵也来了五六万。明世宗命仇鸾节制诸路兵马，杨守谦为兵部侍郎，提督军务。俺答兵临北京城下，仇鸾不敢应战。明世宗催诸路兵马迎敌，丁汝夔问大学士严嵩，严嵩说："塞上败可掩，辇下败不可掩，寇饱自飏去耳。"严嵩主张坐守不战，仇鸾等也拥兵不进，让俺答在北京近郊焚掠三天，收兵出塞。仇鸾驱兵追赶，却被俺答回兵杀得大败，他只好收斩遗尸，回京假传捷报。世宗加仇鸾太保衔，并赏赐金币，却说丁汝夔、杨守谦贻误戎机，在八月二十六日那天，将他们问斩了。③汤诗《送汪仲蔚备兵入闽》说："肃帝金天精，庚戌秋八月。七日子生辰，再七我如达。是月太白高，大臣有诛杀。云何旬日中，受生多颖发？"就咏叹的是这件事情。

这件事发生在汤出生的同一年、同一月里。它反映了在汤显祖生活的整个时代，明统治阶级日趋腐朽的政治面貌。

**注释：**

① 汤少年知友帅机、谢廷谅，在他们的诗文集里都称汤作"汤义"，或称他作"义叔"。万历六年（1578），谢廷谅替汤诗赋集《问棘堂邮草》做序，也说："君名显祖，字义。"但万历十一年（1583）《进士登科录》却明载："汤显祖，字义仍。"可知汤改字义仍是中进士前不久的事。

② 汤出生的年月日时据文昌汤氏宗谱卷十一。汤《哭丁元礼十二绝》诗序说："右武兄同予生庚之戌。"诗《三十七》说："我辰建辛酉，肃皇岁庚戌。"《重得亡蘧讣二十二绝》说："中秋先日我生辰。"再加上《送汪仲蔚备兵入闽》诗里所述，他和丁右武同年生，比汪仲蔚迟七日生，他的生年和月、日、时刻都不会有差错。

③ 丁、杨服刑月日，据沈德符《万历野获编》卷五"咸宁侯"条。

## 嘉靖三十年（1551）辛亥　两岁①

汤显祖的父亲名尚贤，字彦父，号承塘，生于嘉靖七年（1528）；母亲吴氏，是吴允颛的女儿，生于嘉靖九年（1530）。当汤显祖出生的时候，他父亲二十三岁，他母亲二十一岁。汤显祖的祖父名懋昭，字日新，号酉塘。祖母魏氏。汤替祖母作《龄春赋》说："太母实降生南岳兮，闰纯皇之戊申。"纯皇戊申是成化二十三年，也就是弘治元年（1488），汤祖母在汤出生时已经是六十三岁的老人了。

汤家在临川县城东门外文昌桥旁。抚河由千金堤向临川城东抱城北流，文昌桥就建立在城东抚河上面。从临川东门出城，过文昌桥，就到了汤显祖的出生地灵芝园。灵芝园是汤尚贤购买来的土地，从尚贤的高祖、曾祖起，汤家的人都葬在这块地方。汤懋昭和汤的父亲尚贤、伯父尚质也都住在这块地方。汤诗《酉塘庄上怀大父作》说："大酉西南来，林塘伫深仰。一区常自存，百年人独往。"《吾庐》说："大父喜书诗，大母爱林池。嘉鱼荐君子，嘉树引其纂。"今汤显祖墓左东头有一藕塘，地名汤家村，汤诗所咏池塘，大概就是这藕塘。这池塘因大酉山得名，因此汤的祖父别号酉塘，汤的父亲别号承塘。文昌桥旁更有一区水井，汤《答龙君扬》诗序说："一动九连之井，去舍百步之园。"《吾庐》说："文昌通旧观，东井饮余晖。"都指这井而言。这井在抚州府志里叫文昌桥头井。

当时汤家是衣食丰足的读书人家。汤《广意赋》说："鸠遗书盖四万卷余兮，招余曾与余祖。"谢廷谅刻《汤临川〈问棘堂邮草〉叙》说："海若氏八世藏书至万卷。"且不论藏书数是四万卷余或是至万卷之数，这时候，汤家里总有历代所藏的很多的书。汤伯父尚质，字毓盛，据汤显祖诗《伯父秋园晚宴有述四十韵》所述，却是位好道信佛的长厚儒生。在汤出生的时候，他家里有园、有林、有塘、有井、有很多的藏书、有爱诗书的祖父、有爱林池的祖母、有儒雅长厚的伯父、有慈爱善教的父母。汤诗《三十七》说:"家君有明教、大父能阴骘。"他认为他的家是一个积善的诗礼之家。汤《龄春赋序》说:"儿时病,不好床席,常以太母腹为藉。"诗《三十七》说:"自脱尊慈腹,展转太母膝。"汤的婴儿时代,因为体弱多病,更深得祖母疼爱。

**注释:**

① 汤父母之生年,祖父、伯父、父亲之名、字、别号,以及外家姓氏,汤父亲买灵芝园等,都根据《文昌汤氏宗谱》卷十一。汤外父名据汤《哭外翁吴公允颊》诗序。又汤《吉永丰家族文录序》说:"盖予祖茂昭公言。"《袾宏先生戒杀文序》说:"余先祖伯清闻之,叹曰",是汤祖父又字伯清,其名有时也写作"茂昭"。

## 嘉靖三十一年（1552）壬子　三岁<sup>①</sup>

汤少年知友中间交情最深的一位朋友帅机，本年乡试中举。帅机字惟审，号谦斋，临川人。临川李绂《阳秋馆文集序》说："有明嘉、隆之际，吾临川帅惟审先生与汤若士先生齐名。当时为之语曰：帅博汤聪两神童。"又说："帅先生于汤先生十年以长，而帅先生年十五即举于乡，科名亦先达。然帅、汤并称，交情特笃，未尝以行辈先后。"帅机乡试中举时年十五岁，时汤显祖正三岁，帅比汤年长十二岁。

**注释：**

① 帅机乡试中举，见《临川府志·选举考和文苑帅机传》。《阳秋馆集序》见李绂《穆堂初稿》。又据临川人说，帅家在临川县罗针乡。

## 嘉靖三十二年（1553）癸丑　四岁[1]

本年沈璟生。沈璟字伯英，号宁庵，晚字聊和，吴江人。比汤显祖小三岁。

**注释：**

[1] 据王芷章《明清曲剧史》所录《沈璟家谱·本传》。

## 嘉靖三十三年（1554）甲寅　五岁

本年，汤显祖上学读书。《文昌汤氏宗谱》卷首说，汤的父亲曾"建家塾以开继绪"，汤读书的地方也应该就在这家塾里面。邹愚公《临川汤先生传》说："五岁能属对，试之即应；又试之，又应，无难色。"这当是他上学以后的事。汤诗《三十七》说："剪角书上口，过目了可帙。"也说自己上学读书，书过目就能成诵。

## 嘉靖三十八年（1559）己未　十岁

汤对他父亲的"明教"曾加以赞扬，只是这种封建教育却又和汤的本愿违反。汤家是临川的书香人家。汤之父亲和当地士绅常有往来。金溪举人谢相，字九山，又字大卿。他的儿子谢廷谅，字友可，比汤年仅小半岁。① 谢相既从金溪定居临川，谢廷谅和汤显祖就成了少年知友。他两人在十岁左右的时候同抱有一种思想，依谢所说，这就是"喜以琴钓自起"，但他却又说："又无若其家大人及余先大夫之属何。"② 汤对于八股文和四书五经注疏，大概在这个时候就不感兴趣。后来他在《王季重小题文字序》里说："儿时多慧，裁识书名，父师迷之以传注帖括，不得见古人纵横浩渺之书。一食其尘，不可复鲜。"这虽是就一般的情况说，但他和谢廷谅在这个时候都想去做隐士，也就是对传注帖括的父师教育方式很不习惯。因为他两人在这个时候就已经从所读的传注帖括的范围以外涉猎到古文词赋了。

**注释：**

① 汤显祖《序谢廷谅〈明馨协荐录〉》说："是时予亦十岁许。"据汤所说，谢年十岁时，他已经十岁多了。谢序汤《问棘堂邮草》说："君长予半岁耳。"话说得更为明显。
② 据谢廷谅刻《汤临川〈问棘堂邮草〉叙》。

## 嘉靖四十年（1561）辛酉　十二岁

本年，谭纶丁父忧回宜黄原籍。谭字子理，一字二华，宜黄谭坊人。嘉靖二十三年（1544）进士。授南京礼部主事。嘉靖二十八年丁母忧回籍，服阕除南京兵部主事，升员外郎。三十四年升浙江台州府知府。三十七年升浙江按察司副使。三十九年升浙江布政司右参政，在浙江练兵防倭。本年丁父忧回籍，当年广东流兵进攻抚州，谭墨缞领浙兵平乱。四十一年乱平，改授福建布政司右参政，谭奏请终制回籍。四十二年倭陷兴化，谭再墨缞视师，升都察院右副都御史福建巡抚兼提督军务。四十三年破倭后，再上疏回籍行服。四十四年九月服阕，起复都察院右副都御史巡抚陕西。① 谭从任兵部主事直到他死，始终主兵事共二十七年。回到宜黄原籍只前后两次丁忧，但本年这次丁忧却在他"治兵于浙"以后。汤显祖《宜黄县戏神清源师庙记》说："我宜黄谭大司马纶……自喜得治兵于浙，以浙人归教其乡子弟，能为海盐声。"这应当是从本年到嘉靖四十四年一段时间以内的事。虽说谭在服中不能在家演戏，只是谭在丁忧三年里曾两次墨缞领兵，却并非在家守制。而且谭纶的海盐戏班也就是随军戏班，他从浙江带到宜黄，前后将达四年，在宜黄也可算是一种新的事物。因此，由这种海盐新腔改变了宜黄子弟的弋阳旧腔，也自是意中的事。

宜伶海盐新腔和汤显祖晚年的戏曲活动关系很深，他那"四梦"的演唱和这种新腔是不能分割的。因此，这种新腔从哪年产生，也应当作为他这一生中的一件大事。

**注释：**

① 据《明史·谭纶传》。欧阳祖经《谭襄敏公年谱》据旧谱。

## 嘉靖四十一年（1562）壬戌　十三岁

　　本年，汤显祖和谢廷谅同应岁试。①当时江西之提学官何镗，字振卿，号宝岩，浙江丽水人。他很推重汤的文章。汤《负负吟》序说："予年十三，学古文词于司谏徐公良傅，便为学使者处州何公镗见异。且曰：'文章名世者，必子也。'"汤自己这样说，自然是可靠的话。但邹愚公《临川汤先生传》却说："十三岁就督学公试，举书案为破。曰：'形而上者谓之道，形而下者谓之器。'督学奇之。"这说法和汤自己所说就不免有些出入。由于汤上学后所受的父师教育，他应该能做出这种破题，但凭他做出的这一个理学的破题，却无法就许他"文章名世"。

　　只是汤的文学基础深得力于徐良傅，却不容我们忽视，徐字子弼（在汤的诗文集里有时写作子拂），号少初，东乡高坊人。嘉靖十七年进士、授武进县知县，召拜吏科给事中。徐因进谏罢官回里②，在临川县东南拟岘台筑室居住，岁聚生徒百十人，以古文法和经义教授。汤显祖、谢廷谅都是他的学生。③谢廷谅的兄弟廷赞，字曰可，也可能是他的学生。汤和二谢早年以《文选》知名④，徐当是他三人的文学启蒙人。但到了三人晚年，谢氏兄弟文章为时人所轻，而汤却能从刻画六朝走向自发天机的路，蔚然成为大家。当时科场考试，除四书外更试经义，《书经》是汤所治专经，也出于徐之传授。⑤

　　同时，汤更从罗汝芳讲授理学。汤曾说："十三岁时，从明德罗先生游。"在《李超无问剑集序》中说："吾师明德夫子而友达观。"在《答管东溟》中又说："而不佞亦且从明德先生游。"汤随时都提到他这位先生。罗字惟德，号近溪，南城人。嘉靖二十二年（1543）举人，三十二年进士，当年选太湖县知县，不久升刑部山东司主事。本年前一年，他回到他家乡南城省亲。本年又出任宁国府知府。⑥汤显祖从罗讲授理学，就在他回乡省亲的两年以内。

罗汝芳的理学，属王阳明学生王艮所开创的泰州学派。王艮字汝止，号心斋。他出身泰州盐丁，从王阳明授学。他认为"百姓日用即道"，把一切生活规律都认为是道，用孕育在主观唯心论中的唯物思想向正统理学思想进攻。王阳明说人人都有"良知"，就都可以成为圣人。王艮因将他的思想传向下层社会，招收学生不论品流，樵夫、瓦匠、商人、农民都出自他的门下。他的学生颜钧，字山农，吉安人，虽然不是平民出身，却是一位具有积极斗争精神的学者，主张率性行事，打破正统理学所讲的道理格式。他喜爱救人急难，主张铲除造成社会贫富之制度，因此和当时正统理学思想形成一种对立。嘉靖十九年（1540），罗汝芳到了南昌，颜钧正在那里讲学，罗汝芳便拜他为师，向他请教理学。嘉靖二十三年，罗汝芳进京会试，他认为"吾学未信，不可以仕"，就不应廷试回家，并决心在家乡讲学。二十四年，他在南城建从姑山房，接待四方来和他共同讲学的人。⑦ 汤显祖从罗讲学，也应当就在从姑山房。《南城县志》说："汤显祖幼从近溪学于从姑山房。"⑧ 这记载应当是很可靠的。

　　罗汝芳的理学虽说一脉相承，离不开王阳明学派的主观唯心论的范畴，但是他直指本心，抛除一切依傍，追求自由的精神，却又和他的先生颜钧一样。他讲学不斤斤于文义训解，有人说他"譬如韩白用兵，直捣中原"。因此，他的理学思想跟他先生的理学思想一样，和当时正统的理学思想形成一种对立，更因此对汤显祖以后的思想解放也具有决定性的影响。

**注释：**

① 谢廷谅刻《汤临川〈问棘堂邮草〉叙》说："处州何公并举予为童子秀才。"
② 据《抚州府志》徐传，说徐良傅的罢官，乃是由于反对朝议称贺迎仙官成，得罪了当朝权贵。据《东乡县志》徐传，却说徐因论救前选郎高简，与其同下诏狱，简廷杖谪戍，徐削职为民。并说这事系由大学士夏言造成，即《抚州府志》所说之得罪了当朝权贵。

③ 谢廷谅刻《汤临川〈问棘堂邮草〉叙》说:"十三四岁时,稍从徐子拂为词赋。处州何公并举予为童子秀才,非好也。"文意指汤、谢两人爱词赋不爱秀才,可知从徐学词赋也和并举秀才一样,同是兼指两人而言。

④《列朝诗集小传·帅思南机》条下,谈到汤晚年文章声誉极高,谢廷谅心不能平,曾向钱谦益说:"汤生少游贱兄弟间,贱兄弟读《文选》,汤生亦读《文选》。"钱向他笑着说:"词人读《文选》,正如秀才读四书,看作手何如耳。"

⑤《东乡县志》徐传说:"汤固世受《尚书》于徐良傅者。"万历十一年《进士登科录》载:"汤显祖,治《尚书》。"因知《书经》是汤所治专经。

⑥ ⑦ 据《近溪子集》附集卷二,杨起元《罗近溪先生墓志铭》,邹元标《愿学集》卷六之《近溪罗先生墓碑》。

⑧ 据《南城县志》卷八之八"流寓"。又《文昌汤氏宗谱》、《抚郡汤氏廪宇规模记》说:"承塘公初延罗明德夫子教子六人于城内唐公庙。"这说法不可靠。罗汝芳当汤显祖出生前六年已经在南城建从姑山房做讲学的据点,当汤显祖四岁的时候,他已经是太湖县知县了。这样一位先生。又岂是汤之父亲的力量所能够请来教蒙馆的。

## 嘉靖四十二年（1563）癸亥　十四岁

本年，汤显祖补邑弟子员。汤有诗题"与丽阳何家昆仲。吾师何公起家进贤令，视江右学。予年十四，补县诸生"①。邹愚公《临川汤先生传》说："补邑弟子员。每试必雄其曹偶。彼其时，于帖括而外，已能为古文词。五经而外，读诸史百家、《汲冢》、《连山》诸书矣。"是汤从本年进学，他的读书范围也从此不限于举子业了。

嘉靖四十年（1561），谢相补湖南东安县知县。去年，谢廷谅应岁试后，曾往东安省亲，在东安写了篇怀湘淖郢的千言大赋寄给汤显祖，自以为他的词赋非汤莫解。这两位少年知友解脱了制义的拘囚，尝到了写读文赋的滋味。谢说他作赋的时候，"茫然有去俗神游之想"，可以想见这两位少年当时情感的飞越。②

**注释：**

① 据《进贤县志·职官志》：嘉靖二十八年（1549），何镗任进贤县知县。
② 谢相任东安县知县年代据《东安县志》之官属志和列传。谢廷谅游东安作千言大赋，参见汤显祖《明馨协荐集序》和谢廷谅刻《汤临川〈问棘堂邮草〉叙》。

## 嘉靖四十三年（1564）甲子　十五岁

汤《学馀园初集序》说："吾年十五师徐子弼，二十友帅惟审，讲古今文字声歌之学，"这和他前面所说十三岁时学古文词于徐良傅并不发生矛盾，十五、二十，不过举其成数而言罢了。正如他《答张梦泽》书所说："弟十七八岁时，喜为韵语，已熟骚赋六朝之文，然亦时为举子业所夺，心散而不精。"这段话也不好只看作是十七八岁时的事情。大概从他十三岁到二十岁的一段时期，他已经开始读骚赋六朝文学，并由古文词的习作进而习作诗、赋等韵语，只是为了三年两试，不能不因举业分心罢了。

汤说他十三岁即从罗汝芳游。但《临川府志·姜鸿绪传》说："与帅惟审、汤义仍结社里中，面质修身为本之学于罗明德"，却又当是十三岁后一段时期的事。《文昌汤氏宗谱卷首·世传·承塘公传》说："公尊贤重士、若同里帅子机、饶子仑、周子献臣、曾子如海，谢子廷赞皆知名士，公悉延至家，与长君若士先生共事笔砚。"这桩事也当是这段时期以内的事。姜鸿绪字耀先，周献臣字簌六，曾如海字粤祥，三人同是临川人。饶仑字伯宗，进贤人。在这段时期里，汤显祖既有良师，又多益友，既从事古今文字声歌之学，又和朋友在里中结社，讲论理学，这与在家塾读书为传注帖括所拘束的时候，眼界和学力自然就大不同了。

汤在《哀伟朋赋》及其序文里，生动、形象地写出了他这一时期在里中交游生活之一斑。赋序说："予年未弱冠，有友二人。钟陵饶伯宗仑，临川周无怀宗镐，皆奇士也，仑长不尽九尺，瘠而青，瞻视行步有异。镐长不尽三尺，髯而甚口。当予谭说有致，仑笑断然，镐笑轩然。三人嵯峨蹒跚而行乎道中，旁无人也。"仑、镐皆"习谭帝王大略。所喜皆大臣将相筹策占候之事。而仑复晓夜诵书，常与予映雪月，交书而尽，乃已。同卧处三岁余，前后别去。"赋说："惟吾朋之恢诡，形一短而一长。并弓裘于北渚，同研席于文昌。无怀之胸腑有奇，伯宗之体貌殊方。予参差以中立，互通衢而颉颃。服御无分于几舄，诗书或乱于巾箱。夜谈则风雨如晦，晓起而月出之光。有目击而成笑，无疑情之见妨。"汤这时既遍览诸史百家，朋友们如饶、周等也习谭帝王大略。这三位知友，充满了浪漫情调，不是同案共榻，晓夜诵书，就是在大街游行，高谈大笑。在赋和赋序里，写出了他们三人在文昌桥共学时兄弟般的友爱，更写出了他们自命不凡、目空一切的秀才气味。可能在这个时候，汤和饶、周交往更要密切些、深厚些，但其他的朋友和汤"共事笔砚"，也能够从这段真实的描写里看出一个轮廓。

## 隆庆二年（1568）戊辰　十九岁

和汤共笔砚的朋友帅机，本年中了进士①，同年中进士的还有顾大典。顾字道行，吴江人，中进士时年纪很轻。②

当时，颜钧的理学思想既和正统理学思想形成对立，统治阶级认为他的这种理学思想很危险，因此借了一个题目，把颜钧捉到南京，下在牢里，阴谋加以陷害。南京刑部原想把颜钧问成死罪。罗汝芳听到颜钧入狱的信息，就借贷了二百两银子，和他的儿子、门人一同前往营救。皆因他和他的同志尽力援救，颜钧才得从轻遣戍邵武。③

**注释：**

① 据《临川府志·帅机传和选举志》。
② 据潘柽章《松陵文献》卷九顾传，王骥德《曲律》卷四。
③ 这段事的根据，是杨起元的《近溪先生墓志铭》，邹元标的《近溪罗先生墓碑》和周汝登的《圣学家传》，刘沅卿的《诸儒学案传》（后两传都见《近溪子集》附集），说法都和杨铭相同。杨字真复，号复所，归善人，一时称罗汝芳的大弟子，他的话当然可靠。但黄梨洲《明儒学案·参政罗近溪先生传》却说："其后由农以事系留京狱，先生尽鬻田产脱之，侍养狱中六年，不赴廷试。"他认为罗汝芳不赴廷试和颜钧入狱的事有关，因此把这段事置于万历二十三年。

## 隆庆四年（1570）庚午　二十一岁

汤中江西乡试第八名举人。①邹愚公《临川汤先生传》说："庚午举于乡，年犹弱冠耳。见者益复啧啧曰：'此儿汗血，可致千里，非汉仅蹀躞康庄也者。'"

汤显祖《前朝列大夫饬兵督学湖广少参兼佥宪澄源龙公墓志铭》说："予乡举为隆庆庚午秋，而吉之龙公宗武，刘公台，南昌万公国钦、丁公此吕皆成进士。虽蕴藉慷慨殊致，而各有名于时。"《奇喜赋》说："庚阳丁右武，天下英奇士也。与予同庚而生，庚而举。"《哭丁元礼十二绝》序中说："右武兄同予生庚之戍，举庚之午。"龙宗武，字君扬，号澄源，泰和甘竹里人；刘台字国基，又字子畏，安福人；万国钦字二愚。丁此吕字右武，号勺源，同是新建人。龙、刘中乡举后，第二年就中了进士；丁中万历五年（1577）进士②；万和汤中万历十一年（1583）进士。汤显祖乡举之同年有以上这些人物，他们都是当代气节之士，和汤都很相投合。

当时江西主考官是张岳。张岳字汝宗，余姚人。汤《莲池坠簪题壁二首》诗序说："余庚午秋举，赴谢总裁参知余姚张公岳。晚过池上，照影搔首，坠一莲簪，题壁而去。"说的就是他中举后谒谢主考的事。

当时汤的房师是平湖马映台。汤《上马映台先生》说："庚午之秋，所录者弟子某一人而已。"《与车嘉兴》说："平湖马映台师老而子少。"《与马公子长卿》说："弟两拜吾师于长安，后在南都，致问而已。弟子之敬阙焉，"就以上三封信看，马和汤的师生情谊应当是很不浅的。

汤《答张梦泽》说："乡举后乃工韵语。"邹愚公《临川汤先生传》说："彼其时，于古文词而外，能精乐府歌行、五七言诗；诸史百家而外，通天官地理医药卜筮河渠墨兵神经怪牒诸书矣。公虽一孝廉乎，而名蔽天壤，海内人以得见汤义仍为幸。"这时候，汤对乐府诗歌、五七言已深下工夫，所涉猎的书籍范围比以前更加宽了。

**注释：**

① 汤中举名第据万历十一年《进士登科录》。
② 龙宗武之字，号、籍贯和举进士年代据罗大纮《紫原文集》卷十一《参议澄源龙公墓碑》。刘台字国基，据郭景昌《吉州人纪略》卷二"刘传"。刘、丁举进士年代，各据《明史》本传。

## 隆庆五年（1571）辛未　二十二岁

汤本年来京会试，和姜奇方同居一处。姜奇方，字孟颖，号守冲，湖广监利人。汤《宣城令姜公去思记》说："余识宣城令荆人姜君奇方孝廉时，长者。"又当汤六十岁时，写《寄姜守冲公子》说："不佞弱冠时，庚午冬，同令先公春试同旅舍，对窗扉而卧，先晨起者，必拊背而笑。时王、郑二君子在焉。以后道义风期，常相切厉，访之宣城，张青野在焉。"姜当和汤同在去年中举。因此，他们两人本年来京同应会试，就同在一起居住。他们的交情，在共同居住的一段时间里建立起来，往后就成了知心朋友。但本年姜中进士，并在同年任宣城县知县，而汤本年却落第了。①

有人说，汤这次落第是由于陈眉公的中伤。清代顾公燮《清夏闲记》说："云间陈眉公入泮，即告给衣顶，自矜高致。其实日奔走于太仓王锡爵长子维山名衡之门。适临川孝廉汤若士在座，陈轻其年少，以新构小筑命汤题额。汤书'可以栖迟'，盖讥其在衡门之下也。陈衔之。自是王相主考，汤总落孙山，王殁后始举进士。"因此，蒋士铨在《临川梦》"隐奸"里，将陈眉公牵扯进来，并将他写成一个净扮人物。他不但在陈的道白里采用了和顾公燮同样的说法，而且在《玉茗先生传》里也说："年二十一，举于乡，忤陈继儒，遂以媒孽下第。"他竟认清初人的信口雌黄为实有其事了。王锡爵当万历初年，官不过国子祭酒；这时候，官不过春坊中允，并不是什么权要。他拜文渊阁大学士在万历十二年（1584）十二月，离汤此次落第已在十二年之后。他的长子王衡，在万历十六年（1588）科场弊端案里是一个被疑的人，那时他也只是一名举人，直到万历二十九年（1601），即王锡爵罢相后八年，也即是汤显祖去官的那一年，他才得中进士，陈眉公于嘉靖三十七年（1558）生，比汤年小八岁，又哪能轻其年少？王锡爵死于万历三十八年（1610），这时汤显祖已经六十一岁，又哪能有"王殁后始中进士"的事？而且，陈眉公在汤死后，曾替汤《牡丹亭》写了题词②，用杨用修、徐文长和汤相比，说汤的词曲最为当行本色，如陈在汤之生前曾对其加以中伤，又哪能在汤既死以后，对汤的剧作大加称许呢？③

　　前年，罗汝芳母死，回家丁忧。本年葬母之后，周游天下，遍访同道。曾大会南丰，大会广昌，大会韶州，并由郴、桂下衡山，大会刘仁山书舍。④

　　本年，龙宗武和刘台都中了进士。刘台授刑部主事；龙宗武任苏州府推官。⑤

**注释：**

① 据《宣城县志》卷十二之"名宦"和《监利县志》卷八《姜奇方传》。
② 陈眉公《批点〈牡丹亭〉题词》，见《眉公先生晚香堂小品》卷二十二。
③ 《渔矶漫钞》卷十说："陈眉公以通隐名。陶石篑赠匾云'可以栖迟'，陈不悟。有友指示之曰：'此讥君在王衡相公门下耳'，陈又大惭。"可知这传说在清初已莫衷一是，不足引以为据。
④ 据杨起元《罗近溪先生墓志铭》。
⑤ 龙中进士和任苏州事，见汤显祖《前朝列大夫饬兵督学湖广少参兼佥宪澄源龙公墓志铭》。刘中进士和任刑部主事见《明史》本传。

## 万历元年（1573）癸酉　二十四岁

汤在《李超无问剑集序》里既自称"师明德先生而友达观"，他更在《答邹宾川》里说："弟一生疏脱。然幼得于明德师，壮得于可上人。"汤显祖的哲学思想，深受罗汝芳和达观的感染和影响，他自己也经常提到。

可上人即达观。达观名真可，晚号紫柏，俗家姓沈，苏州吴江人。他是个雄傲不羁，才辨不凡的和尚。他生于嘉靖二十二年（1543），比汤显祖年长七岁。嘉靖三十八年（1559）在苏州出家；四十一年（1562）受戒，并闭关三年。到嘉靖四十四年（1565），开始到外面游方。本年，他初次到了北京。达观《祭法通寺遍融老师文》说："泪万历元年，北游燕京，参遍老于法通。"这时候，他三十一岁了。他深受遍融启发。也就在同一年，他再回苏州去了。①

去年，明穆宗死，罗汝芳奉遗诏促起复。本年，罗到北京，见张居正。张问罗"山中功课"？罗说："读《论语》《大学》，视昔差有味耳。"张默然不语。补官东昌府知府，迁云南副使。②去年，穆宗死后，神宗颁中旨任冯保为司礼掌印太监，因之引起了首辅高拱和冯保间的一场决斗。张居正坐观成败，但他却希望高拱失败，由自己独揽政权。他暗里结纳冯保，并将高拱密谋阴向冯保泄露。结果是高拱罢相，回籍闲住，不许在京停留。高拱政权被推倒了，张居正继任首辅，依附冯保力量树立起他自己的独裁政权。③因此，去年罗汝芳奉到遗诏，就应当是张居正的主意。张居正新揽大权，不能不延揽几个人才，故用遗诏把罗汝芳调来北京。他问到罗的"山中功课"，蛮想要听听罗的经济言谈，但罗的回答却只是朴实的儒生本色，因而引起张的不满。张对罗虽然从此失去了他的期望，但罗却我行我素，并不曾把张居正放在眼下。

本年，沈璟中应天第十七名乡试。④

**注释：**

① 《祭遍融文》，见《紫柏尊者全集》卷十五。全集和别集都在《续藏经》内。以上见全集《德清塔铭》别集《陆符传略》，并参考钱希言《狯园·释异》。
② 据杨起元《罗近溪先生墓志铭》，《明儒学案·参政罗近溪先生传》同。
③ 据《明史》高拱、冯保传，《明史纪事本末》卷六十一"江陵柄政"。
④ 据《沈璟家谱·本传》。

## 万历二年（1574）甲戌　二十五岁

　　本年，余有丁起南京国子监祭酒。汤显祖本年在南京国子监读书，因此他在《太学同游记叙》里说："然游太学至久，师董余公。"他并在《奉怀大司成余公》和《寄奉学士余公》序里提到他两人的师生情谊。余字丙仲，号同麓，鄞县人。①

　　本年，沈璟中二甲第五名进士、授兵部职方司主事。②

　　本年，龙宗武任太平府江防同知。③

**注释：**

① 余有丁据《鄞县志》卷三十六《人物传》十一。
② 据沈璟家谱本传，潘柽章《松林文献》卷九《沈璟传》，《吴江县志》卷二十八《名臣传》。
③ 据汤显祖《前朝列大夫佥兵督学湖广少参兼佥宪澄源龙公墓志铭》，沈德符《万历野获编》卷二十二"龙君扬少参"条。

# 万历四年（1576）丙子 二十七岁

芜湖是太平府江防同知的防地所在①，汤显祖落第后，在姜奇方宣城任所作客，也常常在龙宗武芜湖任所作客。芜湖和宣城相隔很近，姜和龙两位同年也不时往来。宣城是富饶的县份，芜湖是商贾辐辏之地，因此，姜、龙两位官长享用都很豪侈。宣城有两家仕宦人家，一家是给谏梅守德家，一家是侍御史沈古林家。梅和沈同进学，同中举，同在北京做官，同罢官回家，回家后更同游同饮，同做诗坛主盟，这两位老朋友真可算志同道合。②梅守德的儿子鼎祚，字禹金。梅生禹金兄弟三人，禹金的两位兄长早死，他便成了他父亲的独生子了。他从小就有诗名，这时候和沈古林的儿子沈懋学交好，他两人同负当时文名。沈懋学字君典，号文林，一号白云山樵，隆庆元年（1567）举人。沈为人短小，有英雄气略，好谈兵法，结交异人名士，酒徒剑客常被他所罗致。当罗汝芳做宁国知府的时候，他两人又都是罗的学生。当时是嘉靖四十一年，沈和梅同是诸生。罗在当地建志学书院和地方士绅讲学，因将他两人都招致在自己的门下。③

当汤显祖在宣城作客的时候，和梅禹金、沈君典的交往极密。汤在《宣城令姜公去思记》中说："后予游宣，行水阳④，林树修远，厨传甚饬。已又见其人士沈君典、梅禹金之流。文雅风快，为之欣然。令数来，悠悠如也。"汤又在《寄荆州姜孟颖》中说："忆不似丈仙令在宣城时，左君典，右禹金。"《吹笙歌送梅禹金》说："先时拾翠凌阳池⑤，忆汝吹笙出桃李。天涯此日龙使君，世上何人沈太史。已觉丛残姜令非，空惊绰约梅生是。"都写的是这时候的朋友交往。梅有《三醉龙使君帐中歌》，写龙宗武的盛设豪饮⑥；汤有《别沈君典》诗，写开元寺的诗课⑦，都能够道出他们五人在这一段时期里的欢娱岁月。

汤《答管东溟》说："后稍流浪，戏逐诗赋歌舞游侠如沈君典辈，相与傲睨优伊。"当时这些朋友，不但饮宴赋诗，而且谈兵说剑，兴致是很不浅的。又《答费学卿》说:"弱冠过敬亭⑧,梅禹金见赏,谓文赋可通于时,律多累气。因学为律,粗以纪游历、寄赠言怀。"汤在这段时期里开始着力写好律诗,但钱谦益评梅的诗,却说梅"七言今体步趋李于鳞"⑨,这对于汤的写诗,其影响也并非都是好的。到后来汤写《紫箫记》,梅写《玉合记》,把当时少年朋友的抱负和情趣都写到戏曲情节里而来了。但就这两部戏曲之行文而论,却都属于骈绮派,只是"案头之书",不能算"台上之曲"。可知汤和梅、沈结交,放浪的生活情调虽因此更丰富了,但涩僻的写作倾向却难免不是这一时的缺陷。

当时来姜、龙任所作客的人很多。姜奇方是张居正儿子的师长⑩,因此,张居正的叔父也来姜、龙任所作客。钱谦益《列朝诗集小传·汤遂昌显祖》条下说:显祖"尝下第,与宣城沈君典薄游芜阴,客于郡丞龙宗武。江陵有叔,亦以举子客宗武,交相得也。"谈迁《枣林杂俎》说:"乡人姜口宰宣城⑪。万历丙子,义仍过访,宿口寺,识梅鼎祚禹金,得交沈孝廉懋学,尝同课寺中。有楚客,角巾葛衣,通候;问里氏,曰'江陵张某,今相国父行也。'疑之,然不敢忤,留饮且眤焉。客辞曰:'二孝廉入京,相国期一晤。'意颇勤切。"据以上两种说法,张居正的那位叔父,在当时也是举子,曾到姜、龙任所作客,是从江陵入京会试。他曾在开元寺里结识了汤、梅和沈。他临行向沈、汤说,明年两人进京,他能替他们介见张居正,也自是人情之常。

其时,刘台已由刑部主事改官辽东御史巡按。张居正忽说他误报辽捷,传旨斥责。在本年正月里,刘台抗疏劾张专恣不法。奏疏里说张擅作威福,蔑视祖宗法度;说张逐大学士高拱离京,不许他片刻停留;说成国公朱希忠并无边功,张却以王爵相赠;说张引用阁臣张四维、冢臣张瀚,都不经过廷推;说张斥遣谏官余懋学、傅应桢,几使言路一空;说张献白莲、白燕,为自身固宠之计;说张替子弟谋乡举,不惜用京堂、巡抚赠人作报;说张创为考成法,许阁臣举劾言官,令言官拱手从己;说张在江陵大起宅第,乡郡膏血都尽。⑫

张居正得为首辅,是勾结权阉冯保,倾陷高拱的结果。他原是一位经济长才,当明神宗初立,主少国疑,国力和朝政都江河日下的时候独揽政权,他反对严嵩执政时期的贪污政权,更反对以后执政的人姑息为政。他的政治设施如综核吏治，厘剔奸弊，杜绝贿门，都很替快要崩溃的明朝统治阶级做了一些事情。但他的政治设施却以初明独裁政治为标的，他主张严行考课，主张取缔言论，主张振纲纪、崇诏令，增进君主威权。他称赞秦始皇和明太祖，希望君为成汤，己为伊尹。⑬因此，他对言官采取了裁抑和钳制的手段，御史小有不合，每遭受他的诟责。但当时言官却要求开放言路。万历三年二月，南京户科给事中余懋学疏陈五事，因语侵张居正，被斥为民。当年六月，雷击端门鸱尾，御史傅应祯继陈三事，斥张居正为王安石，说张以"三不足之说"误神宗。张票拟旨意，下狱穷治党与，只因傅濒死没有招认，才被谪戍定海。余懋学字行之，婺源人，隆庆二年进士。傅应祯字公善，和刘台同是安福县人，隆庆五年和刘台同举进士，同是张居正的门生。他两人改官御史，也都是由于张的荐举。张居正蛮以为由自己门生任言官，总可以供他使唤。却不防傅应祯继余懋学上疏，刘台在张居正传旨斥责以后，还敢痛快淋漓地来一封更厉害的奏疏。张居正盛怒之下，竟说刘台是傅应祯的党羽，又说二百年来无门生劾师长的事。当时居正炙手可热，神宗命下刘台诏狱，廷杖遣戍。张居正假具救疏，因得从轻革职。⑭

　　这件事是张居正和言官矛盾的第二次爆发。因刘台与汤显祖是江西同乡，二人又同年中举，汤对刘台的大做一手也自然深表同情，因此对张居正就自然心怀不满，不愿被他所笼络了。

## 注释：

① 《太平府志·建置志·武备》说："正德后，移江防同知于芜湖。"
② 据沈懋学《郊居遗稿》卷十《祭宛溪老伯》文。
③ 梅禹金，据《列朝诗集小传·梅太学鼎祚》，《宣城县志》梅传。沈君典，据屠隆《白榆集》卷十九《沈太史传》。梅、沈从罗汝芳授学，据杨起元《近溪先生墓志铭》、《宣城县志》梅传。
④ 水阳镇在宣城东北七十里。

⑤ 凌阳池在宣城城内。

⑥《列朝诗集》选录梅禹金《三醉龙使君帐中歌》："清霜初报湖中客。阴云出鬼如蟠石。今朝又入郇家厨，一旬三醉龙君席。龙君豪饮卷白波，食单事事敌韦何。渍蜜鲻鲶那可赏，饮乳燕豚未足多。更看蒲叶传新菜，别有樱桃字铧锣。平生最爱消寒粉，此地新煎热洛河。野夫饱食兼大醉，龙君醒眼雄相视。直邀玉女对投壶。复催铁骑横铙吹。一官从左禄从微，好向文君问典衣。有酒且开北海座，无粟仍守东方饥。滴滴莲花漏欲尽，天河渐涸残星陨。难辞犹泊孝廉船，来期再就丹阳尹。"这首诗说龙宗武虽不是有钱的官，但他在十日里三次宴客，名厨佳菜，十分铺张。龙有宴设，姜有回席。汤称姜"厨传甚饬"，其筵宴铺张当也和龙相等。

⑦ 汤《别沈君典》诗说："去年三月敬亭山，文昌阁下俯松关。今年俊秀驰金毂，表背胡同邀我宿。妙理霏霏谈转酷，金徒箭尽挝更促。人生会意苦难常，想念开元寺中烛。开元之烛向谁秉，君扬龙生姜孟颖。按席催教白纻辞，回船斗弄苍龙影。"开元寺即《枣林杂俎》所称之"某寺"。当时龙、姜和汤、梅、沈等同在寺里课诗。可知当时龙、姜不但常常有大的宴会，同时还常有诗课小集。

⑧ 敬亭山在宣城东北十里。

⑨《列朝诗集小传》"梅太学鼎祚"条说：禹金"为诗，宗法李、何，虽游猎汉魏三唐，终不出近代风调。七言今体，步趋李于鳞，又其靡也"。钱谦益对李于鳞七言今体有批评，见《列朝诗集小传》"李按察于鳞"条，可以参考。

⑩ 据汤显祖《宣城令姜公去思记》。

⑪《枣林杂俎》所称"乡人姜□"当是谈迁误记。

⑫ 刘台抗疏劾张居正，据《明史·刘台传》。

⑬ 据《张太岳文集》。

⑭ 据《明实录》卷三十五、三十九、四十六，《明史》张居正、刘台、余懋学、傅应祯各传。"三不足之说"即王安石所说"天变不足畏，祖宗不足法，人言不足恤"。

## 万历五年（1577）丁丑　二十八岁

　　本年，汤显祖和沈懋学同来北京会试，并曾和沈同住表背胡同。① 本年又当外官考察，姜奇方也进京朝觐。② 张居正的叔父比汤、沈先来北京。钱谦益《列朝诗集小传·汤遂昌显祖》条下说："万历丁丑，江陵方专国，从容问其叔：'公车中颇知有雄骏君子晁贾其人者乎？'曰：'无逾于汤、沈两生者矣。'江陵将以鼎甲畀其子，罗海内名士以张之。命诸郎因其叔延致两生。义仍独谢弗往，而君典遂与江陵子懋（嗣）修偕及第。"谈迁《枣林杂俎》说："至期并寓燕。前客果来，劝谒相国，各未决。客曰：'第访我，相国自屏后觇之耳。'沈独往而退。……招义仍，终不往。寻沈隽南宫，对策进士第一。义仍下第。"据以上两种说法，本年会试举人，张居正想替他儿子嗣修在一甲三名里面留个位置，只因为宰相的儿子不便大魁，想再找两位名士陪伴嗣修。张的叔父既向张推荐汤、沈，张因使他的叔父介绍儿辈和汤、沈结纳。当时介绍人除张的叔父外，据汤自己所说，姜奇方也是其中一人。汤《宣城令姜公去思记》说："令朝京师，会余上试。令故江陵相弟子师也。不数日，江陵弟子介令候余，余谢不敢当。"这说法应当是较可靠的。张使他的儿辈结纳汤、沈，是延致不是延见，是使儿辈先候汤、沈，然后劝汤、沈进见。《明史·汤显祖传》说："张居正欲其子及第，罗海内名士以张之。闻显祖及沈懋学名，命诸子延致，显祖谢弗往。懋学遂与居正子嗣修偕及第。"也还是较可靠的一种说法。但汤对张的罗致却不但谢不往见，就连张的儿辈因中介候见，也谢绝了。

　　就这件事情说，中介人是没有错的。张的叔父因张问到，自然要推荐汤、沈；姜奇方既来北京，见张后又哪能不说汤、沈呢？当时汤、沈两人，对这件事情原也没有一定的成见，但沈比汤更豪举，汤比沈更贞介，汤对刘台革职的事又可能对张心怀不满，因此一见一辞，各走各的道路。蒋士铨《临川梦》"拒弋"

出，将张的叔父写成一个小净，并命名为"张不痴"，在他的道白里说沈对张的罗致"感激非常，即便托我带他去拜谢提携之恩"，将这件事牵扯到汤、沈两人有无气节、道义的问题上来，却又是不对头的。

本年二月，命大学士张四维、申时行做会试主考官，取中了冯梦祯等三百零一名进士，张居正之子嗣修也得中试。三月廷试，原拟宋希尧一甲第一，张嗣修二甲第一。等拆开试卷弥封后，权阉冯保传慈圣太后旨意，由神宗改宋为二甲第一，改张为一甲第二，于是赐沈懋学、张嗣修、曾朝节等及第出身有差。当时张、申和张居正虽则同官，实同属吏，冯保和太后又在左袒居正，因造成本年会试特权子弟进身的优先利益。③

汤显祖在这次落第后准备回家，他写了《别沈君典》和《谢廷谅见慰三首，各用来韵答之》的诗，更写了《别荆州张孝廉》一首，诗里说："青野主人归不归。"青野主人当即汤《寄姜守冲公子》信里所说的张青野，也当是张居正的异母弟张居谦。汤《寄姜守冲公子》说："访之宣城，张青野在焉。"这位朋友应当是汤在姜奇方任所作客时结交的。《别荆州张孝廉》诗中说："去年与子别宣城，今年送我出帝京。"汤和这位朋友去年相别，应当跟张的叔父从宣城来京同时。汤有《赠郢上弟子》诗，诗注说："怀姜奇方，张居谦叔侄。""张居谦叔侄"当指青野和张的叔父而言。诗说："从来郢市夸能手，今日琵琶饭甑多。"④可知姜等三人都是诗文能手，所以值得汤的怀念。更可知张的叔父并不能如人所说，认为是张的"私人"。这一次张居正因为他儿子嗣修本年就试，在张居谦来京以后，就强迫居谦托病，不许他入闱应考，因此，他这次来京不曾应考就回转家乡。他回到南阳府抑郁成疾，到万历八年（1580）春天竟因病死了。⑤

汤对于张居谦的不幸遭遇，自然是很同情的。同时，其中也有他落第后的苦闷情怀。汤并非以清高自矜许的人物，不愿攀附权门，是由于他秉性贞介，但他当时求名的心却仍然是很迫切的。因为这次会试的营私纳贿，阻塞了寒素儒生的进取之路，他在《别荆州张孝廉》诗里说："谁道叶公能好龙？真龙下时惊叶公。谁道孙阳能相马？遗风灭没无知者。一时桃李艳青春，四五千中三百人。掷蛙本自黄金贱，抵鹊谁当白璧珍？"他对于用金钱和权势取得科名的试场情弊抨击得很露骨，他的情感是非常激动的。诗中又说："人生有命如花落，不问朱茵与篱落。"就在这种宿命论的情调里，道出了他和张居谦两人的无限凄凉之感。

汤在《别荆州张孝廉》诗中还说："君当结骑指衡山，欲往从之行路艰。怀沙长沙为我吊，洞庭波时君已还。"又写道："我今且唱越人舟，青蒲翠鸟鸣相求。君独胡为好鞍马，草绿波光不与俦。"汤说他这次回家，将走水路从浙江转江西，但张居谦却想走旱路从衡山回荆州。据汤估计，张在本年初秋就可以到家，但汤回到临川的时日却比较要早一些。汤有《下关江雨四首寄太平龙郡丞》，其二说："江南草方长，行人意已销。归舻候春水，埼曲避春潮。"可知他春深时就到了南京。他又有《马当骤暑晚步田家》、《发小孤，风利，一夕至官塘》、《江岸》、《龙头阻风，晚霁待月有酌》、《迟江泊饮杨店草阁》等诗，同是他归途所作。他到马当值初暑，到杨店值麦秋，到家时已六月末了，所以有《六月晦后池作》一诗。

本年举进士的除沈懋学、冯梦祯等之外，还有邹元标、丁此吕、屠隆等人。邹元标字尔瞻，号南皋，吉水人，万历元年（1573）举人，他和丁都是汤的知友。冯梦祯字具区，又字开之，秀水人。屠隆字长卿，鄞县人。冯、屠和沈以气节文章相尚，沈、屠和汤交情很深，冯、邹、汤和达观又常有往来，因此，冯和汤也应当深有交情。⑥

本年九月，张居正父亲死了，讣闻到了京城，他例当回籍守制终丧。然而他能掌握政权，这是经过多年政治斗争才得来的，五年来大权独揽，一旦放弃，人情变迁，更是件难以设想的事情。他不能不保持住他的政权，因而使他的私人、户部侍郎李幼孜倡议"夺情"。他自己一面请守制，一面又暗示权阉冯保设法留他在朝。于是，神宗命他在官守制，一部分谄谀的朝官也上疏请留。但编修吴中行、简讨赵用贤却前后上疏，请令居正奔丧归葬，事毕回朝。张居正不禁大怒。紧接着，刑部员外郎艾穆、主事沈思孝又合疏请令居正奔丧终制。当时居正怒不可遏。侍讲田一㑺、赵志皋、张位、修撰沈懋学、习孔教疏救吴等，疏被格不能上达。礼部尚书马自强向居正说情，居正说："居丧的人，管不了外面的事。"掌翰林院王锡爵邀同馆十多人向居正求解，居正不见。锡爵独见居正，居正说："大家都要我去，皇帝不许我走，我有什么办法？只要有把刀子，就让我自杀了罢！"沈懋学、冯梦祯写信要求张嗣修劝他父亲，嗣修也无法进谏。沈写信给李幼孜，李回信竟说："张公不奔丧，与揖让征诛并得圣贤中道，竖儒安足知之。"于是懋学、一儁、梦祯都请告回里，赵志皋、张位、习孔教也先后贬谪。十月二十二日，杖吴中行、赵用贤，即日赶出国门；杖艾穆、沈思孝各八十，四人同时受杖，艾穆、沈思孝加镣锁囚禁三天，方得遣戍。当四人受杖的时候，新进士邹元标正在刑部观政，他怀疏入长安门劾张居正，眼见四人受杖完了，才将奏疏交与内官，假称是告假本章。疏入第三天，因疏里措辞比以前各疏更加激烈，被毒杖一百，谪戍贵州都匀卫。当时彗星从东南方出现，京城人情汹汹，有人在长安门张贴榜文，说居正将要造反。神宗宣谕朝臣说："再及者诛无赦。"一场轩然大波才算是压下来了。这一次，言官、翰林对张居正展开了正面的攻势，矛盾的总爆发，势且无法收拾。《明实录》说："方其怙宠夺情时，本根已斲矣。"这句话说明，这一位独裁政治家今后的必然命运。即居正也自知树敌太多，他从此更倒行逆施，想到用他一己之威权来挟持内外朝臣了。⑦

张居正请守制的奏疏，语气并不坚定，里面有"匹夫小节，豪杰非常"的话，说明他请求守制并非出于本心。沈懋学不满意这种说法，又看见朝官们交疏保留，他认为"以专擅之谋，际逢迎之习，非社稷之福"，就拟好一道劾张的奏疏，先给赵用贤看。赵说他的奏疏言太切直，并告诉他说，已经有人上奏疏了，"不必功自己出，名自己成"。他因和赵约定，如吴、赵上疏以后，"不幸及祸，我得踵疏解之"。吴、赵疏上，张居正果然发怒，沈便写好了《救建言诸臣令大学士张居正奔丧》的奏疏袖交吏部。吏部看完奏疏收下，却向沈说，疏有"谬误"，呈进"必得严旨"。他的奏疏就这样给吏部压下来了。沈写信给张嗣修、李幼孜，托他们营救吴等四人，非但不发生效力，又亲见吴等四人和邹元标遭受廷杖。他写信给屠隆说："顷者，诸君建言，而邹子一疏过于激切。弟目击其祸，倘毙杖下，弟固愿从之游九原。乃天幸得不死，之子既戍夜郎，弟又何颜立朝次鹓鹭哉？"他因此心伤成病，闭门百多天后，才得请告回家。沈懋学在当时是以任侠著称的青年修撰，如只因他得中状元，就看成是被张收买了，这种说法是和史实不相合的。⑧

沈懋学得告回宣城后，就在凌阳、敬亭两山之旁，筑室溪水中间，隐居不出。⑨汤《寄宣城沈君典》说："无为作逋客，萧萧猿鹤怜。"他对于沈懋学的辞官隐居，微露出惋惜的意思。又在《再寄君典》中说："问我所思人，葱芊敬亭下。壮武识龙文，隐侯居仆射。胡为息阴早，东皋耨时稼。悠然芳春意，宁惟坐声价。春谷美山泉，愿言同结架。"这时，已经是来年春天，汤正在临川家里度他的闲居生活，他慨叹时势，竟引沈为同调，愿与偕隐，因可知他两人之交谊，始终无阙。蒋士铨《临川梦》"拒弋"出中，汤责沈为"好没分晓"，事实并不如此。

至于汤对"夺情"一事自然是很愤慨的。他后来在《送艾太仆六十韵》诗里，写出当时艾穆受遣杖戍的一段情形说："是日江陵相，长星寓县愁。礼嫌金革变，权误墨缞留。奋笔含香勇，冲冠执法羞。燕臣随伏阙，楚客竟为囚。御梃惊魂落，丹墀溅血流。动传天诏狱，分作鬼投幽。远窜逢群魅，销冤失爽鸠。秦城将急杵，汉党欲穷钩，"这段诗也可以称为诗史。

汤《宣城令姜公去思记》说："令故江陵相弟子师也。……意令且计最，宠遴之矣。然令终用平徙，得治粟郎。已复贬山东小州属，监泰山妃祠。"又说："虽江陵相亦极知姜令贤。然尝谓其子，令不与我亲，常众见我。后江陵相横，不肯持父丧。问荆人士在都者，当云我何闻。独姜有后言。因以忮去。"因知本年姜奇方来京上计，也因他私议了张居正"夺情"的事得罪了张居正。竟由宣城县知县被贬到山东小州属，监泰山妃祠。

本年二月，罗汝芳转云南参政。本年八月万寿圣节，罗来京进贺表，礼成后请告出城，和同志在广慧寺讲学。沈懋学、曾朝节等都与会听讲，刑部尚书刘应节也前往听讲。这正当"夺情"事件发生之前夜，张居正气焰方张，他生平深恨讲学，因此，他对沈、曾等人加以切责，并嗾使刑科给事中周良寅对刘、罗加以弹劾。闰八月周疏上后，神宗令刘致仕，罗先因病乞休，也同令致仕。⑩

本年七月里，江西抚州府大火，延烧官舍民房三千五百间。《明实录》卷六十四有所记载，可知不是一件寻常小事。汤在《苏公眉源新成文昌桥碑》中说:"而倏以烬,公私咸病焉。"又说:"宋守王君说始为石梁而屋之,平以板。火漏其隙,江风扇之,不可向扑。昨之火犹是也。"临川文昌桥被毁于火,也当在这次大火灾里。汤《吾庐》诗说:"藏书倏以火,林藻积披离。"谢廷谅刻《汤临川〈问棘堂邮草〉序》写于明年五月,序里也说:"(汤)所述有十三经存注,读二十一史略,而两家前后火所藏书、著作殆尽。"汤家居宅、藏书也当在这次大灾里被火波及。这时候,汤早已回家了。

汤回临川后,曾写有《以诗代书奉寄举主张龙峰令弟尌都水》一诗。张龙峰即汤中举时的座师张岳,张尌是张岳的兄弟。汤中举在隆庆四年,到今年秋天恰好七年。诗中说:"函丈七逾岁,官高几令郎。"从这句寒暄话里,可知此诗是今年秋后所作。诗中又说:"愧我才非贾,当年剑遇张。浮名虽不早,人意亦差强。妄意瞻宫阙,依然迷太行。仰天流白汗,默地想清扬。敝箧开繁露,残貂异肃霜。漆悲惊众俗,田曝献君王。魏阙三年梦,燕京百日粮。蘼芜经素节,蕵芷及春阳。冰破池开绿,风轻柳变黄。流莺三两度,归雁百千行。"万历三年,汤离家到姜、龙任所作客,就想重整旗鼓,再到北京会试,所以有"魏阙三年梦"和"流莺三两度"的诗句。但本年来京应试,却因为婉辞了张居正对他的笼络,不愿和张的独裁政治同流合污,因此落第回家。他这种举动是不为世俗所理解的,他在诗里用鲁漆室女和田夫献曝这两件事来说明他的忧国爱君,所以说:"漆悲惊众俗,田曝献君王。"诗中又说:"亦喜繁华事,今非年少场。休明才未起,濡迟(滞)意徒荒。太母年垂百,严君日侍傍。山妻惟女息,买妾望男祥。四弟一婚冠,多朋时颉颃。甚欲营三径,其如适四方。"这段诗自叙他回家时的心境,和回家后的家居生活。这时候汤已经买妾,而且有了元祥、元英两个女儿。汤诗《哭女元祥元英》说:"周星并是从人乳,四岁何曾傍我身。"这两个女儿,当是汤离家作客以前所生。在汤这次回家以后,她们却前后死了。

本年,张岳任南京都察院右佥都御史,十一月,上疏劝张居正奔丧。疏说:"陛下为天下扶植纲常,以安社稷、保苍生。而君臣父子之间,其为纲常孰大于此?安社稷、保苍生又孰大于此?奔丧以完父子之情,夺情以完君臣之义,庶万古纲常不泯。"疏里的话虽说得非常委婉,但主意所在却很明显。本月因星变考察群臣，张岳上疏自陈，十二月，被降一级调外任。当时，张的私人又劾他在南京违例滥费，因再令冠带闲住。⑪这事情的发生，当在汤寄诗张衬以后，因此，汤在写这首诗的时候，还不曾想到他的老师有这场贬谪的不幸遭遇。

汤《哭丁元礼十二绝有序》说："丁丑，右武第进士，理闽漳。举元礼，小字漳哥，殊伟丽。是腊，予子蘧生"本年，丁此吕中进士后即授福建漳州推官。汤有《送新建丁右武理闽中》诗，也是本年所作。诗说："飞花比人命，片片随风陨。迢递转茵帷，独树吹何紧。"他对丁得中试，自己落第的事深致叹息，用意和《别荆州张孝廉》诗"人生有命如花落"之句相同，也可证是同年作品。汤士蘧是汤的长子，字友尼，元配吴氏所生，生于本年腊月。由此可知去年汤在芜湖、宣城作客，同年当一度回家省亲，摒挡一切，然后往北京应试。

本年四月庚申，兵部尚书谭纶卒。⑫

## 注释：

① 汤有《同宣城沈二君典表背胡同宿，忆敬亭山水开元寺题诗，君典好言边事》诗。据明·张爵《京城五城坊巷胡同考》，表背胡同在明时属东城明时坊。

②《明史·选举志三》说："自弘治时，定外官三年一朝觐，以辰、戌、丑、未岁，察典随之，谓之外察。"本年是丁丑年，所以外官当考察。

③ 本年延试据《明实录》，《罪惟录》

④ 唐张鹫《朝野佥载》说："江陵号衣冠薮泽，人言琵琶多于饭甑，措大多于鲫鱼。"

⑤《万历野获编》卷七"三相同气"条说："江陵之异母弟举人居谦，因公子就试，勒令辞疾不入闱。居谦归至南阳府，悒郁而没。太夫人哀痛成疾。江陵庚辰屡疏乞归，全为此事。"又据张敬修《文忠公行实》说："庚辰春，季父居谦讣至。"因知张居谦就病死在庚辰年初。张居正逼死了他的兄弟，却气病了他的母亲；他为了儿子的功名，却造成了家庭的变故。

⑥ 冯、屠举进士据《明实录》。邹举进士据《明史》邹传。冯、屠、沈交谊见屠隆《白榆集》。

⑦ "江陵夺情"参见《明史》,《明实录》,《明史纪事本末》,王世贞《首辅传》,吴应箕《东林本末》,黄梨州《明儒学案》,沈德符《万历野获编》、《抱瓮外史》、《星变志》。

⑧ 据沈懋学《郊居遗稿》卷四《拟救建言诸臣令大学士张居正奔丧疏》、卷六《答李于美明府》、卷九《复屠长卿明府》。并据《罪惟录》"沈懋学传"。

⑨ 据《罪惟录》"沈懋学传"。

⑩ 据《近溪子集》附集所载杨起元墓志铭、詹事讲墓碣,《明儒学案》"参政罗近溪先生传",《明实录》卷六十五、六十六。

⑪ 据《明实录》卷六十九、七十,《明史纪事本末》卷六十一"江陵柄政"。

⑫ 据《明实录》卷六十一。

## 万历六年（1578）戊寅　二十九岁

本年，汤在临川家里闲住。他家在去年临川大火后，居宅、藏书虽遭波及，但宅旁的池塘和林木却依然完善。这一年，汤祖母魏氏年已九十二岁了。三春天气，汤和祖母常到池旁林下游观，深得天伦乐趣，他因此为他祖母写了一篇《龄春赋》。赋序说："余太母为魏夫人，年九十一二矣。动为小子治宾客，暴书器。小子或违去信宿，则卦卜。至游太学，应诏辟，为严装送发，不啼也。小子受恩念深至。儿时病，不好床席，常以太母腹为藉。至十余岁，补弟子时，尚卧其肘。以是外出夜梦，常惟梦太母耳。私心不急于宦达，以是。而茨庐虽毁，池林独存，三月仲旬，从游观上下，甚欢。纪事为赋。"汤祖母对汤的爱是更深于他母亲的。赋序写汤儿童时，十四岁进学时，进学后交朋友时，二十岁中举时和此后两度进京会试时，他祖母对他的爱护、照料，真是无微不至。这时候，汤再度落第回家，心烦意闷，自然难免，他祖母却陪他到池旁林下游观春色，消遣闷怀。这真是何等动人的一幅图画。

本年秋天，龙宗武从任所送给汤一些礼物，在这些礼物里包括了江南的团扇。汤在《答龙君扬》诗序中说："足下遗物，兼问我属趣何似？一向无异，止有清夜秉烛而游，白日见人欲睡，复是草庵河上，家徒四壁；药肆人间，口无二价。一动九连之井，去舍百步之园。或临春送腊，首夏兼秋，定有欢悲，终焉翰墨。释兹而外，酒则时一中之；由斯以谈，色则谁为好矣！有子蓬年扶床巧笑，大母魏夫人吹饴弄之，有童孺之色。严君用是欢笑，第欲我在云台之上耳。"这诗序生动地写出了汤在家闲住时的生活情调。汤这时仍不免郁闷，夜间不能安眠，白日无精打采，体弱多病却时常要吃些酒，回想他去年在京时的繁华生活却又有些叹念，这一些都可以想见他的无聊。汤显祖回到临川家里是在去年夏末，他写《答龙君扬》的诗却在今年秋天。汤去年在家度岁，所以说"临春送腊",而到汤写诗时又已经是"首夏兼秋"了。这时候,他家在临川大火之后还不及重建新居,所以说"草庵河上,家徒四壁"。汤士蘧于去年腊月生,到今年秋天已经半岁多了,所以这个孩子已能够"扶床巧笑"。汤祖母身体健康,又弄着她的曾孙,汤的父母因此也心情快慰。只是汤的父亲仍盼望他的儿子进京求取功名,所以汤说:"第欲我在云台之上耳。"《答龙君扬》诗末说:"美人赠我团圆扇,可惜秋来君不见。采色明年倘未渝,会自因风托方便。"汤在此时也动了再来北京的念头,因龙赠物向龙示意,说他明年或将来京,再试试他的运气。

汤《答龙君扬》诗序说:"定有欢悲,终焉翰墨。"汤在临川闲住,将欢悲都发泄在文字里。这时候,他的精力像集中在作赋上面,《龄春赋》是他本年所写的作品,《广意赋》和《感士不遇赋》也当是他本年发抒郁闷的作品。《广意赋》序说:"人生何常?语曰,'乐与饵,过客止。'日中则还,火不可不遴也。恶从人而悲伤,遂自广焉。"《感士不遇赋》序说:"余行半天下,所知游往往而是。然尽负才气自喜,故多不达。盖有未宦徒立数言而沮殁者。其志量计数,忧人之忧,岂复下中人哉?"或曰:"天短之,然又与其所长,何也?"《广意赋》悲自己不能立名当时,却又叹人生无常,只有及时行乐。《感士不遇赋》叹有才的人多不显达,并有人夭折而死,因此他说,天给他们才能做什么呢?沈际飞评《广意赋》说:"其辞自托楚风,悲实填膺矣。"汤当时作赋之情怀可以想见。沈际飞说:"若士赋多钱善贾。"这只是就他的渊博一面而言。但这两篇赋和《龄春赋》的另一面却走向涩僻古奥,故作艰深,使人难懂的岔路。不过汤的赋作也只有这三篇是这样,其他赋作,沈际飞又嫌它们"时出易语",如稍后所作的《哀伟朋赋》,生动浅易,却又和这三篇赋全不是一样的了。①

汤在临川闲住,也常和知心朋友往来。他在抑郁无聊的时候,曾往麻姑山访道,在山里遇见了南京道士张觅玄,并和他同游华盖山。他的少年知友谢廷谅也曾往华盖山寻师,但汤却笑他这种做法只是以"玄言相滞"。② 当时汤、谢两人往来很密切,汤本年刻印他的诗集《问棘堂邮草》,谢廷谅替他选诗,并且替他作序。谢刻《汤临川〈问棘堂邮草〉叙》说:"为是刻其丁丑以来诗赋,或有所附,题曰邮草,所传达四方驰示予者也。万历六年端阳日,友人谢廷谅友可甫书于问棘堂。"可知《邮草》所收，是去年以来到本年的诗赋作品。这部书有明万历年间《汤临川〈问棘堂邮草〉》十卷初刻本，谢序就在这个刻本里面。有天镜园藏板，徐文长先生批点的《问棘邮草》两卷本，是经由徐批点过再行复刻的本子。③徐的总评说："真奇才也，生平不多见"，对于集里的诗赋也多所推许。但他评《广意赋》说："却似象胥，不汉语而数夷语，是好高之心胜也。"评《感士不遇赋》说："有古字无今字，有古语无今语时，却是如此。使汤君自注，如《事类赋》，将不得不以今字易却古字，以今语易却古语矣。此似汤君自为四夷语，又自为译字生也。今译字生在四夷馆中何贵哉？……上古圣人非故奇也，亦不过道上古之常耳。"又说："不过以古字易今字，以奇谲语易今语，如谕道理，却不过只有些子。"徐用"四夷语"、"译字生"讥嘲汤的赋作故作艰深，批评得既深刻又适切，他不因对汤集多所推许，就对于这种文风加以假借。④

问棘堂是这时期汤显祖的堂名。⑤汤诗《问棘堂》说："问棘堂前旧草筵，百年生活胜焦先。娟娟树底青羊出，历历江头白鸟悬。计牒古人随下吏，遗荣初此学中仙。荆关独抱归来意，日落平林生细烟。"此诗也当是本年所作。从这首诗的意境看，显得非常平静，有一种怡然自得的情味。汤《寄司明府》诗也同是本年作品，在诗序里自道行年说："江南卑湿，三十已衰。五十之年，仆过其半。"就可以作为证明。但在此一诗序中却又说："仆今退不能守雌游牝，绝爱恚以完性；进不及雄飞牡决，极酒内以酬情。空为陈人而已。"更可知汤这时的心境，竟一刻也安定不下。此心境表现在他的这一首诗里面，如"方圆情易折，金水性难和"。如"居空惟抱影，作赋苦扬蛾。笑似惊蝴蝶，嗔如疥骆驼"。如"久谢霏霏语，长为璨璨诃"。如"尘颜高可揩，利眼翳谁磨"。全都是对现状的憎恨和讥诃。虽说此诗的后一段，如"水舍通鱼鸟，山田占蟹螺。孝廉空勃窣，庭树且阿那。尺蠖悲随叶，灵龟喜接荷。小山吾分矣，大块等如何"。写到他的田园环境，心境也稍归平静一些，但仍是抑止不住心头的隐痛，终不能如《问棘堂》一诗那样的怡然自得。他在《广意赋》里更说："下瞰尘人，瞵矇氲兮。蠕蠕蒸蒸，绳行蠢兮。若视虮丘，黑一群兮。遗音悲之，下民薜兮。"他下视追求富贵的人群，竟认为是一丘蝼蚁，这可能就是他后来表现在剧作《南柯记》中的思想源泉所在，但由此可知，他这种心境不安和对当时政治不满却又是分不开的。

　　本年三月，张居正回荆州葬他父亲，到六月才回北京。这时候，张居正对那些反对过他的内外朝臣，已经是一不做，二不休了。南京户科给事中沈懋学，前因抗疏劾张居正，罢斥回婺源原籍为民。本年十二月，歙县人和婺源、休宁等五县的人，因争丝激变，张居正竟想把激变罪名移加在沈懋学的头上。御史耿鸣世不肯照办，被张降一级调外任用。⑥沈懋学从去年请告回宣城后，张居正因词臣都不附己，曾叫他的儿子嗣修写信给他，劝他回京供职，但沈却不愿来京。这时候，忽有人伪造中丞海瑞奏疏，对张加以丑诋，龙宗武的一个小吏将这种奏疏刻印发行。操江御史胡槚认为是龙所做的事情，却将这个案件交由龙来办理。宣城人吴任期是沈懋学的客人，胡槚逮捕了他，叫龙严刑拷问，逼他供招奏疏是沈所写，由沈转交给吴，借此取媚居正，龙自然不能照办。这时候，吴忽然在狱里自杀了，沈和龙才幸免于祸。⑦这件事也大概是本年内外的事。可知张居正的倒行逆施，地方官的倾陷正人，甘为权臣鹰犬，在当时已成为一种趋势。

　　本年三月，吏部尚书申时行兼东阁大学士。

**注释：**

① 沈际飞的批语见其所选《独深居点定玉茗堂集·龄春赋》下。

② 汤有《游卓斧金堤，过白洲保，望天堂云林，便去麻姑问道》、《逢南都张觅玄麻姑山中，从予来华盖，便辞去游河关》两诗；更有《友可便欲求仙去，次韵赏之》、《送谢廷谅往华盖寻师》两诗，都是本年所写的诗。麻姑山在南城县西南十里，山顶有古坛，相传麻姑在此得道。华盖山即宝盖山，在崇仁县南一百二十里，相传晋时王、郭两仙在此和浮丘公相见，因得飞升。汤《友可便欲求仙去，次韵赏之》一诗中，有"玄言相滞"的话，出处是《南史·周颙

传》。徐文长说:"相滞犹理障也。"

③《问棘堂邮草》十卷本和两卷本所收诗赋全同,只是排列次第和分卷不同。两卷本上卷为赋与诗,下卷为诗与赞。十卷本第一卷收赋三篇,余九卷都收诗,两卷本收赞七首,十卷本不录。两卷本所收各赞也没有徐的批点,可能是复刻时新加入的。

④ 谢和汤都学《文选》,谢所选汤的诗、赋,也都不脱《文选》风调。徐评汤赋说:"调逼骚。"评汤诗如"六朝"、"晋曲也"、"亦晋"、"齐梁"、"依稀晋魏"、"非宋齐也"、"二谢"、"三谢二陆"、"谢陆也"等,却仍是以选体相称。或有许为"初唐"、"李贺"的诗,也只能说明徐认汤这些诗作都从《文选》中出。

⑤ "问棘堂"的出处,见《庄子·逍遥游》"汤之问棘也是已"。

⑥ 据《明实录》卷八十六。

⑦ 据《罪惟录》"沈懋学传",汤显祖《前朝列大夫饬兵督学湖广少参兼佥宪澄源龙公墓志铭》、《万历野获编》卷二十二"龙君扬少参"条。

## 万历七年（1579）己卯　三十岁

　　翰林院侍讲张位，前因救吴中行等恼怒了张居正，抑授南京国子监司业。去年四月，署南京国子监祭酒。汤本年来南京国子监读书，张位是他的老师。他在《太学同游记叙》里说："然游太学至久……诗豫章张公。"就指的是本年的事。①张位字明成，新建人。在翰林院的时候，威望极重，和汤又是同乡，因此汤对这位老师始终保持亲近。

　　这一年，山东、贵州乡试的考官，都出了个"敬大巨则不眩"的题目。南京乡试，考官高启愚则用"舜亦以命禹"命题，到后来张居正事败，竟因此被举劾削籍。直到万历十年（1582）秋天，张居正已经死了，湖广乡试考题仍出的是"天下有道则庶人不议"的题目。借试题取媚权臣，当时乡试考官竟相习成风，可见张居正之炙手可热。②

　　本年，汤显祖来南京以后，就将他去年刻印的《问棘堂邮草》寄给徐文长。汤在《秣陵寄徐天池渭》中说："百渔咏罢首重回，小景西征次第开。更乞天池半坳水，将公无死或能来。"这首诗也就是汤本年寄徐的诗。在这以前，徐文长曾累次将他的诗集寄给汤，《百渔》、《小景》、《西征》都应当是徐寄给汤的几部诗集。但徐从来不肯保留他的诗文，在他死后遗稿全部散佚，袁宏道在陶望龄的书架上第一次发现了他的遗稿，才将他的这些诗文都刊行了。稍后，张元忭的儿子汝霖、孙子维城，因和徐三代世交，又搜集到徐的一些逸稿加以刊行。徐死后，他的诗文著作得已刊行的有《徐文长文集》十六卷，《阙篇》十卷，《逸稿》二十四卷；未刊行的有《樱桃集》若干卷③，汤诗里所称的几部诗集，可能在徐死后就全部丧失了。去年，徐文长狂病复发，本年病稍好了。④汤到南京后将新刻的诗集寄徐，并寄他这一首诗。诗的前两句是说他读到了徐累次寄给他的诗集；第三句希望徐对他寄去的诗集有所指正；第四句表示若徐大病不死，或能来南京和他相见。这时候，他两人早已在彼此倾慕着了。但徐本年病好以后，第二年曾与汤先后到了北京，却又彼此相左，不曾见面。徐来北京后，在张元忭家作客，也即在客所，批点了汤所寄的《问棘堂邮草》，并写了一首七律对汤诗加以赞扬。⑤只是到了第三年，徐又因不惯拘束，狂病再发，回家楗户辟谷⑥，竟将要给汤回信并寄诗给汤的事全都忘了。

　　本年，湖广巡抚王之垣借曾光一案诬陷梁汝元，梁被捕入狱杖死。梁字夫山，永丰诸生，在家乡聚族人讲学。嘉靖四十年广东民变，攻永丰土城，知县和乡绅主张拆毁近城民居。梁上书控告这些官绅，说永丰"未遭贼寇之害，先被御寇之惨"。因此被诬下狱。出狱后逃往北京，在耿定向家作客。当时张居正任国子监司业，耿介绍梁和张相见。梁讲的是王艮、颜钧一派理学，张对这派理学从来就不肯妥协，因此两人话不投机。到临别的时候，梁向张说："鸿飞冥冥"，张向梁说："飞不得。"因此梁向朋辈说："此人必当国，当国必杀我。"此后梁更为严嵩徒党所忌，阴使人加以罗织。梁因此屡变姓名，用何心隐、何夫山、何两川、梁无忌、梁光益等隐名游历大江南北，所到地方都聚徒讲学，讥切时政，并和当时名流罗汝芳、周良相，耿定力、程学博等订交。前年，张居正"夺情"事起，梁和吉水人罗巽斥张灭伦擅权，并声称将进京主持正义，一新时局。张居正因傅应祯、刘台、邹元标等和梁同郡，认梁是他们一党，示意地方官吏探访梁的行踪。当时梁在湖北孝感讲学。去年六月，曾光纠合永顺、保靖，酉阳三土司起义，为湖广、贵州地方官吏所平，曾光逃匿无踪，有旨严拿奏结。湖广巡抚王之垣为取媚张居正，假称获得曾光，并将梁、罗两人姓名窜入案内，诬他们是曾光同党。先将梁加以逮捕，杖拷至死；罗被捕在梁稍后，也被王害死狱中，借以灭口。当时之祁门、江西、南安、湖广，无论识与不识都替梁称冤，但正统理学家们却落井下石。王之垣串成供词，密报张居正。张却假装不知，反报王说："此事何须来问，轻则决罚，重则发遣已矣。"罗汝芳闻梁被捕，鹭田前往援救。有一位正统理学家向罗说："梁某害道，宜置于法。"罗说："彼以讲学罹文网，予嘉其志，遑论其他。"⑦从这场冤狱开端，一直到后来李卓吾和达观的相继杖死，可看出这个时代的封建统治阶级和正统理学家们对不利于他们的民间理学和佛学是何等深恶痛绝，并不惜采取任何残酷的手段加以无情摧毁。

沈璟前因病免官。本年，出补礼部仪制司主事，升本司员外郎。⑧

## 注释：

① 张署祭酒据周应宾《旧京词林志》。汤在《张洪阳相公七十寿序》中，说万历三十一年（1603）正月之元旬是张位七十寿期。在《奉寿洪阳师二十八韵》的诗序中却说："某从成均游事公，至今二十五年，公且七十矣。"从本年到万历三十一年共计二十五年，当年张位实年六十九岁。所以汤师张位是本年的事情。
② 据《万历野获编》卷十五"出题有他意"条。
③ 据《徐文长三集》陶望龄序，王季重《徐文长逸稿》序，张汝霖刻《徐文长佚书》序。
④⑥ 据《徐文长逸稿》附目著《畸谱》五十八岁至六十二岁，《列朝诗集小传》"徐记室渭"条。
⑤ 参见本书"万历二十一年"。
⑦ 据《永丰县志》卷二十二"儒林"，《万历野获编》卷十八"大使遁免"条，丁元荐《西山日记》卷上，王之垣《历仕录》，《焚书》之《答邓明府》、《何心隐论》，《明实录》卷七十六，杨起元《罗近溪夫子墓志铭》。
⑧ 据《沈璟家谱·本传》，潘柽章《松陵文献》卷九《沈璟传》。

## 万历八年（1580）庚辰　三十一岁

本年二月，命申时行，余有丁做会试主考官，取中了肖良有等三百名进士。同中试的有张居正的儿子懋修、敬修和张四维的儿子泰征等。三月廷试，命张居正等十三人充读卷官。神宗使司礼太监冯保传免读卷，由辅臣将试卷封进，经神宗亲阅后，将第三名拔置第一，改第一名为第二，改第二名为第三。第一名即张懋修，第二名是肖良有，第三名是王廷譔。四月，授张、肖、王等及第出身有差。当时的人都说，张懋修的策问，是由居正先期手撰，因而进呈的。沈德符《万历野获编》记载了这件事情，并题为"关节状元"。①

张居正有六个儿子，他最爱敬修、嗣修，懋修三人。张懋修却又是张居正最称许的一个儿子。他写信给殷石汀说："小儿嗣修、懋修曾从汪南明公学古文词，昨懋修场中五策，似欲步趋其一二者。今附二册，烦为转寄呈览，以谢其指教厚意。"他说这些话，原意是想证明外面的传言不实。但是他这些话却恰好说明了外面有此传言，他才写此信自作辩解。张在《答宪长徐中台》的信中说："小儿冒窃高第，实出御笔亲题。"可知外间传言，张在当时也不是没有听到，所以他给人写信，才抬出皇帝来替他儿子辩护。前信说明策问实是懋修做的，用意和这信相同。②

本年，汤显祖来北京参加会试。会试前，他曾和宝鸡县知县陈贞父同访宛平县知县李崆峒。汤后来回想这件事情，曾写过一首题为《过宛平县治，忆庚辰春雪，宝鸡令陈贞父同访李崆峒，时双鹤飞舞，今崆峒已去郎位，而贞父物故，鹤犹迎舞，泫焉悲之》的诗。李崆峒名荫，字子美，又字袭美，内乡人。在他做宛平县知县的时候，有中官的母亲杀人，他依法逮捕论罪。冯保托张居正加以制止，张居正说："此令非吾所能禁也。"召他来见，他竟不来见张，其为人的风格也就可想而知了。陈贞父字忠言，无锡人。万历五年（1577）任宝鸡县知县，本年因外察来京，得徙官光州知州，所以和汤同往访李。③

这时候，张居正的同乡私人王篆和张的儿子懋修又来结纳汤显祖了。邹愚公《临川汤先生传》说"庚辰，江陵子懋修与其乡之人王篆来结纳，复啖以巍甲而亦不应。曰：'吾不敢从处女子失身也。'"就指的是这件事情。王篆号少方，夷陵州人。张居正自被刘台劾奏，知自己不为正人所附，因用王篆等人做他的鹰犬。王是个狡险贪横的人，这时候，他的官已做到都察院左副都御史了。他和张懋修同来见汤，是想旧话重提，和汤谈这次会试的鼎甲条件，汤只好避之若浼。因此，汤这科就不应会试，回转南京去了。④

和汤的情况相类似的还有位虞长孺。虞名淳熙，号德园，钱塘人。去年乡试中举，今年来京会试。他在一位同乡的达官家里赴宴，同席有张居正的私人，大谈张的威势。虞听不入耳，向座客扬言说："如果我得中进士，我袖里的弹章却不能回避他的气焰。"这位私人生气了，竟将这样的话告诉了张居正。张居正听了，自然很不痛快。考官们揣知了张的旨意，就只好不取中他。后来言官们上疏说："浙江有三变。""三变"指兵变、民变和文变，文变就指的是这件事情。可知当时的正直文人，不肯依附张居正的也不仅汤显祖一人。⑤

本年二月，戴洵以右谕德任南京国子监祭酒。戴洵字汝诚，号愚斋，奉化人。嘉靖四十四年（1565）庶吉士。⑥汤在《太学同游记叙》中说："今上八年，吾师四明戴公实临太学。"又在《青雪楼赋》的序中说："四明戴公，是万历庚辰岁予游太学时师儒祭酒也。公容情俊远，谈韵高奇，于诸生中最受风赏。徂春涉秋，究日余夜，公私之致兼穷，礼乐之欢无吝矣。"从赋序可看出戴的风度和汤、戴之间的师生情谊。汤在本年秋天以前，是不曾离开南京的。在本年夏天，他曾为戴洵写了一篇《戴大宗师孝感颂》的文章。汤在《庭中有异竹赋》的序中说："大学东厢向南，君子亭两偏皆竹。面阑干外小方池，池外砌植紫牡丹、白芍药数株。中有一竹，亭然砌上，旁无附枝。阑干之内，侧生一竹。诸生疑此竹且穿檐而出，当刮去。大宗师戴公不许。此竹竟从横阑稍曲而上。"从这序里所写，也可以看出本年春天汤在南京国子监的舒适的读书环境。只是本年秋后，汤却离开南京，再回临川去了。汤有诗题曰《病中见戴师遗画泫然，忆庚辰岁别师时，师云子去此中无千秋之客矣，水墨空蒙，名迹如在，两人皆且为异物矣》。戴以"千秋之客"许汤，戴的襟怀和识力，也就可以想见了。

　　本年，帅惟审在南京礼部精膳司郎中任内，和汤显祖同在南京。万历四年（1576），汤显祖从宣城回临川，曾和帅在南京一度相见。直到汤来南京国子监读书，才和帅在南京再度相见。两人因寓所相近，往来非常密切。汤在《赴帅生梦作》一诗中说："子为膳部郎，予入南成均。今上岁丙子，再见集庚辰。前后各倾展，言笑日温新。家能造清酒，儿能娱父宾。昔是新相知，今为旧比邻。"又在《怀帅惟审郎中戴公司成》中说："著冠须访戴，脱冠须访帅。……帅生能造酒，酒色清如菜。高谈常夜分，哀歌忽雷溃。"都说的是这时候的事情。当时，帅的长子从龙也同其父在任所，汤诗"儿能娱父宾"句，就指帅从龙而言。《列朝诗集小传·帅思南机》条："惟审有临川四僎诗，为汤孝廉显祖、谢秀才友可、曾秀才粤祥、吴公子拾之。汤诗则以惟审为首。"两人的诗，也都是这时候的作品。⑦

　　当时，谢、曾、吴等都在南京。汤在《紫钗记题词》中说："往余所游谢九紫、吴拾芝，曾粤祥诸君，度新词与戏，未成，而是非蜂起，讹言四方。诸君子有危心，略取所草具词梓之，明无所与于时也。记初名《紫箫》，实未成。"《题词》里的"谢九紫"即谢友可⑧，他既和曾、吴同在南京，三人又和汤同度新词，因知汤写《紫箫记》初稿，当即在他本年回南京以后。如汤写这部剧作不在南京，"讹言四方"的事就无从发生，所以讹言发生和《紫箫记》初稿付梓也应当在这个时候。沈德符《万历野获编》说："闻汤义仍之《紫箫》亦指当时秉国首揆，才成其半，即为人所议。"⑨这时候的秉国首揆，自然是张居正了。吕天成《曲品》说："向传先生作酒色财气四犯，有所讽刺，是非顿起，作此以掩之，仅成半本而罢。"据吕所说，汤最初所写的只是"酒色财气四犯"，因为"有所讽刺"，所以"是非顿起"，汤再写《紫箫记》只是作为掩饰。《紫箫记》并非"四犯"。《紫箫记》剧作本身也不含讽刺成分。但《紫箫记》第三十二出，有章敬寺四空和尚点化宰相杜黄裳的一段情节，四空指"酒色财气四空"，也即指"地水火风俱生于空，毕竟归空"而言，又可知"酒色财气四犯"和《紫箫记》剧情是多少有一些关联的。如只说《紫箫记》并非"四犯",汤写《紫箫记》是用来做"四犯"的掩饰,理由还是不够充足。

张居正最反对讲学。他说讲学的人"徒侣众盛,异趋为事,大者摇撼朝廷,爽乱名实"。他并且认为,孔子如做明朝的官,也一定要遵守明朝的法度。⑩他反对的是当时王学追求自由的精神。但他从小就曾和李中溪学禅,并自称"太和居士"。他说自己"二十年前曾有一宏愿,愿以身为蓐荐,使人寝处其上"。只是他为了实现这个"宏愿",却不顾一切是非毁誉,并不惜以身殉权。⑪所以,《紫箫记》的杜黄裳,当写的是这个人物。张《答中溪李尊师论禅》说:"正昔在童年,获奉教于门下。今不意遂已五旬矣。"又说:"正昔有一弘愿,今所作未办……期以二三年后,必当果此。可得仰叩毗卢阁究竟大事矣。"⑫《紫箫记》第三十一出,四空曰:"有个旧人唤作杜黄裳,作秀才时曾在俺寺里读书。"又曰"此人贵极人臣,功参萧管,甚有高世之怀,倘他到时,老僧将一两句话头点醒,着他早寻证果"。《紫箫记》中四空的话,不正是张答李中溪论禅书的注脚么?张居正以独裁为佛法,在答李中溪论禅书里却自称"宏愿未办"。四空说:"着他早寻证果。"不也正是机锋相对么?又同出杜黄裳曰:"老夫谢官后,长来栖托者。"也正是张答李论禅书,"期以二三年后"的大好注脚。但四空弟子法香在白里回答他说:"相国莫哄了诸天圣众",却分明说张居正当着佛子打妄语了。本年,张居正五十六岁。⑬《紫箫记》第三十二出杜黄裳曰:"只是下官年才六十,有何修行,到得百岁。"如举其成数而言,也正和张居正当时年龄相等。汤写《紫箫记》虽不是为张而写,但在这出戏里,显然是写了个张居正的。因此,引起了当时的讹言,这在张居正炙手可热的时候,却也是当然会有的事情。

汤在《紫钗记题词》里引帅机对《紫箫记》的批评说:"此案头之书,非台上之曲也。"汤引出了这句话,就等于承认了这个批评。因此吕天成《曲品》评《紫箫记》说:"留此清唱可耳。"也不能说他是过甚其辞。《曲品》又说:"《紫箫》琢句鲜美,炼白骈丽。"却正和王骥德《曲律》评梅禹金的《玉合记》"摘华捡藻"一样,《紫箫记》和《玉合记》是应当同属于骈绮派或者是文辞家的。自万历四年汤、梅初订交的时候起,汤的诗赋就深受梅的影响,从此在选体的基础上更走向过于偏重辞藻的路。汤在万历六年所作各赋,可称是走到了涩僻古奥的顶点了。这时候,时间相隔不过两年,汤所写的《紫箫记》又怎能就和梅的剧作之文风有两样呢?但此后汤的诗、赋、文章,文风渐渐全都变了,他的剧作风格也自然要走向另一条路。因此,王骥德在《曲律》里说:"于文辞一家得一人,曰宣城梅禹金;于本色一家亦惟奉常(汤)一人。"到后来,汤的剧作竟已经由文辞家渐变为标准的本色家了。但汤和梅的剧作由文风相同逐渐走向互异的路,也并非容易的事。汤的剧作能独步当时,就在于他能突破一切樊篱。这不但汤的剧作为然,即就他诗文的进路说,也无不是这个样的。

汤的剧作都不题作者姓名,他以后所写的戏如《还魂记》、《邯郸记》都只题"清远道人"⑭,因此,《紫箫记》也只题"临川红泉馆编"。《曲品》说:"红泉秘馆,春风檀板敲声。"就是指《紫箫记》说的。谢灵运《入华子岗是麻源第三谷》诗说:"铜凌映碧涧,石磴泻红泉。"从南城五里的从姑山折向西北,过云门寺,再上山即华子岗,谢诗所称之"石磴红泉"就在这块地方。⑮汤有《忆红泉》、《红泉卧病怀罗浮祁衍曾》、《七月四日天清,步出城西门望红泉宝盖……》三诗。又在《望樟原》诗中说:"石磴红泉非外奖。"在《寄户部周元孚三首》中说:"朝游红泉磴,夕宿青云垂。"在《逢南都张觅玄麻姑山中,从余来华盖,便辞去游河关》中说:"红泉过灵谷。"灵谷由麻源第三谷再转即到,所以说从红泉再过灵谷。⑯从以上各诗可知石磴红泉,晋代的麻源第三谷,当时临川太守谢灵运的旧游地,也即是汤显祖的家乡和他中年前后常游的地方。因此,他就用"红泉馆"题他的《紫箫记》了。

前年,张居正回荆州葬父亲,九卿合疏请急召居正回朝,王锡爵任礼部右侍郎,独不署名。张居正回京后,王请以原官告假回太仓省亲,张居正准他告假回家,就从此不召他回朝了。王妻朱氏生有一女,小名桂,万历二年(1574)许字徐景韶,当年徐就死了。她因此长斋奉佛,别居恬澹观,自号昙阳子。因为她能够讲道,并懂得一些文墨,据说还能够先知,当时名士大夫如沈懋学、屠隆、冯梦祯、瞿汝稷、王世贞、王世懋连同王锡爵、鼎爵兄弟都入道称弟子了。她在本年重九死去,时年二十三岁。当时名士大夫在政治苦闷的空气里多好矫情任诞，他们不忘科名利禄，却又好讲道参禅，高谈性理。王桂是一个被封建礼教所牺牲的青年寡妇，她既决心借宗教信仰来葬送她的青春，这些人也就和她同在一起谈空送日。这事情竟传到南给事中牛惟炳的耳里来了。他为了要讨好张居正，就劾奏王锡爵以父师女，以女师人，并想因此中伤其他的人。慈圣太后不想扩大这件事情，使冯保传谕张居正，才算平息了这场风波。但流言却越出越奇，有的说王女还活在人间，有的说她改嫁给宁波姓娄的人了。到后来又有人说，汤显祖的名剧《还魂记》就写的是王女的身后是非，因说汤捕风捉影，刺人闺阃。且不论王女守贞入道和杜丽娘求爱的斗争精神是否全相背驰，即就当时所引起的政治倾陷说，汤也不能离开他的朋友沈、屠、冯等，反而站在张居正的一面。蒋士铨《临川梦》"集梦"出采用了这一卫道的流言，并说汤"有此口过，是以毕世沉沦，不能大用"。这也不是知汤的人所当说的言语。难道说汤的甘心沉沦，不是由于他的气节，却是由于他的"口过"么？汤在《哭娄江女子二首》的诗序中说："因忆周明行中丞言，向娄江王相国家劝驾，出家乐演此。相国曰：'吾老年人，近颇为此曲惆怅！'"王锡爵在晚年的时候是爱看《还魂记》的。如《还魂记》影射的是他家的闺阃，他晚年却反而用家乐来演唱这个戏，岂不是太和情理不相合么？[17]

本年中进士的还有顾宪成、姜士昌、饶位等。顾字叔时，号径阳，无锡人；姜字仲文，丹阳人；饶字廷立，号行素，进贤人。姜和汤交情很深。[18]

本年，龙宗武任黄州府同知并权知黄冈县事。[19]

本年，汤之次子大耆生，大耆字尊宿，和汤之长子士蘧同是汤元配吴氏所生。[20]

**注释：**

① 据《明实录》、《罪惟录》、《万历野获编》卷十四。

② 见《张太岳文集》卷三十一、三十二。

③ 据《内乡县志》卷八"人物志"、《列朝诗集小传》"李副使蓘"条,沈懋学《郊居遗稿》卷四《陈贞甫传》。

④ 据《万历野获编》卷七、卷八。

⑤ 据黄汝亨《寓林集》卷十五"吏部稽勋司员外郎德园虞公墓志铭"。

⑥ 据《明实录》卷九十六,周应宾《旧京词林志》。

⑦ 《四僞诗》是汤的原唱,帅的和作。帅机《帅氏三种》有《四僞诗和汤生作》,其《汤孝廉显祖》一诗说:"汤生挺奇质,孕育应文昌。怸睢辨说闹,峥嵘翰墨场。汪洋探丘索,沉郁挟风霜。厄言自道合,谁知非猖狂。"另三诗不具录。

⑧ 谢集有《九紫一班》,饶仑替他作序。吴用先序谢集《惊雀编》说:"九紫盖孝廉时别号云。"吕天成《曲品》"新传奇"中之中下:"谢廷谅学九索。"评语说:"九索以郎署而赋薄游。"即指谢诗集《薄游草》说。高奕《传奇品·古人传奇总目》说:"《纨扇》,谢九索作。"都将"九紫"误作"九索"。

⑨ 见《万历野获编》卷二十五"填词有他意"条。

⑩ 据《张太岳文集》卷二十九《答南司成屠平石论为学》。

⑪ 据《张太岳文集》卷二十五《答吴尧山言弘愿济世》,袁中道《游居柿录》三九五。

⑫ 见《张太岳文集》卷二十六。

⑬ 张居正嘉靖四年(1525)乙酉生。

⑭ 黄汝亨《寓林集》卷二十七《与郑应尼》说:"若汤若士清远道人之题,庶不刺俗人忌才者之眼。"

⑮ 据黄汝亨《寓林集》卷九《游麻姑诸山记》,揭尔曾《海内奇观》卷七。

⑯ 据《寓林集》"游麻姑诸山记"。

⑰ 据王世贞《昙阳大师传》,屠隆《白榆集》,《万历野获编》卷二十三,汪曾武《外家纪闻》,徐树丕《识小录》。

⑱ 据陈定九《东林列传》,《明儒学案》"顾泾阳先生宪成传",张弘道《皇明三元考》,《明史·姜士昌传》。

⑲ 据汤显祖《前朝列大夫饬兵督学湖广少参兼佥宪澄源龙公墓志铭》。
⑳ 汤显祖《与司吏部》:"仆亡妇二年矣,遗息阿蘧八龄,阿耆六周耳。"汤士蘧死当万历二十八年(1600)秋,时年二十三岁。士蘧八岁当是万历十三年(1585),这一年,大耆正当六岁。因知大耆是本年所生。

## 万历九年（1581）辛巳　三十二岁

本年二月，吏部考察京官和南京庶官。①南京国子监祭酒戴洵自陈，上命供职如故。四月，南京御史郭惟贤劾戴洵庸肆不堪成均，南给事吴之美也参劾戴洵，上命洵调外任用。戴洵具疏乞休，因着以原职致仕。据《明实录》所记，戴洵致仕只是由于被言官劾奏。但据汤显祖《青雪楼赋》序说："四明戴公，辛巳，以失意江陵相致仕里居，而予亦跧伏江外，徽音邈绵。"因知戴洵致仕的原因，实是他得罪了张居正，因此在考察自陈以后，就遭到郭、吴等连续弹劾，势非将他排走不能快意。他总算因乞休摆脱了这场倾陷，但汤却从去年即回临川，此后和这位老师就很少通音讯了。②

刘台自劾奏张居正专恣不法，革职回安福原籍家居。他因买江西守御所舍人谢耀的田，谢需索不能遂意。刘台族人国子监监丞刘国朝、举人刘寿康，因和刘台有宿憾，就勾结吉安推官刘绅，由刘绅垫给盘费，使谢耀上北京告状。在去年九月里，谢耀来京讦告刘台在乡鱼肉乡里，所为多不法，并说他巡按辽东时曾得赃银五千两。张居正乃授意江西巡抚王宗载对刘台进行勘问，并授意辽东巡抚于应昌捏报刘台赃银。张假称刘台乡里受害人多，逮京审讯会遗累干连的人，因此，他主张将这一案子交江西详鞫。到本年三月里，于应昌奏称刘台赃私狼藉，遗羞风宪，请严提归结。王宗载、陈世宝更合奏刘台逸言乱政，合门济恶，应拟边远充军。陈是江西巡按，是勘问刘台的人。王宗载在陈进行勘问的时候向陈说："你必须好好了结这件案子，政府才允许你做巡按的官。"陈怕丢失前程，不惜对刘台非刑拷问。刘台巡按辽东，实无半文赃私，至此苦打成招，不能完纳赃银。等刘台被遣戍广西浔州后，却留下这笔虚赃，苦了吉安富家，代他交纳完案。③

去年，五开卫卒胡国瑞等激变。他们各立徒党，自称六诈军，逐去守备，铜鼓、靖州、龙里等处争相响应。本年九月，诏讨五开卫，以龙宗武为佥事，备兵辰沅，刻期到任。龙冒风雪从间道抵五开卫城下，自九月十八日到二十二日，躬督矢石间，攻入北门。十日进军，十日攻城，半月平定五开。④

本年沈璟调吏部稽勋司员外郎，历验封、考功二司员外郎。⑤

**注释：**

① 《明史·选举志三》说："京官六年，以己亥之岁，四品以上自陈，以取上裁；五品以下分别致仕、降调，闲住、为民者有差，具册奏请，谓之京察。"

② 据《明实录》卷一百九、一百一十一。

③ 据《明史·刘台传》，《明实录》卷一百四、一百一十二、一百三十二、一百三十三，《万历野获编》卷十九"刘畏所侍御"条。

④ 据《明实录》卷一百十六，汤显祖《前朝列大夫饬兵督学湖广少参兼佥宪澄源龙公墓志铭》。

⑤ 据《沈璟家谱·本传》、潘柽章《松陵文献》"沈璟传"。

## 万历十年（1582）壬午　三十三岁

去年六月，张居正因病自请退休。十二月病势更重，到本年六月二十日，病死在北京寓所。①同日，刘台在浔州戍所被戍长用药酒毒死。②

十二月，权阉冯保谪奉御，安置南京。籍没冯保家产金银珠宝百余万计。③

同月，复万历五年建言诸臣职。④

本年秋天，张四维的儿子甲征中山西乡试，申时行长子用懋中顺天乡试，次子用嘉中浙江乡试。王篆的儿子之衡中湖广乡试、之鼎中应天乡试。⑤

本年秋天，饶仑和谢廷谅同中乡试；冬，同入京参加明年会试。⑥

汤显祖也准备再次进京会试。他冬天经过杭州，却正值姜奇方在杭州府同知任内，因此在杭州住了一个多月。这时候，姜奇方强迫他写作时文。直到姜死以后，汤在《寄姜守冲公子》的信里，还提到当日的情形说："壬午，生赴春官，过杭州，湖上卧雪者月余。生之制义，并是此时所作。每一篇出，先公必为喷饭绝倒，夸其必传。"这封信是汤在六十岁那年写的。第二年，汤写《汤许二会元制义点阅题词》更提到他少年时代的时文写作风格，并及本年在杭州居住，姜迫他写时文的事情说："予弱冠举于乡，颇引先正钱、王之法，自异其伍。已辄流宕词赋间。所知多谓予，何不用法更一幸为南宫首士最，而好自溃败为。予心感其言，不能用也。庚壬二年间，制义不能盈十。比杭守贰姜公奇方迫予明圣湖头，令作艺，已近腊而逾春，卒卒成一第去。久乃悔之。予力与机可为钱、王，而远之者，亦非命也。"可知汤于此时，对用八股文猎取功名的事，仍始终不怎么留意。

帅惟审、汤显祖、邱兆麟、祝徽是临川时文前四大家。汤宾尹称赞汤的时文说："义仍所行科举之文，如霞宫丹篆，自是人间异书。"又说："予谓国朝二百余年，不见何物能奇，独临川日稿本在耳。"又说："制义以来能创为奇者，汤义仍一人而已。"可知汤这时候的时文旧稿，是能以奇取胜的。汤显祖有才有学，可以用来行他之奇。因此，他的时文虽说也和他的诗赋一样，不是太平易的，能不为时文规律所限。邱兆麟的时文也能以奇制胜，虽比汤的时文稍逊一筹，但后来学时文的，案头都摆着他的文稿。邱兆麟说："后生小子，不力古，不好学，并复模此东施之颦，邯郸之步，殊为可厌。"他对于当时时文务奇的模仿风气也感到厌苦。后来，汤的门人陈际泰、罗万藻、章世纯、艾南英被称为临川时文后四大家，邱兆麟在《金石大社序》里极力称赞他们所作之时文，说他们的时文也和汤一样，同是有才有学，能用来行他们之奇的，所以能使万历末年时文腐烂的风气为之一振。[7]

本年冬，沈璟因父死丁艰回里。[8]

本年，龙宗武因叙功升湖广布政司参议，专备兵，兼学政。[9]

**注释：**

[1] 据《明史·神宗本纪》，《张太岳文集》"乞骸归里"，"再恳生还"各疏。

[2] 据《明史·刘台传》，《万历野获编》卷十九"刘畏所侍御"条。

[3] 据《明史》"神宗本纪"及张居正、冯保各传，《明史纪事本末》卷六十一。

[4] 据《明史·神宗本纪》，《明史纪事本末》卷六十一。

[5] 据《罪惟录·科举志》。

[6] 据《抚州府志》卷十四，"选举考"，谢友可《逢掖集》所收饶仑刻《九紫一班序》，古之贤刻《谢友可宣慈集序》，陈玉叔《清晖馆集序》。

[7] 据汤宾尹《睡庵文集》"王观生近义序"、"四奇稿序"，丘兆麟《玉书庭全集》"与黄贞父公祖"。并参见《明史》"艾南英传"。"金石大社序"见《玉书庭全集》。

[8] 据《沈璟家谱·本传》，潘柽章《松陵文献》"沈璟传"。

[9] 据《明实录》卷一百二十四，汤显祖《前朝列大夫饬兵督学湖广少参兼宪澄源龙公墓志铭》。

## 万历十一年（1583）癸未　三十四岁

本年二月，命余有丁、许国做会试主考官，会试举人李廷机等三百五十名。三月，赐进士朱国祚等三百四十名及第出身有差；拔第一甲进士朱国祚为翰林院修撰，李廷机，刘应秋为翰林院编修。①

本年会试，汤显祖中三甲第六十五名进士②，虞淳熙也和汤同中进士。③

汤的知友饶仑和汤同中进士，但谢廷谅却落第了。汤《哀伟朋赋》序说："至同赴南宫，试都下，卧未尝有异衾枕，履袜先起者即是，不知其谁也。仑同举进士。"就说的是本年会试时的事情。谢廷谅落第后即回临川。他和饶、汤分别时有《别饶伯宗、汤义仍一首》说："情亲嵇阮契金兰，矫翼齐飞向玉鸾。未惜投珠惊按剑，且看联璧庆弹冠。一朝书剑辞云陛，千载琴樽入夜阑。此日空庐惟抱影，阳春一曲向谁弹。"从他这一首诗，可看出他落第后惜别时的苦闷心情。④

本年和汤同中进士的还有万国钦、李伯东、吕胤昌、孙如法、梅国桢、梅国楼、李献可、于玉立、曹学程等。同年，顾允成举会试三十八名。汤《怀恩念赋》序说："永春李伯东岳伯，吾举进士第齐年弟兄也。"汤为了和李话别，曾写这一篇赋，可见他两人的交情不浅。吕胤昌字麟趾，号玉绳，又号姜山，余姚人。汤《寄吕麟趾三十韵》序说："麟趾，姚江相国孙，予齐年好友也。"他是吕本的孙子，吕天成的父亲，又是汤的齐年好友。孙如法字世行，别号俟居，和吕姜山是姑表兄弟，也是他的同年。梅国桢字克生，梅国楼字琼宇，他们两弟兄今年同榜，都是麻城人。李献可字尧俞，同安人。于玉立字中甫，金坛人。曹学程字希明，金州人。顾允成字季时，别号泾凡，无锡人，顾宪成弟。两梅和李、于，都和汤的交情很深。刘应秋字士和，吉安人。他和汤的交情更密，直到汤临死前，他的儿子同升还致书向汤问病。⑤

本年，汤的知友刘渤也来北京参加会试，但这回又落第了。刘渤是太仆少卿刘逢恺的儿子，刘在浙东慈溪县知县任内生了这个儿子，因此取名渤，字君东，是泰和龛溪的世家子弟。隆庆二年举乡试，第二年参加会试落第，大学士李春芳见到他的落卷，意想见他一面，他却说："落第诸生可呈身相门耶？"当时张居正初居相位，也想加以延揽，他一样拒不相见。因此他累次参加会试却累次不第。隆庆五年和万历五年、八年他都来京应考，并和龙宗武、丁此吕、汤显祖等一班名士在京里相见，谈艺赋诗，极为相得。他在本年落第以后，有管铨选的人劝他就京秩。他说："士能为可用，不能为枉用"，辞谢了他这位朋友的盛情。他的性格是和汤很相似的，因此他和汤的交情很深。汤在《刘君东下第归西昌》一诗中说："万里乘春几度逢，每逢相见不从容。燕台自说空群马，仙县何当起二龙？"诗的前两句，是说他们几度来京应考，在京里匆匆相见；第四句的"二龙"指与刘同县的龙宗武隆庆五年中进士的事情。汤的这首诗，应当是本年送刘的诗。⑥

汤这次来京会试，在张居正死后的第二年。邹愚公《临川汤先生传》说："至癸未举进士，而江陵物故矣。诸所为席宠灵、附熏炙者，骎且澌没矣。公乃自叹曰：'假令予以依附起，不以依附败乎？'"但本年张四维的儿子甲征和申时行的儿子用懋、用嘉也和汤同举进士。《列朝诗集小传·汤遂昌显祖》条："癸未，与吴门、蒲州二相子，同举进士。二相使其子招致门下，亦谢弗往也"。蒋士铨《临川梦》"玉茗先生传"说："明年癸未始成进士，与时宰张四维、申时行之子为同年，二相招致之，又不往。"《罪惟录》"汤显祖传"说："癸未成进士。时同门中式蒲州、苏州两公子啖以馆选、复不应。自请南博士。"汤显祖不依附张居正，自然也不愿依附当时宰相张、申，因此，他自请除授南京太常寺博士之闲职。

本年，会试的主考官余有丁是汤显祖的老师。去年六月，他由掌詹事府吏部左侍郎升礼部尚书文渊阁大学士，在当时宰相里是一位新贵。当万历七年（1579），余任礼部右侍郎兼侍读学士的时候，汤在《寄奉学士余公》诗序里，向余表示他当时的态度说："自是贤关弟子，宁为圣代闲人。"他更在诗里说："宁栖珠树枝，宁食玉山薇。潜虬方与媚，云雀未经飞。肯事州郡权，不通故人书。雪白自本性，云清无俗娱。"从诗里的这些话，就可看出他气骨高洁。余本年任主考官，汤对余也还是不肯攀鳞附翼。因此，像他这样的大才，也只能得中一名三甲进士了。汤对他的老师尚且不肯攀鳞附翼，对张、申等人又何用说呢？⑦

明代科场弊端是很多的。举子们猎取科名，不走权要的门路，就走金钱的门路，总之就是夤缘纳贿。权要人家更把持科第，只要父兄身在要津，子弟就必须高中，贵家子弟把寒士进取的路都先给堵塞住了。去年秋天，王篆的儿子之衡、之鼎都中了乡试。但这时张居正早已死了，言官们就因此论张居正"私其三子并及所暱篆"。到本年正月，王篆的二子和张嗣修、懋修、敬修都被削为民。⑧三月，张甲征、申用懋、用嘉将应殿试，御史魏允贞陈时弊四事，抗言张、申不当蹈张居正的复辙，以甲第私其子，并请"自今辅臣子弟中式，俟致仕之后始准廷对"。这无疑是对权要人家把持科第提出了更彻底的抨击。张四维在恼怒之下，竟上疏替儿子辩冤。申时行也上疏自辩。但户部员外郎李三才仍奏称魏之所言甚是。于是，李贬东昌推官，魏贬许州判官。⑨当李、魏贬官的时候，汤显祖在同年的宴会上，托张甲征向他父亲进言，认为"有闻辄发，不必可行，是言官故事。在相国宜益礼厚魏君"。事见汤《与申敬中》书。因知本年会试情况，和万历五、八两年会试情况同样是欠光明的。张四维和申时行，居然使他们的儿子用馆选来诱引汤显祖，这和张居正用鼎甲诱汤又有什么不同？如此，难道说其他同样的事就不能做出来么？可知汤在当时不愿为张、申罗致，并自请除授闲职，不只是不肯依附，也还有他的见地和他正当的立场在的。

万历九年（1581），帅机由南京礼部精膳司郎中出任思南府知府。⑩本年，他外察进京，之后回思南任所，在邯郸县听到汤中进士的喜讯，写有《喜汤义得第寄贺二首》，向汤显祖致贺。第二首说："邯郸道上闻君捷，旅役欢忭不自持。"第一首说："交义平生称管鲍，天边可不念绨袍。"他对于外察后再任思南，反映出了不快意的情绪。汤《答帅思南赵北闻余捷喜，自叹不迁之作》就是答他的诗。诗中说："燕市何人发远惊，邯郸薄酒为君浓。"又说："罗施未用愁山鬼，大好湘沅云水重。"都寄托了对帅的慰藉。帅《寄答汤义进士》一首说："尺牍频来慰寂寥，梦中携手路迢迢。故人竟爽初仪羽，老子婆娑尚折腰。"这答诗对思南府官位的不安，表露得更明显了。汤在《和答帅思南》中说："具道故人能凤举，那知郎吏欲鸡栖。"他告诉他的知友，他登第后已自请闲职，他的情况并不如他朋友所想象的那样好。⑪

去年，屠隆由青浦县知县内召为礼部主事⑫，他和汤在北京相见，并曾有诗文往来。屠隆《白榆集》里有一首《赠汤义仍进士》的诗，就是这时所作。诗中说："夫君操大雅，负气亦磷磷。风期窃相似，终惭玉与珉。同为兰省客，当前讵无因。胸怀久不吐，宛转如车轮，丈夫一言合，何为复逡巡。愿奉盘匜往，投醪饮酸醇。青云倘提挈，勉斿千秋人。"可知他们两人从此时订交之后就一见如故，成了抱负相同、心性相投的好朋友了。

本年八月初十日，汤显祖到南京太常寺博士任。汤《怀戴四明先生并问屠长卿》一诗说："八月十日到官寺，是日临斋多所思。明堂碧海旧经游，复道香街始为吏。"他此时已做了个七品官了。⑬他在这首诗里，回想到万历八年在南京国子监读书时和祭酒戴洵相处的一段往事。诗中说："三日南雍拜圣人，炉烟阙道青璘珣。四明戴公昔临吹，金尊宝瑟殊清真。东堂罢讲西窗竹，爱听潇潇长此宿。早时风雨上孤亭，残樽宛转夜三更。忽报金塘莲半吐，绕塘银蚀看花行。行行屈折掀图画，烟波满壁濛濛挂。如此风流自可人，礼法之人闲见嗔。"戴洵任南祭酒时，就因为游宴太多，才被人以"庸肆"劾奏，致仕回里去了。这诗是汤写给屠隆的，诗里也提到屠隆，诗中说："开花映月同谁子，诸宾几许能玄史。赤水之珠屠长卿，风流宕跌还乡里。岂有妖姬解写姿，岂有狡童解咏诗？机边折齿宁妨秽，画里挑心是绝痴。古来才子多娇纵，直取歌篇足弹诵。情知宋玉有微词，不道相如为侍从。"他在诗里所写的屠隆，就是这样一个能玄能史，耽歌好色的风流才子。

饶仑中进士后，就任顺德府推官。汤《送饶司理顺德》诗注说："伯宗故于予不浅，各亢壮别去，悲之。"诗中说："十年栖绕月明枝，一日春妆蕊树奇。厚禄久无堂上老，长贫多谢里中儿。空思幅被通寒夏，浪拟缄书有岁时。定过邢台悲豫子，声音偏合故人知。"汤显祖和饶仑同有老亲在堂，而且是同被共宿的好朋友，他两人一旦都成了进士，正好互相慰藉，却又要别离了。汤在这首诗里，写出了两人的深交和与饶依依惜别的真挚情怀。

张居正死后不到一年，京都内外的政治情势就完全变了。去年十二月，复万历五年建言诸臣职后，凡以前因反抗张居正而遭受廷杖和贬谪的人，都先后进京来了。邹元标和傅应祯同时进京，邹是吉水人，傅是安福人，因此，京城里有"吉安一日两忠臣"的说法。⑭本年正月，御史江东之为刘台讼冤，劾王宗载，于应昌杀人媚人。刘台得昭雪复官，王和于都抵罪了。⑮本年八月，邹元标除吏科给事中。⑯这时候，御史、给事中们正合力排除张的爪牙，露章弹劾张居正的人数很多；但也有随风转舵，借劾张来表白自己的人。邹元标后来曾有疏说："昔称伊吕，今异类唾之矣；昔称恩师，今仇敌视之矣。"就指的是这一类人物。⑰

本年外察，有和龙宗武同讨五开的人，构陷宗武，因被罢官回里。龙宗武怡然赋诗就道，却值汤赴南京太常寺博士任。于本年秋天，和龙在江上相遇。汤在《江上逢龙使君话沅辰事有叹》中说："绣被同舟可奈何，萋萋吴楚旧经过。秋风北固留长啸，夜月南飞入短歌。涉世始知愁宦拙，过江真作苦情多。深杯莫话壶头事，浪泊回鸢看伏波。"汤这时已薄于宦情，更对他朋友的遭遇深致惋惜。⑱

本年夏，罗汝芳到临川、崇仁、乐安、庐陵、安福、泰和等地讲学，并到永新拜见他的老师颜钧。⑲

本年，汤元配吴氏卒。⑳汤《清明悼亡五首》诗注说："妇家东乡沓水。"因知吴氏是东乡沓水的人。

本年正月十二日子时，汤第三子开远生。汤开远字叔宁，亦字伯开，号谷灵。是汤继配傅氏所生的儿子。汤《答内傅》诗注说："父傅淳，盛德士也，母萧，京师人。"从吴氏的死年和汤开远的生年，可推知汤在吴死以前已经娶了傅氏。㉑

**注释：**

① 据《明实录》一百三十三、一百三十五。

② 据《万历十一年癸未登科录》。

③ 据黄汝亨《寓林集》"吏部稽勋员外郎德园虞公墓志铭"。

④ 谢落第回临川见陈玉叔《清晖馆集序》。

⑤ 梅国桢、国楼兄弟同榜，据张弘道《皇明三元考》。李、曹、于中进士各据《明史》本传。吕胤昌据《宣城县志》卷二"官师"。孙如法据王骥德《曲律》卷四"杂论"。顾允成据《泾阳藏稿》卷二十三"先弟季时述"。刘同升致书问病据汤诗《得吉水刘年至书喟然》。

⑥ 据罗大纮《紫原文集》卷十"刘孝廉君东行状"。

⑦ 余升大学士据《明实录》卷一百二十五，《鄞县志》卷三十六，"人物"卷十一。余任侍读学士据《鄞县志》"人物传"十一。

⑧ 据《罪惟录·科举志》，《明实录》卷一百三十二。

⑨ 据《明史》魏允贞、李三才传。

⑩ 据《思南府续志》卷五"秩官门"、"名宦"。

⑪ 两诗见《帅氏三种》九卷。

⑫ 据《万历野获编》卷二十五"昙花记"条。

⑬ 据《明史》"职官志三"：太常寺博士正七品。

⑭ 据《吉安府志》"名臣传"。

⑮ 据《明史》"刘台传"，《明实录》卷一百三十二、《万历野获编》"刘畏所侍御"条。

⑯ 据《明实录》卷一百四十。

⑰ 见《明儒学案》卷二十三《邹南皋先生传》。

⑱ 据汤显祖《前朝列大夫饬兵督学湖广少参兼佥宪澄源龙公墓志铭》。当时龙由沅回吉安，如汤从北京到南京，就不会有和龙在江上相遇的事。由此可知，

汤得请南京太常寺博士后,必曾一度回临川,然后携带家眷到南京上任,所以本年秋天和龙在江上相遇。

⑲ 据杨起元《罗近溪先生墓志铭》。

⑳ 据本年谱"万历八年"条注二十,汤士蘧八岁当万历十三年,吴氏在士蘧八岁前两年死,当是死于本年。

㉑ 据《明史·汤开远传》,《文昌汤氏宗谱》,汤宾尹《睡庵文稿·汤叔宁稿序》。

## 万历十二年（1584）甲申　三十五岁

当张居正掌握政权的时候，朝臣们在奏章里都不敢提张的姓名，只用"元辅"两字作为替代；也还有一些朝臣甚至用"伊吕"、"舜禹"来取媚张居正的。万历七年（1579）应天乡试，考官高启愚竟出了个"舜亦以命禹"的试题，到本年不过五年，高已由中允的官秩迁升到礼部侍郎了。本年正月，御史丁此吕追论科场，说："高启愚以舜禹命题，为居正策禅受。"在弹劾张党的许多奏疏里，丁的奏疏可称是急先锋了，但首辅申时行因对于去年魏允贞的劾疏具有戒心，怕科场追论扩大，又牵及自己的儿子，便说丁的奏疏是"以暧昧陷人大辟"，授意吏部尚书杨巍批驳丁此吕。杨疏说："若舜亦以命禹者，谓帝王相传之道耳，禅继之说不知出何注疏。"于是双方引起争辩，但神宗却采用了两贬的办法。本年三月，丁此吕谪潞安府推官，高启愚也削籍回里去了。[①] 此后，言官们继续论劾张居正。本年四月，神宗籍没了张居正的家产，但抄出来的却不及严嵩家产的二十分之一。五月，张敬修被逼自缢死了。八月，榜示张居正的罪行，家属居易、嗣修都发往烟瘴地方充军。[②] 张居正从荆州秀才做到当朝首辅，他的抱负和功业，势位和利欲连同公斗、私争等政治矛盾一齐消逝在这场梦境里了。当张居正死后不久，言官奏事还称张为"先太师"[③]，不直提他的姓名，此时，不但言官群起而攻，凡往来京城的那些官员，路过东光县驿，也都题诗为刘台讼冤，把驿壁都题满了。本年，汤显祖从这里经过，连他也看不过意，便在这些诗的后面题了一首诗，说道："哀刘泣玉太淋漓，棋后何须更说棋。闻道辽阳生窜日，无人敢作送行诗。"自从他题了这一首诗，以后的来往官员就无人再题诗了。[④]

本年十二月，慈宁宫被火烧了。本年正月，诏求直言。吏科给事中邹元标疏陈六事，却触怒了神宗，说他是疑君怨上。内阁拟降一级，调外任用，仍不合神宗意旨，将阁拟留中。汤显祖致书申敬中，请他劝申时行疏救元标。申敬中是申时行的儿子，但不知是用懋还是用嘉？汤在《与申敬中》的信中说："尔瞻婉彩不足，而贞意有余，昨闻复以直言欲调他用，执政不援，众庶不可户晓。善则归君，过则归相。他臣可言，主势难斡。位至执政，不宜此言。弟恐后之人复以邹君为魏君（允贞）也。"又说："普张氏诸公子，倘有一人明哲，援物论之公，扶义规邪，江陵君何必不悔，乃至于今乎？当其以诸君杖戍，一时并谓圣意，今天下人乃复推恶张君，此足下之所明也。"信里直说神宗对邹的处置是不得人心的，宰相不站稳立场，只知道虚与委蛇，是要对这件事的后果负责任的。汤之立词，真可算严正深切。因此，申时行再疏论救，神宗怒气稍平，旨下，贬邹元标为南京刑部照磨。⑤

汤《与司吏部》说："去八月中秩奏下复，更与奉陵祠。"又说："仆亡妇二年矣。遗息阿蘧八龄，阿耆六周耳。"汤士蘧八岁当万历十三年⑥，十三年前一年，则《与司吏部》书所称之"去"岁，正当本年。由"去八月中秩奏下复"，可知汤在本年八月，才由南京太常寺博士之试职，改为实授官职。

本年正月，丁此吕、邹元标在北京因直言遭贬，汤对他们两人不免系念。汤在《答王恒叔给事忆丁邹二君》一诗中说："传来玉价连城起，只愁兰叶当门委。山川白云徒间之，日月河清今有几。"他对丁、邹最近的遭遇有些发愁，更感到当前的政治局面不容易得到澄清。他说："飘飘欲羡茂陵人，郁郁自怜金马客。"他感到不能够及时进谏，却将自己埋葬在南京太常寺博士的闲职里，这是一件不能忍受的事。因此，他在诗里还写到他博士任内的生活情调说："秋风祠下飒惊春，逐日江东佳气新。分作十年陵署客，曾无一日犯斋人。忽昨开轩细流酌，中酒中寒愁卧阁。竹圃双童会煮茶，纱窗少妇闲吹药。开门上马即人间，陌头喜见钟陵山。几处池台招不去，有时山水醉忘还。道士天坛长稽首，玉女星楼时进酒，激玉调笙世上无，鸣鸡吠犬天中有。"他所写的这种生活情调，真是闲散极了。他不是和天妃宫的玉女为缘，就是和神乐观的道士为侣。他经常在斋期里度过他的光阴，一日不斋，不是醉酒，就是生病。他有时也去游山玩水，却不愿赴显达的招邀。他在这半年，就一直闲度着这寂寞的时光。

汤自请这闲职,自然不能不担些寂寞。同时,他又不肯结交显达,懒于出外应酬,只是读书和游山,却还是有他的分的。邹愚公在《临川汤先生传》中说:"以乐留都山川,乞得南太常博士。至则闭门距跃,绝不怀半刺津上。掷书万卷,作蠹鱼其中。每至丙夜,声琅琅不辍。家人笑之:老博士何以书之?曰:'吾读吾书,不问博士与不博士也。'闲策蹇驴,探雨花木末,乌榜燕矶,莫愁秦淮、平陂长干之胜,而舒之毫楮,都人士展相传诵,至令纸贵。"汤在这段时期里,除时常出外游山玩水,并写了很多的诗,是还读了很多的书的。汤在《寄傅太常》信中说:"神乐观道书,多半弟手点摘。"他在这段时期里,连神乐观的道书都快读完了。他用功是用功极了,但寂寞也是寂寞透了。

礼乐祭祀是太常寺的执掌。唐武德、贞观时,太常寺少卿祖孝孙、协律郎张文等都深通音律。大中时,太常丞宋沇待漏光宅寺,听塔上的风铃声,就能知这个风铃原是姑洗编钟。⑦到后来,太常官吏逐渐已不能知乐。明正德时,夏言推张鹗考定雅乐,张鹗认为"正乐"当"先定元声","黄钟为声气之元",当"求中气以定中声",不当"受制于器",因此,他主张筑室圜丘外垣隙地来"候气定律"。由于他这套空论,便做到了太常寺少卿的官,只是他所利用的"气至灰飞"这老一套,终不能"准以定律"。他的这套空论,只证明他不懂乐器罢了。弘治中,福建人李文利著《律吕元声》,以《吕览》黄钟三寸九分的说法为宗,但胶柱鼓瑟,他想用古律来正今乐,却不但不能和今乐的实际相符,更有人批评他这种主张也跟古律实际相背。⑧在汤显祖任太常寺博士的时候,监察御史刘凤曾两次写信和他讨论音律。刘凤字子威,号罗阳,长洲人。嘉靖二十三年(1544)进士,万历初拜监察御史。刘凤博览群书,曾著有《乐辨》一文,和龙君扬交情很深。⑨因此,也和汤有交情。汤《玉茗堂尺牍》有答《刘子威侍御论乐》,《再答刘子威》两信,在这两封信里,他不主张"缘历定律,以为岁差而移"的"候气"论;更不主张胶柱鼓瑟,用古律来正今乐,认为"《管子》《吕览》,度数律元,已有殊论。迁歆而后,愈盖悠缪"。他认为"'声依永',希微在兹"。即是说,歌声是人唱出来的,乐声是人谱出来、弹出来的。歌咏的情感和音声两相依倚,"行其自然",有的经过长期演变,仍保存至今,有的却因"偏有短长,今时而灭"。他说:"南歌寄节,疏促自然。五言则二,七言则三。变通疏促,殆亦由人。古曲今丝,未为绝响。"又说:"妄论琴理,缓急在丝,深浮在指,悲愉在心。凡音之生,流例非远。"他认为,古诗的咏味是可以由今人在古诗里求出来的;古乐的音乐是可以由今人在今代的古乐里求出来的。他说:"华尼世绝,闻《韶》并歆。"他认为从虞舜到孔子,虽相隔一千多年,但如果今人和古人情感相通,就可能还像孔子在齐闻韶一样,让千载之下的音声和往古的音声相应。他认为"候气定律"和"用古律正今乐",乃徒取资于"乐律"、"乐器",反不如"声依永",从情感直下一针。因此,他不但主张以今代古乐以证古乐,而且还主张用今乐证古,说是"流例非远";更主张"因胡证雅",说"乐失求之戎"。汤显祖在任太常寺博士时的寂寞之中,对音声已开始讲求,对音律也具有他精辟的见解。他的这种见解,到后来更出现在《答凌初成》的信里,成为他反对沈璟只知"曲律",不知"曲意"的犀利的矛锋。

屠隆任青浦县知县的时候,上海孝廉俞显卿曾因事向屠隆说项,被屠隆加以申斥。俞在去年得中进士,到今年得授刑部主事。这时,屠在京任礼部主事。在本年十二月里,俞忽挟旧恨劾屠淫纵。屠隆爱好戏曲,并自夸能演戏,常亲自登场扮演。西宁侯宋世恩少年好声诗,和屠隆通家往来,两家时有宴会,男女杂坐。宋夫人也是个懂音律的女人,曾见过屠隆扮演的戏,并曾使侍女捧茶慰劳屠隆。这事情在外面流传开了。汤《怀戴四明先生并问屠长卿》说:"情知宋玉有微词。"就指的是这种传言。[⑩] 俞显卿因拾取这种传言入奏,并在奏章上写了"翠馆侯门,青楼郎署"的话。屠上疏自辨,宋也上疏自辨,于是吏科给事中齐世臣上疏交劾三人,俞、屠因此同被削籍,宋世恩罚禄米半年。这时候,屠内召只一年多,俞得官才不过数月,竟因俞挟旧恨对屠进行倾轧,卒致两败俱伤。直到屠隆晚年创作《昙花记》,以木清泰为主人,据冯梦桢的说法,木清泰即宋西宁的隐词。屠可能把宋西宁写到他剧本里来,但更多的含义却还是不会有的。[⑪]

本年十一月,大学士余有丁卒。十二月,即家以礼部尚书召拜王锡爵为文渊阁大学士。[⑫]

**注释：**

① 据《明实录》卷一百四十五、一百四十七，《明史》张居正、申时行、杨巍、沈思孝、丁此吕各传。

② 据《明史·张居正传》，《明史纪事本末》。张敬修自缢，据《明实录》卷一百四十九。

③ 据《明史纪事本末》。

④ 谢廷谅《逢掖集》卷八《题壁序》说："见哀刘者纷纷争辨，亦漫为之辞。"诗说："膻聚乍来依节侠，狐趋仍自向权门。英雄千古凭谁识，贾傅才堪吊屈原。"谢过东光县驿，当在万历十一年春天落第回临川的时候，这时东光县驿的壁上，已题满了"纷纷争辨"的哀刘诗了。谢的诗意比汤显露，但汤诗却更为深切。汤诗见《列朝诗集》"汤遂昌显祖"条下，诗题作《题东光驿壁是刘侍御台绝命处》，东光县驿是刘台革职出京必由之路，但刘死却是在浔州戍所，并不死在这里。这诗是钱谦益从瞿元立口里传过来的，诗当是题壁的原诗，但诗题却是钱谦益代汤拟的，而钱却将刘台死地误认为是东光驿了。汤《玉茗堂全集》诗卷之十八，题作《甲申见递北驿寺诗，多为刘故侍御台发愤者，附题其后》，诗也和《列朝诗集》所载者不尽相同；这诗题是汤所自拟，但诗却经过汤的改写。诗题明写《甲申见递北驿寺诗》，可知此诗是汤本年之所作。

⑤ 据《明实录》卷一百四十五，《明史·五行志》二。

⑥ 见本书"万历八年年谱"注二十。

⑦ 据《旧唐书》"音乐志"一，"祖孝孙传"，南卓《羯鼓录》。

⑧ 据《明史》乐志一、艺文志一。

⑨ 刘凤号罗阳，据《谢耳伯集》。万历三年已任御史，据《刘子威集》魏学礼序。与龙君扬交好，据《刘子威集》卷十一《送龙使君赴姑熟序》和《澹思集》卷九

《送龙使君入贺》、卷十《寄龙使君太平》等诗。著《乐辨》见《国朝诸公文集类抄》。又《列朝诗集小传·刘佥事凤》下作"嘉靖庚戌（二十九年）进士"，今据《谢耳伯集》、《长洲县志》二十四"人物"三，作"嘉靖甲辰"（二十三年）。

⑩ 汤《送臧晋叔谪归湖上，时唐仁卿以谈道贬，同日出关，并寄屠长卿江外》说："长卿曾误宋东邻"，明明指的就是这件事情，与"情知宋玉有微词"用的是同一典故，可知汤所指的也同是这件事情。

⑪ 据《明实录》卷一百五十四，《万历野获编》卷二十五"昙花记"条，《列朝诗集小传·屠仪部隆》。

⑫ 余卒据《明实录》卷一百五十五。王拜相据《明史·王锡爵传》，汪曾武《外家纪闻》。

## 万历十三年（1585）乙酉　三十六岁

《列朝诗集小传·汤遂昌显祖》条下说："除南太常博士。朝右慕其才，将征为吏部郎，上书辞免。"在汤的尺牍里有一封《与司吏部》的长信，也就是钱谦益所说的汤辞免吏部郎的那封信。因汤在信中提到"亡妇二年"和"阿蘧八龄，阿耆六周"的话，所以他这封信是在本年写的。邹愚公《临川汤先生传》对汤写信辞吏部郎的事记载得比较翔实。邹传说："时典选某者，起家临川令，公其所取士也。以书相贻曰：'第一通政府，而吾为之怂恿，则北铨省可望'。而公亦不应，亦如其所以拒馆选时者。"司吏部即汤《寄司明府》诗①的司明府。司名汝霖，字传野，江陵人，隆庆二年（1568）进士，中进士后即任临川县知县。汤中举在隆庆四年，恰巧在他的任内，所以邹传说："公其所取士也。"《临川县志》卷十五"良吏传"，称司"妙龄而有卓识，推毂人士，常若不及"。所以，司和汤的师生之谊，应当是比一般更要密切的。因此，汤《寄司明府》诗和《与司吏部》书就都是披肝沥胆，言无不尽的作品，而且都深谈到了自己的家庭细事。这时候，司已改姓名为张汝济，并已经做到吏部文选司郎中的官了。所以汤书说："兹岁天下复得明选君。"也就是邹书所说的"典选某"。赞助尚书，进退官吏，原就是吏部文选司郎中的职权。所以司写信给汤，只要汤先打通政府关节，再由他从中说话，北京吏部郎中的官就大有希望了。哪知汤竟回信拒绝了司对他的好意。汤在他的信里列举他"断不可北者有五"，措辞命意和嵇叔夜《与山巨源绝交书》"必不堪者七，甚不可者二"很相类似，但汤书比嵇书富于人情，因此，词锋也比较委婉真挚，不会使司感到气愤。难道说，汤真不想做北京的官吗？但如果要先打通政府关节，他要做的话就早做了。不能做，就只有索性一辞了事。②

本年，魏允贞迁南京吏部郎中，李化龙迁南京工部主事。稍后，李三才迁南京礼部郎中，邹元标迁南京兵部主事。③ 他们四人都在南京做官，因此，汤显祖和他们往来很密。汤在《答太傅于田李公河上四十三韵》的序中说："公……与魏懋忠、李道父三公，予南奉常时晤言风雅之契。"在《答淮抚李公五十韵》序中说："公与大名魏公允贞，长垣李公化龙，皆予奉常时永夕之好。"都说明他们当时交情很深。李化龙字于田，长垣人；李三才字道甫，号修吾，陕西临潼人④；魏允贞字懋忠，南乐人。

《紫箫记》即便是作为汤的初期剧作，也不能说它是精到的作品。汤在万历八年刊行这部剧作，主要是为了辟谣，只因汤在当时文名很大，《紫箫记》刊行以后，随即通行一时。汤在《紫钗记题词》中说：对《紫箫》这一剧作，"亦不意其行如是"就说的是当时情况。这时候，汤已经在南太常了。太常寺是应当属礼部管的。⑤ 汤在《玉合记题词》中说："予所为霍小玉传……曲中乃有讥托，为部长吏抑止不行。"汤刊行《紫箫记》，原想用来说明它和讽刺秉国首揆的诈言无关。这时候，秉国首揆张居正虽早已死了，只是一般在官的人终认为这通行一时的剧作和大官有碍，因此，当时南京礼部长吏就禁止了这剧作的刊行。《紫钗记题词》又说："姜耀先云：'不若遂成之。'南都多暇，更为删润，讫，名《紫钗》，中有紫玉钗也。"汤就是这样将未完成的《紫箫记》改写成《紫钗记》了，《紫箫记》刊行后被礼部长吏禁止，当在本年前后；汤将《紫箫记》改写成《紫钗记》，也当在本年前后。汤这人是不可抑止的，他将《紫箫记》改写成《紫钗记》，也正因《紫箫记》刊行以后被礼部长吏抑止不行。

《紫箫记》和《紫钗记》，故事取材虽同出唐蒋防的《霍小玉传》，但剧里的人物描写，却都和汤当时的生活情调有关。当万历二年，余有丁做南京国子监祭酒的时候，六馆生就多爱冶游，致使祭酒要他们什伍相保。⑥ 这时候，汤已来国子监读书了。因此，汤在《紫箫记》第二出里，写李益和国子监的三位朋友新春集会的事，更从此引出了鲍四娘的一段因缘，作为聘订霍小玉的前奏。万历六年，谢廷谅在刻《汤临川〈问棘堂邮草〉序》里，写汤的性情说："人充后房，而居常不内。"所写的仍是汤在国子监读书时的事情，可知当时汤的朋友已经有买妾的事。万历五年，汤在《以诗代书奉寄举主张龙峰令弟尉都水》中说："买妾望男祥。"这时候，汤自己也买妾了。万历五年正值汤进京会试汤买妾当在他参加会试以前。万历十一年，帅机《寄答汤义进士》说："悬知别后风流胜，静对文君藻思飘。"帅诗里的"文君"，是应当有这个人的。汤当时可能有一件风流韵事。《紫箫记》第十一出写李益在枕上用《昭明文选》醒眼，因卜得媒求小玉的好彩头，这虽是戏里的小情节，也可看成是汤当时的生活写实。

万历四年，汤在姜、龙任所作客，就已经开始了他的浪漫生活。所以他在《答管东溟》的信中说：他在这个时候，"戏逐诗赋歌舞游侠"。姜和龙的宴会铺张，梅和沈的风流豪侠，都能使汤的素朴生活改变面貌。汤在《戏答宣城梅禹金四绝》中说："春妆夜宴怜新舞，愿得为欢送此生。"写的就是当时朋友间的生活情调。万历五年，汤来京会试了。他在《别荆州张孝廉》诗中说："当垆唤取双蛾眉，的皪人前倾一盏。"当时京城的冶游生活，汤也还是习染着的。因此，当万历六年他在家闲住时，于《答龙君扬》诗序中说："由斯以谈，色则谁为好矣。"他回想此前的一段生活，还不免有些惆怅。

屠隆《沈太史传》说，沈君典有英雄气略，喜结交异人名士，酒徒剑客，常被他所罗致。又说："人有以穷来归考，不难捐千金畀之。苟可脱人于厄，即借六尺不辞。人稍稍以古侠烈称焉。"沈和汤在当时交情极深。屠隆还在《沈太史传》里，说沈"好《阴符》《黄石》，平居慕子房、长源之为人"。谢廷谅在《刻汤临川〈问棘堂邮草〉序》里写汤的性情也说："语帝王大略，激昂万乘，而不能说丘巷；足不识城府逵路，而好谈天下厄塞；料人物数千里之外，而常为眉目小儿所绐。"汤、沈两人从这点来说，却又是很谈得来的。汤诗《同宣城沈二君典表背胡同宿，忆敬亭山水开元寺题诗，君典好言边事》说："比丘百句终无学，黄石三篇定有闻。"这两位好朋友在同宿的一个晚上，所谈的除了黄石兵法，还有玄谈佛理。所以，汤诗《别沈君典》说："妙理霏霏谈转酷，金徒箭尽挞更促。"指的也是这次夜谈。

"戏逐诗赋歌舞游侠"，这是一种贵游公子的生活作风。汤从沈君典等朋友那里习染了浪漫的生活情调，却都拿来写入《紫箫》、《紫钗》两记里面。他写了李益，并写了李益的一些朋友；写李益在及第前物色配偶，就婚霍府，并写了鲍四娘和霍小玉；写李益及第后参军出征，献策边关，并写了黄衫豪士的疏财仗义；写了霍王入山访道，并写了杜黄裳的皈依佛法；他写了当时朋友们连同他自己的学问、抱负和放浪的情调，并可能把自己的风流韵事也写在这两部剧作里了。

　　汤在《紫钗记题词》中说，这是《紫箫记》的"删润"本。但以后又曾经一度改写，所以吕天成说："仍《紫箫》者不多，"乃指《紫钗记》改本而言，但又说："然犹带靡缛。"如只从《紫钗记》的曲词和道白说，比起《紫箫记》来是没有多大的进展的。沈际飞说："《紫钗》不过诗余集句，四六致语。"再就整个剧作的写作技巧说，也正如袁中郎的如下批评："一部《紫钗》都无关目，实实填词，呆呆度曲，有何波澜？有何趣味？"又说："《紫钗》止有曲耳，白殊可厌也。诨间有之，不能开人笑口。若所谓介，作者尚未梦见在。"又说："《紫钗》不过诗词富丽，俗眼遂为其所瞒耳。"但他却认为，"《紫钗》笔锋未展"，是"文家生熟之故"。他说："直至《还魂》，笔无不展之锋，文无不酣之兴，真是文人妙来无过熟也。"如将《紫钗记》第十六出曲词和《还魂记》"惊梦"曲词相比，即比较好的如"春成片、无人见，平付与莺梢燕剪"，也不能和"惊梦"曲词同日而语。其他如"铺翠陌平莎茸嫩，拂画檐垂杨金偃"。只是一味填词，却全无一点曲味。这虽和汤初度新词不无关系，但难道说只是个"文家生熟之故"么？曲词的约束和文风有关，文风的变革和思想有关。这时候，汤显祖和梅禹金一班朋友，其抱负情趣是大致相同的。因此，汤、梅的《紫钗》、《玉合》两记先后写成，文风也同是一样。到后来，《还魂记》却不一样了。汤显祖在这部剧作里面，以情的斗士的姿态出现，他运思既敻绝当时，遣辞也敻绝当时。他不但不拘于填词，连曲律也给突破了。⑦

　　本年三月，臧懋循和唐伯元同时罢贬。臧字晋叔，长兴人，万历八年（1580）进士，本年任南京国子监博士。臧为人风流任诞，每出门，必将棋局、蹴球系在车子后面，又同他宠爱的周小史红衣并马出凤台门，因此被劾罢官。同时，南海唐伯元字仁卿，署南京户部郎中，他上疏论王阳明不宜从祀孔庙，并进石经《大学》，也被劾降三级调外任。汤《送臧晋叔谪归湖上，时唐仁卿以谈道贬，同日出关，并寄屠长卿江外》说："君门如水亦如市，直为风烟能满纸。

长卿曾误宋东邻，晋叔讵怜周小史。自古飞簪说俊游，一官难道减风流。深灯夜雨宜残局，浅草春风恣蹴球。杨柳花飞还顾渚，箸酒苕鱼须判汝。兴剧书成舞笑人，狂来画出挑心女。仍闻宾从日纷纭，会自离披一送君。却笑唐生同日贬，一时臧谷竟何云。"从屠、臧两人的风流韵事，和汤的这首诗中，可看出当时南京士大夫一般的风流行径。臧懋循是《元曲选》的编者，是明代有名的戏曲家，从汤的送别诗看来，更可知汤与臧晋叔、唐仁卿三人，当时的交情并不算浅。⑧

汤更有《遥和诸郎夜过桃叶渡》一诗说："诸公纷纷去何所？隔岸荧荧高烛举。若非去挟秦家姝，定是将偷邛市女。"可知当时的南京士大夫，向秦淮河作娼家游是一件通常的事情，风流韵事当不独屠、臧两人为然。诗中又说："当时我亦俊人群，情如秋水气如云。有酒谁家惜酣畅，饶花是处怯离分。"可知汤以前在南京国子监读书的时候，也还有他的放浪行径。但现在他做的是南太常的官，就只能端谨一些，不好再闹这些事了。他在这首诗里说："如今两鬓笼纱帽，轻烟澹粉何曾到。眼看诸公淹夜游，心知此事从难道。衙斋独宿清汉斜，灯影笼窗半落花。拚不风流长睡去，却持残梦到他家。"他这种不甘寂寞的追思梦忆，也吐露得非常明显。

本年，吴仕期的妻子控诉他丈夫冤死，法司拟一人戍边。大理寺少卿王用汲不肯署名，上疏说龙宗武依听上官主使律，胡槚依主使律合斩。中使把王用汲奏疏送交内阁，拟依从用汲所议。辅臣附奏："三人占从二人言，今岂以用汲一人废三法司之议。"六月，诏论胡、龙戍边，并加"永远"字样。于是胡槚戍贵州，龙宗武戍合浦。当吴仕期在狱中自杀的时候，即有人想归罪宗武，其时因有沈懋学向当道说明。事情因得平息。这时候，沈早已死了，因此龙的冤枉，竟无人替他昭雪。⑨

本年，沈璟起复，补吏部验封司员外郎。⑩

本年，罗汝芳在南昌大会江西同志。⑪

**注释：**

① 汤《寄司明府》诗，本年谱"万历六年"已有引出。
② 并据《临川县志》卷十五《良吏·张汝济传》。
③ 据《明史》魏允贞、邹元标、李化龙、李三才各传。《列朝诗集小传》丁集中"李尚书三才"条下。
④ 李三才，《明史》作顺天通州人，《列朝诗集小传》作临潼人。汤在《答淮抚李公五十韵》诗序中说："公家本关中，身依辇下。"通州当是他的寄籍。
⑤ 《明史·职官志》三说："太常掌祭祀礼乐之事，总其官属，籍其政令，以听于礼部。"
⑥ 据《鄞县志》卷三十六《人物传》十一。
⑦ 据《独深居点定玉茗堂集》集诸家评语。
⑧ 臧罢官据《列朝诗集小传·臧博士懋循》、唐调外年月据《明实录》卷一百五十九。
⑨ 据汤显祖《前朝列大夫饬兵督学湖广少参兼金宪澄源龙公墓志铭》，《万历野获编》"龙君扬少参"条，《明实录》卷一百六十二。
⑩ 据《沈璟家谱·本传》，潘柽章《松陵文献》"沈璟传"。
⑪ 据杨起元《罗近溪先生墓志铭》。

## 万历十四年（1586）丙戌　三十七岁

　　神宗皇后王氏，多病不能生育。万历十年（1582）八月，恭妃王氏生光宗。本年正月，德妃郑氏生福王。光宗是恭妃做慈宁宫宫人的时候私幸所生，神宗不加重视。德妃最得宠，生福王后，即特加皇贵妃。本年二月，户科给事中姜应麟疏请立太子，并议首立恭妃为皇贵妃，次及郑贵妃。神宗谪姜为广昌县典史。当时沈璟任吏部验封司员外郎，继姜应麟上疏，神宗命降三级得行人司司正。①孙如法当时任刑部主事，继沈璟上疏，并请复姜、沈原职，神宗命降极边杂职，得潮阳县典史。

　　本年二月，袁宗道举会试第一，王一鸣、顾允成也同中本科进士。袁字伯修，号石浦，公安人，中进士时年二十七岁。王字子声，一字伯固，又字石廪，黄冈人。王负当时文名，万历八年龙宗武任黄州府同知，和王往来很密，因此，他和汤显祖交情也就很深。②

　　本年二月，丁此吕由南京太仆寺丞升湖广佥事。六月，李化龙由南京吏部验封司郎中升河南佥事提调学政。王世懋由福建布政司左参政升南京太仆寺少卿。侍读学士张位升礼部右侍郎仍兼侍读学士。③

　　汤《玉合记题词》说："余往春客宛陵④，殊阙如邛之遇。犹忆水西官柳，苏苏可人。时送我者姜令、沈君典、梅生禹金、宾从数十人。去今十年矣，八月太常斋出，宛然梅生造焉。为问故所游，长者俱销亡，在者亦多流泊。余泫然久之。为问水西官柳，生曰，所谓'纵使君来不堪折'也。因出其所为《章台柳记》若干章示余。曰：'人生若朝暮，聚散喧悲，常杂其半。奈何忘鼓缶之骧，阙遇旬之宴乎'。"汤题词所回忆的是，万历四年汤在宣城作客时的事情。到今年恰好十年，所以《题词》说："去今十年矣。"汤这时在南京太常寺博士任内，所以《题词》说："八月太常斋出，宛然梅生造焉。"汤和梅在十年久别以后，直到今年八月又在南京相见了。这时候，梅的父亲守德已先在万历五年死了。⑤所以《题词》说："为问故所游，长者俱销亡。"据《题词》所说，梅在这个时候已写成他的《玉合记》了。然而汤却只在万历八年刊行了《紫箫记》，所以在《题词》里用《紫箫》和《玉合》相比说："子观其词，视予所为《霍小玉传》，并其沉丽之思，减其秾长之累。"但梅写《玉合记》，也应当是用他自己的风流韵事做背景的。汤《题词》开始就提到"殊阙如邛之遇"的话，并在这话的后面接着说："犹忆水西官柳，苏苏可人。"水西官柳在这里当不是指柳，而当是指梅当时的意中人了。这次汤、梅再度相见，汤问到"故所游"之人的存殁情况，因而"泫然久之"后，随即又问到"水西官柳"？梅却慨然说道："所谓'纵使君来不堪折'也。""纵使君来岂堪折"，原是许尧佐《柳氏传》，也即是《玉合记》里柳氏所题的诗，梅引出这一诗句作为答辞，也分明不是说柳，而是说他意中的人。因此，他说了这句话之后，就随即拿出他的剧作来了。梅的风流事应当是指情场之失意，所以梅对汤说："人生若朝暮，聚散喧悲，常杂其半，奈何忘鼓缶之骧，阙遇旬之宴乎。"他的这种感慨，和《玉合记》第四十出尾声："愿百岁人长在醉乡"的情调是一样的。《玉合记》的团圆结局，也恰好说明了梅当时风流韵事的悲剧终场。

梅禹金的《玉合记》刊行后，寄一部给姜奇方。他在《与姜奇方》信里说："偶作传奇一种，汤义仍为之序，而好事者遂以副墨。丈夫意气但复如此，殆与饮醇酒，弄妇人何异？清览所及，当不以讶而以慨也。昔象山氏最爱其弟子谢生，因闻为陆伎作传，问之。既读，不觉喜。吾师得无似之耶？"⑥从信里可以看出，梅和姜的友谊是一种师生的交谊。梅既对姜引用陆象山弟子谢生替所爱陆伎作传，来说明他的《玉合记》的剧情，乃写他自己的风流韵事。因知汤《题词》所说，也并不是没有依据。

汤诗《吹笙歌送梅禹金》，就是这次和梅分别时所写。诗中说："秋水微波木末亭，秋花半菊吴陵署。从官迫郁有三年，似汝骄奢留几处。"汤赴南京太常寺博士任是万历十一年八月，到万历十四年八月已整整三年，所以说"从官迫郁有三年"。汤别梅的时候，已经是九月天气，太常寺官署里的菊花开了，所以说"秋花半菊吴陵署"。汤在这三年里，游玩南京山水是一件经常的事，但梅禹金到南京来却偏偏没有了游兴，所以说"似汝骄奢留几处"。诗中又说："津途变化裁十年，光响消浮只千里。潮水长看三往还，交态今谁一生死。何况青眉并皓齿，美酒销忧只如此。"他说十年前在宣城时，有龙、姜、沈和梅等互相往来，十年来却经历了很多的官场变化，旧日的朋友们各自消浮，可与共生死的朋友已不可多得，又何况"青眉并皓齿"，因此，就只好借美酒来销忧了。他对于梅的情场失意，仍寄与慰藉和深叹，但诗中又谈到梅的新欢，说："新林⑦小妇寄书来，一种风流许君据。朝落铅华妾自知，夜拂兰帱君不御。梅生开书欲长跪，托道留连在山水。即知游子几曾游，自说美人讵知美。"可知这个时候，梅虽已另有新欢，但旧爱却不能忘却，因此在外既无精打采，却一直流连不想回家。

以《紫箫》、《紫钗》两记和《玉合记》的故事情节相比，可称是相类似的。汤显祖写李益中状元后做杜黄裳的参军，梅禹金写韩翃中探花后做侯希逸的书记；汤写花卿用爱姬换马，梅写李王孙用爱姬赠友；汤写黄衫豪客，梅写虞候许俊；汤写霍王入华山学道，梅写李王孙入华山寻仙。梅和汤将这一类故事情节，和自己的风流韵事结合起来作为戏曲主题，并将自己作为男主人公，因此，他们就大可以在戏里谈韬略、夸豪举，谈空说有，把自己的学问、抱负和生活情调都表露出来。再就《紫箫记》和《玉合记》的文风加以比较，汤之《题词》认为梅的《章台柳记》，"视予（汤）所为《霍小玉传》，并其沉丽之思，减其秾长之累"。却也是适当的评语。《紫箫》之剧情进展，比《玉合》虽较为冗杂，但辞藻艳丽却是两记相同的地方。《紫钗》和《紫箫》也自是同一类剧作，在这里可不再提了。到后来，评曲家对《玉合记》的批评，如沈德符说："梅禹金《玉合记》宾白尽用骈语，饾饤太繁，其曲半使故事及成语。正如设色骷髅，粉捏化生。"⑧如徐复祚说："传奇之体，要使田畯红女，闻而趯然喜，悚然惧；若徒逞其博洽，使闻者不解为何语，何异对牛而弹琴乎？余谓歌《玉合》于筵前台畔，无论田畯红女，即学士大夫能解作何语者几人哉？"⑨他们所作的评语，虽只就《玉合记》来说，但同时也实指当时的骈绮派、文词家而言，连汤的《紫箫》、《紫钗》也应当全部评在其内的。这些作者们的学问、抱负、生活情调，等等，和他们的文风是一致的。欣赏他们的知音人，只能是当时的学士大夫，因此，他们曲词、宾白的博洽骈丽，就成了理所当然，他们是不曾想到要使"田畯红女"都能理解的。然而，即使"田畯红女"都理解他们的曲词、宾白，他们在剧作里所表露的学问、抱负、生活情调，等等，又岂是"田畯红女"所愿欣赏，所能理解的吗？

即就汤在当时的戏曲活动说，也是有他自己的一群人的。汤在《紫钗记题词》里说："往余所游谢九紫、吴拾芝、曾粤祥诸君。度新词与戏。"在《寄高太仆》的信里说："忆与拾芝诸友倡歌踏舞，备极一时之致。"在《玉合记题词》里说："予昔时一曲才就，辄为玉云生夜舞朝歌而去。生故修窈，其音若丝，辽彻青云，莫不言好。观者万人。乃至九紫君之酬对悍捷，灵昌子之供顿清饶，各极一时之致也。"又说："自我来斯，风流顿尽。玉云生容华亦长矣。"当汤在国子监读书的时候，有和汤一同度曲的朋友们；也有能登场扮演，而且能轰动万人的朋友们，所以汤一曲才就，就能够"夜舞朝歌"。汤当时写作《紫箫记》，是具有他实践的条件的。帅机虽曾说汤的《紫箫记》不是"台上之曲"，但《紫箫记》写成以后，就已经在台上演出过了，因此才"是非蜂起"，发生了指认该剧乃讥讽当时秉国首揆的流言；如果仅只是写作，不关演出的事，如果没有"观者万人"，"是非蜂起"的事就也将无从发生了。只是当时在"观者万人"之中，绝没有"田畯红女"，所谓"朝歌夜舞"，也只是学士大夫们自己的事，是"行家生活"，而不会是一般的民间演出。所以，汤和他的朋友们，在当时也还是不曾想到他们所写的曲词、宾白，是要使"田畯红女"都能理解的。他们所能想到的，只是在自己这群人里，怎样来一番自我夸张、自我陶醉罢了。

汤本年已经三十七岁。汤诗《三十七》说："陪畿非要津，奉常稍中秩。几时六百石？吾生三十七。"汤自叹身居奉常散局，官卑职小。诗中又说："神州虽大局，数着亦可毕。了此足高谢，别有烟霞质。"他认为对中国的事应当大做一手，希望在做完这一手之后再退隐自高。诗中又说："壮心若流水，幽意似秋日。兴至期上书，媒劳中阁笔。常恐古人先，乃与今人匹。"他说自己虽甘居澹泊，然而对当前政治局面也已感到忍无可忍，意欲上书陈言，又怕不被采纳，就只好中途搁下笔来。他原想能效法古人进谏，现在却只能和今人一样依违度日了。他在这首诗里所表达的情感，和他在《答王恒叔给事忆丁邹二君》诗里所说的"飘飘欲羡茂陵人，郁郁自怜金马客"。其中的情感是很一致的。他这种情感的表露，颇具浪漫色调，但同时也就是他在万历十九年（1591），因星变陈言，弹劾辅臣、科臣的一种发端。他的心在此时早已跃跃欲试，不能自己抑止了。

本年夏，"江南、浙江、江西、湖广、广东、福建、云南、辽东大水"。⑩汤有《丙戌五月大水》诗，写当时南京大水的情况说："梧竹霭沧凉，井邑浮虚杳。地脉交龙断，砚席涎蜗逸。扇节尚春衣，篱门喧水鸟。从陵上原隰，登高望江表。天貌此沉沉，客心方渺渺。"

本年夏，达观游南岳，寄宿在洪福寺里。⑪秋，往山东劳山访释德清。德清字澄印，晚号憨山，全椒人。万历十年，神宗母亲慈圣皇太后在五台山建祈储道场，由达观和德清主持这件事情。光宗诞生后，慈圣皇太后邀德清来京，德清避居劳山，辞不奉诏。本年秋七月，慈圣皇太后印施《大藏经》十五部，颁发海内名山，首施劳山一部。达观既来劳山，因和德清徒众一同来京谢恩，并募建海印寺，供奉赐经。途经胶州，为秋涨所阻。达观解衣先渡，急呼德清徒众渡水，等他们渡过水来，水已快淹没肩背了。徒众既同渡水，达观向他们说："生死关头，须直过为得耳。"⑫由此可知达观的勇猛无畏精神。达观既来北京，即居潭柘山嘉福寺。⑬

本年，罗汝芳由南昌、浙江转南京，和焦竑、汤显祖在城西小寺讲学。本年三月，赵志皋任京国子监祭酒，他知道罗汝芳到南京来了，就率国子监学生，请罗在凭虚阁聚讲几天。因此，旧游新知都来聚会，又在兴善寺连续讲学。当时，汤和罗在南京相见，罗对汤的浪漫生活不以为然。汤后来在《秀才说》里，写到他们相见时的一些情况。罗问汤："子与天下士日泮涣悲歌，意何为者，究竟于性命何如，何时可了？"汤因为罗的这一问，夜思其言，乃至不能安枕。这时候，汤的思想情感引起了一度转变。他悔悟到前此的生活"几失其性"，现在才"知生之为性是也，非食色性也之生；豪杰之士是也，非迂视圣贤之豪。"因此，他在《答管东溟》的信里，就说他此后的生活，将从"游衍判涣"转向"掩门自贞"和"永割攀缘"的路上来了。⑭

**注释：**

① 光宗生据《明史·王太后传》，福王生和德妃封皇贵妃据《明实录》卷一百七十、一百七十一，《万历野获编》卷三"恭妃进封"条。姜、沈、孙疏谏谪官据《明实录》卷一百七十一，《明史·姜应麟传》、《沈璟家谱·本传》、《吴江县志》卷二十八"名臣沈璟传"。以上并据《明史·后妃传》和《罪惟录》。

② 袁会试第一据《明实录》卷一百七十一、一百七十五，《白苏斋类稿》"袁宗道传"。王中进士据《列朝诗集小传·王知县一鸣》条。龙和王往来见汤显祖《前朝列大夫饬兵督学湘广少参兼佥宪澄源龙公墓志铭》，顾本年廷试中二甲二百二十三名，据《泾阳藏稿》卷二十二"先弟季时述"。

③ 丁、王、李、张升迁见《明实录》卷一百七十一、一百七十五。

④ 宣城在汉时为宛陵县。

⑤ 据沈懋学《郊居遗稿》"寄梅禹金"。梅守德死在沈请告回家之稍前，沈请告在万历五年末，梅守德之死当在万历五年。

⑥ 据梅禹金《鹿裘石室集》卷六。

⑦ 新林浦在江宁府城西南十八里。谢玄晖有《之宣城出新林浦向版桥》诗。

⑧ 据《万历野获编》卷二十五"填词名手"条。

⑨ 据徐复祚《三家村老委谈》。

⑩ 据《明史·五行志》。

⑪ 据《紫柏尊者全集》"同开侍者、缪仲淳宿洪福寺诗序"。

⑫ 据释德清《达观大师塔铭》、《列朝诗集小传》"憨山大师清公"条。

⑬ 据《紫柏大师全集》"烧爆竹诗序"。

⑭ 据杨起元《近溪先生墓志铭》，《明德罗夫子祠堂记》（杨复所《证学篇》卷三），《明实录》卷一百二十七。又《南城县志》卷八之八"流寓"，汤传引《秀才说》，也认为文中所说，即本年汤见罗后的事。

## 万历十五年（1587）丁亥　三十八岁

本年四月，北京旱，大疫。七月，江北蝗，江南大水，杭、嘉、湖、应天、太平五府江河泛溢，平地水深丈余。七月终，飓风大作，环数百里，一望成湖。七月，山东旱，开封、陕州、灵宝河决，黄河以北饥民吃草木，陕西富平、蒲城、同官等县饥民吃石粉。①

汤诗《京察后小述》说："一命淹陵署，六岁逢都课。"从辛巳年，即戴洵致仕的那次京察，到本年京察，已为期六年。汤从万历十一年到本年，也做了四年的奉常了。因此，他抚今追昔，对这次京察有很多的牢骚。诗中说："邑子久崖柴，长者亦摇簸。含沙吹几度，鬼弹落一个。大有抐心叹，不浅知者和。参差反舌流，倏忽箕星过。幸免青蝇吊，厌听迁莺贺。"又说："'浮燥'今已免，'不谨'前当坐。有口视三缄，无心嗔八座。骨相会偏奇，生辰或孤破。吾心少曲折，古人多顿挫。"汤在这次京察时，一定受过一些委屈，并见过许多难堪的事，所以他才如鲠在喉，不吐不快。他谈到这次京察，自己也难免口舌的灾难，虽然说幸免中伤，但迁官却没有分了。在诗里，他也写到自己当时的孤高放浪行径："贱子亦如人，壮心委豪惰。文章好惊俗，曲度自教作。贪看绣袄舞，惯踏花枝卧。对人时欠伸，说事偶涕唾。眼睡忽起笑，宴集常背坐。敢有轻薄情？祇缘迂僻过。"他不讲官场礼貌，更懒作无谓之应酬。他此时仍不免风流韵事，耽歌度曲，自作传奇，是他的日常功课。这时候，可作为他《紫钗记》的改写时期，也可能即是《南柯》等记写作的构思时期。

汤这次来京参加察典之后，曾替他的父母请到貤封，本年十二月，曾一度回临川寿亲。帅机自万历十二年思南太守秩满，十三年即回临川居住，十四年曾一度北上，今年又回到家乡来了。②这次汤回临川，与帅两人在家乡相见。帅《喜汤义上计貤封便归寿亲》七言律第一首说："当年解褐历清斋，休汝迎门讶锦回。曲里高山歆客赏，樽中圣酒为君开。全闱通籍承恩纪，彩服趋庭进寿杯。借问华京簪笏满，谁人得似马卿才。"③写的就是汤这次荣归寿亲的欢宴情况。

汤《赴帅生梦作》诗序说："丁亥十二月，予以太常上计过家。先一日，帅惟审梦予来，相喜慰曰：'帅生微瘦乎？'则止。予以冠带就饮，帅生别取山巾着予，甚适予首。叹曰：'人言我两人同心，止各一头，然也。……乃即留酌，果取巾相易，不差分寸。"诗中说："予满太常秩，子罢思江纶。日夕梦我归，入门魂魄亲，交手无别言，但问瘦何因？冠带即延酌，易我以山巾。尺寸了不殊，形影若可循。世人言我汝，同心徒异身。今看巾帻交，益知头脑匀。说梦未终竟，报我及城闉。岁寒冰雪中，松心竹有筠。"帅和汤在临川相见前，他两人魂思梦忆，在这首诗里写得十分真切。李绂《〈阳秋馆文集〉序》说："往闻长老言，汤先生作《南柯梦》传奇，考得蛾子事百二十余条，送帅先生，令补所未备。先生增六十余事以报。"④李绂是临川人，他听到的长者传言，自然是临川老人所说的临川掌故。帅机本年回临川，汤与帅一度相见；万历二十年（1592）汤从徐闻回临川，再与帅一度相见，这时候，帅已病骨支离；等到万历二十六年（1598）汤从遂昌回临川时，帅早已死了。汤请帅增补蛾子典故，应当是本年的事。这时候，帅由思南太守秩满家居，汤对本年京察更不满意，因此，二人难免同有南柯梦醒的感慨。汤写《南柯记》，应当在本年京察后就开始打定了腹稿。

汤在万历六年所写的《广意赋》中说："下睒尘人，曀曚氤兮。蠕蠕蒸蒸，绳行蠢兮。若视蚍垤，黑一群兮。遗音悲之，下民眸兮。"这段话，可以看成是汤写《南柯记》的最初意象。《紫箫记》第三十一出，四空禅师为杜黄裳说法，他在白里说："人生的样子十年一换，请从十岁起，讲到百岁。"于是他在【耍孩儿】、【五煞】、【四煞】三支曲子里，唱出了显贵们一生锦片前程，到老来毕竟成空的话。杜黄裳听过之后，在白里说："回想前事，只是蜉蝣一梦。"《南柯记》中写了一个契玄禅师，也正如同《紫箫记》写了个四空禅师。《南柯记》不过把四空的那一段唱，扩大成整部戏的剧情罢了。如果认为汤在《紫箫记》里曾写了个张居正。那么，汤在《南柯记》中却写了更多的当朝显贵。这群封建王朝的人民的统治者，在个人权力争夺的矛盾里，是逃不脱必然的悲剧终场的。但如真还有人能够显贵到头,则他一己的功名福泽既和人民利益无关,到老来也只能感到个人的空虚。汤这时的官场阅历日渐深了,他对于这群人深感气愤惋叹,然而却不能用社会制度来解答这类现象,依据他当时认识上的限度,也只好把这类悲剧性的现象,归结到佛家的空字上来。因此,他就把这群人的扰攘一生,说成不过是南柯一梦了。

本年二月,李三才由南京礼部郎中升山东佥事,整饬武定州兵备。十月,王世贞由原任南京刑部右侍郎起任南京兵部右侍郎。十二月,王世懋由南京太常寺少卿辞病回里。⑤

当时诗坛,人称李梦阳(献吉)、何景明(仲默)、王世贞(元美)、李攀龙(于鳞)为四大家。李梦阳主摹仿,人称他"得史迁、少陵之似,而失其真"。稍后,王世贞、李攀龙奉李梦阳为宗,天下并称"王李",认为"文自西京,诗自天宝以下俱无足观"。时人争相附和,如有人不肯摹古,就讥嘲他是"宋学"。何景明却独主创造,和李梦阳等各树壁垒。⑥汤《答王澹生》说:"弟少年无识,尝与友人论文,以为汉宋文章,各极其趣者,非可易而学也。学宋文不成,不失类鹜;学汉文不成,不止不成虎也。因于敝乡帅膳郎舍论李献吉,于历城赵仪郎舍论李于鳞,于金坛邓孝孺馆中论元美,各标其文赋中用事出处,及增减汉史唐诗字面处,见此道神情声色,已尽于昔人,今人更无可雄。妙者称能而已。……有传于司寇公之座者,公微笑曰:'随之。汤生标涂吾文,他日有涂汤生文者'。"这信里称司寇公,应当是万历十七年(1589)王世贞升刑部尚书以后所写。但信里所述,却当是于此前后的事。汤在这个时候,对王、李剽窃汉唐诗文的风气深不满意,他标涂了李献吉、李于鳞、王世贞的文章,向他们不可一世的文才声望进行挑战。

汤在《复费文孙》信中说:"王元美、陈玉叔同仕南都,身为敬美太常官属,不与往还。敬美唱为公宴诗,未能仰答。虽坐才短,亦以意不在是也。"隆庆四年(1570),李攀龙死,王世贞独操文柄,声望重于海内。一时士大夫和山人、词客、衲子、羽流都奔走在他的门下,想求得他的片言褒赏,来增进自己的声价。然而汤对王氏兄弟却非常疏远。从去年六月到今年十二月,王世懋是汤的主官,太常公宴，汤从不酬答诗篇。到明年三月后，王世贞到南京就兵部右侍郎职，一时游宴很盛，汤独不和他交往。汤诗说："几处楼台招不去。"指的就是这类地方。这虽未免崖岸自异，但汤不肯苟同于人，也于此足见一斑。

汤显祖的文章是以六朝文为基础的。他初期的赋作，曾走向"以古字易今字，以奇谲语易今语"的涩僻的道路，但现在却对王、李摹古的文风加以排击。他说："汉宋文章，各极其趣。"这是一句极为中肯的话。他又说："见此道神情声色，已尽于昔人，今人更无可雄。妙者称能而已。"他不但否定今文摹古，而且还提出了一个"趣"字，提出了"神情声色"，说文章当以"意趣"为主。"神情声色"是文章内涵的时代精神，割取古人字句，只能掩盖自己文章的内容空虚，不能用古人的"神情声色"来传达今人的"意趣"。可知他这时候的对文章的观点，和以前已经有很显著的变化了。以后，人称他古文的声和实，都可以同曾南丰相上下⑦，他的这种成就，是和这时候对文章的观点分不开的。这时，汤更练达人情，积理也更丰富了。他再不能将"些子道理"写在文章里"用"古字"掩盖着它就感到满足，所以他不愿仿古作赋，更深恨摹古作文，却认为宋人援情证理，形神两完，才真无不足之处。可知在这时候，汤的文章观点，已开始在大进一步了。

本年，梅禹金在宣城刻成了他的剧作《玉合记》。梅有《与汤义仍太常》的信，谈到他去年和汤相别以后，就在宣城家里居住；谈到汤时常向人推荐自己，"或欲嘘枯吹生"；谈到他家居境况很窘，出门又苦无钱；谈到如果来南京依汤，汤既"宦方减产"，不足相荫，他生平又"不能从人求买山钱，又无好事者营刹中宅"，这信里最主要的是提到了两件事情，一件是请汤替姜奇方写去思碑文，信中说："姜令君辞邑十年，而犹有后思。诸父老以七尺之石，将谋之仆。仆谓于今中郎，宜莫如足下，且故习令君，敬遣待命，在足下追修前好而已。今所籍乎，无异斗酒豚蹄，当致于淳于髡而笑。"姜奇方离宣城县知县任是万历五年的事，到本年恰好十年，汤《宣城令姜公去思记》说："盖去宣十年。"因知汤的这篇文章，当即本年梅信里请他所写的那篇碑文。一件是告诉汤在宣城刻成了《玉合记》的事情。信中说："《玉合》刻竣，乃费我姬人金步摇耳。吴越之间，盛行乐部，正缘大序关之，以卖珠饰椟耳。"梅禹金《玉合记》刻成既在本年，前举梅《与姜使君》书，也自是本年所写。最后，梅请汤抄寄近作五七言诗，信中说："小黄冠环侍左右，足使也。"由此，对汤当时的博士生涯，也可以概见一斑。⑧

本年，罗汝芳的门人替罗在从姑山建立讲所，匾曰明德堂。⑨

**注释：**

① 本年旱疫水蝗成灾，据《明史》"神宗本纪"、"五行志"，《明实录》卷一百八十八"孙丕扬"。
② 《帅氏三种》十卷《乙酉元旦试笔》说："微官秩满惭縻禄。"即指帅在万历十三年思南秩满。十二卷《丙戌元旦试笔》说："飘零拙宦始归山。"即指帅在万历十三年末回临川，同卷中，帅更有诗题说："《丙戌仲冬，余以故旧黄选君之促，勉强整装北上》。即指帅在万历十四年曾一度北上。十四卷中《除夕有伤铣男》说："理櫂归来除夕逢"。《丁亥元旦试笔》说："山城犹自肃衣冠。"即指帅在万历十四年末又回临川。
③ 见《帅氏三种》十四卷。
④ 见李绂《穆堂初稿》。
⑤ 李三才迁官据《明实录》卷一百八十三，王世贞起任据《明实录》卷一百九十一。王世懋辞官和王世贞就兵部右侍郎职，均见吴荣光《历代名人年谱》卷九。
⑥ 据《明史》李、何、王、李各传。
⑦ 据沈演《玉茗堂尺牍序》。
⑧ 据梅禹金《鹿裘石室集》卷五。
⑨ 据杨起元《罗近溪先生墓志铭》。

## 万历十六年（1588）戊子　三十九岁

本年三月，"山西、陕西、河南及南畿、浙江并大饥疫"。五月，"山东、陕西、山西、浙江俱大旱疫"。①汤诗《戊子春》说："素屋少生烟，紫陌多流殣。"《寄问三吴长吏》说："钟陵今若何，帝都非可问。白骨蔽江下，赤疫骈门进。豪家终脱死，泛户春零烬。人多地欲痒，物极天为震。"《疫》说："炎朔递烟煴，生死一气候。金陵佳丽门，輀席无夜昼。脑发寘渠薄，天地日熏臭。山陵余王气，户口入鬼宿。"都写的是本年从春到夏，南京一带灾情的严重情形。南京因去年水灾，开春即多流殣。三月春深，尸骨不收，传为疾疫，造成白骨蔽江，赤疫骈门的惨境。到夏天死人更多，南京城各门，昼夜抬出死尸，没有棺木，就用芦席包裹。但这样的大饥疫，对豪富人家来说，还是可以度过去的，只有江边的穷苦人家万无一免。

汤诗《疫》中又说："犹闻吴越间，叠骨与城厚。"还说："西河尸若鱼，东岳鬼全瘦。江淮西米绝，流饿死无复。"《闻北土饥麦无收者》说："方兹陇麦稠，已绝行人径。"饥疫中人民大批死亡，江苏、浙江、山西、陕西、山东、河南、河北等地无不如此。

汤诗《饥》，更写到去年江南水灾，北京粮运断绝，人民难免饥苦的情形。诗中说："西北久食人，千里绝烟影。如何江海气，遍湿东南境。越人苦蛟龙，吴都复蛙黾。凫茨涸滨潏，木皮尽蹊岭。由来三辅民，仰粟二西省。所在亦中熟，津梁各有警。江船绝盱赣，楚粟悭衡郢。陵麦青未熟，香秔种犹冷。底春歌已断，涉夏饥殊永。淋渗伤雨气，沧茫视风景。京尹裁施粥，市人稀说饼。"可知去年水旱，今年旱疫，已造成全国性的灾荒。不但上述等地人民大批死亡，即湖南、湖北、江西等产米地区，粮米也早已难于供应全国。

汤诗《江西米信》说："半郡倚宜崇，合路承盱赣。数载年谷多，出入颇流滥。云何忽饥贵，小斛千钱籯。所在津梁绝，似有流佣瞰。家君勉调济，寄书教省淡。"《内弟吴继文诉家口绝谷有叹》说："今年普天饿，非汝独愁叫。河海半相食，木砾饲老少。虽然发台谷，幸自息流啸。"在汤的故乡，当此全国灾荒，米价也腾贵起来，贵到一小斛米卖一千钱，寒素人家无米为炊，流佣更蠢蠢欲动，幸得开仓发赈，才勉强能维持现状。江西是产米的省份，情形也还是这样。诗中说的"木砾饲老少"，所指即去秋河北、陕西饥民吃草木石粉的事。

吴继文是汤元配吴氏的兄弟。《内弟吴继文诉家口绝谷有叹》一诗说："幸堪童子师，笔舌苦难掉。"可知吴在当时是乡下的蒙馆先生。又说："先畴近零落，莓田苦暵烧。变化乏工本，打劳复沙剽。"可知吴的家里，还有几亩硗薄的田。又说："汝等牛一毛，生死负犁铫。芝麻同妇种，豆虫须裸照。冬稌如可晞，休车有余嚼。"可知吴家当时仍以耕种为本业，本年虽然无收，以致家口绝谷，但秋天能种些麻豆杂粮，还不怕无粮过冬。吴家在东乡沓水，从这诗可知汤的妇家和江西抚州农家当时的大概情况。

从万历十四年南方的大水灾，接连着去年的水旱灾，今年的旱疫，造成了全国性的大灾荒。从汤显祖以上的那些诗里，可看出全国人民身受的痛苦是何等的普遍和惨重。全国性灾荒的造成，并非是偶然的事。从万历十四年到本年，已经有三年的时间了，可是官府对救灾恤民的事却漠不关心，只要不饿到自己头上，就视若无睹。而且，灾荒的造成也大半由于人事。当时的官府贪婪，豪强兼并和农民的破产流亡，都是灾荒的主要原因。汤诗里曾提到的"流佣"，指的就是这些破产的农民。他们在这次大灾荒里，离开了土地和家乡，到处找寻零活，来求得免于饥饿。他们成群结队，即便富饶如江西等省，也已经使当地的地主们感到头痛了。以后，就因为这些人的大量流亡，终于造成了明朝统治者的最后崩溃。汤以上的那些诗篇，对当时的灾荒情况，可算是描写得入骨三分了。对当时官府的漠视民间疾苦，也感到万分愤慨。因此，促成他对当时执政者庸碌无能的不能容忍。只是他还希望这次灾荒能安然度过。他认为只要对饥民能设法周济，官府富家能大家省淡一些，安分良民也能克己忍耐一些，还能够解决一些问题。

本年三月，梅国桢任河南道御史，李献可任户科给事中。闰六月，山东佥事李三才升河南参议。八月，行人司司正沈璟升光禄寺寺丞。十月，袁宗道铨翰林院编修。②

本年，饶仑擢侍御史。汤《哀伟朋赋序》说：饶仑"出理顺德，有洁清公忠之名。三察并关将吏，凡却万金"。饶仑在顺德共做了五年清廉的官。③

本年，王子声任太湖县知县。王初到太湖县的时候，县里的人以为这新来的官是一位有文名的白皙少年，对刑名想来是不大明了的。因此，讼师用讼词来试他，胥吏用公文来试他，他都装成不大懂得的样子。等到他升堂理事时，便拿出了老吏断狱的本领来，试过他的这些人只好屏住气息。但他在退堂以后，却又是一个恂恂儒者，众人因此都不敢轻视他了。他不但有文名，同时还有吏才，而且还是一位爱民的官。到县以后，恰逢太湖旱疫，他就请发仓粟赈饥。又因当时诛求过急，饥民无钱完租纳税，他就将自己的家产变卖，代百姓输还税款。④汤闻知王任太湖，曾写了一首《闻王子声令太湖，是明德先师旧莅》的诗。诗中说："云梦诸孙年少郎。"可知王做太湖县知县时，年纪是很轻的。

本年九月初二日，罗汝芳卒于南城，时年七十四岁。⑤汤《王子声令太湖》诗题称"明德先师"，则此诗当作于本年九月以后。

**注释：**

① 据《明史》"神宗本纪"、"五行志"。
② 梅国桢任御史据《明实录》卷一百九十六、一百九十九。李献可任给事中据《明实录》一百九十六及《明史》李传。李三才升参议据《明实录》卷二百。沈璟升光禄寺寺丞据《明实录》卷二百二。袁宗道铨编修据《明实录》卷二百四。
③ 据《顺德府志》卷一"官师"。

④ 据《太湖县志》卷二十之文二、吴岳秀《邑侯石廪王公去思碑记》。又据县志卷二"灾祥",太湖县本年大旱,民饥多疫。当时王初履任,可知王任太湖县知县即在本年。
⑤ 据李卓吾《焚书》卷三《罗近溪告文》,杨起元《近溪先生墓志铭》。

## 万历十七年（1589）己丑　四十岁

　　去年顺天乡试，主考官庶子黄洪宪取得中试举人茅一桂、潘之惺、任家相、李鼎，张敏塘等。试卷里发现有若干字句之疵，李鸿的试卷里有一囡字，孟义、书经结尾文义难通；屠大壮写创作瓶，写阁作璧、写蜉蝣作浮游；郑国望稿止五篇，朱卷遗匿。屠大壮是当地有名的富家子孙；李鸿是申时行的女婿，冒籍纳监。顺天同考官沈璟强使汪让代为取中。本年正月，礼部主客司郎中高桂揭发科场弊端，并指榜首王锡爵子衡可疑，请将王衡和茅一桂等一同复试。于是申时行、王锡爵各上疏自明，并请求放归。

　　二月，礼部会同都察院复试。试官左都御史吴时来不分可否，认为都能够通得，于是分为二等，王衡等七人平通，屠大壮亦通。疏入得旨，全都允准会试，高桂夺俸两月。于是王锡爵疏辩，字字剑戟。疏中说："新进初学，以字句小疵，被以关节之名，幽不有鬼神，明不有公论乎？"黄洪宪也上疏自辩。刑部云南司主事饶伸疏请罢斥申时行、王锡爵疏中说："自张居正二子连占科名，而辅臣遂成故事。然未有大通关节如黄洪宪者。以为一第不足重，则居然举首矣！势高者无子则录其婿，利厚者非子则及其孙矣。"疏上二日，王锡爵求罢；又次日，申时行求罢。神宗慰留申、王，并将饶伸送镇抚司究问。于是兵科左给事中胡汝宁遂又劾奏高、饶。疏中说："高桂造为私揭，暗投各官，以致饶伸误言，妄生多端。"神宗旨下部院，彻查高桂私揭。饶伸字抑之，胡汝宁字次山，同是江西进贤人。胡汝宁含沙射影，为取媚申、王，想同时并陷高、饶。他这种险恶卑劣的行为，既不为同朝所谅，而以同乡倾陷同乡，更不为江西在朝之同乡所容。因此，汤显祖在《论辅臣科臣疏》中，就将胡汝宁也论在里面。①

　　去年全国性的灾荒到本年还不曾结束。然而执政者和朝官们势所必争的却另是一类事情。关于科场之弊端，从万历五、八两年，张居正用鼎甲位置他自己的儿子开始，虽告失败了，但以后的执政者和势家富族，仍一样用势力金钱把持科第。万历十一年和本年的科场关节，都闹得天翻地覆。权要富贵人家，堵塞了寒士进取的路，科名不由势力，就由金钱，因此出身寒素的朝士大夫就不能不起而相争。虽说王衡原有文才，万历二十九年（1601）的会试、廷试，他都曾名列第二；虽说李鸿在成进士后，得任上饶县知县，也曾和税监相争，可说还有些气骨②，但本年科场情弊却仍是非常严重的，即便王锡爵、申时行也很难为他们的私心作辨。

当张居正执政的时候，其亲信蒋遵箴做吏部文选郎中。蒋在京死了妻子，听说兵部侍郎郑洛的女儿很美，便托人向郑洛求婚。那时蒋的年纪已将近五十，而且他是广西全州人，和郑洛家乡北直安福县相去万里，郑洛当然不愿许婚。蒋再托张之亲信王篆向郑求婚，郑洛还是不许。这时候，宣大总督出缺，郑洛和王篆商量，想谋得这个美缺。王篆遂乘机要挟郑洛说："兄必欲得军门，须成蒋婚事。"郑洛即许蒋婚事，但要求张居正做见证。于是，蒋、王先见居正，代郑洛求官。郑洛随后往谢，美缺和婚姻都满意地解决了。不到五天，郑洛就得了宣大总督。当时宣大总督号称七省经略，权势极重。郑洛虽得了这个美缺，但同时却赔了他的爱女。郑洛妻子送女之时，哭骂郑洛，郑洛也相向流泪。张居正听到这件事情，却笑郑洛说："（郑）范溪涕出而女于吴。"郑女到蒋家后，至死不肯归宁。郑妻念女情切，不久也病死了。郑洛的儿子郑材，即上述顺天乡试朱卷遗匿的郑国望，据说蒋、郑婚事也有他从中怂恿。③

郑洛经略宣大，是一位主款的能手。俺答长女所生女儿三娘子，俺答兄将聘以为妻，俺答夺为"哈屯"（即阏氏、可敦），能宠任事。三娘子尊亲明王朝，与之订盟，通贡马市。隆庆四年（1570），俺答来献逃亡的白莲教徒九人。五年（1571），封俺答为顺义王。万历九年（1581），俺答死。十一年（1583），长子黄台吉袭封。黄台吉欲收三娘子，三娘子将别属。郑洛使人向三娘子说："汝归王，天朝以夫人封汝；不归，一妇耳。"于是三娘子遂归黄台吉。黄台吉袭封四年，三娘子辅佐黄台吉，对明王朝恭谨履行贡市。万历十四年（1586），黄台吉死，其子扯立克袭位。扯立克纳汉那吉妻大成比妓，郑洛使人向扯立克说："娘子三世归顺,汝能与娘子聚则封,不哑聚,封别有属也。"扯立克便到三娘子帐中合婚,将大成比妓配给他的儿子失他不礼。万历十五年(1587),明王朝封扯立克为顺义王,封三娘子为忠顺夫人。当时郑洛经略宣大,羁縻俺答,用的就是这种策略。④

有人说,汤显祖在《还魂记》"谒遇"一出所写的识宝使臣苗舜宾,即指的是去年顺天乡试主考官黄洪宪。汤将黄字抽去几笔,就让他姓苗了。苗在"耽试"一出里做了个主考官,他自报家门说:"圣上因俺香山能辨番回宝色,钦取来京典试。……想起来看宝易,看文字难。为什么来?俺的眼睛原是猫儿睛,和碧绿玻璃水晶无二,因此一见真宝,眼睛火出;说起文字,俺眼里从来没有。"这也可算极尽讥嘲之能事了。有人又认为,"闹殇"一出中,丽娘死后,杜宝即升安抚使,也指的是郑洛将女儿许嫁给蒋家,因此才取得宣大总督。在"圆驾"一出,柳梦梅白:"朝廷不知,你那里平的个李全?则平的个李半。"又白:"你则哄的个杨妈妈退兵,怎哄的全。"柳梦梅讥嘲杜宝,也正是讥嘲郑洛。⑤

郑洛因嫁女求得宣大总督的事,这是颇遭物议的。万历十三年(1585),御史辛志登弹劾郑洛的十二罪之中,就提到这件事情。⑥本年十二月,工科给事中林材奏请罢斥郑洛,也提到这件事情。林在疏中说:"夫洛之女远嫁于蒋遵箴也,以江陵作主盟之父,依王篆为系兄之媒,致令其结发之妻哭女而伤命,又勒其祖腹之婿寄籍以快私。此等人何此峨冠于八座也。"⑦林材劾郑洛嫁女求官,是郑洛的个人品质问题,但当时人所不满于郑洛的,还在他极力主款,这却是当时在所必争的和战问题。

主款是张居正的边防策略,郑洛主款原只是执行他的这种策略。张居正认为在朝廷主动掌握的情势下和俺答通贡,"制和者在中国而不在夷狄",就不能算是讲和;在朝廷主动掌握的情势下开马市,可借此休养边兵,修复屯田;在俺答服从朝廷的情势下,土蛮、吉能两部不敢轻动,就能借此练兵,整顿边防,以备万一。⑧张居正对俺答采取羁縻政策,是想借此整顿边兵实力,并通过边屯政策使边兵自给自足,这和以后之执政借主款图一时苟安,却又与边臣勾结通贿,狼狈为奸,自然有明显的不同。像申时行一类人,他们只知主款,却不问边兵的实额和边饷的欠数,更不问连年内地的灾荒对于民食和边饷发生什么影响,因此,和战问题也就在连年灾荒以后,被言官们提出来了。申时行这些人都是老官僚,对神宗只知逢迎,对朝政只知敷衍,而他们的褊狭自私又要比张居正更加一等。就当时的政治情势看,明朝封建统治的腐朽性更发展到前所未有的程度了。

汤于本年迁南京礼部祠祭司主事。汤在《青雪楼赋》的序中说"己丑,予徙官南祠"。汤更有《己丑长至奉陪王赵二宗伯斋居有感》的诗,可知他在本年的冬至节日,就已经陪同南京礼部尚书和右侍郎参加园陵祭典了。又汤诗《文登羽客谒齐王子宿天妃宫》说:"四十为郎忽欲老。"《寄李崞崃内乡,追忆陈宝鸡》说:"纷吾四十满为郎。"《送太常西署翁君归潮》说:"四十为郎岂高蹈。"也都是说他四十岁时迁祠部郎官。在汤迁祠郎的时候,梅禹金给汤写了一封信说:"比仁兄真台省不居,特处建礼,冲而除盈,悠然自远。在仁兄夙昔言为众所析,动辄成规;然即此一隅,化贪镇躁,已饶深致矣。"⑨可知汤迁祠郎也由于他的自请。他自请这一闲职,正和他自请除授太常寺博士的用心相同。

汤迁礼部祠祭司主事后,他的家就搬出太常东署,移往詹事府了。汤实授太常博士在万历十二年八月,他将妻儿接来南京,居住在太常东署,到本年已经有五年时日了。在太常东署的期间,他的儿子成长了,他还做了很多学问上的功夫,况且这个环境又很舒适优美,所以他在临搬走的时候,不免有些依恋。在《过太常博士宅》一诗里,他提到这次移居说:"太常东署中,五年足栖集。南风多爽塏,春梅未漱湿。儿子此生成,琴书此敦习。逼迫徙詹事,后者来何急。出门别共灶,致词如欲泣。"就写出了他移居时的依恋心情。为什么汤做礼部的官却要移居詹事府呢?原来南京詹事府创设在明太祖建都的时候,到明成祖迁都北京,便废除了这个衙门。因此,南京詹事府的旧基就成了一片草地,后来在新址又再建成一所衙门,但却非常之隘陋。丁绍轼《南京詹事府志》说:"今南京詹事府创设于洪武建极之初,革除于永乐迁都以后。"又说:"府舍旧基,鞠为茂草,新址仅蔽风日。莅任者毋嫌君子之居,吊古者莫作黍离之叹。"就道出了这种情形。明代之詹事府詹事,从洪武以后,照例由吏、礼两部、太常寺、翰林院兼摄。因此，礼部尚书、侍郎都兼翰林学士，或掌詹事府印，或协理、署理詹事府事；詹事府少詹事也兼任翰林院侍读学士。南京詹事府属官只有一位主簿，掌印官又是南京礼部尚书、侍郎，因此汤显祖做礼部属官，住詹事府衙门，是并不值得疑怪的事。只是这所衙门既然是"君子之居"，但与太常东署的环境相比，却不可同日而语，这就难怪汤搬出太常东署时老大不乐意了。⑩

本年三月，焦竑以殿试第一人及第，授翰林院修撰；陶望龄以殿试第三人及第，授翰林院编修；王肯堂举进士，选庶吉士第一人；董其昌举进士，选庶吉士。焦字弱侯，江宁人；陶字周望，号石篑，会稽人；王字宇泰，金坛人；董字玄宰，松江华亭人。⑪

本年三月，以翰林院编修袁宗道为经筵讲书官。四月，升湖广按察司佥事丁此吕为四川布政司左参议。六月，升南京兵部右侍郎王世贞为南京刑部尚书。八月，升翰林院编修刘应秋为南京国子监司业。十月，万国钦选山西道试御史。十二月，升河南右参议李三才为本省按察司副使，管理河工。⑫

饶仑擢试御史半年⑬，因病告归，本年在临清舟中病死。当时刘应秋已经在南京国子监司业任内，和汤同时听到他的凶信，饶柩过当涂，汤曾在南京望江遥祭，并曾为饶服友丧半年，汤《哀伟朋赋序》说："（仑）征试御史。病，告卒于临清。汰舟姑孰。予在南祠。望江潎而哭之。"赋中说："清渊有讣，陨我惟良。予在陵祠，惊投于床。司业刘生，叫绝于堂。形无死法，云何不臧。"又说："为汝半期兮素带，三旬兮缟裳。遇同官而见哂，慨朋友之礼亡。"都写的是饶死的事情。

谢廷谅在饶死后，也曾有信致汤。谢在寄汤的这封信中说："乍为伯宗一弹冠也，欲觅置书邮，题一书往讯，踟蹰未果，讣音忽来，大可骇叹。嗟乎！友情寥落，则以世道不相值哉！投分不浅矣，深衷罔契，又何憾乎化者乎？即眇眇异处，与异世无以异也。生离之悲痛于死别，足下其信之不耶？"谢信从死别谈到生离，叹世道的不相值，论异处和异世并无不同，自另有他个人的一番感慨。⑭

谢在致汤的信中还提到帅机。信中说："惟审遂拂衣矣。颇怜其贫，劝之出，然不出者其高致也。况有二三兄弟在，宁使之窘极无聊哉。"可知帅从思南秩满回临川后，生活极为困窘。帅《酬汤义人并赠其二郎士遽大耆》说："世路转风波，人心有戈允。寡交远是非，寓言当周谨。投分惟汤生，虚确无封畛。休汝别河梁，低徊情不忍。兼翰致殷勤，连篇疏窘蠢。君博已谢华，我贫未能隐。装怀怅索居，开缄笑而颦。"帅诗写在汤迁祠部郎之前，诗里还谈到前年别后书信往还的事。这时候，帅已经不能再隐，将听从朋友劝告作出山计了。大约帅任彰德府同知，就当是本年或稍后的事情。⑮

本年六月，南京，浙江大旱，太湖水涸。⑯汤诗《己丑立秋作》说："水价日百钱，淮清江水阔。他生常苦饥，今生直愁渴。渴乌无转势，枯鱼自嘘沫。断想入梅雨，已觉露华歇。山川不出云，星霁尽兹月。始疑天道远，敢云地津竭。"说的就是本年六月南京大旱的情形。太湖县因去年旱疫，加以当事之诛求过急，今年又逢大旱，农民刘汝国遂自称顺天安民王，和虞梦星一同起义。巡抚周继和兵道袁成提兵入县境镇压，凡兵马供给费用都取给于当地百姓。太湖县知县王子声因百姓无钱可出，自担干系，从国库量移千金。但当时疫病还在流行，百姓死亡枕藉，又无法补偿这笔亏空。因此，当事就将矛头转向县官，对王子声挪移公款的事加以文致。⑰

本年，沈璟因科场弊端乞休回里。⑱

本年，达观倡缘创刻大藏经于五台山。⑲

**注释：**

① 据《明实录》卷二百七、二百八、二百三十二，《明史·饶伸传》，《罪惟录》志十八，《沈璟家谱·本传》，《吴江县志》卷二十八《名臣·沈璟传》，《曲海总目提要》"还魂记"下。

② 据《明史纪事本末》卷六十五"矿税之弊"。

③ 据《万历野获编》卷十一"郑蒋翁婿"条，《小说考证》、《引山楼丛录》、《曲

海总目提要》"还魂记"下。

④ 据《罪惟录》卷二十八,《明史纪事本末》卷六十,《万历野获编》卷二十七"释道盛衰"条。

⑤ 据《小说考证》,《曲海总目提要》。

⑥ 据《明实录》卷一百六十九。

⑦ 据《明实录》卷二百八十。

⑧ 据《张太岳文集》卷二十二"答王鉴川计贡市利害",卷二十三"答蓟镇总督王鉴川言边屯"。

⑨ 据梅禹金《鹿裘石室集》卷六"与汤义仍祠部"。

⑩ 参看《南京詹事府志》(北京图书馆藏),《明史·职官志》。

⑪ 据《明实录》卷二百九,《明史》焦竑、董其昌传,《明儒学案》"陶石篑先生传"。《镇江府志》卷三十六《名臣·王肯堂传》。

⑫ 袁充经筵讲书官据《明实录》卷二百八,丁任参议据《明实录》卷二百十,王升尚书据《明实录》卷二百十二,刘升司业据《明实录》卷二百十四,万选试御史据《明实录》卷二百十六,李任副使据《明实录》卷二百十八。

⑬ 《哀伟朋赋》:"讵想夫有绣衣之半载,无珥笔之毫芒。"是饶擢试御史仅半年,即告病回家。

⑭ 谢《寄汤义叔书》见《逢掖集》卷十二。

⑮ 见《帅民三种》十五卷。

⑯ 据《明史·神宗本纪》。

⑰ 据《太湖县志》卷二十"艺文"二之吴岳秀《邑侯石廪王公去思碑记》,又据县志卷二"兵氛"。

⑱ 据《沈璟家谱·本传》。

⑲ 据释德清《达观大师塔铭》。

## 万历十八年（1590）庚寅 四十一岁

本年六月，扯力克和火落赤等部落屡次入侵陕西洮州卫。火落赤等部落纵火渡过洮河，扯力克也提兵渡河，趋捏工川。明兵集合，他们就四面散开，向归化的番民进行抢劫。总兵李继芳分兵追赶，中伏阵亡。①七月，神宗召辅臣申时行等举行御前会议，询问洮州失事，折将损兵的事。申时行说："虏王（扯力克）过河，乃被火落赤勾引，多为抢番。又恐中国救护，故声言内犯。"神宗说："番人也是朕之赤子，番人地方都是祖宗开拓的封疆。督抚不能修举边务，不止陕西，须趁如今收拾。"又谈到俺答款贡的事。申时行说："俺答献逆求封，赖皇考（穆宗）神谟独断，许通款贡，已二十年。各边保全生灵，岂止百万。"神宗说："款贡亦不可久，亦不可媚虏，须自家修整武备，保守封疆。"申时行说："今日边事既未可轻于决战，又不可轻于主抚，只是保守封疆，据险守隘，坚壁清野，使虏不敢肆掠，乃为万全之策。"又说："失事有大小，情罪有轻重，若失事本小，论罪过重，则边臣既观望退缩，虏酋乃得挟以为重。"神宗却回答他说："如今失事也不轻。"这次御前会议，神宗偏向备战，申时行则纯主和款。神宗责备督抚不能修举边务，申时行却不但袒护失事大员，而且把入侵说成抢番。会议没有得到结论。事后，谕兵部举大臣一员前去经略。兵部会同九卿，推举郑洛前往。神宗勉从申时行等和款的主张，命兵部尚书郑洛兼都察院右都御史经略陕西四镇及大同等处边务。②

八月，兵部给事中张贞观请"罢市赏，加意战守"。他说："计虏慑威贪利，且必叩关请罪，我因与之更始。"又说："中国款岁以百万计，和款二十年，则已饱虏二千万矣。虏有二千万之增，则中国有二千万之损，即虏不逾盟，中国益且坐困，恐异日忧方大耳。"③神宗说："款贡不可久恃。"款贡不但不可久恃，而且这种和款政策也应当具有其主动的条件，不能长远被动施行。但边境在久安之后，士兵有缺却没有招补，粮饷亏欠却没有完解，各边文武将吏又彼此不和，在这种情势之下，辅臣已失去了制御的主动性。他们的和款政策，只是想借此苟安一时。什么是久远的忧虑，他们是顾不到的。

九月，山西道御史万国钦疏论辅臣申时行。疏中说："时行于前月召对时，上问房酋侵犯，则委之为抢番，无意内犯；上切责督抚，则委之为武臣之信地，文臣无与；上意选谋勇将材，曾经战阵者，则委之为少有；上称款贡乃皇考圣断，则乘机逢迎；欲入和说，则对通贡二十年，保存生灵何止百万。及为皇上所屡折，其奸因以难掩。是皇上之意在战，公论亦在战，而时行之意独不在于战；皇上之意在绝和，时行之意独不在于绝和。"又说："时行受辽将王国勋等数千万金，无事则为之援引，有事则为之庇护。而兵部侍郎许从谦以三千金贿时行，又为吴时来转托，乃有是转。兵部尚书王一鹗，(三边总督)梅友松、抚臣(甘肃巡抚)李廷仪俱时行私人，互相党援，欺君误国。"④万国钦这封奏疏，全面揭露了申时行主和畏敌的怯懦无能，以及他对边臣通贿护私的种种实迹，可称是有力的弹章。然而疏入以后，万却被贬为剑州判官。

汤显祖看到了这一封疏文后，就写信给万国钦。汤《寄万二愚》说："读兄大疏，甚善。一不负江西，二不负友，三不负髯。"⑤又说："已作殿中侍御史，不为朝廷用，又如何？"汤对万之上疏劾申，深为赞许。又汤诗《万侍御赴判剑州，过金陵有赠》说："安攘余上策，驾御失雄猜。"又说："倍有金缯去，毫无善马来。市和虚内帑，买爵富中台。"万谪剑州判官后，曾过南京和汤相见。汤赠诗说到筹边失策，市赏资敌和时行卖官，已抵得一篇劾疏。诗中又说："借筹沉汉幄，折槛起云台。字挟披肝苦，章飞战血哀。叫阍心展转，卧阁语徘徊。鬼谒能炀日，神奸不畏雷。绣衣翻远影，封事委浮埃。"写出了申时行召对无策，国钦直谏遭贬，对万上疏劾申更深为赞许嗟叹。诗里用"神奸"字样直斥时行，虽使时行受之有愧，但汤对万的谪贬是有其政见上的同情和愤慨的。这首诗可称是汤上《论辅臣科臣疏》的前奏曲。万论劾时行，这对汤论劾政府是具有启迪性的作用的。

又汤诗《吊西宁帅》说："碛石千兵死战场，将军不敢治金疮。筹边自有和戎使，阁道无劳问破羌。"硖石即西宁卫东南的硖口山。这山是湟、鄯往来的咽喉，唐人曾修有阁道。硖石之败即指洮州失事。"和戎使"即指郑洛经略陕西四镇及大同等处边务的新任命而言。又《朔塞歌二首》之二说："独上偏头笑一回，娘娘滩上绣旗开。金珠不施从军妇，顺义夫人眼里来。"诗中讥嘲郑洛只知羁縻三娘子，粮饷不及士卒，虽有可守之天险，但士卒离心，也就难以言守了。

本年八月，兵部议处边防事宜说："宣大、山西之间，城堡足恃，而兵马未试于战。延绥之兵马素劲，可以言战，然因抚虏之难及积荒之后，兵饷交匮，宜为区处。宁夏有河山为险，可以言守，而兵因积弱，尚难言战。甘肃之兵力素弱，粮饷缺乏，既难以战，又难以守。"⑥当时西北边防情势大略就是这样。汤在《还魂记》"耽试"一出中，策问"和战守三者孰便"？柳梦梅对曰："天下大势，能战而后能守，能守而后能战，可战可守而后能和。"即是就当时西北之边防情势而言。宣大、宁夏能守而不能战，所以就不能守；延绥能战，却又难以作战；甘肃更难守难战。照这样，一切都不能主动，又怎样能够言和？从柳梦梅的道白，就可以推想汤对当时和战是怎样一种看法了。又"耽试"一出中，苗舜宾白："主和的怕不中圣意。"即指申时行主和款不当神宗意旨而言。苗舜宾又取天字号第一卷来看，说："臣闻国家之和贼，如里老之和事。"即极论申时行等之主和，正如里老之和事一样昏聩无知。《还魂记》"耽试"一出所表达的这些意思，也可以看做是汤显祖当时的和战论了。

本年正月，李化龙由河南参政升山东提学副使。二月，邹元标补南京吏部验封司员外。七月，丁此吕由四川左参议升陕西副使庄浪兵备。十一月，李献可升吏科右给事中。⑦

本年正月，南京刑部尚书王世贞乞致仕。三月，得旨准回籍调理。本年冬卒于家，年六十五。⑧

本年九月，艾穆由南京鸿胪寺卿升太仆寺卿。⑨汤《送艾太仆六十韵》诗注说："太仆以乙科为郎，论江陵起复戍起南鸿胪。"艾本年升太仆寺卿，由南京入都就任，汤因作诗送别。

去年外察，王子声进京缺少盘费，向人借贷才勉强成行。再加上去年供给入境官兵，挪移了千金库款，被当事加以文致。幸亏太湖县的百姓们大家担饥受寒，总算把这笔亏空很快给补足了。王子声补完当年的田赋，当事们自无话可说。然而到了今年，王子声却被调为临漳县知县。⑩

本年二月，胡汝宁升礼科都给事中，杨文举升吏科左给事中。⑪

本年十月，南京主事蔡时鼎，南京道御史张守诚，南京国子监司业刘应秋，继万国钦疏论申时行，疏并留中。⑫刘应秋和汤、万都是同乡，和汤的交情更深。刘疏论申时行，并侵及王锡爵。他的疏论，也应当是激发汤论劾政府的一项主要因素。

本年十二月，邹元标调南京刑部广西司署员外郎主事。⑬这时候，达观来到南京，驻锡在栖霞山，并在邹的郎舍中和汤显祖相遇。汤诗《莲池坠簪题壁》诗序说："庚寅，达观禅师过予于南比部邹南皋郎舍中。"达观《与汤义仍书》说："至石头，晤于南皋斋中，此二遇也。辱寸虚冒风雨而枉顾栖霞，此三遇也。"⑭说的就是他俩人在南京见面的一段因缘。达观既与汤见面，就和汤常相往来。在此以前，达观曾游新建西山云峰寺，得见汤于隆庆四年中举后在莲池壁上所题的诗。这一次和汤在邹的郎舍中相遇，就对汤说："吾望子久矣。"因背诵汤这首诗。汤将这件事情也记在《莲池坠簪题壁》诗的序里了。达观与《汤义仍书》也说："野人追维游西山云峰寺，得寸虚于壁上，此初遇也。"其所说之"初遇"，说明他和汤精神相契，从见到汤的题壁诗就开始了。汤这次在邹的郎舍中和达观相见以后，曾患了一场大病。汤有《达公过奉常⑮，时予病滞下几绝，七日复苏，成韵二首》，和《苦滞下七日达公来》两诗，都提到他这次生病的事，可知汤和达观往来是在大病前后。汤这时正致力佛老，汤《与陆景邺》信中说："（仆）前以数不第，展转顿挫，气力已减，乃求为南署郎，得稍读二氏书，从方外游。"又说："仆年已三十、四十矣。"可知汤之致力佛老，早已开始，现在更加上大病初愈，心情转向空寂，因此他和达观就谈得更加投机。汤诗《莲池坠簪题壁》第一首说："搔首向东林，遗簪跃复沉。虽为头上物，终是水云心。"汤当年是新中的举人，但他在此题壁诗中对世间名利却看得一钱不值。达观是一个恨人不能成佛的和尚，他对汤的这首诗一直牢牢记在心上。因此，当他和汤一旦相遇，自然就不肯放过这位传法的对象。从达观《与汤义仍书》，可知这时达观已给汤取名为"寸虚"。寸虚是汤从达观受记后的法名，汤后来在《书瓢笠卷示沙弥修问三怀》诗里说："念与紫柏师，独受雨花记。"可知汤从达观受记，是本年在南京的一件事情。⑯

汤《答管东溟》说："（不佞）成进士，观政长安，见时俗所号贤人长者，其屈伸进退，大略可知。而默数以前交游，俊趣之士，亦复游衍判涣，无有根柢。不如掩门自贞。得奉陵祠，多暇豫。如明德先生者，时在吾心眼中矣。见以可上人之雄，听以李百泉之杰，寻其吐属，如获美剑。方将藉彼永割攀缘，而竟以根随，生兹口业。"汤说他成进士后，既看不惯当时官场中追逐名利，更不能和朋友们一道，流浪无归，所以自请闲职，"闭门自贞"。像明德先生一类的人，就时常在他的心眼中了。可上人即达观，是一位悲愿利生，勇猛精进的高僧。李百泉即李贽，汤《寄石楚阳苏州》说："有李百泉先生者，见其《焚书》，畸人也。"可以为证。

李贽字卓吾，又字宏甫，晋江人。中举后曾做过河南辉县教谕，云南姚安府知府。万历八年（1580）辞官，居黄安耿定理家。十三年（1585）移居麻城龙潭芝佛院。十六年（1588）剃去了头发。到本年，在麻城刻成了他的著作《焚书》。⑰他的哲学思想属于王艮一派。他在任姚安府知府时，开始研究佛经。他结合泰州学派的平民色彩和佛学的平等观，奠定了反伦常，反道学的思想基础。他在做官的时候常和上司抵触，⑱辞官后和耿定理的哥哥卫道家耿定向意见冲突，因此他从黄安移居麻城。他剃去头发，对卫道家诋毁他是异端表示抗议。他写了《焚书》，说书里"大抵多因缘语、忿激语，不比导常套语，恐览者（指卫道派）或生怪憾，故名曰《焚书》，言其当焚而弃之也⑲"。

这时候，汤的佛学思想既导自达观，更参加了李贽的进步思想成分。他的思想根本，又出自罗近溪理学的启发。因此，他结合了民间王学的人民性，达观的勇猛无畏，李贽的指斥道统，遂成为他敢于反抗的忘我精神。而他的这种精神，和当时腐朽的封建统治是势不两立的。汤的主观愿望，虽只想消极地"永割攀缘"，但思想的积极因素，又反使他这种愿望更转向"生兹口业"。他这种思想，成了他论劾政府的一种因素，这也并非意外的事。到后来，达观和李贽因为跟当时的腐朽政治、虚伪道德作苦战恶斗，竟把他们自己的生命先后都牺牲掉了。

汤《答吕玉绳》说："承问，弟去春稍有意嘉、隆事，诚有之。忽一奇僧唾弟曰：严、徐、张、陈死人也。以笔缀之，如以帚聚尘。不如因任人间，自有作者。弟感其言，不复厝意。赵宋事芜不可理。近芟之，'纪传'而止。'志'无可如何也。"信里所说之"奇僧"，当即指达观而言。可知汤这封信写成于本年和达观再遇以后。这时因达观的反对，汤打消了他记述嘉、隆两朝史实的意图。但汤在本年稍前，却已经完成了他《宋史》的本纪、志、表和列传，即信里所说的"纪传而止"。全祖望在《答临川先生问汤氏〈宋史〉贴子》[20]里，对汤独立修纂的这部史籍有翔实的介绍。他说：明代修《宋史》的人有"临川汤礼部若士、祥符王侍郎损仲、昆山顾枢部宁人"等三家。他认为王、顾两家虽"皆多排纂之功"，但仍以"临川为佳"。他说："其书自本纪、志、表皆有更定，而列传体例之最善者，如合道学于儒林（梨洲先生论《明史》不当分立道学传，本此），归嘉定误国诸臣于奸佞，列濮、秀、荣三嗣王独为一卷以别群宗（《宋史》不为荣王立传），皆属百世不易之论。至五闰代禅遗臣之碌碌者芟，建炎以后名臣多补，庶几《宋史》之善本焉。"如将汤的这部史籍，与元代统治者命脱脱等所修的《宋史》相比，在史里所贯串的爱国精神是显然不同的。其不同的主要之点，并不在排纂和书例，而在史的精神。全之《贴子》说："临川《宋史》手自丹黄涂乙，尚未脱藁。吴兴潘侍郎昭度抚赣，得之。延诸名人，足成其书。东乡艾千子，晋江曾弗人，新建徐巨源皆预焉。网罗宋代野史至十余簏。功既不成，其后携归吴兴。"又说："甲申以后，石门吕及甫婿于潘氏，是书遂归及甫。姚江黄梨洲征君以讲学往来浙江，及甫请征君为之卒业，征君欣然许之。及甫因取其中所改历志请正，并约尽出十余簏之野史。成言未果，及甫下世。其从子无党携入京师，将即据其草本开雕。无党又逝。新城王尚书阮亭仅得其目录。"[21]

汤的这部史著，虽如他自己所说，还应当加以"芟理"，但在甲申前后曾不断为爱国主义者所重视，如守抚州的艾千子和起兵救国屡挫不挠的黄梨洲，都先后乐意担任本书修纂。艾千子《寄潘昭度先生》说："先生衡文之暇，删裁宋史，不独风流韵事，而有宋一代是非权衡，春秋所贵，再见于今日矣。此不肖所愿部左右而自恐不能者。"㉒因知艾自愿继承汤的删裁，主要之点在于"有宋一代是非权衡"，艾在信里已说得很明显了。全祖望《劄子》说，汤之《宋史》在吕无党死后，由他的姻家花山马氏保存，不久又被海宁沈氏所得。顺治八、九年间（1651—1652），全祖望曾在沈家见过这书。但到了康熙十一年（1672），这部书又早归太仓金氏了。因此全祖望《劄子》说："某少读《宋史》，叹其自建炎南迁，荒谬满纸。欲得临川书以为蓝本，或更为拾遗补阙于其间，荏苒风尘，此志未遂。今倘得遣人向太仓求钞副本，则尤斯文之幸也。"全祖望在清初是一位以网罗文献，表彰忠义为己志的人，他对汤氏底稿立志搜罗，决不能看成是一件偶然的事。他着眼在"建炎南迁"以后，并赞美汤史补入了"建炎以后名臣"，贬斥了"嘉定误国诸臣"。由此来看，他搜罗汤史的意趣何在，也不问而可知了。汤在本年稍前，想要记述嘉、隆两朝史实，是因为他对这个时代有极深的不满。正如他在《紫箫记》里对张居正有所讽刺一样，他如写成这部史书，也将成为一部"谤书"。因此，达观从佛学立场打消了他的这一计划。然而他所完成的《宋史》初稿，却是一部爱国主义的历史巨者。汤在这个时候，已不但是理学家、文学家、戏曲家、音乐家，而且他还是一位爱国主义的史学家，他所写的这部史书，是值得郑重提出来的。

汤曾写过一首《过宛平县治，忆庚辰春雪，宝鸡令陈贞父同访李岢峣，时双鹤飞舞，今岢峣已去郎位，而贞父物故，鹤犹迎舞，泫然悲之》的诗。万历八年汤曾和陈贞父同访李岢峣，陈当年即徙知光州，不久病归，死在无锡家里。㉓汤有《哭陈宝鸡贞父》的诗，就是陈死之后的作品。李岢峣曾迁刑部广东司主事，不久也告归他的家乡。所以汤在诗题中说："今岢峣已去郎位，而贞父物故。"汤更有《寄李岢峣内乡，追忆陈宝鸡》一诗，也写到万历八年同陈访李的事。诗中说："谁知生死十年期，忽漫浮沉两仙侣。"从万历八年到本年正是十年，所以汤这首诗也是本年写的。诗中又说："少室僧来喜相慰，能言岢峣身闲贵。兄弟中原词赋名，儿郎上路风云气。"李岢峣兄李蓘，字子田，别号

少庄，由提学副使罢归。李峚峪告归后，就和他唱和为乐。李袭兄弟都负有诗名，李袭更是个戏曲的爱好者。㉔

汤《秦淮可游赋》有序说："庚寅晚夏望夕，风月朗清，人气萧爽。大仪伍君命酒秦淮波上，肃骖学宫，弭枻乎斗门，夷犹中流。急管起于别舫，名倡更于乐府。杂谑奇箧，淹于丙夜。同寅膳客郎两顾君，小仪蔡君，各极本量而止。欢如也。"汤本年六月十五日夜曾游秦淮河。《秦淮可游赋》也即是当时所作。

**注释：**

① 据《明实录》卷二百二十四。
② 据《明实录》卷二百二十五。
③ 据《明实录》卷二百二十六。
④ 据《明实录》卷二百二十七。
⑤ 汤诗《万侍郎赴判剑州，过金陵有赠》说："参军髯自好，洒洒绝伦才。"万是个多髯的人，"三不负髯"指万不负自己而言。
⑥ 据《明实录》卷二百二十六。
⑦ 李升提学副使据《明实录》二百一十九。邹补员外据《明实录》卷二百二十、《明儒学案》"忠介邹南皋先生元標"。丁升庄浪兵备据《明实录》卷二百二十六。
⑧ 据吴荣光《历代名人年谱》卷九。
⑨ 据《明实录》卷二百二十七。
⑩ 据《太湖县志》卷二十之"文二"，吴岳秀《邑侯石廪王公去思碑记》。
⑪ 据《明实录》卷二百二十。
⑫ 据《明实录》卷二百二十八、二百二十九。
⑬ 据《明实录》卷二百三十。
⑭ 见《紫柏大师全集》卷二十三。

⑮ 汤去年迁礼部祠祭司主事，本年达观来南京和汤见面，而汤诗题说"达公过奉常"，就显得有了矛盾。但据《明史·职官志》三，太常寺掌祭祀礼乐，听于礼部，寺中所设各祠祭司，却又当和礼部执掌有关。又据洪武中翟善等所编《明史·艺文志》"职官类诸司职掌"（《玄览堂丛书》一卷四函），礼部祠祭司所掌祭祀、享祭，如郊天地、享太庙、祭山川，于斋前一二日，太常寺官员就都应当到祠祭司住宿，并和祠祭司官员一同具奏、致斋、发咨（告城隍）、告庙。因此，汤说"达公过奉常"就可以说得通了。

⑯ 汤《蜀大藏经叙》说："如某者，……丙子朱明，谬繙经于长干故寺。己卯玄朔，忝升座于清凉胜墟"。序里的"某"，指的是前文的"蜀法师某"，并不是汤的自称。但因此就有人说万历四年夏天，汤已经在南京报恩寺繙经；万历七年九月，汤已经在南京清凉寺说法。就时间说，长者相隔本年已有十四年，短者也相隔十一年了。汤"稍读二氏书"既自称是近年的事，从达观受居士戒却又是本年的事。到本年。汤才初入佛门，又何以能在十多年前就译经藏。而且还升座说法，做老和尚所做的一些事情呢？

⑰ 参见容肇祖《李贽年谱》。

⑱ 据《焚书》卷四《豫约》。

⑲ 据《焚书》卷一《答焦漪园》。

⑳ 见全祖望《鲒埼亭集外编》卷四十三"简帖"三。

㉑ 参见《吴兴藏书录》"后林潘氏书目"下"引湖录"，黄宗羲 《天一阁藏书记》。

㉒ 据胡亦堂选辑《临川文献》、《艾千子先生集》。

㉓ 据沈懋学《郊居遗稿》卷四《陈贞甫传》。

㉔ 据《内乡县志》卷八"人物志"，《列朝诗集小传·李副使蓘》下。又《李于田集》李若讷所作墓碑说："拂衣年甫四十。尝曰，闻妖妓一声清歌，胜于两行武夫喝卫。"

## 万历十九年（1591）辛卯　四十二岁

汤诗《遥忆右武自蜀赴关西》说："上路风云气，初春杨钶津。"这是本年初春所作的诗。去年八月，丁此吕由四川左参议升任陕西副使庄浪兵备。本年初春，丁从四川起程往关西上任，汤在南京作诗遥忆。又在《寄右武庄浪》中说："兰州潦绕金城关，积石河源星宿间。沙塞封侯良自苦，男儿一上燕支山。"这首诗当是本年初春以后、三秋以前的作品。

本年正月，经略郑洛上疏报捷。疏中说："卜失兔应援火酋，当被捕剿，共斩虏首九十五，头目首级三颗，夺其坐蠢及原授敕书，卜酋被伤奔窜。所获骆驼马骡则一万八千有奇，戎器达衣帐房行李则三千六百有奇。是役也，西镇之捷，未之前闻。"诏下所司。①

三月，申时行九年考满。特加太傅兼官，照旧给与应得诰命，支伯爵俸，还写敕奖励，赐宴礼部，荫一子尚宝丞。②

万历十年（1582），申时行的儿子用嘉中浙江乡试。有人说他是越省弊中。本年闰三月，南京御史李用中奏正用嘉冒籍之法。申时行请革去用嘉举人，准承荫入监，并请乞休。神宗优答时行，令供职如故。③

闰三月朔，彗星入娄；二十二日更后，彗星见西北方，尾长尺余。言官因星变向神宗进谏。神宗反谕责科道诸臣，说："迩来风尚贿嘱，事向趋附，"言官们"无一喙之忠"，"斥奸去逆"，只知"长奸酿乱"，"旁观避祸"，却时常"归过于上，市恩取誉，屡借风闻之语讪上要直"。"本都该拿问重治，姑且从轻各罚俸一年。"④

神宗的这些官腔，都是对着言官们打的。他不是在谕责言官们"无一喙之忠"，却反而对言官们的"一喙之忠"不惜加以钳制。谁敢有"一喙之忠"，谁敢借星变提到君主过失或宰相阴私，就都是"借风闻之语讪上要直"。这谕旨不会是神宗的个人意旨。谕旨里的"上"字，虽然是神宗自称，但就当时事态而论，重点却仍在首辅。谕旨虽明对星变谏疏而发，实是对两年来言官们劾辅臣的情势进展有加无已，想加以有力制止。拟旨的申时行，满以为能借神宗谕责将言官们的公论压下去，却不想汤显祖竟敢在神宗的震怒之下大做一手。闰三月二十五日，他从邸报读到神宗切责科道诸臣谕旨后，就从正面给神宗一个回答。他上疏论劾辅臣申时行、科臣杨文举、胡汝宁。该疏在四月二十五日前送达宫廷⑤，并经过神宗阅览。

汤在他的疏里，提到万历十二年（1584）丁此吕发科场欺蔽和去年万国钦言边镇欺蔽同被贬斥的事。疏中说："首发科场欺蔽者，非御史丁此吕乎？此知上恩效一喙之忠者也。时行知将论其子也，教吏部尚书杨巍复而去之，惟恐其再入都矣。终言边镇欺蔽者，非御史万国钦乎？此亦知上恩效一喙之忠者也。时行不能辨其赃也，讽大学士许国拟而窜之，犹恨其不极边矣。二臣谪外，其他言官虽未敢显诮时行，而或涉及旁事，及其私人，则有年例及不时补外二法，以牵耸众言官，使其回心敛气，而时行得以滔然无台谏之虞矣。"

他更在疏里提到本年李用中正申用嘉冒籍之法的事。疏中说："惟近日南京御史李用中奏正其子冒籍之法，而时行故以一请塞责。旋行祈请，欲得皇上一语，不碍其子进取，无乃要君甚乎！"

他还在疏里提到本年郑洛报捷和申时行考满敕奖的事。疏中说："至于考满与奏奇捷同日，正用前辅臣张居正故智。其奏捷疏中，有牛马羊不计其数。南中诸臣皆笑曰，此经略公贺仪也。明日敕奖中必用此事。已而奖敕果有'元辅课功之日，正西陲奏凯之晨'数语矣。然臣按其日月，则元辅宴功之晨，正星象示儆之夕也。时行能欺蔽皇上，独能欺蔽天象乎？而言官噤无言之者，正以丁此吕、万国钦为戒，恐失富贵也。夫知感主恩为皇上斥奸正法者，反得贬窜，虽皇上恩力不能庇之。故今科道中无义之臣，遂谓皇上不能恩人，并不知所受是皇上爵禄矣。"

他认为神宗谕责科道诸臣"无一喙之忠"，这是不合事实的。事实是申时行阻塞言路，为了他儿子的利禄和他自己不可辩的赃私，嗾使他的党援对敢言的人加以倾复。神宗所庇护的，既不是敢言的言官，却是应"斥"的"奸"，应"去"的"逆"，又何能责其他言官"长奸酿乱"，"旁观避祸"，噤而不言呢？

他在疏里又说："言官中贿嘱附势，盛作不忠之事，躐窃富贵者，往往而是。""此辈不知上恩，专感辅臣，其所得爵禄，若辅臣与之者。"即是直指此等言官，全都是申时行的私党。他举出吏科都给事中杨文举、礼科都给事中胡汝宁为例。这两个人在当时被列入"八狗三羊"里面⑥，是最被人痛恨的人。去年二月，胡汝宁升礼科都给事中。杨文举本年因差赈江南有"功"，也由吏科给事中升为吏科都给事中了。汤疏劾杨说："夫吏科都给事中杨文举者，非奉诏经理荒政者乎？文举所过辄受大小官吏公私之金无算。夫所过督抚司道郡县，取之足矣，所未经过郡县，亦风厉而取之。郡县官取之足矣，所住驿递及所用给散钱粮庶官，亦戏笑而取之。闻有吴吏检其归装中金花彩币琖盘等物，约可八千余金，折乾等礼，约可六千余金，古玩器直可二千余金。而又骑从千人，赏犒无节。所过鸡犬一空。"又说："已而广卖荐举，多寡相称，每荐可五十金。不知约得几千金？至于暮夜为人鬻狱，如减凌玄应军之类，又不知几千金。"从万历十四年到十七年，江南连年灾荒。直到本年，北京执政才派杨到江南赈荒。而杨到江南以后却无钱不贪，将地方灾情搁在脑后。他贪污的数目，据汤疏所列举的也真够惊人了。

汤疏又说："夫三辅臣皆家苏、徽二郡，文举之贪，凡苏、徽二郡人士皆能言之。辅臣独不知耶？未几复命，而吏部纪录，居然首谏垣矣。乃知文举之贪有所用之也。辅臣亦非不知之也。而从长安来者曰：'此阙政府原有别待，文举再四从中曲处得之耳。'"汤疏所举，也正是当时之辅臣、吏部和杨文举狼狈为奸，贪贿卖官的显著事例之一。

汤疏劾胡汝宁说："至于礼科都给事中胡汝宁，除参主事饶伸外，一虾蟆给事而已。不知汝宁何以还故乡也。"胡因万历十七年劾高桂、饶伸，不惜倾陷同乡，替申时行、王锡爵说话，去年得由兵科左给事中升为礼科都给事中。胡在劾高、饶后，又曾因天旱求雨禁屠，上疏请禁捕蛙，说可以感动上苍。这个人不但奸邪狡猾，而且庸陋，所以汤疏称他作"虾蟆给事"。汤事后向人说："吾亦欲为此君图不朽，与南宋鹅鸭谏议属对亲切耳。"⑦

自张居正失败以后，辅臣如申时行等把持政权，阻塞言路，垄断科场，引用私人，纳贿舞弊，比张居正执政时有加无已。一部分不肖的言官，更依附他们的权势，窥测其意旨，狼狈为奸，沆瀣一气。汤疏说："陛下经营天下二十年于兹矣。前十年之政，张居正刚而有欲，以群私人嚣然坏之。后十年之政，时行柔而有欲，又以群私人靡然坏之。"这对于当时之政治情弊，真可算是一针见血的话。

汤疏上后，申时行仍使出其一贯以退为进的手法，用乞休作抵抗的工具。五月初三日，神宗谕示内阁："汤显祖以南部为散局，不遂己志，敢假借国事，攻击元辅。本当重究，姑从轻处了。卿等说服元辅，不必以浮言介意。卿等俱安心供职。还着鸿胪寺传示元辅，即出办事。"⑧可知汤疏一上，不只是震撼了申时行，而且还引起了内阁的一场纷扰。初六日，大学士许国请发六科公本，为吏、礼二科都给事中杨文举，胡汝宁被南京主事汤显祖讦奏，乞并批发以安诸臣之心。⑨这虽然是为杨、胡说话，但当时的内阁、六科既都在汤疏的震撼下，也只有官官相卫，休戚同当。但神宗却鉴于汤疏所言的事，证据确切，且牵涉太宽，不愿让事情扩大，因此在十五日降下谕旨，降南京礼部主事汤显祖为徐闻县典史添注。⑩

汤久想上书陈言，大做一手，然后退隐自高。前在汤诗《三十七》里，他早已道出了这种意图。在去年万国钦、刘应秋劾申时行之后，他的这种意图更无法再加遏止。本年，神宗谕责言官，他更因丁、万劾申遭贬的事，激起对申时行勾结边镇，引用私人，欺蔽通贿，营私误国的难以压抑的义愤。于是，他的奏疏就一触即发。但当时人认为汤的抗疏，只是由于"不遂己志"，这一点，也不但神宗才作如此推想。因此，户科给事中王遵训上疏说："闲散杂员，人情所轻。有阒然自修如汤显祖诸臣，未见破调获用，不宜闭以无前之路。"⑪这种说法，对于汤是巧妙的中伤，可能是申的私人故为此说，能借此缓和当时的紧张局势，以转移人们对汤疏里所列举的确切事例之关注。

由此可见。汤疏在当时的力量是很大的。汤个人虽被贬斥，但其奏疏的影响却一直推进着。本年六月，杨文举因人言告病，乞请回籍去了。⑫万历二十一年春大计，杨卒以"不谨"斥为民。⑬胡汝宁屡次被劾，同年大计，也卒因冯从吾的劾奏，以"不谨"罢官。⑭七月，福建佥事李琯奏申时行十罪；⑮九月，礼科给事中罗大绂纮劾申时行。⑯他两人虽都被革职为民，但申时行在这种情势下也只好屡疏乞休。疏十一上，神宗只得许他回籍，并饬传差官捷送，给他保存一个体面。⑰

汤疏于四月十五日就送达宫廷，但神宗一直留中，到五月初三日才传谕内阁。在这段时期里，汤的心情显得闲逸镇定。汤于上疏三月后，在《答张起潜先生》信里说："顾弟子意气，时尚有之，不似往时辄发。睹时事，上疏一通，或曰上震怒甚，今待罪三月不下。弟子不精不神，盖可知矣。"这时候，他心情上虽不免复杂一些，但自己仍在检查他修养上的不足，对眼前的危难并不过于担心。又钱谦益《列朝诗集小传·汤遂昌显祖》下说："（义仍）为郎时，击排执政，祸且不测。诒书友人曰：'乘兴偶发一疏，不知当事何以处我？'"钱在《玉茗堂文集序》里，也同样提到这件事情。⑱汤显祖当此之时，却表现得心安理得，将这面临的危难只等闲视之。等到贬谪谕旨下来后，许多朋友都替他担心。邹愚公在《临川汤先生传》中说："（公）谪粤之徐闻尉。……人尽危公，而公夷然不屑。曰：'吾生平梦浮丘、罗浮，擎雷、大蓬，葛洪丹井、马伏波铜柱而不可得，得假一尉，了此夙愿，何必减陆贾使南粤哉！'"他不但对贬谪早有精神准备，而且对前往徐闻还抱有乐观心情，即便他将贬谪徐闻和陆贾使南粤相比，却也并非矫情的话。钱谦益在《玉茗堂文集序》中说："义仍故不以风节自命。"这话是说得对的。汤并不曾将他的抗疏当成什么可夸耀的事情，他不但对风节荣名处之淡然，而且对危难死亡也一样处之淡然。他这种忘我的境界，却不是平常人所能做得到的。

从去年十月刘应秋疏论申时行被留中，到本年五月汤上疏被贬，冯梦祯对刘、汤两人的情况一直都很关切。当汤贬徐闻已成定局后，他写给刘一封信说："去年捧读大疏，事虽中寝，然直声满天下，他日立朝，事业可预卜矣。汤祠部疏甚切至，幸得薄谴，岂九庙神灵默护之耶？何豫章之多君子也。"⑲信中称汤"得薄谴"是"九庙神灵默护",真替汤捏了一把汗,因知邹传所说之"人尽危公",在当时确实是这样的。

汤在五月被贬谪后,即从南京回临川,路途感受暑热,回家后就患疟病。汤在《哀伟朋赋》中说:"越辛卯之夏五,予复上书而远行。途瘴热以丞厥,归奇病于三阳。问所苦而舌呿,梦易宅以魂禓。"汤更有诗题说:《辛卯夏谪尉雷阳,归自南部,店疟甚,梦如破屋中月光细碎黯淡,觉自身长仅尺,摸索门户,急不可得。忽家尊一唤,霍然汗醒》。可见他这场病,已到了发狂热的程度。

汤诗《伯父秋园晚宴有述四十韵》说:"伯也垂双鬓,公然一老儒。钓竿严子濑,棋局帝王都。龙虎烧丹有,潇湘鼓瑟无。武夷春岁月,庐岳暮江湖。汗漫期常共,清真德未孤。卧游仙袅袅,行乐醉乌乌。旧试朋簪合,新瞻佛座敷。时时开画轴,日日隐香炉。年少谁留梦,情多数被呼。月高轻点拍,春睡美投壶。长袖光阴远,深衣体数殊。步趋真长者,诗赋可贤乎。"汤的父亲承塘,是汤之祖父酉塘的次子。汤的伯父毓盛,则当是酉塘的长子。据汤诗所说,他乃是一位长厚的儒生,他早年曾到过浙江、福建。也曾到过北京。他原本好道,近更奉佛,生活恬适。他还爱好书画,夜间常自拍曲,可知其早年也曾度过一段歌舞生涯,是一位戏曲爱好者,这可能给汤的词曲创作以早期的影响。诗中又说:"谪迁方渺渺,抗疏失区区。大火奔长路,中寒卧薄躯。痛呼天比语,滞泣海南图。数过怜犹子,深慈为友于。良医店略起,君子疟何惧。拟作三生度,惊看万死苏。低垂争末路,潦倒送穷途。我觉才情尽,尊悲力命徂。心摧虞吊客,魂付楚招巫。"汤这次患疟,到深秋才见平复。汤的伯父在他病中常来看望,病愈后又设酒慰劳,可想见其对汤的怜爱器重。只是汤一病几死,病后的心绪也大见低减了。

汤《初发瑶湖次宿广溪》诗注说:"别吴十一舅、隆八弟。"诗中说:"病瘦那临镜,清虚欲衣绵。春粮三月外,伏枕一秋偏。吉日将行色,殊方或胜缘。暑过新雨薄,气逐晚云鲜。堂上行犹怯,低窗寝似便。命飘危叶起,相湿死灰然。君子能无疟,良医幸有全,月窗催药杵,云户隐书笺。气弱难抹饯,装轻得漾船,斑斓垂地泣,葱郁旧茔怜。故故随摇曳,悠悠独溯沿。金堤斜照落,瑶水暮风旋。

客梦初移枕,劳歌始扣弦。外家依广下,中国向穷边。"汤病到深秋才逐渐平复,身体虽非常虚弱,却已不能不轻装就道了。汤这次离家,是前往岭南的烟瘴地方,久病新愈的人,扶衰起程,就难免有生离的悲感。汤动身时曾拜辞父母,拜别祖墓,过广溪时又便道拜辞外家。金堤又名千金陂,在临川城南,抚河到了这个地方,流缓水宽如湖,因此名叫瑶湖。过瑶湖就到了广溪,汤的外家就在这里居住。可知汤往岭南,走的是取道南城,经由五岭的那一条路。

汤诗《秋夜入广别帅郎》说:"江潭殊白叹,摇落未经知。昨夜秋声起,相看憔悴时。园林阻芳色,河汉渺佳期。起视浮云气,苍梧不可思。"可知汤离家往岭南时,曾和帅机作别。这时候,他两人的情绪都很低落,所以汤诗说"昨夜秋声起,相看憔悴时"。

汤的少年知友周宗镐,因文字不合规格,不曾中得乡试,便去学骑射兵法,想图一个军阶出身。到了四十岁的时候,曾到北京见御史陈炌和大司马谭纶,谭纶用了他的策略,却不用他这个人。他一气回到临川,把眼睛都气瞎了,吃了他小妾的乳汁,才算把眼疾治好。只是家计日益困难,便想用烧炼黄金的方法来解决困难。黄金无法烧炼成功,便只好学辟谷了。但他又不能久饿,就常到汤家来吃饭。汤家收养了他的第二个儿子,这是他两个儿子中最聪明的一个。但这个儿子又早死了,因此他便想出外游荡,不回家乡。他把自己所藏的兵书都交给饶仑收藏。饶仑死后,书也就丧失了,于是他说:"只剩下我一个人了。"本年,他年已六十,汤在离家往岭南时,他也前来作别。他认为这一回就是永诀,并深以他之修命不立为恨。本年九月,汤在南城登高。十月里到了广东英德,忽梦见周宗镐前来告别,自说他已经和饶仑在一处了。汤有感于知友的生离死别,且不管是梦是真,就写下了《哀伟朋赋》作为悼念。本年周六十岁,汤四十二岁,汤比周小十八岁,但汤和周的交情也正同帅机一样,都非寻常可比。[20]

汤诗《尉徐闻抵家,直丁侍御庄浪兵备迁越归觐,远遗西物,却寄三十韵》说:"三秋余病枕,万里脱词曹。"丁此吕于本年秋由庄浪兵备迁浙江副使,因入觐回新建,带来陕西的土仪赠汤,汤因作诗回寄。

汤在《吾庐》诗中说:"十载居无常,辛勤严与慈。连石拘川崎,凿翠启堂基。四阿长中绳,三门映重规。""十载"指汤万历十年(1582)入京应试,十一年登进士后直到本年回家。这首诗应当是汤本年回家后的作品。汤家自万历五年(1577)被毁于火,十五年汤替他的父母请到贻封,曾一度回家寿亲,这时汤家还不曾修建新居。可知汤父母修建新居,是他们得到贻封以后三年内的事情。因此汤这次回家,房屋都焕然一新了。

本年六月,大学士王锡爵因母病求去,准假三月,驰驿归省。大学士许国先申时行乞休,本年九月,准驰驿回籍调理。同月,赵志皋、张位入阁办事。许国在汤的奏疏里面是曾被提名的人,张位则是汤所敬重师事的人。[21]

本年二月,贵州都匀府知府姜奇方升长芦盐运使。闰三月,河南副使李三才调山西副使提督学政。九月,太仆寺卿艾穆任巡抚四川右佥都御史。[22]

**注释:**

① 据《明实录》卷二百二十一。
② 据《明实录》卷二百二十三。
③ 据《明实录》卷二百三十四。
④ 据《明实录》卷二百三十四。
⑤ 据《明实录》卷二百三十五。
⑥ 《万历野获编补遗》卷三"山人蜚语"条说:"江西临川人乐新炉以胡汝宁等八人为八狗,以杨文举等三人为三羊。又为谣曰,'若要世道昌,去了八狗与三羊'。"
⑦ 据《万历野获编》卷十九"虾蟆给事"条。又丁元荐《西山日记》说:"胡给事汝宁,政府心腹也。无所建白,乃上疏曰:'圣济殿掌印者,于端阳日搜取虾蟆,伤生甚惨,宜听之太医院'汤海若大詈曰:'宋时有鹅鸭御史,今仍有虾蟆给事耶?'汝宁疏辨,哓哓甚口,政府曲庇之,票旨曰'是'。汝宁遂为奉

旨虾蟆给事。"

⑧ ⑨ ⑩ ⑪ 均据《明实录》卷二百三十六。

⑫ 据《明实录》卷二百三十七。

⑬ 据《万历野获编》卷十九"吏垣都谏被弹"条。

⑭ 据《明史·冯从吾传》,《万历野获编》卷十二"考察胁免"条。

⑮ 据《明实录》卷二百三十八。

⑯ ⑰ 据《明实录》卷二百四十。

⑱ 据《独深居点定玉茗堂集》之文集钱序。

⑲ 据《快雪堂集》卷三十七"与刘少司成"。

⑳ 据《哀伟朋赋序》。

㉑ 王归省据《明实录》卷二百三十七。许回籍,赵、张入阁均据《明实录》卷二百四十。

㉒ 姜升盐运使据《明实录》卷二百三十一。李调山西副使据《明实录》卷二百三十四。艾巡抚四川据《明实录》卷二百四十。

## 万历二十年（1592）壬辰　四十三岁

汤于去年九月从南城出发，同月度过大庾岭。汤诗《秋发庾岭》说："枫叶沾秋影，凉蝉隐夕晖。"写的正是这个时候。汤度岭后，即由南雄下浈水，曾写了《保昌下水》一诗。汤在《曲江》诗中说："曲江秋色晚。"可知汤过曲江时，仍当去年九月，《曹溪》一诗也就是这个时候写的。汤在去年十月到英德，因此在《哀伟朋赋》里说："十月遭予于浈阳。"这时他写了《哀伟朋赋》，也写了《凭头滩》、《泻洒滩》、《浪石滩》等很多的诗。汤从英德过清远，在清远途中又写了《浈阳峡》、《峡山上七里白泡潭，为易名绀花》等诗作。到去年冬至日，汤已到达南海和番禺了，这时候，更写了《南海浴日亭拜长至二首》、《番禺江上七日长至二首》、《至日怀邹尔瞻比部》和《宿浴日亭因出小浪望海》、《南海江》、《五羊驿》、《达奚司空立南海王庙门外》、《看番禺人入真腊》、《听香山译者》、《香岙逢贾胡》等很多的诗。汤到番禺后，曾往东莞，并曾游罗浮。汤在《东莞县晋黄孝子特祠碑》中说："今上辛卯夏，余以言事尉海北。冬，道南海，过哭再从父墓东莞焉。抚友人祁衍曾之孤，遂如罗浮。"汤诗《东莞江望白云山》、《惜东莞祁生》和游罗浮诸诗如《望罗浮夜发》、《至月朔罗浮冲虚观夜坐》、《罗浮上帘泉避雨蝴蝶洞，迟南海崔子玉不至四首》、《答崔子玉明府朱明洞相迟不至二首》、《罗浮飞云岭》、《下飞云岭》、《罗浮夜语忆明德师》等，全都是这时候的作品。

汤由恩平抵阳江，有《恩平中火》诗。汤《阳江道中》诗说："思春少佳树，向北梅花夕。"汤到阳江当在本年开春，汤过阳江时，更有《阳江无底潭》、《阳江望夫石》等诗作。汤在《石城吊邹汝愚》诗中说："还须五日过雷阳。"可知汤是经由廉江、雷州到达徐闻贬所的。汤在贬谪途中，曾有一度和张嗣修相见。汤《寄江陵张幼君》信中说："辛卯中冬，与令兄握语雷阳，风趣殊苦。"辛卯中冬即去年冬至节的时候，汤这时正在南海番禺，他和张一度相见，就当在这些地方。汤信中说和张嗣修"握语雷阳",如果时间不误,其所称地点不过是泛指张嗣修的谪所而言罢了。

  汤在这次长途旅行中游览了沿途的许多风景,并做了不少的诗,可知他的心情相当愉快,去年病后的抑郁情怀已经一扫而空了。他最感兴趣的沿途风景,当然要数增城县的罗浮山。其次,就要数英德的浈阳峡和清远的大庙峡、中宿峡。英德、清远一带地方,山谷深阻,在北江的江流两旁束着三个大峡,大庙峡在三峡的中间,是最险窄的一个,舟船每次经过,一定要祈祷江神。中宿峡在三峡的南端,一名峡山,在清远县城东北四十里,珠江海潮到此地一宿,就退回南海,所以名叫中宿。峡山两峰对峙,中通江流。唐朝李翱诗说:"一水远赴海,两山高入云。"就写的是这个地方。据传说,黄帝二庶子禺阳、禺号曾在这山里采竹作黄钟之管,所以峡山又名禺山。道家说,这山是十天福地,因为它和道家有关,汤又喜爱这一带的风景,所以汤到后来就自称清远道人。

  汤这次旅行,更见过不少的新事物,如贾胡、译者和入真腊的番禺人。汤诗《香岙逢贾胡》说:"不住田园不树桑,珴珂衣锦下云樯。明珠海上传星气,白玉河边看月光。"贾胡不农不桑,却穿着中国贵重的丝织物,全靠贩运珠宝来致富,这种生活方式是以务农为本的中国人所不大理解的。《看番禺人入真腊》说:"槟榔船上问郎行,笑指贞蒲十日程。不用他乡起离思,总无莺燕杜鹃声。"①番禺人为了厚利,经过十天海程,到柬埔寨去做生意,对家乡和妻子全不留恋,他们的这种生活方式,也不是安土重迁的内地人所能理解的。明代从隆庆时就废除了禁海政策,中国对南洋和日本的海外贸易因此都加强了。和海外的经济交流,逐渐发展到政治、文化、生活等各方面的交流,中国将从此逐步改变面貌。在内地,这一类的改变还不会是太显著的,但在广东、浙江一带地方,情形就不大一样了。

  汤这次旅行,在肇庆和一个天主教徒两人相遇,又是他所见到的新事之一。利玛窦在隆庆五年(1571)就来广州,居住在香山岙传播天主教,到本年已经是二十一年了。《利玛窦碑记》说:"万历庚辰,有泰西儒士利玛窦,号西泰,友辈数人,航海九万里,观光中国。始经肇庆,大司宪刘公旌之,托居潮阳郡。"②

庚辰是万历八年（1580），这时候，利玛窦等已经深入广东内地，往来肇庆、潮州一带地方，到本年也已经有十二年了。因此，本年汤在肇庆和天主教徒相遇，并不能算是件稀罕的事。汤诗有《端州逢西域两生破佛立义，偶成二首》，就咏的是这次的遇合。诗中说他所遇的天主教徒共有两人，却不知这两个人里有没有利玛窦本人在内，或者只是他的徒众。

汤到徐闻后，就准备在那里讲学。汤《与汪云阳》信中说："弟为雷州徐闻尉，制府司道诸公，计为一室以居弟，则贵生书院是也。其地人轻生，不知礼义，弟故以贵生名之。"这书院的设置，是广东制府司道等官对汤来徐闻的一种安排。由于汤贬徐闻县典史原是添注的官，而且汤负有当时之文名，汤能在徐闻讲学，对当地士子的影响一定是很大的。当时徐闻县知县熊敏，新昌人，前年到徐闻县任。[③]汤在《贵生书院说》里曾提到他说："徐闻长熊公，爱人者也。"熊对汤也很敬重，因此，同僚之间是相处得非常好的。

汤在徐闻期间，曾一度由白沙泛海到琼州定安县游五指山，有《白沙海口出沓磊》、《定安五胜诗》（《五指山》、《彩笔峰》、《金鸡岫》、《马鞍岘》、《青桥水》），《徐闻泛海归百尺楼示张明威》等诗、又有《琼人说生黎中先时尚有李赞皇诰轴遗像在，岁一曝之》一诗。又曾往阳江入海避热，有《阳江避热入海，至涠州，夜看珠池作，寄郭廉州》诗。又曾因越客自琼州浮海回越，托寄家书，有《徐闻送越客临高，寄家雷水二绝》诗。又曾作《黎女歌》，写黎女及笄文身，春日踏歌觅婿，誓箭许婚等风俗习惯。又曾写《寄帅惟审膳部》说："弟去岭海，如在金陵。清虚可以杀人，瘴疠可以活人。此中杀活之机，于界局何与邪？归苦热痹，魄几易宅。痁危之后，身寄转轻。语云：'本见而草木节解。'此时然也。"他这时又恢复了病前的不屈气度。他只担心帅机沉湎于酒。他在这封信里接着说："兄无甚酒，幸为我留少许情神，相老而嬉。"汤劝帅要少饮酒，同时也预感到他这位知友的抑郁情怀会损及自己的年命。

当汤显祖前往岭南之时，梅禹金曾托人寄信给汤。这时候，梅的信当转寄到汤的家里来了。梅在信中说："仁兄去职言事，使具臣泥首自窜，贪夫濡尾不前，群浮之徒，聿役如鬼，不可谓不效矣。黄绶若若，亦曾抵徐闻否？家外舅经守其郡，天恒暖，治稻再熟，揉葛可单，实迁客所宜居。苏长公寓惠时，'日啖荔枝三百颗，不辞长作岭南人'，仁兄定能备如此襟度。然即当赐环，无由待荔之丹矣。"④梅对汤的贬谪深致慰问。信里所说："具臣泥首自窜"是指申时行不安于位；"贪夫濡尾不前"是指杨文举请乞回籍；"群浮之徒，聿役如鬼，"是指其他政府私人势焰顿减。当时梅在北京，这些情况都是他亲自所见，所以他说"不可谓不效"，也自是实言，不是虚伪夸奖。信中又说："弟留辇下十月，岁晏始归。业为有司者所录，竟从中格。大校如燕麦兔丝，直虚处名耳。"去年，梅来北京国子监读书。申时行、王锡爵、许国等用正德末年奏授文征明为翰林院待诏的故事，疏荐梅入翰林院。⑤信中说"为有司者所录，竟从中格"，就指的是这件事情。大概是这一封奏疏被神宗留中，因此梅主动辞谢这次推荐，再回到宣城家里来了。信中又说："吕司封念吾兄不解口，玄致益超，固自有王、裴风在。"吕司封即汤的同年吕胤昌。汤《寄吕麟趾三十韵》，诗序说："君以宣城理人持铨以去，而予投荒。"可知去年汤贬徐闻尉，吕却由宁国府推官内调为吏部验封司主事了。吕既是汤之"齐年好友"，所以对汤远谪非常关心。

汤到徐闻不久，即升任浙江遂昌县知县。当汤动身回家的时候，徐闻县知县熊敏曾设宴饯行，并用鸡舌香作为程仪。鸡舌香又名丁香，是前代三省郎官奏事时口里所含的一种香。熊送这种香的意思是希望汤能再做郎官，再进谏疏。但汤诗《徐闻熊明府以鸡舌香赠别，期复为郎也，却赠》说："鹦鹉杯尖易行酒，鱼子笺灰难草麻。三省郎官事已往，与君吞却沉香花。"他这诗的意思是说：酒是容易饮的，但疏却很难上。三省郎官的事，现在已经不能再有了。这含在口里的香只好吞下肚去，我们都不用再提它了。汤对于去年谏疏的事还不免有些感触。又汤在《答徐闻熊令》中说："还乡病起，更辱远谕，乃至处以餐饯，徐闻几许闲田，添尉一口，可谓荒饱矣。"也指的是这次饯行的事。由此可知熊的风度及与汤之间的短期交谊。汤又有《徐闻留别贵生书院》诗。但汤在《答徐闻乡绅》的信中却说："闻贵生书院成，甚为贵地欣畅。"可知汤离开徐闻的时候，贵生书院还没有完全落成。

汤离开徐闻在什么时候虽不能知道，但汤到曲江的时候却已是癸巳初春。

汤诗《过曲江》说："去雁已开梅岭雪，归舟犹带海人烟。"《始兴舟中》说："石墨画眉春色开，有人江上寄愁回。"都是他归途之诗作。当汤还在徐闻的时候，他的二弟儒祖死了。汤得到儒祖的死讯，是在他快要到家的时候。因此，他写了一首《望乡哭弟儒祖》的诗。诗中说："肠断双亲两鬓花，春归何忍戴乌纱。孤飞一岁乔林晚，提到噍哓怕近家。"他在这首诗里，表达了思亲哭弟的沉痛心情。

本年三月，策天下贡士，赐翁正春等三百人进士及第出身有差。袁宏道、曾如海也在本年同中进士。⑥

万历十七年，汤的知友刘湖死了母亲，因墓庐地太潮湿，使两脚染上了风瘫的病，本年终丧以后，他决计不再进京应试了。地方官致送的公车常费，他一概退还不受。他就屋旁隙地，建了一所自怡园，藏了很多的书画碑帖，种了一些松竹古梅、桃兰莲桂，布水磊石自成邱壑。更在园南磊石以象庐山，又建立南楼，登楼可望章、贡两江。刘家原是太和世家，刘湖的交游又广，凡名士迁客从太和路过，他一定要在园里招宴。他说："士不得志于廊庙，则游乎园亭，纵其散郎耳。"他将历年游客所咏之诗章，编成了《怡园雅集》，算是他隐居岁月的一种生活写照。⑦

去年冬天，宁夏戍兵请冬衣花布月粮，巡抚党馨久不发给他们。本年二月，致仕宁夏副总兵哱拜鼓动军锋刘东旸、许朝进攻帅府，杀党馨和副使石继芳，焚公署，收符印，总兵张维忠被逼自缢身死。哱拜义子哱云，指挥土文秀杀游击梁琦和守备马承光，与哱拜合兵。刘东旸称总兵，哱拜为军帅，哱拜儿子承恩和许朝为左右副总兵，哱云、土文秀为左右参将。三月，哱承恩陷玉泉营，略中卫、广武，陷河西四十七堡，并领兵渡河取宁夏镇，全陕震动。

本年三月，三边总督魏学曾檄官兵收复玉泉营，并先后收复四十七堡，但宁夏镇城还被哱拜所据。四月，浙江道御史梅国祯荐宁远伯李成梁的儿子李如松为提督，将辽东、宣大、山西诸镇之兵讨哱拜，并自请身任监军。六月，李、梅统大军聚集宁夏镇城下，军声大振。哱拜等守城自固。七月，叶梦熊、梅国祯定计决黄河大坝水灌宁夏镇城。同月，给事中许子伟劾魏学曾惑于招抚，罢魏官职，以叶梦熊代魏，用朱正色任甘肃省巡抚。九月，浙兵、苗兵、庄浪兵到，大治云梯、船筏攻城。梅国桢亲率大军趋南关，攻陷镇城。哱拜等退据大城。梅国桢施反间，使哱拜等互相猜疑。于是刘东旸杀土文秀，哱承恩杀刘东旸、许朝，开门迎降。叶梦熊杀哱党和降人两千名，哱拜自缢。叶、梅奏平哱捷音，献俘京师。神宗御门受贺，诏磔哱承恩等于市。⑧

梅国桢平定哱拜，在汤的朋友里面可称是一件扬眉吐气的事。汤诗有《闻梅客生监军二首》，第一首说："易与官除贼，难知虏合围。自公持斧出，新筑受降归。按节鳌毛落，分旗燕尾飞。贺兰山外雪，初拂侍臣衣。"第二首说："叛垒新儿戏，降城旧走胡。材堪惟楚有，人已谓秦无。池上骢花马，台中朝夕乌。先朝曾用水，绝地见《阴符》。"咏的就是本年平哱拜，水攻宁夏城的事。

本年五月，日本丰臣秀吉入侵朝鲜。朝鲜王弃王京奔平壤，再走义州。日本兵渡大同江，快要渡鸭绿江了。朝鲜向中国求救，但当时中国承平日久，"器多而不精，兵多而不适用"，兵部尚书石星仓皇招募新兵，检讨王肯堂疏陈十议，责石星"不选不练，如驱市人而战"；自请解除史职，假御史衔，在海上选练新兵。疏既留中不报，嫉忌的人日多，因此引疾辞归。王肯堂和王锡爵之间师友情谊很深，因此从庶吉士做到检讨的官。到去年，王锡爵驰驿归省，王肯堂失去靠山，但他又是一个率真的人，不能善自韬养，因此遭受人们嫉忌。汤在《答王宇泰太史》一信中，劝他应"遵时养晦，以存其真"。并说："门下殆真人耶。世之假人，常为真人苦。"又说："真人失意，假人影响而伺之，以自得意。"又说："真之得意处少，而假之得意时多，仆欲门下深言无由矣。"这里指的就是王被多人嫉忌，又不能自安其位的事。这时候，正是汤谪官后的第二年，所以话说得深有感慨。汤在《与吴继疎》的信里，曾称"王宇泰兄学深而行朴"，可知汤、王两人的交情不浅。⑨

本年八月，国子监司业刘应秋升右中允兼国子监司业事。十一月，巡抚四川右佥都御史艾穆因病请告回里。同月，河南左参政李化龙升太仆寺少卿。本年，顾允成起保定府教授，升国子监博士。⑩

本年春天，达观驻锡五台山，并曾由五台经定襄县到寿阳县东北方山谒李长者。达观有《谒方山李长者还定襄道中》一诗,诗序说:"余慕唐李长者有年数矣。万历壬辰发春三日,自清凉山(五台)指开、江、彩三子持礼觐之。既而挥鞭回清凉。"又达观曾移刻《大藏经》于径山(天目山东北峰)寂照庵。⑪

**注释:**

① 槟榔即庇能(槟榔屿),贞蒲即占婆(占城)。
② 利玛窦初来广州和他的碑记,据《徐文定公集》"行实"。
③ 据《徐闻县志》"职官志"。
④ 据《鹿裘石室集》卷七"与汤义仍"。
⑤ 据《宣城县志》卷八"梅传",《明史·文征明传》。
⑥ 策贡士据《明实录》卷二百四十六。袁中进士据《明史·袁宏道传》。曾中进士据《抚州府志》"选举考"。
⑦ 据罗大纮《紫原文集》卷十"刘孝廉君东行状",卷七"刘君东南楼记"。
⑧ 据《明实录》卷二百四十六至二百五十二,《明史·魏学曾传》,《明史纪事本末》卷六十三,《万历野获编》卷十七,"梅客生司马"。
⑨ 《镇江府志》卷三十六"名臣"下王传,《明史纪事本末》卷六十二,援朝鲜据《明实录》卷二百五十二,《万历野获编》卷九"王文肃密揭之发"。
⑩ 据《明实录》卷二百五十一、二百五十五。《泾阳藏稿》"先弟季时传"。
⑪ 见《紫柏尊者全卷》二十七。移刻《大藏经》据释德清《达观大师塔铭》。

## 万历二十一年（1593）癸巳　四十四岁

本年春，汤回临川。汤诗《新归偶兴》说："越江初服映春丝，深院炉香隐几时。雨气夜薰青菌出，烟波晴浣白鸥知。逍遥正自投穷发，混沌何须与画眉。最好东陂事田作，农歌幽谷远相宜。"又在《雷阳初归，别乐少南文学。文学故从其大人之燕，归青云峰读书，谈予所居北垣回武曲东井映文昌为胜，漫云》中说："偶然桥外直星文，万里春销瘴海氛。有客听歌来渌水，几年相见在青云。芙蓉小筑秋将老，菊蕊孤樽暝欲醺。却笑黄金台上客，汝家那得望诸君。"在此两诗中，对当时朝士大夫仍不免意含讽刺，但汤此时心情却更归平静，宦情也更加淡薄，所以常作归去来兮之想。

汤在万历六年刻印了他的诗集《问棘邮草》，他将这部诗集寄给徐文长后，徐对它曾加以批点。徐诗《读问棘堂集拟寄汤君》说："兰苕翡翠逐时鸣，谁解钧天响洞庭。鼓瑟定应遭客骂，执鞭今始慰生平。即收《吕览》千金市，直换咸阳许座城。无限龙门蚕室泪，难偕书札报任卿。"[①]他对汤这部诗集的估价在当时一切时流之上，可说是非常高的。徐写这首诗后，再次发了狂疾，因此这首诗很久不曾寄汤。后来，他在写给汤的一封信中说："渭于客所读《问棘堂集》，自谓平生所未尝见，便作诗一首以道此怀，藏此久矣。顷值客有道出尊乡者，遂托以尘；兼呈鄙刻二种，用替倾盖之谭。《问棘》之外，别构必多，遇便倘能寄教耶？湘管四枝，将需洒藻。"[②]这封信是因便寄往临川，而且将拟寄的诗也附寄给汤了。徐生于正德十六年（1521），死于本年，终年七十三岁[③]，他寄信给汤，应当在本年以前。汤在万历十九年才回临川，十一年到十九年他都在南京居住。徐信既寄往汤的家乡，就应当在十九年后，隔徐死的时候多不过一两年光景。

直到徐文长死，汤、徐两人从来不曾识面，但两人对诗文都各以第一手自许，并对对方的诗文给予最高评价。同有所谓"天下英雄惟使君与操耳"的期许。虞长孺在《徐文长集序》中说："元美、于鳞，文苑之南面王也。……李长鬃而修下，王短鬃而丰下，体貌无奇异，而囊括无遗士。所不能包者两人，顽伟之徐文长，小锐之汤若士也。"虞长孺很形象地写出这四个人来，并对于异军突起的徐、汤两人做了明确的估价。丘兆鳞在《汤若士绝句序》中说："天下人厌王、李者思袁、徐、厌袁、徐者思先生（汤显祖）。"王、李的摹古作风，是当时文学的一种逆流，徐、汤对他们的讥评也最为激烈。钱谦益之《列朝诗集小传·徐记室渭》说："文长讥评王、李，其持论迥绝时流。文长殁，王、李之焰益炽，无过而问焉者。"因知徐，汤之互相称许，这和两人都不满王、李的文风极有关系。徐评汤的赋作竟讥为"四夷语"、"译字生"，对汤毫不假借，其实也和他深恶王、李文风是一回事情。稍后，公安、竟陵两派也曾继起直追，一反这种逆流。但从文学的深度说，在当时挽回这种逆流的主力军，却还要让徐、汤。因此，他两人之间的互相期许与激赏，一点也不是什么夸耀。

后来有一些传说，也谈到汤、徐两人之彼此相许。王思任在《批点玉茗堂牡丹亭叙》中说："往见吾乡文长批其卷首曰：'此牛有万夫之禀'。虽为妒语，大觉颣心。而若士曾语卢氏李岖峤云，《四声猿》乃词场飞将，辄为之唱演数通，安得生致文长，自拔其舌'。其相引重如此。"④ 查伊璜《罪惟录》论汤显祖说："海若初见徐山阴《四声猿》，谩骂此牛有千斤之力。遂为作传。"这些话都不免有些失实。王所说之"批其卷首"，当指《问棘邮草总评》所说之"真奇才也，生平不多见"，并不是指《牡丹亭》而言。汤评《四声猿》当从王说，查说是因袭王说之"批其卷首"的话，因而致误。可知"此牛有万夫之禀"，是徐称汤的话，不能依查所说，认为是汤说的话。总之，他两人互相推重，相知极深，从以上这些传言，也可想而知。

汤在《阳秋馆诗赋选序》中说："（惟审）先有集若干卷。龙蛇在岁，被病息夏。会予归自岭海，谓曰：'千秋谁知定吾文者，可谓知言。全集，子其定之'。乃为正定若干卷。""龙蛇在岁"，当指去年壬辰，今年癸巳。去年夏天，帅惟审在临川生病，汤写信劝帅莫多饮酒，大约就在这个时候。今年春天，汤从徐闻回来，帅的病体还不曾完全复原。他自感年命不永，就托汤来正定他的文稿。汤当时曾替他初步定稿，就在本年春天到遂昌上任去了。帅也先后起程，到南京去任刑部郎中。⑤临川李绂在《阳秋馆文集序》中说："阳秋馆集，则汤先生所手定者也。"帅的诗文最终由汤替他定稿，这还在帅死以后。

汤显祖于本年三月十八日到达遂昌，四月初一日开印视事。汤在《遂昌县相圃射堂记》中说："盖今上二十有一年三月望后三日，予来遂昌。又三日，谒先圣庙……四月朔，始克视事。"遂昌属浙江处州府，东至松阳县七十里，南至龙泉县二百三十里。汤在《遂昌新作土城碑》中说："遂昌为括苍郡（处州府）西南邑治。万山溪壑中，介长松（松阳）、龙泉，犹毗境也。西北而南，走衢（衢州府）、严（严州府）、婺（金华府）、彰（湖州府），犬牙信州（江西广信府），以接于闽。绵迤奥绝，缓急猝不可檄治。地少田畜，而丰于材。其芝苛薪采，则旁郡之流佣也。多隐民焉。而乡若邑长老子弟无赖者，常数其奸，与为利。盗以故出没不可迹。夜撤者复多虎忧。而境旁数矿，近诏止采，盗亦时时有之。余昔治此，故未有城。横亘一街，可步而竟。居人悉南其溪，而阑以一桥门，可闯而入也。念城之帑无见储，不可刑政者吾城耶。乃稍用严理课。杀虎十七，而勒杀盗酋长十数人。县稍以震。因循四五年，乃幸无事。"遂昌属浙江山区，境内括苍山脉连亘处州、台州两府，因此田少山多，盛产材木。而遂昌之伐木工人，又多是旁郡之农民流徙而来，内中不少逃亡的人，被本地无赖子弟窝藏，相结为盗，不是私伐材木，就是私开矿藏。山深虎多，不能夜巡缉盗。县小无城，防守也非常困难。因此，汤治遂昌就不能不"稍用严理课"，他从清除虎患着手，进而清除盗贼，这是汤之政绩严的一面。

但邹愚公在《临川汤先生传》中却说："遂昌在万山中，土风淳美。其民亡羯夷之习，雕劫流穴之患。不烦衡决，劳擿伏。相与去钳剧，罢桁杨，减科条，省期会，一意拊摩噢咻，乳哺而翼复之，用得民和。日进青衿子秀，扬榷论议，质义斧藻切劘之，为兢兢。一时醇吏声为两浙冠。"邹所论列和汤碑文所述又好像不能一致。再从汤自己所说的话，来看汤是如何治理遂昌的。如汤《答吴四明》说："雷阳归，得憩此县，在浙中最称僻瘠，仆又不善为政，因百姓所欲去留，时为陈说天性大义。百姓又皆以为可，赋成而讼希。"《寄荆州姜孟颖》说："弟邑治在万山中，士民雅厚。既不习为吏，一意劝安之，讼为希止。"即此可知，邹愚公所说的那些话，正是汤之政绩的宽的一面。遂昌多"隐民"、"无赖"，所以要诛虎缉盗，"稍用严理课"；"士民雅厚"，"土风淳美"所以要"一意劝安"，以简为政，汤说："因百姓所欲去留，时为陈说天性大义，百姓又皆以为可。"这句话便说出了他治理遂昌的主要之点。

汤来遂昌后的第一件政绩，是营建学舍和射堂。汤在《遂昌县相圃射堂记》中说："予来遂昌，又三日，谒先圣庙，甚新。从学官诸生至讲堂，堂蔽。其后益庳。闻所藏书，无有。问县隅中或有他学舍为诸生讲诵，无有也。"可知汤来就任以前，遂昌讲堂卑陋破败，既没有学舍，更没有藏书。记中又说："四月朔，始克视事。发檄，有学使者陈公所为书，命诸生射。诸生皆对不能，云'无射堂也'。"可知汤来视事以后，即见到遂昌没有射堂，诸生都不曾习射。于是，汤决计先择土营建射堂，并建学舍。记中说："望吉，乃授地形于学官。"又说："夏五月，大雨水，诸山之材毕来，工作咸集。六月，堂成。"可知射堂从四月十五日开始营建，到六月营建成功。记中又说："门之中，引泉为池。池之上，除道甚修。凡百数十步而垂堂，可以驰步射也。"于此可见射堂的大致规模，记中又说："道左右各广丈余，而蕾若绳。为学舍者各十五，属之门。舍容二人，合之可坐生徒六十人，闾阎如也。缭以垣。"更由此可见学舍的大致规模。记中还说："六月芸，七月获，作者告休。八月而后克成。"可知学舍建成在本年八月，中间两月因农忙工作半休。记中称营建经费共费去"百金"。又说："请以学租三千钱为端。而予为县官，于禄入固无所爱。凡讼之献金矢而不直者，赋其材，或以输作。"可知射堂和学舍的经费来源，一是学租，一是官俸，一是诉讼的罚材、罚工。有了这三笔经费来源，射堂和学舍在本年算基本落成了，只是全部落成还在明年春天。⑥

汤在《遂昌相圃射堂记》中说："其（射堂）右旁，武射场也。尉率岁阅兵壮，两肄。余月课捕盗贼。射虎尚不中程。"可知遂昌兵壮除每年两度操演，虚应故事而外，对诛虎和捕盗却一无用处。但这在遂昌又正是当务之急。汤在《遂昌县灭虎祠记》中说："癸巳冬十月，虎从东北来，甚张。忽梦指有二碎迹，登堂，有言虎啮其乡西牧竖子。"汤来遂昌视事刚半年多的时光，地方上就发生了虎暴事故。记中又说："下令，将以十月望吉告城隍之神。"遂昌兵壮诛虎既不可靠，汤在下令的时候，就只好先以神道设教，来鼓舞兵壮们诛虎的勇气了。记中又说："之叶坞，午至昏，见虎。虎奔，一虎据高峒，薄不可近。"汤亲率兵壮下乡诛虎，因此得知遂昌的虎也不是容易诛的。记中又说："旬余斋居……是夜不能寐，觉外汹汹有声。问之，获巨虎，雄也。虎首广尺余，长几二尺，身七尺。惊其雌，三日绕而号其山，中伏矢，走死松阳界中。东北抵万山，忽夜震如裂，民晓视之，得巨虎首二，八股。草血洙渍。县人欢，异甚。"遂昌兵壮因汤的督促，终于杀死三只大虎了。记中又说："祠以后，获虎三五。向后虎闻遂稀。"兵壮在杀死三只大虎后，又连获五只小虎，所以在《遂昌县灭虎祠记》之铭文中说："遂伐三彪，荐五文皮。"这些虎都是在本年冬天诛获的，从此虎患的消息，在遂昌就很稀少了。只是《遂昌新作土城碑》却说："杀虎十七"，这应是汤治遂昌六年杀虎的总数。

本年春天，达观由五台山回到北京，应太仆寺卿华亭徐琰的邀请，驻锡西山碧云寺柳树庵。⑦慈圣皇太后得知达观到了北京，使近侍陈儒特赐紫袈裟一件。⑧达观辞了这种恩赐，并请将紫袈裟转赐德清。达观《辞紫以让憨公》诗说："三十年来江海游，寻常片衲度春秋。自惭贫骨难披紫，转施高人福更忧。"⑨就咏的是这件事情。汤显祖对达观淡视荣宠，不轻受太后赏赐的高尚品质，自然是很称许的。汤诗《紫柏不受紫衣口号》说："秣陵衣色如天竺，赤布僧随大笠遮。懒作仪同称辅国，相逢何用紫袈裟。"这首诗也当是本年所作。

德清听说达观回京，便来京和达观同居，两人对谈四十昼夜。他和达观相约，同往曹溪。德清《达观大师塔铭》说："予闻师西游回，即驰至京，同居于西郊园中，对谈四十昼夜。师在潭柘与予计，修我朝传灯录。予先约师往濬曹溪，师先至匡山以待。时癸巳秋七月也。"因可知达观辞紫以让憨公，或是本年德清来京以后的事。

本年正月，王锡爵再度入阁。四月，叙平宁夏功，升经略叶梦熊、巡抚朱正色、监军梅国桢、总兵李如松、萧如薰等俱一级，荫一子。复魏学曾原官致仕。五月，以魏允贞为都察院右佥都御史巡抚山西。九月，浙江副使丁此吕升湖广右参政。⑩

本年二月京察，孙鑨任吏部尚书，赵南星任考功司郎中。孙、赵主持察政，一秉至公。文选司员外郎吕胤昌是孙的外甥，给事中王三善是赵的姻亲，他们都首加罢斥。孙、赵对执政赵志皋的兄弟、王锡爵的私人也概不留情，凡公论所不容的都一律澄汰，执政因授意言官对孙、赵乘机进攻。这时候，虞淳熙补稽勋司员外郎，言官们便毁谤虞行贿，交章攻击。但虞的人品很高，才名很大，家里寒素，决不至行贿求官，孙鑨因替虞辩解，并说言官之妄。三月，刑科给事中刘道隆劾吏部"曲为解说"，孙鑨却仍执前说。神宗因命夺孙鑨俸，罢虞淳熙职，降赵南星官职三级，于是，礼部精膳司员外郎陈泰来等十多人纷纷抗疏请留虞淳熙。陈疏并归咎政府，说阁臣对这事当有"微旨"。于是神宗贬陈极边杂职，并罪顾允成等人朋党乱政，各降三级外任。赵南星、虞淳熙各褫职；孙鑨累疏乞休，七月，神宗赐乘传回籍。⑪

## 注释：

① 诗见天镜园藏板《问棘邮草》卷前、《徐文长文集》卷七。诗题据文集。
② 见天镜园藏板《问棘邮草》卷前，《徐文长三集》卷十六。
③ 据《徐文长逸稿》附自著《畸谱》。
④ 见《王季重十种》。
⑤ 冯梦祯《快雪堂日记》说："癸巳四月二十四日，帅比部机至，五月十三，招帅惟审赏新荷一鉴亭。"冯本年十一月前日记，是在南京所写。
⑥ 《处州府志》卷三"建置"说，射堂是万历二十二年所建。
⑦ 据《紫柏尊者全集》"书鹤勒那尊者问二十二祖公案"、"读石壁经碑跋"。
⑧ 据德清《达观大师塔铭》。

⑨ 见《紫柏尊者全集》卷二十七。
⑩ 王再入阁,据《明实录》卷二百五十六。叙平宁夏功和魏复原官致仕,据《明实录》卷二百五十九。魏巡抚山西,据《明实录》卷二百六十。丁任右参政,据《明实录》卷二百六十四。
⑪ 据《明史·孙铖传》,邹漪《启祯野乘》一集卷一《赵忠毅传》,卷三《虞稽勋传》,《明实录》卷二百五十七、二百五十八、二百五十九、二百六十二。

# 万历二十二年（1594）甲午　四十五岁

汤在遂昌过第一度新年，有诗《迎春口占二首》。

本年春天，射堂全部落成。汤给这新的建筑题了一块"象德堂"的匾额。汤又在明伦堂建立了尊经阁，在报愿寺左建立了启明楼，这些工程也都同时落成了。① 这时候，处州府通判文似韩② 来遂昌视察县政，文和汤在广州原有文字交情，他见到汤这些新的营建，就不免有所题咏。汤在《和文判郡用韵》的诗序中说："文高安，蜀江乡人也，以翰林孔目出判广州，予以南祠郎谪尉徐闻，忝为宾主。兹复判括苍郡事，而予量移平昌令，为学宫筑藏经阁、射堂方新，属文行县，顾而咏之，为和。"诗说："射堂走马才开帖，官舍闻莺有报章。冠盖风流晴色满，山溪云影绿阴长。"可知汤的营建落成和文的来县视察，都在本年暮春时节。又汤《答王伯皋》说："遂昌斗大县，赋寡民稀，故学舍、仓庾、城垣等作俱废，非生梢修治，殆不成县。去年稍取赎新之，上讫而止。"信里所称之"去年"当指万历二十一年，从二十一年到本年春天，汤不但新建了学舍、射堂、尊经阁等，而且还进行了仓庾、城垣等的修治工作。

汤从文教和兴建着手，替遂昌县打定了初步规模。更由于清除虎患，加强夜巡，盗贼也稍稍敛迹了。遂昌原是个"赋寡民稀"的县，所以词讼稀少。汤《答王伯皋》说："每月受词者再，今岁讼裁五十余。"又在《答吴四明》一信中说："至今五日一视事，此外唯与诸生讲德问字而已。"汤在遂昌县做了个清闲的官，因此他能着意地方文教，时常和读书人讲德问字。遂昌县的官廨在君子山东南百步内外。因山麓多读书人家，所以称这山为君子山。县廨里有君子堂，大概是县官处理词讼的地方。③ 汤在《平昌君子堂》一诗中说："君子堂前烟树齐，山炊水碓尽桥西。庭中有讼多蕉鹿，市上无喧少斗鸡。"可知汤的官廨，原是一处很幽静的地方，官廨里的讼案大都是一些小的案件，地方上也平安无事，但又和读书人家很接近，因此汤"与诸生讲德问字"，自然是很方便的事情了。

但当时做县官的不能全靠清俸，诉讼所入反是他们财富的主要来源，汤是个"于禄固无所爱"的官，对清俸尚且不爱，即便地方上的讼案多，他也不会贪图诉讼所入来肥己自利，更何况地方讼案实在不多。因此，他《答王伯皋》说："今岁讼裁五十余，而三食故人。食者踵至，何以待王先生？"他这个穷县官，对食客都无法应付，因此对于王伯皋也只好婉言辞谢，希望能原谅他了。只是对长官重客来县里打抽丰的事情，却真无法应付。汤《答吴四明》说："值上官一时皆贤者，苦无多求。前某观察有重客，传食属邑，至仆治，值仆受词日，即与冠带并坐堂上。所受词不二三纸。如此者再，客亦频蹙去。"汤对于这位长官重客，就只能采取上述的这种方法，和他一同坐在堂上断狱，使他知道这穷县实在无从取办。这重客也就只好频蹙而去，自认晦气了。

汤有一位精于禁方的幕客何晓。据汤《平昌送何东白归江山》诗序所说：何字东白，浙江江山县人。少年精于拳术，曾手杀几名劫贼。因受县官侮辱，愤恨离乡。在路上得异人口授，因此精于禁方。何不大识字，两耳重听，只是他看脉敷药却每有奇效。他因此在遂昌县作上客，和汤相处五年。去年虎伤牧童，汤举火逐虎，何晓取巨胜膏和蛆虫杂药，将被虎所伤的牧童治好了。汤答责犯人，如有过当，就请何晓将其伤处治好。百姓有斗殴杀伤，来县衙控告，汤必先将受伤的人交给何晓看护，然后慢慢受理双方词讼。因此五年以来，县里没有因斗伤或笞责而致死的人。由此可见何治伤如神，更可推知汤对治下百姓、囚犯的仁者之心。汤在《与门人叶时阳》的信中说："生在平昌四年，未尝拘一妇人。非有学舍城垣公费，未尝取一赎金。此又可质之父老子弟而无择言者也。"由汤不拘系妇人，非公役不取赎金等对百姓的关心爱护，可见他治理遂昌的慈惠清廉。

汤说他在遂昌四五年内，曾"勒死盗酋长十数人"，对当地土豪、无赖窝藏外来逃亡的人为害县境治安的事是不肯太放松的。只是汤终属于循吏一流人物，就不免时有疏略。汤在《平昌送何东白归江山》的诗序中说："（何）数语予，'公廉而倨，宽而疏'"，实是对汤的确评。因为"廉而倨"，所以敢于得罪长官重客；因为"宽而疏"，所以他在遂昌虽兼用严治理，但对于"某富人、某势人"因严而致的变乱，却不能洞见机先，如不是由于何晓的及早提醒，就难免不酿成事故。

汤《寄马心易比部》说："弟素不习为吏，喜遂昌无事，弟之懒云窝也。"又在《答习之》中说："平昌令得意处别自有在，第借俸著书，亦自不恶耳。"遂昌既是讼案不多的县，汤除了和县里的诸生讲德问字之外，还有很多闲暇时间能从事游观和写作。汤在遂昌曾写了很多游观的诗，如《绿漪园听箫有作同耀先》、《平昌青城山》、《赤壁望浦城》、《东梅岭》、《唐山寺》、《广仁院》、《洞峰》、《石门泉》、《和宋周太常平昌草堂四咏》、《和叶可权草堂四咏》、《松遂界石镜》、《遂昌松阳界万岁山口号。山旧名晚翠，赵康王避金骑所栖》等。这时候，也可称是汤的"四梦"着手写作时期，他改写了《紫钗记》，并已经着手写作了《南柯记》、《还魂记》等。查伊璜《罪惟录》论汤显祖说："相传谱四剧时，坐舆中谒客，得一奇句，辄下舆索市廛秃笔，书片纸粘舆盖顶。数步一书，不自知其劳也。""坐舆中谒客"，"索市廛秃笔"作书，是小县县官的当地风光，查伊璜所指的事，也应当就在这个时候。

本年，帅机进《平西夏颂》，诏付史馆。④

本年五月，因会推阁员之事，严谴顾宪成等，顾被削籍为民。万历二十一年，顾任文选司郎中。当时内阁总揽六部职权。首辅王锡爵对吏部推用人材，一切都诿称神宗旨意，加以阻抑。外论所称许的人，到内阁都通不过。顾每乘王在休假的时候，推荐他要推荐的人才，经过神宗批示认可，王就没有办法了。因此，王对顾早有嫉恨。本年会推阁员，王锡爵想用罗万化，顾则与同官合疏所知七人，内有前大学士王家屏，更深为王锡爵不满。当合疏由吏部尚书奏进后，严谴谕旨就下来了，顾因此被削籍为民。⑤

汤《与顾泾阳》说："都下遘止，似澧兰之咏公子，山木之唱土孙。量移括苍，每过司理之庭，朱丝冰壶，映人心目。天下公事，迩来大吏常窃而私之，欲使神器不神。旁观有恻，知龙德须深耳。"顾前曾和汤在北京相见，深为汤所推重。万历十六年（1588），顾曾任处州府推官。⑥去年汤来遂昌后，曾因公屡到处州，所以有"每过司理之庭"的话。书中说："天下公事，迩来大吏常窃而私之。"所指即王锡爵阻抑进用正人的事。汤的这封信，应是本年五月顾和同官会推阁员稍前所写。

汤又在《与帅惟审》的信中说："满堂溪谷风松，弦歌嗒尔，时忽忽有忘。对睡牛山，齁齁一觉。稍闻刘、顾诸君子前后见推，几逢其怒。执政者太执乎！得天下太平，吾属老下位，何恨。"这封信和汤《与顾泾阳》书应当深有关联。在顾任文选司郎中的时候，他曾经推荐帅机，但因为王锡爵的阻抑，使推荐没有成功。所以汤说"几逢其怒"，又说"得天下太平，吾属老下位，何恨"。他用这话来安慰他的知友，同时也写信给顾宪成，表示他个人的感慨。

就在顾削籍的同月，陈于陛、沈一贯入内阁办事。王锡爵连疏乞休，神宗令其归省。厚赐银币，遣官护送，驰驿而行。⑦

本年，浙江道御史梅国祯升任大同巡抚。袁中道《梅大中丞传》说："贼平，公赏独后，仅晋官，荫一子。然天子心知公能，明年遂升大中丞，开府云中。"梅晋级荫子是去年四月的事，升任大同巡抚却应当是本年的事。⑧

本年三月，太仆寺少卿李化龙升右通政，五月，再升佥都御史巡抚辽东。六月，右中允刘应秋升洗马兼修撰。十月，南京掌翰林院事右谕德冯梦祯升左庶子充正史副总裁。十二月，以编修袁宗道为正史纂修官。同月，袁宏道授吴县知县。本年，顾允成升礼部仪制司主事，三月，谪光州判官。⑨

去年四月，王汝训进都察院右副都御史巡抚浙江。王字古师，聊城人，隆庆五年（1571）进士，是一位清介刚方的人。当时湖州势绅故尚书董份、祭酒范应期两家是当地有名富户，平日所为不法，怨满一乡，王到任后就想加以裁抑。这时候，巡按御史彭应参也来到湖州巡郡。彭字鲁轩，南昌人，素以强直得名。到湖州后，董、范怨家千人拦舆陈诉，彭接受他们之指控，檄乌程县知县张应望接治两家。范应期自缢身死。本年十月，范妻来京上控，神宗大怒，逮问彭应参、张应望，王汝训落职听勘。彭应参被逮入京，时当本年冬至，汤有《冬至王江泾舟中送彭直指赴逮》诗，另有《湖州事起》诗说："大姓常须酒析醒，怅惚何意独为醒。都堂便是还乡日，执法难为贯索星。"

他说做官的人，对大姓只能是吃酒装醉，如必以清醒自居，做巡抚的就只好回乡，做巡按的就只能入狱了。他又在《柬丁庚阳》中说："王中丞近以湖州事，为吴越人人口语。然正大之举，或非邪小能害。"又说："彭绣衣未知税驾何所？朝家弈手似换，而局势未移。"他对于王的落职，彭的赴逮，感到非常关切，但朝里自申时行、王锡爵去后，却仍是换汤不换药。因此他对当前的事，真也无可奈何。⑩

汤在本年春天于象德堂、尊经阁、启明楼落成的时候，写了《相圃新成十韵示诸生》《平昌尊经阁成，率诸生恭读御箴，下宴相圃，欣言十八韵》《平昌报愿寺钟楼新成十韵》等三首志喜的诗。又有《初至平昌与苏生说耕读事》二首，第一首说："杏花轻浅讼庭闲，零雨疏风一往还。新岁班春向谁手？许卿耕破瑞牛山。"汤于去年四月初到遂昌，这诗提到"班春"，也当是本年春天所作。汤更有《甲午秋在平昌梦迁石阡守，并为儿蘧梦得玉床，自占石不易阡，素床岂秋兆，漫志之》一诗，却当是本年秋间所作。


**注释：**

① 据《处州府志》卷三"建置志"，射圃、尊经阁、启明楼并为汤在本年所建。象德堂的匾额据"建置志"和卷九"宦迹志"。
② 据《处州府志》卷九"宦籍"。
③ 据《处州府志》卷二"舆地志"，卷三"建置志"。
④ 据《列朝诗集小传·帅思南机》。
⑤ 据《明实录》卷二百七十三，《明儒学案》"顾泾阳先生传"。
⑥ 据《明儒学案》"顾泾阳先生传"。
⑦ 据《明实录》卷二百七十三。
⑧ 见《珂雪斋文集》卷八。大同府，秦、汉云中郡地，唐天宝初为云中郡。
⑨ 据《明实录》卷二百七十一、二百七十三、二百七十四、二百七十八、

二百八十，袁中郎《锦帆集》"去吴七牍"之"乞归稿一"，《泾阳藏稿》"先弟季时述"。

⑩ 据《明实录》卷二百五十九、二百七十八，《明史·王汝训传》、《万历野获编》卷十三"董伯念"条。

## 万历二十三年（1595）乙未　四十六岁

本年正月，吏部外察，汤来北京。汤诗《乙未平昌三拜朔矣，示馆中游好。平昌属括苍，常见呼老鸹鸽云》说："岁岁书云色正黄，春山无恙对琴堂。飞凫又作朝天去，太史应占老鸹鸽。""馆中游好"当指翰林院的朋友们，可知本年元旦汤已经在北京了。汤更有《平昌入觐双塔寺演仪》诗，也当是此时所作。

汤这次来京，路过滕县时，曾拜访滕县知县赵邦清，并在他的衙门里盘桓了一些时光。赵字仲一，陕西真宁人。万历二十一年任滕县知县，比汤任遂昌县知县迟一年。汤在《滕赵仲一生祠记序》中说："予前以上平昌再岁计，道滕，君馆予上宫。时方传粥，饿民百十里外，来去尘坌中，诊视伺察。"又在《滕侯赵仲一实政录序》中说："吾尝以于越长过滕，时公上事一岁耳。大祲之后，人大相食。公为乞漕粟大府钱施其民。问公庾库中，无如也。徐起，与吾北去。"可知本年汤来京"上再岁计"适当赵"上事一岁"。但赵在这一年里却恰当大饥荒后，他请粟、请钱赈济饥民，并亲自督理施赈，不辞一切劳苦。这时县里官仓早无存粮，请粟赈饥，亏欠漕粮数目已达十万石了。《滕赵仲一生祠记序》说："乃至上计时，都无赎粟可付署者。君时谓予曰：'幸复此，十万石不足余也。'"这是他本年和汤一同来京上计时，县里困窘的情况。

只是滕县天灾严重，也大半由于人事。滕县地主势家收受小户农家所寄的田，他们占有这些田亩，却逃避了应完纳的租税，如果被发现，就把责任转嫁在寄田的小户名下。小户对寄出的田既不愿深耕，如果遇到荒年，他们就逃跑了事。因此田也荒了，租也逃了，县仓存粮也就空了。赵仲一知道寄田隐税是灾荒最大的人为原因，就决心要清丈县里田亩，叫每户自报田亩实数，按户加以丈量，对寄田稳税的事来一次根本肃清。于是地主势家大为骚动，请求大吏加以制止。但赵却即时上议，即时丈田，并亲自和地主势家当面展开斗争。赵是个高大美髯的人，他对于阻挠清丈的人毫不假借，地主势家都被他盛气所慑，不敢和他相争。因此，他很快就把县里田亩都清丈完了。地主势家向大吏散布谣言，赵不加理睬，不久人心大定，大吏也无可如何。经过这次清丈，清出了隐瞒和新垦的田亩共数千顷，赵又买到耕牛千匹，让饥民有田可耕，有饭可吃，在三年之内，根本改变了困窘的情况。①

汤本年来京上计，曾到诏狱看望彭应参，写了《过候彭御史狱所，时尚书都堂郎吏次第在系，伤之》一诗。湖州案在本年三月，由赵焕题称法难坐悬，神宗诏张应望遣戍烟瘴，当时彭应参仍系狱未释。稍后，汤在《与张凝一》的信中说："董范事起，王弘阳先生正在括苍，言及门下良工心苦，为世道受此凌遽。时亦未计后来至此极也。虽然，门下危而苕民安，社而祝之，自有在也。"张凝一即张应望，苕指乌程。当湖州事起，张站在乌程百姓一边，也即是站在彭应参的一边，但张是父母官，他担着这场事件的责任，想使民忿得平，事态又不至扩大，却不料范应期自缢身死以后，这事情反落到他的头上来，所以汤信说他"良工心苦，为世道受此凌遽"。汤写这信应当在本年五月释德清谪戍以后，这时张已到戍所了。所以汤信说："远赠纤绤，服之无斁。"他将一束江西夏布，远送给他，信中又说："时友憨山，摄归净理，则万物可齐也。"因知张远戍烟瘴的地方，即释德清的戍所雷州。②

汤在《慰浙抚王公》信中说："浙事遂至于此，私语在彼人，公议在天下。"又说："台下归，直登东山而望之耳。"此信应当是在王汝训于去年落职回籍以后所写，时日当在本年。汤又在《寄彭鲁轩侍御》中说："不佞有识以来，见直指使者，何止数十公，往往斡洁自将，要以补偏蹈隙，非欲真为世界倾洗一番，否浊更不留余。"又说："如兄之治越，与弘阳两公，虽被患而去，吴越间庶几一清。身为男子，高步中原，他更何论。"这信写成，当在本年彭罢官为民以后，或更迟一些时间。汤对王的落职，认为"公议"还"在天下"，并称许彭和湖州势绅搏斗是"真为世界倾洗一番"，对彭的落职为民，认为是"身为男子，高步中原，他更何论"，这和汤寄张凝一的信里对其遣戍认为是"门下危而苕民安"，由此可看出汤对湖州事件所持的正义立场，及其对王、彭、张三人为湖州百姓受苦给予的充分同情和高度的估价。

汤在本年二月初，就离开了北京。离京时，曾写了《乙未计逡，二月六日同吴令袁中郎出关，怀王衷白、石浦、董思白》的诗作。袁宏道于去年十二月授吴县知县，本年二月间前往吴县上任，和汤先后离开北京。汤回遂昌后，曾在《与袁六休》信中说："出关数日作恶。念与君家兄弟五六人，相视而笑，恍若云天。一路待君不至，知君已治吴。吴如何而治？"由此可知汤这次入京，和袁家兄弟来往很密，同时和董其昌等也交情很深。汤比袁宏道先离北京，在路上等袁同路，袁却迟迟未来，只好先回遂昌。汤有《觐回宿龙潭》诗说："是岁春连雪，烟花思不堪。雨中双燕子，今夕是江南。"诗题下注"乙未"。当是这次离京之后于归途所作。汤这次离京，一路上遇着春雪，直到句容县龙潭镇，才在雨中见到一双燕子，感到了江南的春天气息。

本年正月外察，吏部尚书孙丕扬上言，说他将要"势秉至公，加意廉访。其有救援党与、假公济私、请托不行、肆言流谤，及馈赠纳交、昏夜乞哀等辈，容臣访实恭奏重治"。他在奏疏里先摆出了一副铁面无私的面孔。当时，内外察典都由吏部发出访单，让人填注缴纳，填写访单的人可以不署姓名。有人暗投访单，举发丁此吕在浙江右参政任内受赃有状。因此，丁以"不谨"冠带闲住。协理戎政都御史沈思孝上疏言丁诬枉，孙丕扬疏辩，并将丁访单进呈。七月二十一日，神宗谕内阁："今孙丕扬注考丁此吕贪纵，沈思孝深奖此吕，淆乱公论。卿等票着丕扬即出安心供职。"随谕锦衣卫逮丁此吕来京究问。同月，御史赵文炳劾吏部文选司郎中蒋时馨鬻官受贿数千金。孙丕扬辩称："部中面试抽签，立法甚严，似无前项情弊。"神宗令廷议。蒋辩疏称文炳受沈主使，牵连及江东之、刘应秋、李三才等。于是沈、江，刘等都上疏辩论。大学士赵志皋等上疏说："丁此吕不谨闲住，已为尽法。且考察大典久奉处分，偶因一时争辩之言，再有逮问之旨，恐事益纷纷，人心惶惑。"神宗不答。于是丁此吕被追赃遣戍岭南。当时人都深为不平。只是丁坐赃数万，却无主名。暗投访单从何而来？更是谁也无法知道。③

本年，屠隆曾来遂昌作客，游观了遂昌多胜，并写了一些诗。④袁宏道曾给屠长卿写信说:"明年将挂冠从长卿游,此意已决,会汤义仍先生,幸及之。"⑤袁于去年十二月授吴县知县,明年三月就具文乞归。⑥可知他这封信是本年所写,更可知袁寄信的时候,屠正在汤的任所居住,屠隆原想畅游浙东,后又因思母回里。汤有《松阳周明府乍闻平昌得纬真子,形神飞动,急书走迎之,喜作。明府最善琴理》诗说:"空谷逢人亦快哉,平昌一榻自仙才。即看山色排云起,似听泉声喜客来。折简到时朝骑发,倾筐迎处夜筵开。长卿大有闻琴兴,许傍琴堂更筑台。"可知屠到遂昌以后,还曾应松阳县知县周长松的邀请,一度往游松阳。周是个会弹琴的县官,汤也深通琴理,因此,他两人当时的交情应也不浅。汤有《周长松琴堂晓发》、《夜听松阳周明府鸣琴四曲》、《出松门回忆琴堂,更成四绝》等诗,都写到周的琴艺。大概汤曾一度先游松阳,领略过周的弹奏。汤更有《长卿初拟恣游浙东胜处,忽念太夫人返棹,怅焉有作》、《留长卿不得》、《平昌送屠长卿归省》等诗;又有《秋雨九华馆送屠长卿,便入会城课满》一诗,由此诗可知,屠离遂昌是在本年深秋。

丁此吕被逮时曾写有《绝决词》。汤诗《平昌得右武家绝决词示长卿,各哽泣不能读,起罢去,便寄张师相,感怀成韵》说:"哀响秋江回雁声,雨霜红叶泪山城。年来汉网人难侠,老去商歌客易惊。贝锦动迎中使语,衣冠谁送御囚行。长平坂狱冲星起,可是张华气不平。"汤作这诗时虽已深秋,但屠隆还在遂昌,他和汤同读了丁的《绝决词》,同被丁词感动。汤诗要寄张师相,是因张位和丁乃新建同乡,更因为他两人的情谊原本不浅。汤更有《平昌闻右武被逮惨然作》五言绝句两首,对其知友的遭遇深抱难以言说的愤慲。

大约左丁此吕遣戍以后,丁曾有信给赵南星。赵《答丁勺原》说:"往者兄之被逮也,弟固能走一使奉候,念无益于事,徒重仇者之怒而为兄忧,是以不敢。得翰札悲喜之极,不觉涕陨。吾辈以名节相砥,肝鬲相信,何待辩白乃知诬枉。"⑦从这信可知丁被逮时,情况非常之复杂难测,不但沈、江、刘、李都被卷入倾陷的旋涡,即其他正人也大都投鼠忌器,不敢为丁辩解。更可知当时和丁"名节相砥,肝鬲相信"的人也不独汤显祖。赵南星便是和丁意气相投的一位知心朋友。

本年，汤和袁宏道常有信札和诗篇往来。袁在写给汤显祖的信中说："作吴令，备诸苦趣；不知遂昌仙令，趣复云何？"这信当是汤于前信问及"吴如何而治"的复信。袁还有一信致汤显祖说："近况如何？长作此官，况当不甚佳。然僻在万山中，无车马往来，况亦当不甚恶也。所云'春衫小坐'者，随任不？闻亦是吴囡，若尔，弟亦管得着矣。"袁写信给屠隆，曾说他"明年将挂冠"。袁想辞官不做，是因为吴县公事酬应都很忙，所以袁在这封信里说遂昌"况不甚恶"袁信里问到的"春衫小坐"，这句话见汤诗《新归》。诗里所指，汤诗"买妾望男祥"也早已提到她了。因此，袁问她随汤到任上来否？⑧又汤诗《寄袁中郎》说："手版鞭答即刻无，时从高卧客酣呼。皆知制作能兼锦，朝判长洲夜判吴。"诗的前两句是说遂昌的清闲，回答了袁信里"况不甚恶"的话；后两句嘲笑袁的公事日夜都忙不过来。从以上这些信札、诗篇中，可知汤、袁两人的友谊已到了忘形交的亲密程度。

汤显祖《阳秋馆诗赋选序》说："（惟审）卒后十年，桐城刘君燕及实来。"刘名胤昌，万历三十三年（1605）任临川知县。⑨刘来临川，隔本年正好十年。所以帅机的死，应当就在本年。汤在《与帅公子从升从龙》的信中说："谒上官不得意，忽忽思归，辄思惟审。或舟车中念及半生游迹，论心恸世，未尝不一呼惟审也。惟审仙去，里中谁与晤言，浪迹迟归，殆亦以此。惟审古诗文必传，何须世人夸录。当为去存之。《紫钗记》改本寄送惟审缋帐前，曼声歌之，知其幽赏耳。"这封信也当是本年帅死以后写的。它最后表明了汤、帅间的友情达到了何等深切的程度。"谒上官不得意"，指汤本年外察入京之事，当时如丁此吕被诬闲住，使汤为之愤恚，在此情况下，就只好呼唤他所思念的好朋友了。本年汤入京后，也曾引起归思，在《觏回宿龙潭》诗里就透露了这种情调。他离开了寒冷的北方，刚感到一点江南的春天气息，就觉得很快意了。这时候，汤的《紫箫记》改本也已经写成，便寄送一册给帅氏兄弟，让他们将其陈列在帅机灵前，因为汤将《紫箫记》改写成《紫钗记》，帅机和姜耀先等原都是赞助的人。

去年，曾如海任同安县知县。他在知县任内，力除赌盗，尽革苞苴，平心断案，是一位清明的官员。本年因天旱求雨，中暑身死。身后囊橐萧然。他直到临死，从不曾妄用一印。⑩

本年，黄汝亨有信致汤。黄字贞父，号寓庸，仁和人。万历十九年（1591）和李日华同中乡试。二十一年在西湖灵隐山教授生徒，同年汤来遂昌，就和汤有往来。去年二月，黄父鹤洲死了，汤曾致送赙仪。⑪去年冬天，汤动身来北京，他曾经和汤握别。本年汤回遂昌后，他写信给汤说："自津上别先生，玄风北驰，岂胜怒如之怀。顾念先生有道文人，中朝羽仪，此行非振英兰台，则奏草西掖，寝苦贱子执鞭日远，而世路莽莽，聊复以弦歌相烦。周道如砥，先生履初独行，谅不足晦冥性天之域，而司阍者实忌才矣。"信里说汤这次来京，不能内调京职，却仍回遂昌原任，虽说汤心里不存芥蒂，只是主持大计的人未免太忌才了。这段话，正好是汤与帅公子从升、从龙信里所说"谒上官不得意"的一种注脚。黄汝亨在这封信中接着说："先处士握瑜蓬门，伤心朝露，惠徽青云而传千秋，感同罔极。"他在信里对汤去年的赙赠表示致谢，更可知这封信是本年所写。他在信里还对汤的儿子士蘧、士耆所作的时文提出直率的意见，说："两公子餐英披秀，凤冠人群。汝亨亡状，奉扬大雅，每读名稿一篇，辄为心折。而私心间有不然者。礼乐之器，显登清庙；玄明之味，远通神明。本经循性，大义晒如；必欲穷响梵音，资深琼液，崛曲字辞，令不可读；即足游览象先，震惊方内之民，恐非所以轨中庸而驰康衢也。"他之所说，对汤的时文观点是深有影响的。汤之时文能以奇胜，所以他的儿子也在时文里面用佛、道两家言语，和父亲走同样的路。汤宾尹后来说："闻义仍课子，但取天下之至平如我辈者。"⑫可知汤到后来是采纳了黄的意见的。更可知这个时候，汤和黄的交情也已经相当深了。

释德清在万历十五年（1587）募建海印寺。十八年（1590），海印寺落成，安放了慈圣太后所施的藏经。⑬本年有无赖道士耿义兰，冒称寺址原是道院，向德清需索不遂，就捏造道宫旧名，自称道童，来京城控告德清。神宗对太后祈储的事原不乐意，这时母子间又发生冲突，因借口事涉宫闱，使缇骑逮德清到京，下狱拷掠，并送法司拟罪。但因按验无实，只坐以私创寺院之罪，于本年五月，免死遣戍雷州，同时将海印寺毁去。⑭达观原约德清同往曹溪，达观先到庐山相等。去年秋天，达观在庐山病痁百日。本年三月，准备前往曹溪，在湖口石钟寺住宿两晚。⑮他闻知德清被逮,并听说要遣戍雷阳,就在江边等候德清。本年十月,德清发遣。十一月,达观和德清在南京下关旅泊庵相见。⑯达观原想进京,替德清申诉冤屈,因德清已经定罪作罢,两人相见后,德清作《逐客说》留别达观,他认为申诉冤屈是一件并不必需的事情。⑰

达观在《与汤义仍》的信中说:"及寸虚上疏后,客瘴海,野人每有徐闻之心,然有心而未遂。至买舟绝钱塘,道龙游,访寸虚于遂昌。遂昌唐山寺,冠世绝境。泉洁峰头,月印波心,红鱼误认为饵,虚白吞吐。吞吐既久,化而为丹,众鱼得以龙焉。故曰:龙乃鱼中之仙。唐山,禅月旧宅,微寸虚方便接引,则达道人此生几不知有唐山矣。然此遇,四遇也。"⑱达观约德清同往曹溪是前年的事。由钱塘往遂昌见汤应当是去年的事。去秋病疟和本年准备前往曹溪又当是见汤以后的事。唐山在遂昌县北十八里,山上有唐山寺,山下有东梅岭。汤诗《唐山寺》之诗序说:"唐季禅月大师贯休,居平昌唐山十四年,梦异人授以写梵相十八尊者像。一像未就,异人教以临水为之,意师乃此像后身也。"诗中说:"东梅岭路践龙蛇,似阻天台石磴霞。忽忽云堂见尊者,红鱼波影白莲花。"梵象和红鱼是寺里的两种名迹。

本年二月,命张位、刘元震做会试主考官,取中会元汤宾尹等以下三百名。三月十五日殿试,中试举人汤宾尹等和前科未经殿试的举人共三百四十名一体送试。六月,一甲进士朱之蕃、汤宾尹、孙慎行等都送翰林院读书。本年,谢廷谅、王思任、曹学佺也同中进士。汤宾尹字嘉宾,号霍林,宣城人。王思任字季重,又字遂东,山阴人。曹学佺字能始,侯官人。⑲

本年三月,陕西按察使曾如春升浙江右布政。五月,原任山西副使李三才起补山东提学副使。七月,司经局洗马刘应秋任右谕德兼侍讲翰林院修撰。八月,左庶子兼侍讲冯梦祯升南京国子监祭酒。⑳

**注释：**

① 据汤显祖《赵子瞑眩录序》、《滕侯赵仲一实政录序》。

② 据《明实录》卷二百八十三。

③ 据《明实录》卷二百八十一、二百八十七。《明史》孙丕扬、沈思孝传以及沈传所附之丁此吕传，《万历野获编》卷十一"考察访单"条。

④《处州府志》卷二"舆地志"，妙高山下有屠隆的诗。

⑤ ⑥ 见袁中郎《锦帆集》卷三和"去吴七牍"之"乞归稿一"。

⑦ 见《赵梦白先生全集》卷二。

⑧ 见袁中郎《锦帆集》卷三。又汤诗《新归》说："略约新梳洗，春衫小坐偏。画眉长自好，今日镜台前。"

⑨ 据《抚州府志》卷九"官师考"。

⑩ 据《同安县志》卷三十五"人物录"、"循吏"，卷十三"职官"，《抚州府志》卷十九"仕迹"下。

⑪ 据李日华《寓林集序》，黄汝亨《灵鹫山素业序》、《素业二编序》、《坛石山素业序》、《先府君行略》。以上并见黄汝亨《寓林集》。

⑫ 据汤宾尹《睡庵文集》卷四"四奇稿序"。

⑬ 据憨山《梦游集》卷十六"憨山老人自序年谱实录"，参见《韶州府志》卷十四"艺文志"，高承埏之"憨山大师傅"。

⑭ 据《明实录》卷二百八十五，释德请《达观大师塔铭》，《万历野获编》卷二十七"憨山之遣"条，《憨山老人自序年谱实录》，高承埏之《憨山大师傅》。

⑮ 据冯梦祯《快雪堂日记》，《紫柏尊者全集》"宿石钟山诗序"。

⑯ 据释德清《达观大师塔铭》。

⑰ 据《憨山老人自序年谱实录》，高承埏之"憨山大师傅"。

⑱ 见《紫柏尊者全集》卷二十三。

⑲ 据张弘道《皇明三元考》，《明实录》卷二百八十二、二百八十三、二百八十六，《罪惟录》传十八，《山阴县志》卷十四"乡贤"二，《明史》"曹学佺传"、"谢廷谠传"所附"谢廷谅传"。
⑳ 据《明实录》卷二百八十四、二百八十五、二百八十七、二百八十八。

## 万历二十四年（1596）丙申　四十七岁

汤有《丙申平昌迎春，晓云如金，有喜》和《丙申平昌戏赠勾芒神》两诗。万历二十二年，汤在遂昌过第一度新年；二十三年外察入京，在北京过的新年；本年在遂昌迎春。从汤的这两首诗看来，可知都是遂昌的盛典。因此，也可推知汤之遣囚、纵囚，也应当是今年春节的事。汤有《除夕遣囚》诗和《平昌河桥纵囚观灯》诗。汤在《柬吴拾之》中说："兄来署中，真是'寒从一夜去，春逐五更回'也。《除夕遣囚》诗，可得和否？'除夕星灰气烛天，酴酥销恨狱神前。须归拜朔迟三日，滥见阳春又一年。'"又在《柬姜耀先》中说："兄谓纵囚观灯，恐有得间者，良然。兄肯放大光明，一破此无间乎？小诗并上。'遂县笙歌一省囹，寂无灯光照圜扃。中宵撤断天河锁，贯索从教漏几星。'"前面提到汤的两诗，也就是附在两封信里的这两首诗了。平昌迎春，除夕遣囚和纵囚观灯，是遂昌本年年初的三件事情，可知汤在当时兴致是很不浅的。他不但将这些事情写在诗里，而且把诗寄给他的两位老朋友看了。汤初来遂昌时，不能不稍用严治理，但现在已经做到了赋成讼希，并战胜了当地势要人家所酝酿的一次变乱，因此他能一意从事安民了。他本年春节的遣囚、纵囚，是安民政策的一种表现，不能看成是沽名钓誉。

汤在《答余内斋》的信中说："平昌拥万家为长，含峰漱谷，大类五松。凤谣近胜，琴歌余暇，戏叟游童，时来笑语。当其得意，不知陈真长未得为三公也。"汤在遂昌不但常和县里诸生讲德问字，而且戏叟游童也常来和他谈笑，他这做官的和百姓们非常亲近，因此他真能做到"因百姓所欲去留"，并能让百姓们听从他所说的话。这与他本年春节敢于遣囚，也是不无关系的。汤诗有《即事寄孙世行、吕玉绳二首》，第一首说："平昌四见碧桃花，一睡三餐两放衙。也有云山开百里，都无城郭凑千家。长桥夜月歌携酒，僻坞春风唱采茶。即事便成彭泽里，何须归去说桑麻。"第二首说："偶来东浙系铜章，只似南都旧礼郎。花月总随琴在席，草书都与印盛箱。村歌晓日茶初出，社鼓春风麦始尝。大是山中好长日，萧萧衙院隐焚香。""四见碧桃花"，诗当是本年所写。"茶初出"、"麦始尝"，诗当成于四、五月间。他这时情致非常散逸，大有《还魂记》中太守劝农之风调。

然而这位亲民的官，在本年却遇着一件扰民的事。这时候，国库已非常空虚，不能支拨官庭靡费和军政用度，明神宗不顾当时民间疾苦，借开矿、收税搜刮民财。本年七月，使宦官在畿内开矿；八月使宦官到山西、陕西、浙江开矿。到浙江开矿的宦官叫曹金，先着手开孝丰、诸暨等处矿洞。这些监收矿税的宦官，到处敲剥人民。正直的朝官和地方长官都上疏请罢矿税，但神宗一概置之不理。这件事在汤的心里自然是放不过的。①

本年正月，德清过江西吉安。当时邹元标罢官家居，接德清到铁佛庵里居住。并和德清一言投契，推翻了他以前的一种理学见解。德清二月到广州，三月到雷州戍所，八月调回广州，并在广州和丁此吕相见。②

从去年秋天丁此吕遣戍以后，孙丕扬就杜门不出，到本年二月里，他已经十上辞疏。本月，南京河南道御史林培上疏请辨忠邪，说沈思孝、江东之曲庇丁此吕，并说沈"扬扬见朝，广佟得意"。沈因林的论劾，也上疏求去。直到本年八月，孙的辞疏已经二十上了，张位拟票主放，但孙其实并无去志，反疏论张位党沈救丁，图逐"时贤"（孙自拟），于是大学士陈于陛、沈一贯上疏"请全阁臣之体"。神宗谕内阁，责孙"逞忿诬蔑，甚失体面"，并说他"前屡疏乞休，乃矫情饰誉，原非本心。"孙因受切责不自安，八月再疏乞休，神宗命驰驿回籍。沈思孝继求罢免，也命他驰驿回籍。③

本年六月，加升巡抚大同梅国祯右副都御史。闰八月，刘应秋升左春坊左庶子兼翰林院侍读。④

**注释：**

① 据《明实录》卷三百一至三百五，《明史纪事本末》卷六十五"矿税之弊"。
② 据《憨山老人自序年谱实录》，高承埏《憨山大师傅》。并据憨山《梦游集》卷十三"与达观禅师"。
③ 据《明录卷》二百九十四、三百、三百一。
④ 据《明实录》卷二百九十八、三百一。

## 万历二十五年（1597）丁酉　四十八岁

汤诗有《丁酉平昌迎春口占》说："琴歌积雪讼庭闲，五见春阳凤历班。岁入火鸡催种蚕，插花鞭起睡牛山。"汤还有《丁酉三月平昌率尔口号》诗。

本年，黄汝亨有信答汤显祖。信里说："七月杪计北行，不知获承玉麈尾否？"汤于明年第二次进京上计，这封信应当是本年七月杪之前写的。信中又说："袁令公过湖上，不肖适挈内子归宁禾中，晚而一拜之，未获周旋。然道骨英英，有白马珊瑚鞭意证之。"袁宏道于去年三月乞归，在此前后当过杭州，所以黄汝亨得与他相见。信中又说："虞长孺亦云，瓯信何以不决？意中朝不欲诎先生佐竹符耳。"①瓯是浙江温州府的别称，竹符是汉代郡守的信符，佐竹符指同知、通判一类的官职。本年有人荐汤做温州府的同知、通判，但被京里忌汤的朝官作梗，没有成功。汤《答徐检吾光禄》说："弟迁回何适而可。温州土风僻秀，吏隐止佳。贵人为求，急不可得。乃知宏钜者虽冲必翘，琐冗者在僻犹落，大势如斯耳。"又《寄吴汝则郡丞》说："兄之贰杭也，即真何日？弟事益复可知。斗大县，面壁数年，求二三府不可得，通公亦贵重物哉！"都指这件事情而言。《答徐检吾光禄》又说："前台举刺疏，弟以逐臣在荐中，疏遂不下。诸荐者犹可不下，刺者乃可不下耶？"这件事和这次推荐受阻是深有关系的。汤因受在京朝官之猜忌，正如他在寄吴汝则信里所说："三生扦网，似有人焉主之。"所以荐举累次被阻。汤《感宦籍赋》有序说："今上丁酉三月，予以平昌令上四年计，如钱塘，荡舟长日。箧中故有《高士传》，慨然寻览之，无存也。童子故以《宦林全籍》进。……反复循玩，亦可以奋孤宦之沉心，窥时贤之能事。"本年三月，汤上计到杭州，这时他情绪上已感到有些不快。他序里所指的"时贤"，大概就指当时猜忌他的这些朝官而言。

梅禹金在《与汤义仍》的信中说："闻直名题在御屏，不可谓不遇主矣。"可知当时有这样一种传言，说汤的直名已写在神宗的御屏上了。汤《漫书所闻答唐观察四首》之一说："只言姓字人间有，那得题名到御屏？"就指的是这种传言。梅禹金在这一封信中又说："弟比留长干，阅藏者一岁。归而负幽忧之疾，浸淫及脾脑，减发断足。府寺惜面，闾里药饵之间，陈书盈几，亦殆庶述者之事。"梅从万历二十年岁晏离开北京，第二年在南京翻阅佛藏，第三年回家后患病，不见官府，只在家里读书著述，直待本年病好，因想在明春出游浙江。梅信说："开春乱流罗利（浙江），东存吕侯，便欲历四明、天台、雁荡而问仙人之骥于青田。"他想先到余姚访问吕玉绳。这时，吕已经"持铨以去"，回到他的家乡来了。再想从余姚的四明山、天台的天台山、乐清的雁荡山一直游到青田。如果汤还在遂昌，就当来访问他了。但当时梅认为汤于明年上计，一定迁官。因此他在信里说："其时仁兄定迁去，不及缪恭朝重客也。"梅这信是本年写的，汤《漫书所闻答唐观察四首》也是本年所作。所以汤诗说："一疏春浮瘴海涯，五年山县寄莲花。"诗中又说："兰署江南花月新，封章才上海生尘，心知故相嗔还得，直是当今丞相嗔。"汤对自己的估计，正和梅信之所说相反。他认为北京已有一些猜忌他的人，当今丞相就是一个。他们在阻碍着他仕进的路，因此他在诗里才说"已拼姓字无人识"。他早已决计在明春入京上计后，就丢官不做了。梅信又说："近传新著业已杀青，许八丈可为置书邮，何不以一部乞我。"新著业已杀青，当指汤之《还魂记》在本年脱稿。汤之《还魂记》在本年脱稿，于明年秋天付刻。书刻成以后，汤曾由吕玉绳转寄给梅一部。梅在信里所提的要求，也可说是如愿以偿了。②

汤《寄吴汝则郡丞》的信说："搜山使者如何，地无一以宁，将恐裂。"注说："将有矿使至。"去年十二月，宦官曹金到浙江开矿。本年三月，浙江巡按王业宏奏称开矿于浙，不便者六。③"将有矿使至"，应当是本年三月前后的事。这封信即是这时写的。汤对当时矿税之弊，感到非常愤懑，曾在《感事》这首诗里说："中涓凿空山河尽，圣主求金日夜劳。赖是年来稀骏骨，黄金应与筑台高。"又在《戏答无怀周翁宗镐十首》里说："平昌金矿浸河车，曾道飞烧入用佳。中使只今堆白雪，衰翁几日试黄芽。"又在《闻都城渴雨，时苦摊税》一诗中说：

"五风十雨亦为褒,薄夜焚香沾御袍。当知雨亦愁抽税,笑语江南申渐高。""黄金应与筑台高","雨亦愁抽税",对当时矿税之弊,进行了尖锐的抨击。汤在《遂昌新作土城碑》中写道:"而境旁数矿,近诏止采,盗亦时时有之。"这时应当是万历三十四年(1606),当时遂昌的知县是晋安辛友吾,可证本年遂昌境内曾开采金矿。因此,汤诗中有"平昌金矿浸河车"的句子。④

汤《奉祭酒戴愚斋先生》说:"二十年不见吾师,清晬之表,想似何极。"又说:"藐此平昌,不敢望真气东来,倘公子不忘故交,眷焉移玉,亦空谷足音也。"万历八年(1580)汤和戴洵分别,到今年是十八年,"二十年"当举其成数而言。这信应是本年所写,因为明年汤入京上计后,就回到临川去了。

汤在遂昌任内,曾夭折一子一女。汤有《平昌哭两岁儿吕二绝》诗,又有《平昌哭殇女詹秀七女二绝》诗。据两诗之序,吕儿和詹秀都因出痘身死。詹秀死时年止七岁,死于七月七日。詹秀生于汤在南京移家詹事府之时,故取名詹秀,从小许字汤的好友刘应秋的儿子。汤诗《过太常博士宅》说:"太常东署中,五年足栖集。"又说:"逼迫徙詹事,后者来何急。"汤于万历十一年八月就南京太常寺博士,到万历十七年迁南京礼部祠祭司主事。他家在太常东署居住过五年,可知汤从太常东署移家到詹事府是万历十七年的事情。万历十七年,隔本年恰好七年。詹秀是家居詹事府时生的女儿,七岁出痘身死,就应当是在本年。吕儿和詹秀都因出痘而死,可知这两个孩子是先后因出天花传染致死的。《文昌汤氏宗谱》"汤传"说:"娶吴氏恭人,子二,士蘧、士耆。女一,配吉水状元刘同升。"此女即当指詹秀而言。但吴氏死于万历十一年,詹秀却不当是吴氏所生的女儿。

本年,冯梦祯五十岁,在南京国子监祭酒任内做的生日。这时候,他已经想去官回家了。冯《五十篇》说:"昔人云,五十之年,忽焉已至,悲始衰也。今岁丁酉八月二十日,吾五十悬弧之辰,鉴止水之分,伤流光之驶,有怀家国,思投簪笏,乃赋斯篇。"⑤就道出他这时候的心情。当时东南名士大都到了南京。屠隆奉诏起用,也在南京作客。因此,他这个生日做得非常热闹。《五十篇》又说:"悬弧眷秋辰,称觞来故知。"可见当日的风流情调。此时屠隆的耽歌好色,仍不减万历十二年被劾削籍的时候。屠因慕秦淮妓女寇文华的声名,据《万历野获编》所说:"(屠)先以缠头往,至日,具袍服、头踏,呵殿而至,踞厅事南面,呼妪出拜,令寇姬旁侍行酒,更作才语相向。次日,六院喧传,以为谈柄。"因此,郑豹先和吴非熊就写了《白练裙》杂剧来描写屠的憨状。与此同时,王伯毂也在南京,王年轻时和名妓马湘兰相爱,现王已六十三岁,马已五十岁,两人仍爱恋不衰,郑、吴遂将他们也写入传奇里面。⑥郑名之文,又字应尼,江西南城人。吴非熊名兆,休宁人。王伯毂名稚登,吴门人。郑豹先是汤的朋友,其《白练裙》一剧,因明年李廷机署南京礼部尚书,将书的刻版销毁,所以外间传本很少。

**注释:**

① 据黄汝亨《寓林集》卷二十五。
② 据梅禹金《鹿裘右室集》卷八。
③ 据《明史纪事本末》卷六十五"矿税之弊"。
④ 万历三十三年十二月,神宗下诏停免矿税。"下诏止采",应当是这时候的事情,见《明实录》卷四百一十六。汤有《怀遂昌辛明府》诗、《答遂昌辛友吾》书,书和碑记都称辛是晋安人,可知辛友吾即辛明府。辛名志会,据《处州府志》。
⑤ 见《列朝诗集》丁十五。
⑥ 据《万历野获编》卷二十六"白练裙"条,《列朝诗集小传》"吴处士兆"及"马湘兰"条。

## 万历二十六年（1598）戊戌　四十九岁

本年正月，吏部外察。汤于元旦抵北京，上计后即告吏部堂官，回转临川。汤诗《戊戌觐还过阳榖店，览辛亥秋壁间旧题，惘然成韵，示赵滕侯》说："来朝正月朔，得奉春王御。偶随还县牒，复绕清吟处。"可知汤来京的时日。邹愚公《临川汤先生传》说："而公以倜傥夷易，不能希鞲鞠膳，睨长吏色而得其便。又以矿税事多所蹴鏊，计偕之日，便向吏部堂告归。虽主爵留之，典选留之，御史大夫留之，而公浩然长往，神武之冠竟不可挽矣。"可知汤计偕之日即请告回里，主因是不能伺察上官颜色，也即是对猜忌他、阻遏他的那些人物不甘屈就。其次是对矿税的事感到棘手，因而不愿再在遂昌延挨下去。

汤《赵仲一乡行录》说："上六年计，求去。南考功某曰：'遂昌有关系人，何得便去。'予竟去。"又在《寄南弦浦关中》信中说："戊戌仆坚求去官，而明公垂念不置。仆即从阙下西归，未尝一日之任，而竟以辛丑计去。明公力援，翻为削迹之本。"又说："明公曾目仆为有关系人数，何得言去。"是南弦浦所说的话，即前述"南考功某"所说的话。南名企仲，渭南人，时任吏部文选司郎中。①文选、考功都属吏部清吏官职。文选司掌班秩迁升改调，考功司掌官吏考课黜陟，外察时都有权力。南考功不是文选郎，如某即指南弦浦，某的官职就不免有误了。又汤在《与冯文所大参》信中说："戊戌之计，明公大为仆不平，言于使者，枳其谈。而明公乃复不免。"冯名时可，字元成，又字敏之，又字元敏，松江华亭人，隆庆五年（1571）进士，历任兵、刑两部主事，出为贵州副使，改四川副使，时任湖广布政司参政。②可知汤这次告归，很有人代为不平，在当时曾引起一场纷争，并不尽如邹愚公之所说，主爵、典选留之不得，那样的片面乐观。

这一次汤来京上计，又路过滕县、滕县经赵邦清三年建设，比汤前次路过时已经完全变样了。赵清丈了全县的田亩，并治理了流经滕界的黄河。当汤到滕县之时，赵正忙于清点簿籍，急切不能和汤见面。汤查问了主籍的官吏，得知这三年以内，赵不但还清了亏欠的十万石漕粮，还赢余了三千两银子和六万石谷子。三年中的公私修缮、流散收恤、子妇赎取、牛种购配等费用，都还不在赢馀数字以内。赵使滕县百姓种桑植枣，三年内种桑共几万株。官道两旁都种植柳树，从界首向南几十里地，路旁柳阴蔽日。城壕里都种植荷花，花开时香风四散，宛如江南。因此，汤赞叹赵为"霸才"。他一人先来北京，并携带赵的簿籍，献给他的老师张位。张位也认为赵可用为御史行边，专管屯田、盐笑、开塞的事。但赵这次来京，虽说治行一时称最，却也只升任为吏部主事。③

王子声从万历十八年（1590）调任临漳县知县后，饮酒自放，不久就在任所死去了。钱谦益《列朝诗集小传·王知县一鸣》，引尉氏阮汉闻序其诗曰："伯固再令临漳之岁，淹长安邸三月。酒酣大叫，黄金白雪，流毒千载。授予自订稿一秩，为人携去。无何殁于官。戊戌过泾阳驿，见题薜壁一章，今但记'孤臣长粪土，万事隔云霄'两句耳。"可知王在本年以前就已经死去。又袁宗道曾给汤写信说："一别遽隔岁矣。王子声音耗，足下亦闻之耶？此君神强骨劲，双眸清炯，有寿者相。弟即闻，亦未忍信。倘传者非谬，则造物亦太不怜才矣，何论世人？足下久淹墨绶，又奚怪也。"④信中称"一别遽隔岁"，指汤万历二十三年春入京时，曾和袁氏兄弟往来而言。因知袁给汤的信当在万历二十四年，这时王的死讯已经传出，并由袁传到汤的耳里来了。汤在万历二十三年入京，王子声也于同时来京，两人曾在京见面，回任所后又各有书信往来。汤《答王子声》说："来朝官禁与朝士通，徒阻我良晤。"此信当是汤回任所之后，写给王的一封回信。从信里可知，两人这次来京，见面的机会是并不怎么多的。到汤这次来京上计，却不见王子声了。汤有《戊戌上计不见王子声。忆乙未春事》诗两首。第一首说："承明再入满愁生，听履都无王子声。不为玉棺贪葬玉，也应仙舄傍人行。"这是汤于本年悼王的诗作，由此可推知王之死约在万历二十四年下半年。

汤诗《戊戌上已扬州钞关别平昌吏民》说："富贵年华逝不还，吏民何用泣江关。清朝拂绶看行李，稚子牵舟云水间。"遂昌吏民得知汤请告回里，都来扬州钞关挽留。这地方在运河南头，汤入浙或回里都一定要经过这里。但汤见遂昌吏民后，却不顾他们的挽留，在同他们告别后，就开船走了。从诗里可以看出汤弃官的决心，也可以看出他当时恬澹的心情。汤又有《再觐回宿龙潭驿》（戊戌）诗说："谁向归舟唱一声，玉兰花尽牡丹荣。似怜游子春三月，才换江南第一程。"汤从扬州钞关到达龙潭驿的时候，已经是春三月的天气了。

汤这次来京上计，曾和人谈到他的老师次辅张位，并预感到张的相位已经不大稳当。汤有《记与万祠部语次戊戌春事》诗。诗注说："蚤知新建当危。"诗中说："头年即是次年因，说与诸公不信人。未是沙堤行不稳，沙堤无树可藏春。"张位是汤的同乡，也是他可信赖的老师。汤是张所赏识的门生，虽说张在身居相位之时，汤和他显得要疏远一些，如汤在《寄汤霍林》的信中所说："洪阳师是弟少年所瞻敬者，既贵，便自落莫。"但汤对老师的事还是非常关切的。明代的内阁，经常有争夺权位的暗斗。因此，一个内阁学士，必得拥有一班同年和门生做自己的亲信。但张位在这方面力量非常薄弱，因此，在他的势位高了之后，却经不起潜伏的倾轧。汤在《明故朝列大夫国子监祭酒刘公墓表》里，也曾谈到张位当时所处的情势。墓表说："（张公）意念皆在国家。独其发决大蚤，未能收拾天下贤士，厚集其势，而轻有所为，臣不密则失身，势固然耳。"汤诗说"沙堤无树可藏春"，也是这个意思。

当时三位辅臣，首辅赵志皋是一位七十多岁的柔懦的官僚；三辅沈一贯则是个工于迎合，好同恶异的人；次辅张位却是一位果于自用，任气好矜的人。万历二十年五月，日本丰臣秀吉入侵朝鲜；二十一年正月，李如松大破日本军后，却又在碧蹄馆吃了败仗。这时，兵部尚书石星议封丰臣秀吉为日本王，并许日本入贡。赵志皋只求息事，因此附和石星。沈一贯则因贡道要经过他的家乡宁波，恐怕地方上要骚扰，所以反对封贡。张位却主张经略朝鲜，持久抗敌，因此和赵志皋的主张不合。但沈一贯却附和张位。去年春天封贡失败，朝鲜兵事再起。当时参劾石星的人，同时就要兼劾赵志皋。赵志皋每被参劾，他就疏辩求退，神宗也必温旨慰留。直到去年八月，石星坐欺罔下狱论死，但神宗对赵志皋还是保全不问。

这时，张位密荐参政杨镐为右佥都御史，经略朝鲜军务。杨镐初驻天津，直到去年九月才抵达朝鲜王京。当时明军和朝鲜军屡次战败日本军，日军退屯蔚山。十二月，杨镐会总督邢玠、总兵麻贵议进兵方略，准备合攻蔚山。本年正月，日本救兵到，杨镐狼狈奔逃，丢弃许多辎重，士卒死亡将达二万人。但杨镐却偷改阵亡官兵卷册，谎报死伤仅百多人。御史汪先岸劾奏杨镐之罪状，辅臣却袒护杨镐。本年六月，东征赞画主事丁应泰上疏说："辽东巡抚杨镐、总兵麻贵、副总兵李如梅等，蔚山之败，亡失无算，隐瞒不以实闻。而次辅张位、三辅沈一贯与镐密书往来，交结欺蔽。"又说："辅臣报镐书有祸福利害与君共之语。"张位、沈一贯奏辩，神宗温谕慰留，杨镐革职回籍。科臣赵完璧、徐观澜再交章参论辅臣。张位奏辨，有"群言交至，孤忠可怜"，并有"臣心无一毫之愧"的话。但这一回神宗却降旨切责张位说："杨镐乃卿密揭屡荐，专任破倭。今乃朋欺隐匿，致偾东事。夺国损威，莫此为甚。尚言一毫无愧，忠义何在？"因令张位冠带闲住，而对沈一贯仍温旨慰留。⑤

张位原想对东事大有所为，但其主荐的杨镐却并非可用的经略人才。张位自己既没有储备贤才，却又急于求效。因此，汤担心张的相位有些危险。神宗对张位如此处分，只是借题发挥，因为当时张位是属于太子党的。在张位被逐的同时，便发生了所谓"忧危竑议"的事件。稍前，吕新吾刻《闺鉴图说》在北京通行。不久，郑贵妃重刻此书，改书名为《闺范图说》，并由国戚郑承恩代作序言。朝士大夫对这件事渐有烦言，但谁也不敢明说。稍后，吏科给事中戴士衡参吕包藏祸心，前御史今全椒县知县樊玉衡跟着上疏劾吕，因此举朝惊骇，和张位争权的人就传言张是主谋。因此，神宗遂借口东事，令张位冠带闲住。同时，有一匿名的《闺范》跋语，假托燕山朱东吉撰。跋语前标题为《忧危竑议》，专攻吕新吾，并牵涉郑承恩等多人。于是，郑承思奏进《忧危竑议》、并参戴士衡"结交权奸，假造伪书，中伤善类，以贻宗社隐忧。"直隶巡按赵之翰也上疏附和郑承恩，说张位是《忧危竑议》的主计人。徐作、刘楚先、刘应秋、杨延翰、万建崑都是张的同谋。神宗怒不可解，戴士衡、樊玉衡因此谪戍。并有旨："张位倡言为首，着革去冠带，为民当差，遇赦不宥。刘楚先、徐作着回籍闲住。

刘应秋调外任。杨、万降边方杂职。"⑥本年七月，刘应秋引疾乞归，便许他回籍去了。⑦

这一场宫闱纠纷，和内阁的权位倾轧胶结在一起。在神宗宠信郑贵妃的情势之下，是没有是非可说的。汤在《明故朝列大夫国子监祭酒刘公墓表》里，谈到刘应秋当时受谤的情形说："岁戊戌夏四月，吾师相国张公以决赞东征事，与首相兰溪赵公异同，几中不测以去。所常往来论议者，皆受重劾，而君与焉。赖上明圣，指应秋曰：'此清士也，安得在此。'下部院议。而吏侍闽裴公、掌院闽郭公以下，皆曰刘司成耿耿为人，不宜横加诬诋，为分别言之。君得请以去。"又说："其最无端倪者，曰，君张公之所亲，举动不能令人无疑。嗟夫，士亦视其所亲何耳。张公岂不可亲者耶！"可知当时罗织的主要之点，全是对人不对事的。因此，汤本年上计后请告回里，吏部堂不考虑旁人意见，竟让汤走了。这就当时汤所处的整个情势说，也并非可怪的事。

去年四月，安南黎维潭降，亲到镇南关上疏请罪，并进代身金人和全国臣民公疏。当嘉靖六年（1527）的时候，安南莫登庸篡黎𪩘自立。嘉靖十六年（1537），黎宁请明朝出兵，替黎氏复仇。十八年，世宗命兵部尚书右都御史毛伯温征安南。十九年，毛伯温兵抵广西，莫登庸遣使乞降，世宗诏改安南国为安南都统使司，授莫登庸为世袭都统使并颁给银印。这次安南国请降，也曾进代身金人。金人像作"囚首面缚"。万历初年，安南黎氏复兴，黎宁仍称帝号，并和莫氏构兵。万历十九年，黎维潭夺莫氏安南都统使印。万历二十二年，黎维潭遣使求款，直到去年四月方才款关归降。受降一切仪式，都沿用莫登庸的旧仪，只是代身金人却改用"立面肃容"的形象。当时明朝官吏采取"以夷制夷"的羁縻政策，并宣称"不拒黎，亦不弃莫"，但对黎所进的金人却终嫌倨傲，因使改铸"面缚俛伏"的形象，并使在其背上镌刻"安南黎氏世孙，臣黎维潭不得蒲伏天门，恭进代身金人，悔罪乞恩"。受降仪式才算完成了。明诏授黎维潭为世袭都统使，并许其暂用旧银印，等新铸银印颁发，再将旧印缴回。汤本年来京上计，曾见到这个金人。⑧汤诗《见交州款仪中代身金人一具，面缚镌名，感咏》说："唐亡鄯部真无策，汉弃珠崖亦委心。不得镇南关外地，伏波空进代降金。"汤认为这次受降，对虚妄自欺的明朝并不能算是一件体面的事情。

本年，汤回临川后，曾大做生日。汤《生日诗戏刘君东》有序说："余五十岁大张乐，坐宾筵者十余日。而君东乃云，度六十避客不出。何邃不出耶？云病足，不能答拜。能止客无拜耶？明年七月，予更当过余楼为君东满六十。"刘渭本年五十九岁，比汤早一月生，今年当做六十生日，依俗例，叫"做进不做满"，所以汤说"明年七月，予更当为君东满六十。"由此可推知汤做五十生日，也当在本年八月。汤诗说："忆我五十时，张乐度广席。钟鼓何喤喤？宾从殊蛰蛰。所献即同哝，有拜但旁揖。谨祝若雷震，看者如仙集。"可以想见汤做生日时的一番盛况。同时，汤于去年脱稿的《还魂记》，也在本年秋天付刻。汤自作《题词》，尾署"万历戊戌秋清远道人题"。⑨即此可以作为证明。这时，汤正大做五十生日，铺排了十多天，这当中是应当演出了他新作的《还魂记》的。我们可以这样估计，《还魂记》的初次演出，当是本年八月十四日和此后十多天的事情。汤从此绝意仕进，就用这部名著的刻成或演出，来做他生活转变的纪念品了。⑩

屠隆之《昙花记》自序，尾署"万历二十六年九月一衲道人"⑪，可知《昙花记》和《还魂记》这两部传奇，同刻成于本年秋天。屠隆在《自序》里说他写这部传奇是"以戏为佛事"，并约"登场者"和"观场者"同时"斋戒为之"，因此关目繁冗，仙佛神鬼杂出，很难于从艺术上来作估价，更可知这部传奇是屠隆晚年笃信乩仙⑫时的作品。青木正儿说："王国维旧藏之《玉茗堂法释〈昙花记〉》，尝出于市。"汤替《昙花记》作法释，是由于两人的交情很深，他们对谈玄说法又有同好，这并不是一件奇怪的事。但屠、汤是同时代人，《昙花记》和《还魂记》又同时刻成，青木正儿说汤作法释是"出于表示钦敬先进之作者"，却是并非符合事实的话。⑬

本年，顾起元中会元，阮自华、谢廷赞举进士，钱谦益补邑弟子员。顾字太初，江宁人。阮字坚之，怀宁人。钱字受之，号牧斋，常熟人。⑭

本年六月，起原任参政姜士昌为江西参政。汤诗《闻姜仲文参江藩，惊喜漫成二首》说："身是尚书旧官属，今朝公子到南州。"注曰："予故宗伯凤阿公属也。"凤阿公是姜的父亲姜宝。宝字廷善，曾做南京礼部尚书，汤任礼部祠祭司主事,乃是他的部属。⑮

汤诗有《都下柬同年三君二首》。诗引说:"同年南君、鲁君、刘君,偕予试政礼闱,十五年所矣。俱以县令来朝,困顿流移,可笑可叹。立春岁除,春焉成咏。"汤举进士是万历十一年,到去年恰好是十五年。汤这次来京上计,却和这三位同年相见。这三人都是知县,并且都是饱尝仕途苦味的官吏。汤诗说:"曲江花老曲台前,试政传看美少年。流涕复来歌笑地,白头相唤起朝天。"这四人在十五年前都是少年进士,到现在饱经忧患,人却全都老了。诗共两绝,当是汤于去年除夕所作。

本年四月,升梅国桢为兵部右侍郎兼都察院右佥都御史,总督宣大山西等处,兼理粮饷。七月,袁宗道升左中允,南京祭酒冯梦祯罢官。九月,升山西巡抚魏允贞为右副都御史,巡抚如旧。十一月,升南通政司参议李三才为大理寺少卿,陕西右布政使。本年袁宗道再入京就职。⑯

本年,顾宪成会吴中同志于二泉。⑰ 这时,张位既已削籍,赵志皋因久病乞休,内阁实权渐落到沈一贯的手里,邪党在朝廷开始抬头。另一方面,东林党也开始在民间初步树立了讲学的基础。

本年十二月二十九日,达观到了临川。达观在《礼石门圆明禅师文》中说:"万历二十六年十月二十九日,予自庐山归宗寺挈开先寿公与吴门朗驱乌来临川。于二十九日黄昏,舟次筠溪石门寺西南隅。"⑱ 筠溪石门寺是宋僧德洪、觉范的道场。去年八月,达观曾替觉范的诗文集作序,十一月刻成于径山万寿禅寺。⑲ 因此,本年十二月,达观来临川凭吊石门寺。


**注释:**

① 据《明史·南居益传》附传。

② 据陈田《明诗纪事》庚签卷十,《松江府志》四十四"文苑"。冯任贵州副使为万历九年,和帅机任思南府知府同时,冯在贵州曾和帅相见,并为帅的诗

集作序。冯《西征集》卷三"帅思南诗集序"说:"君守思南,予获习之,其人木强,其政闷闷也。"可知冯对帅机观感也并不坏。又汤《与冯文所大参》说:"知明公近著《宝善编》。"《宝善编》是冯时可的著作,北京图书馆有明万历间刻本的胶卷。

③ 据汤显祖《赵子瞑眩录序》、《滕侯赵仲一实政录序》,《滕志》卷六"宦绩"。

④ 见《白苏斋类稿》卷十五。

⑤ 据《明实录》卷三百二十三,《明史纪事本末》卷六十二,《明史》杨镐、张位、赵志皋、沈一贯、麻贵,以及朝鲜、日本各传,李成梁传附李如松传。

⑥ 据《明实录》卷三百二十三,《明史纪事本末》卷六十七,《万历野获编》补遗卷三"戊戌谤书"条,《罪惟录》志三十二上"万历逸纪"。

⑦ 据《明实录》卷三百二十四。

⑧ 据《明史》毛伯温传、安南传,谈迁《国榷》卷七十七,《万历野获编》卷十七"安南纳款"条,吕毖《明朝小史》十四卷,周亮工《因树屋书影》。

⑨ 据明刻朱墨印本《牡丹亭》。

⑩ 石韫玉在《吟香堂曲谱序》里,说汤所作《还魂记》,于"脱稿翌日而歌儿持板,又翌日而旗亭树赤帜"。《还魂记》脱稿是去年的事,当时汤在遂昌任内。但是石的说法也应当有其根据,他所说的"脱稿",或实指本年"付刻"也未可知。

⑪ 据长乐郑氏藏明天绘楼刊本《昙花记》。

⑫ 据《列朝诗集小传·屠仪部隆》。

⑬ 据青木正儿《中国近世戏曲史》第九章第一节。

⑭ 据《明实录》卷三百二十,张弘道《皇明三元考》,《明史·谢廷赞传》,《牧斋先生年谱》。

⑮ 据《明实录》卷三百二十三,《明史·姜士昌传》。

⑯ 据《明实录》卷三百二十一、三百二十四、三百二十六、三百二十八,《珂雪斋文集》"石浦先生传"。

⑰ 据《明儒学案》"顾泾阳先生传"。按二泉是无锡邵宝所建书院。邵宝字国贤,

谥文庄，学者称二泉先生。他所建书院在惠山山麓，榜曰"二泉"。在万历三十五六年（1607—1608）间，顾宪成曾加以修葺。据《泾阳藏稿》卷十"重修二泉书院记"。

⑱ 见《紫柏大师全集》卷十四。

⑲ 据《明径山寺刊石门文字禅》。

## 万历二十七年（1599）己亥　五十岁

去年十二月，达观来临川，是由于临川县知县吴用先的邀请。吴字体中，桐城人，万历二十年（1592）任临川县知县。在临川共做了六年的官。他对佛学深有研究，即做官也以慈悲为本。据说他处理官司都用调解的方法，使两告各执原状回家。① 他和汤显祖同是达观的在家弟子，达观呼汤为"寸虚"，呼吴为"始光"，可知他两人跟达观的关系很深。汤去年请告回家，这次达观到临川来，事前并不曾知道，因此，达观回庐山后在给汤的信中说："今临川之遇，大出意外。何殊云水相逢，两皆无心，清旷自足。"② 大概是达观到临川后，才知道汤已经回归家乡的。去年达观在临川度岁后，就同吴、汤往游石门寺和金溪疏山、南城从姑山。所以汤在《达公过盱便云东返，寄问贺知忍》一诗中说："扁舟茶供不曾温，便向西山礼石门。"达观游从姑后就动身回庐山了，故汤在诗题里才说"达公过盱，便云东返"。他真有"浮图不三宿桑下"的气派。达观游石门寺，是为了凭吊圆明；游疏山，是为了凭吊白云禅师；游从姑山，是为了凭吊罗汝芳。疏山是白云禅师道场；③ 从姑山有双玉楼、飞鳌峰、读书岩，罗汝芳曾在这些地方读书④，所以达观要前往凭吊。汤诗《梦觉篇》有序叙述了达观此次来临川的一段游踪说："戊戌岁除，达公过我江楼，吊石门禅，登从姑哭明德先生往反。己亥上元，别吴本如明府去栖炉峰，别予章门。"

汤诗有《己亥发春送达公访白云石门，过盱吊明德夫子二首》。第一首说："残雪疏山发暝烟，卷帆春度石门前。空宵为梦罗夫子，明月姑峰一线天。"第二首说："小住袈裟白云地，更过石门文字禅。平远空高一回首，清浅麻姑谁泊船。"这两首诗写出了从临川到南城的沿途风光，"残雪疏山"，"明月姑峰"，"清浅麻姑"正是发春时的江行景色。汤诗《达公舟中同本如明府喜月之作》说："世外人应见面难，一灯高兴石门残。生波入槛浮春浅，细雨横舟湿夜寒。彼岸似闻风铎语，此心如傍月轮安。不知天上婆娑影，偏照恒河渡宰官。"因知达观和吴用先相别，也在南城归后。这时正值旧历元宵，吴因有喜月之诗，汤和他的这首诗，其中"生波"、"细雨"一联，更写尽春江景色。

"彼岸似闻风铎语，此心如傍月轮安"，汤写诗的时候，已被达观的佛理所陶醉。因此，他亲送达观到了南昌。达观在船上继续和汤长夜说法，在两人分别的时候，汤竟被达观感动得悲哀哭泣。汤诗《别达公》说："说到无生生便降，偶随船影出章江。西山雨气朝来卷，不是珠帘是法幢。"《离达老苦》说："水月光中出化城，空风云里念聪明。不应悲涕长如许，此事从知觉有情。"《章门客有问汤老送达公悲涕者》说："达公去处何时去，若老归时何处归？等是江西西上路，总无情泪湿天衣。"《归舟重得达公船》说："无情当作有情缘，几夜交芦话不眠。送到江头惆怅尽，归时重上去时船。"从以上这些诗里，可看出当时达观为汤说法，对汤的说服力是非常大的。

达观在船上为汤说法，所说的是什么法呢？汤于前年脱稿，去年秋天刻成了他的名著《还魂记》，这是汤毕生的一件大事。他所写的是一个现实性的主题，是当时官宦人家深闺少女的时代苦闷，是一个压倒在封建礼法下的女郎要追求爱情自由，从生追求到死、从死追求到生的斗争精神的表现。但汤却将这场入死出生的为"情"的斗争，也即是"求自由"的现实性的斗争，巧妙地置放在一场梦境里了。他在"惊梦"一出里，写杜丽娘的春困心情，从生理上的要求到她的内心情感，全都和她的生活环境紧紧联在一起。"可知我一生儿爱好是天然？恰三春好处无人见，不提防沉鱼落雁鸟惊喧，则怕的羞花闭月花愁颤。"她想要挣脱那不合理的封建的生活环境，发出她斗争的呼声。她说："吾生于宦族，长在名门。年已及笄，不得早成佳配，诚为虚度青春。光阴如过隙耳，可惜妾身颜色如花，岂料命如一叶乎！"她提出的是一个时代性、现实性的问题。汤在这出戏里，从写景到写情，都站稳了现实的立场。他已经由这些现实性的唯物的因素，改变了他哲学上的唯心面貌。但他却企图在杜丽娘入梦以后，在花神上场所唱的【鲍老催】一曲里，用和全出戏的写法都不相同的"景上缘，想内成，因中见"三句唱，作出唯识论的说教解答。⑤不过他在这梦境里，也即是在现实性的少女内心的描写里，想以此来作为解答，最多也只能起一点掉书袋的作用罢了。

然而，汤显祖在这种主观唯心论的基点上，却敢于将"情"和"性"对立起来，提出了一个"情"字来和当时高谈"性理"的道学家展开正面斗争。从这种思想的进展，可看出他思想中的封建主义成分，已被当时开始萌芽的追求自由的新成分逐渐替代。同时，更结合着他经历过来的仕途险恶，以及他的意气性情、艺术根柢、文字修养等现实性的个人环境因素，逐渐地转变了他哲学上的唯心面貌。他在《还魂记》里，对杜丽娘追求爱情自由进行了热烈的歌颂，正和与他同时的李贽赞美叛逆女性卓文君为"善择佳偶"，以及见学生挟妓就破颜微笑说："也强似与道学先生作伴。"在精神上，在见解上都是很相同的。这可以说是当时泰州学派反假道学的一般精神，也可以说是资本主义因素萌芽期的一般时代精神。汤在《南柯记》的开场便说："有情歌酒莫教停，看取无情虫蚁，也关情。"汤早就提出了这一个"情"字。但他在《南柯记》的"转情"一出中，却借契玄老僧说："则为情边见，生身儿住一边。"这个契玄和尚，却认为一切物境都由情生，物境离了情，本身就空无所有，而情又是迷妄的心，因此人生就像一场痴梦。这又由"情"的唯物的立场，滑到了"万法唯识"那里去了，汤显祖就是这样动摇在主观唯心主义和接近于唯物主义的思想之间。到他写《牡丹亭记题词》的时候，才坚决地写出了"情"的哲理的宣言书。他说："如丽娘者，乃可谓之有情人耳。情不知所起，一往而深。生者可以死，死可以生。生而不可与死，死而不可复生者，皆非情之至也。梦中之情，何必非真。天下岂少梦中之人耶？"又说："嗟夫，人世之事，非人世所可尽。自非通人，恒以理相格耳。第云理之所必无，安知情之所必有耶。"他强调了"情"的斗争性和创造性，打破了"理"的迷信及其清规戒律，这在他的思想基点上，可算是明显地进了一步。

但达观对汤的这一"宣言书"却不能赞同。他和汤分别以后，曾给汤写来了一封信。总括信里的见解。他认为心的本来面目，是独立于物外的。心原不动，由物而动。由物而动的心是不明而迷的心，不是心的本来面目。所以学佛的人，要以理照此迷心。如果能够这样，属于物的境便没有了，属于物的情也没有了。

物和迷心都没有了，这时候剩下的只是个本来面目的性，也即是独立物外的心。他说："真心本妙，情生即痴，痴则近死；近死而不觉，心几顽矣。况复昭廓其痴，驰而不返，则种种不妙不召而至焉。至人知其如此，惟施是畏。颜子隳肢体，得非除大患乎？黜聪明，得非空痴心乎！大患除而痴心空，则我固有法身，本妙真心，亦不待召而至矣。"又说："理明则情消，情消则性复，性复则奇男子之事毕矣。虽死何憾焉。仲尼曰，'朝闻道，夕死可矣！'为是故也。"⑥这些话都是针对汤的"情"的宣言而发的。我们从这封信中，可知达观在船上为汤说法，其实也就是展开了一场有关"情"和"性"的大论争。达观聪明机辩，在船上坚持其关于"性"的论据，在别后的书信里也还是坚持他这一方面的论据。汤对达观既非常敬仰，达观船上说法，也使汤深受感动。然而汤却不愿为达观的论据所屈。汤于归途曾有《江中见月怀达公》的诗说："无情无尽恰情多，情到无多得尽么？解道多情情尽处，月中无树影无波。"他认为情和性是相辅相成的，没有情就没有性，人能见性也就因为他是多情的人，无情的人是无法"觉有情"的。

　　汤送达观回庐山，他自己从南昌回家后，对两人在船上所展开的"情"和"性"的论争，心里一直委决不下。因此，在本年二月十五日花朝节的风雨之夜，做了一个奇怪的梦，他在《梦觉篇》的序里说："春中望夕寝于内后，夜梦床头一女奴，明媚甚，戏取画梅裙着之。忽报达公书从九江来，开视则刻成小册也。大意本原色触之事，不甚记。记其末有大觉二字，又亲书海若士三字，起而敬志之。公旧呼予寸虚，此度呼予广虚也。"达观呼汤为寸虚，是想要汤虚此方寸之心；这一回呼汤为广虚，是想要汤遗此寸虚，和太虚为缘。达观在给汤的信中说："野人今将升寸虚为广虚，升广虚为觉虚。愿广虚不当自降。"汤序所说"此度呼予广虚"，依信里的话，就应当指的是本年两人遇合后的事情。汤梦里得达观来信，并在信末见有"大觉"二字，也即是达观给汤信里所说的"觉虚"，在汤的梦里显示了他内心的期待。由此可证，汤做这梦是在和达观相别并在得到达观来信以后。达观信中说："寸虚赋性精奇，必有宿植。若非宿植，则世缘必浓。世缘一浓，灵根必昧。年来世缘，逆多顺少。此造物不忍精奇之物，沉霾欲海，暗相接引，必欲接引寸虚了此大事。"达观结合汤的生活遭遇为之说法，并在这段话里流露出极其真挚的爱护之情。这些话,自然是汤所爱听的。因此《梦觉篇》说:"感此重思念,泪如花坠蕊。中观诚浅悟,大觉有深旨。瓶破乌须飞,薪穷火将徙。骷髅半百岁,犹自不知死。顶礼双足尊,回旋寸虚子。"这时,好像汤已再被达观论据所屈,在做"情"的忏悔了。

只是在这次论争以前,汤曾给达观写过一封信说:"情有者理必无,理有者情必无。真是一刀两断语。使我奉教以来,神气顿王。谛视久之,并理亦无,世界身器⑦,且奈之何。以达观而有痴人之疑,疟鬼之困,况在区区,大细都无别趣。"又说:"迩来情事,达师应怜我。白太傅、苏长公终是为情使耳。"达观病疟百日的事,乃在万历二十二年。同年,达观于病前曾来遂昌见汤,病后又曾在江边等候德清,并和德清在南京下关相见。信中说"师在云阳"。云阳是镇江丹阳,可知达观和德清相见以前曾经到过丹阳。这时,汤正着手写作《还魂记》。因此,在达观来遂昌见汤的时候,他两人关于"情"和"性"的论争就已经开始了。汤信所说之"情有者理必无"即达观信中所说的"情生即痴";所谓"理有者情必无",即达观信中的"理明则情消"。但汤却认为,"理明情消",则连"理"也没有了,有情的世界(器)和人类(身)也根本不用谈了。然而达观却还有"痴人之疑,疟鬼之困",这又怎样说呢?所以汤便举出"白太傅,苏长公终是为情使耳"的话,来折服达观的"理"的论据。汤主"情",就不能丢开"有情"的现实不谈;达观舍"情"谈"理",到头是来"理"失去了"情"的依据,就连"理"的本身也不存在了。这一场"情"和"理"的论争,也就是"情"和"性"的论争,实质是当时的"物"和"心"的论争。汤在自己所处的时代里,竟能从理学、佛学的两重包围里跨出他的第一步,并从他的名著《还魂记》里反映出他的现实性的"情"的斗争精神,实在是难能可贵的一件事情。

到后来,陈继儒写《批点牡丹亭题词》,曾举出汤和张位的一段谈话:"张新建相国曾语汤临川云:'以君之辨才,握麈而登皋比,何渠出濂、洛、关、闽下?而逗漏于碧箫红牙队间,将无为青青子衿所笑!'临川曰:'某与吾师终日共讲学,而人不解也。师讲性,某讲情。'张公无以应。"⑧这里所说的汤答张位的那段话,又当是在这次论争以后,约当万历三十一年(1603)和以后一段时间的事。可知汤的主"情",是始终坚持不移的。别达观的悲涕,《梦觉篇》的咏叹,"惊梦"一出中【鲍老催】的三句唱,都只不过是情感上一时的波澜和思想上的偶然动摇,不能够看成是立论的基点改变。因此,达观的"性"的论据,虽发挥得如何天花乱坠,但想要降伏汤这"情"的飞龙,却还是不容易的。

后来评《还魂记》的论者,都盛赞汤显祖的人物描写非常成功。王思任在《批点玉茗堂牡丹亭词叙》中说:"其款置数人,笑者真笑,笑即有声;啼者真啼,啼即有泪;叹者真叹,叹即有气。杜丽娘之妖也,柳梦梅之痴也,老夫人之软也,杜安抚之古执也,陈最良之雾也,春香之贼牢也,无不从筋节窍髓,以探其七情生动之微也。"⑨ 沈际飞在《牡丹亭题词》中也说:"柳生骏绝,杜女妖绝,杜翁方绝,陈老迂绝,甄母愁绝,春香韵绝,石姑之妥,老驼之勚,小癞之密,使君之识,牝贼之机,非临川飞神吹气为之,而其人遁矣。"⑩ 就"四梦"说,《南柯记》、《邯郸记》是谈不到人物的刻画的。因为那些戏中人物,都只是玄谈、佛理的傀儡,或是用来影射时政,加以讥评。如《邯郸记》的宇文融和卢生等。吕天成《曲品》说:《紫钗记》"描写闺妇怨夫之情。备极娇苦,真堪下泪。绝技也。"《紫钗记》的霍小玉,自有她的韵致,比较起来也可算写得成功的戏中人物。但沈际飞《题紫钗记》却说:"小玉愚,李郎怯。"⑪ 霍小玉是一个没落的贵家小姐,是一个被封建社会牺牲的柔懦女性,李十郎却是个撑不起脊梁骨来的男子,如汤自己在《紫钗记题词》里所说:"第如李生者,何足道哉。"《紫钗记》的男女主角,全是封建社会的游魂,是没有斗争性的。《还魂记》的杜丽娘,虽说也是太守家的女儿,只是她的性格却具备了民间女郎的泼辣、坚定,如王思任序中所说:"杜丽娘隽过言鸟,触似羚羊。月可沉,天可瘦,泉台可瞑,獠牙判发可押而处,而'梅'、'柳'二字。一灵咬住,必不肯使劫灰烧失。"确是一位敢想敢做、极富于斗争性的人物。春香是一个带着野性的民间女郎,汤用她来做杜丽娘"情"的斗争的导火线是很适宜的。因为"追求自由"的斗争基点,在民间而不在深闺,杜丽娘是由于春香的启导才发展出她入死出生的斗争性格的。王序说:"春香眨眼即知,锥心必尽。"这一民间女郎,充满了人民的智慧和开朗的性格,在全剧里代表了"情"的斗争的民间基点,汤对于这个人物也写得非常透辟，再如剧中的反面人物，汤是用他们来代表封建势力的丑怪面目的。如王序所说："杜安抚摇头山屹，强笑河清，一味做官，半言难入。陈教授满口塾书，一身襐气，小要便宜，大经险怪。"也都使人憎恨、鄙视乃至于对他们啼笑皆非。因可知《还魂记》的人物描写成功，是由于汤显祖站定了民间的、现实的作家立场。"情"的斗争，实质是民间性、现实性的东西。春香是民间的标准人物，杜丽娘也由她赋予了民间的血肉，这两个主要人物既代表了民间的阶层和民间的斗争思想，就能让剧情发展得生动、热烈、如荼如火，真笑、真啼、真叹也就由生动、热烈的正面人物奠定了它们的基础，并让一些反面人物在她们的面前，一个个都显出了他们的鄙薄与猥琐。

姚士粦在《见只篇》中说："汤海若先生妙于音律，酷嗜元人院本。自言箧中收藏，多世不常有，已至千种。有《太和正韵》所不载者。比问其各本佳处，一一能口诵之。"⑫汤显祖对元杂剧深有研究是不用说的。因此，吕天成也说他"熟拈元剧"，凌初成说他"能模仿元人"，朱彝尊说"义仍填词……源实出于关、马、郑、白。"他们都从写作技巧溯源，不从他剧作的思想内容溯源，因此也都见不到主要之点的所在。像杜丽娘和春香这类人物，在其他明传奇里很难找得到，而在元杂剧里却所在多有。像关、王《西厢记》里的莺莺、红娘和关汉卿剧作里的那些民间女性，如谭记儿、赵盼儿、燕燕、谢天香等，都和杜丽娘、春香的精神、性格相同。这说明《还魂记》之所以能够凌驾一时，并"几令西厢减价"，不是由于掌握了"元人妙伎"，而是由于汤的思想和元代人民作家的思想相契合，所以才能像他们那样热情奔放地驱使这种'妙伎'，使"笔无不展之锋，文无不酣之兴"。这就不能仅只是一个技巧熟练的问题，如不从民间性、现实性的"情"的斗争精神来体认《还魂记》的写作成功，那么，同一作家的《紫钗记》为什么只能够写出个霍小玉，而不能够写出个杜丽娘；为什么汤写《紫钗》，只能够"实实填词，呆呆度曲"，生动、热烈、姿态横生的"元人妙伎"，在这部传奇里便无所施其技呢？

后来评《还魂记》的论者，都称赞汤显祖能模仿元曲，把《还魂记》的成功都归于元人技巧的小圈圈里。沈际飞《牡丹亭题词》说："以为追琢唐音乎，鞭簧宋调乎，抽翻元曲乎？当其意得，一往追之，快意而止。非唐，非宋，非元也。"他强调了作者的意兴，却看不到作者的思想；刊落了"模仿"的见解，却又只将古人的成就作品评的标准。他认为"非唐，非宋，非元"，也不过就是自我作"古"罢了。这说法还是和"模仿"的说法一样，否定了《还魂记》写作风格所具有的时代精神。《还魂记》所表现的"情"的斗争精神，对当时腐朽的封建统治是一致命的打击。因此，有些人就想把这封"情"的战书曲解成"性"的讲章，如陈眉公之《题词》所说，"化梦还觉，化情归性，虽善谈名理者，其孰能与于斯！"就代表这类说法。但汤这种斗争精神的有力发展，不但撤尽了理学、佛学的旧樊篱，同时还毁弃了词曲家写作上所有的清规戒律。由于他这种斗争精神是元曲的精神，因此《还魂记》所具有的元曲风格竟像生成一样，并不是由于"模仿"。又由于他这种斗争精神是民间戏曲的精神，由此《还魂记》能自由大胆运用民间弋阳腔的作风和江西本地的一些方音土语。这种做法，当然是当时文人所不喜的。因此，凌初成说："而又忽用乡音，如'子'与'宰'叶之类。"又说："江西弋阳土曲，句调长短，声音高下，可以随心入腔，故总不必合调，而终不悟矣。"他们不知民间的思想内容是一定会和进步的民间写作风格相一致的。汤显祖在《还魂记》里使用了很多江西方言，如"松泛"、"梦铳"（《闹殇》）、"疤纳"（《闺塾》）、"酒娘"（《调药》）、"升东转东"（《硬拷》）、"发个老狠"（《仆侦》）等都是。又如《冥判》中胡判官在【混江龙】一曲唱"笔管儿，是手想骨、脚想骨竹筒般剉的圆滴溜"。临川人称上膊骨、下膊骨为"手想骨"，称大腿骨、小腿骨为"脚想骨"，汤显祖在这里使用了道地的临川方言。元剧用当时当地方言，汤显祖不但用元曲方言，也用了他当时很多的江西方言，这做法和作家的立场、思想以及他对人民的爱力都是分不开的。明代的传奇家自囿在封建的清规戒律里面，就只有琢调练白，走模仿古人的道路，汤前期的《紫箫》、《紫钗》又何尝不是这样？

汤《渝水明府梦泽张侯去思碑》说："岁壬寅夏，临江新喻县侯晋陵张梦泽先生视县，且中秩，而忽以先大夫之讣行。"壬寅是万历三十年（1602）。又说："自侯来三年，邑无暵浸之忧。"是张任新喻县知县就在本年。张名师绎，无锡人。⑬汤《渝水明府梦泽张侯去思碑》说："张梦泽先生者，非弱冠而以文章妙天下者耶。"可知张少年就有文名。汤《答张梦泽》说："又闻君子，曾过庭而学《诗》。"又说："未展登龙一念，乃烦良马三之。"又说："名香挹荀令之气，廉金颁陶径之资。"可知张到任后曾纳交汤开远，并对汤有所馈赠，但汤本人却不曾和张谋面。汤的学生朱廷诲序《玉茗堂尺牍》说："张梦泽先生曰，'令师一字，当为世宝。'再三请其长行文字以行。复柬叔宁云：'即为名山之藏，愿假张郎一面'。"⑭可知张的纳交、馈赠，是为了求得汤的文章。张对汤之文章的景慕是非常深的。因此，汤《答张梦泽》说："既爱我甘，敢自愧其雕饰；言采其苦，必无弃于葑菲。谨以玉茗编《紫钗记》操缦而前。馀若《牡丹魂》、《南柯梦》缮写而上。问黄梁其未熟，写卢生于正眠。盖唯贫病交连，故亦啸歌难续。"这封信应当是本年写的。这时候，汤的诗文集和《紫钗记》都已有刻本；《还魂记》于去年付刻，但此时还没刻成；《南柯记》虽已写成，也还没有刻本；《邯郸记》则正在写作中，没有脱稿。

汤去年回家后，一因为家里人口增多，汤父在万历十五年所建的房屋已经不够住了，他就在临川城东沙井巷另建一所新居，准备久隐之计。汤诗《移筑沙井》说："亦自知津亦自迷，新归门径草凄凄。闲游水曲风回鬓，梦醒山空月在脐。家近金堤田负郭，巷连沙井汲成泥。幽迁不到嘤鸣得，大向春来百鸟啼。"这首诗写的虽是去年春归后夏秋间的田园景色，但从诗的后两句看，却当是本年春天写的。因此，汤开始建筑沙井新居也当就在这个时候。汤有玉茗堂这个堂名，还是较早的事。《紫钗记》第一出"本传开宗"说："点缀红泉旧本，标题玉茗新词。"《紫钗记》改本写成是万历二十三年或稍前的事情，这时汤就用"玉茗"作堂名了。《南柯记》第一出"提世"说，"玉茗新池雨，金杞小阁晴"。《还魂记》第一出"标目"说："玉茗堂前朝复暮。"汤在这两本戏里，也都提到了这个堂名。但汤写这三本戏时，却还在遂昌做官，他仅只能有这样一个堂名。临川汤家玉茗堂，却当是在本年建筑沙井新居后才能有的。汤《亡蘧四异》的诗注说："七月五日，玉茗庭前毙一蛇。"诗中所指，是明年七月五日的事，这时沙井新居快要落成，汤家也开始有了玉茗堂了。邹愚公《临川汤先生传》说："居家，于所居之侧，小结菟裘，延青引翠，英巨灵谷之胜，发牖而得。""人劝之请托……指床上书示之，'有此不贫矣'！"指的即是他另建的沙井新居。《罪惟录》"汤显祖传"说："忌者犹于辛卯大计夺其官。筑小室，藏书其中，尝指客，'有此不贫矣'！"《列朝诗集小传·汤遂昌显祖》条说："所居玉茗堂，文史狼藉，宾朋杂坐。鸡埘豕圈、接迹庭户。萧闲咏歌，俯仰自得。"因可知'筑小室，藏书其中"，即指"文史狼藉"的玉茗堂。更可知玉茗堂也就在"小结菟裘"的沙井新居中。

但玉茗堂却并不如人所说。只是一所藏书的"小室"，或是一所"鸡埘豕圈，接迹庭户"的隘陋居室。自从汤建筑了玉茗堂，一直到汤死后的第九年，这里都经常是汤家演戏宴客的宽大厅堂。⑮它和汤显祖后半生的戏曲活动，和宜黄海盐腔戏曲的成长、发展都关系很深，在明代戏曲史上是值得大书一笔的。而且，汤家的沙井新居除玉茗堂外，还有金柅阁、清远楼、芙蓉西馆等处建筑。汤《南柯记》第一出"提世"，既提到了"玉茗堂"，也提到了"金柅阁"；既提到玉茗堂下的"新池"，也提到了金柅阁在沙井新居里是一小阁。汤诗《清远楼送平昌叶梧弟鞯太学上都》说："淹驾坐清远。贫病日高倨。"又说："起叹归云疾，时看倦鸟羕。"清远楼在沙井新居里当是一所高楼。邹传所称之"延青引翠，英巨灵谷之胜，发牖而得"，当即指楼上所见景物而说。芙蓉西馆应当在"新池"的西头，在沙井新居里面是一留住客人的厅堂。万历四十年，邓渼到临川访汤，从当年的闰八月直到明年立夏节后，就在这所厅堂里整整住了半年。汤有诗提到这件事情，更提到了这所厅堂。⑯汤诗《寄嘉兴马乐二丈兼怀陆五台太宰》说："沙井阑头初卜居，穿池散花引红鱼。春风入门好杨柳，夜月出水新芙蕖。"更可知"新池"里面还种了一些荷花，养了一些红鱼，并在池旁栽了几棵杨柳。由此可见，当时沙井新居还称得起是一所环境幽美的宽适的住宅。

玉茗是一种白茶花。据说南宋嘉定中，抚州府治内曾建有玉茗亭，亭旁就有这种花树。其花"大如山茶而色白，黄心绿蕊"。人以为"古树奇花，天下无两，在扬州琼花之上"。⑰玉茗堂之取义，就因为宋代抚州曾有过这种名花。但还另有一种取义，即宋代江西诗人黄山谷曾写有《后白山茶赋》。黄之赋序说："姨母文成君作《白山茶赋》，兴寄高远，盖以自况，类楚人之橘颂，感之而作《后白山茶赋》。"赋中说："孔子曰，岁寒然后知松柏之后凋也。丽紫妖红，争春而取宠，而后知白山茶之韵胜也。此木产于临川之崔巍，是为麻源第三谷，仙圣所庐，金堂琼榭，故是花也，禀金天之正气，非木果之匹亚，乃得骨于昆阆，非乞灵于施夏。造物之手，执丹青而无所用；析薪之斧，虽睥睨而幸见赦。高洁皓白，清修闲暇，裴回冰雪之晨，偃蹇霜月之夜。彼细腰之子孙，与庄生之物化，方培户而思温，故无得而陵夸。盖将与明争光，何苦与洛阳争价。惟是当时而见尊，显处于瑶台玉墀之上。是以闭藏而无闷，淡然于干枫枯柳之下。"⑱白茶花既然是麻源第三谷特产的名花，汤名其堂为玉茗。就当和名馆为红泉一样，都取义于晋临川太守谢灵运的旧游地。更因为感到黄赋里有一种"类楚人橘颂"的高洁情操，和自己高隐的心情如出一辙。因此，他以黄赋自况，就取了一个玉茗堂的堂名。清杨恩寿《词馀丛话》说："汤若士居庐甚隘。鸡栖豚栅之旁，俱置笔砚。玉茗一树高出檐际，茂而不华。谱《牡丹亭》初成，召伶人演之。是夕花大放。自是无岁不开。"这虽是一种旧说，不过从高则诚"双烛交花"的传说附会而来。所谓"玉茗一树"，也无非揣度之辞，和玉茗堂的命名取义是不相关的。

当达观在临川的时候，已经动了要到北京的念头。他认为德清遣戍雷阳，法门无人，是出世一大负；矿税不曾停止，是救世一大负；不曾找到法统继承人，是慧命一大负。为了释此三负，他不能不到北京。达观是一位雄猛严峻的和尚，却又真是一位多情的人。⑲但当时北京邪党排击正人的气焰大张，凡是主持正义的朝士大夫，都成了沈一贯等进攻的对象。刘应秋去年七月引疾回吉水原籍后，本年二月又被赵完璧、赵士登等纠参溺职，冠带闲住。⑳达观这时到北京去，自然是不相宜的。因此，汤不主张他去北京。汤在《滕赵仲一生祠记序》里谈到这段事情说：赵君除吏部郎之"后一年，而紫柏先生来视予，曰，且之长安。予止之曰：'公之精神、才力、体貌，固不可以之长安矣。'先生解予意，笑曰：'我当断发时，已如断头。第求有威智人可与言天下事者。'予曰，'若此，必赵君可。'久之，则闻朝士大哗，而赵君去。又久之，几起大狱，而紫柏先生死矣。"

汤之不愿达观到北京，是由于他去年身受的遭遇和他之审时度势。但达观却是以忘我精神，也就是用"生死关头，直度为得"的无畏精神去北京的，他想以他的辩才来挽救当时的世运。因此，汤就将他那位敢做敢为，用全力替老百姓做事的朋友赵邦清介绍给他。达观在本年二月回到庐山，当时在湖口监税的宦官李道，参劾南康府知府吴宝秀、星子县知县吴一元偿侵国税。神宗命缇骑逮吴宝秀来京，下大理寺狱，吴妻陈氏在槛车旁自缢死了。达观对此深抱不平，即只身来到北京，吴入狱后，得达观尽心调护，后来卒得未减。[21]达观到北京后，汤曾有《奉寄赵仲一真宁并问达师》的诗。诗的开始两句就说："游道日以迫，权夸众所冯。"他认为这时众人都只知依靠权势，不问是非黑白，交朋友便没有路了。他的意思还是但愿达观能够谨慎一些，他对达观去北京始终是不放心的。

　　本年，吴用先内征为户部郎中。汤《送吴侯本如内征归宴世仪堂碑》说："吴本如先生在吾临六年，政成，征为户曹尚书郎以去。父老子弟思所以留之不可得，祠之。"又在《为吴本如明府去思歌》中说："使君去时一年与我好，自言学道苦不早。紫柏师来江上春，黑月船移天外晓。临川江西一大冶，昼坐一堂若为了。如观千眼一切众，独露一身诸事少。回身转眼能几时，琴里禅心谁见知。正复观谣涕叹生为祠，君尚能来人去思。"汤去年回临川，吴今年离临川县知县任，所以说"一年与我好"；今年春天，达观来临川，所以有"紫柏师来"两句；吴以劝谕治理临川，所以有"诸事少"四句。碑说："父老子弟祠之。"诗说"生为祠"，都指这件事情。可知碑文和诗同是本年所作。

　　本年，黄汝亨任进贤县知县。汤曾和黄通信，黄也曾有信复汤。黄复信说："得一玄翰，如天花之落人间，言不尽意，慕以之生，岂以先生书词为浓淡深浅哉！人生何必接膝，但盈盈脉脉之叹，古人亦不能免；浮游尘埃中，不能不思兰房荪谷耳。屈指交难，岂言可宣。"黄初到任就感到有些寂寞，因此有"屈指交难"之叹；他对汤表示思慕，也可见他两人的交情很深。信中又说："嫁郎已久，尚不能知舅姑之色、妯娌之怀。何从得称孝妇？……先生谓我有官方耶？所望于先生者，药方也。"黄感到有些寂寞，是由于做官不很得意，因此才说他处官无方，并说他摸不着上官和同僚的脾胃。信中接着说："政雀鼠喧填时，得

《牡丹亭记》，披之情魂俱绝。三昧游戏，遂尔千秋乎？妒杀，妒杀。"汤在去年秋天刻印《还魂记》，本年印成，黄读后评价极高，可证黄的这封信是本年所作。㉒

本年，潞安府知府刘天虞因潞䌷入贡事得罪朝中宦官，一月连降两级，左迁广东提举。刘天虞名复初，又字贻哲，陕西高陵人。他在知府任内是一位精明强干的官员。潞安府因连年歉收，百姓多向外流徙，户口比以前缩减，就有人主张在正税外加收地差。刘计算其他赋税原有溢额，就向上官请求，得岁减税额万馀金。该府的荒田很多，他就招集贫民，筑室垦荒，由官府配给牛种和一切用度，垦田得万亩，每年馀粮二千多担。潞安是潞䌷的产地，近些年来。官家在每年之一定贡额以外，又有加造。㉓本年入贡潞䌷，长宽比原定式样都有增加，朝中宦官故意挑剔，和贡䌷的小吏言语冲突，因此旨从中发，降刘官一级，刘还不曾赴部，又有旨再降一级，贬为广东税官。在刘去职的时候，潞安府垦田的老百姓都牵牛来送，送行的老百姓，行列长达两百多里。㉔

汤诗有《醉答君东怡园书六绝》。此诗写成，当在万历二十六年汤写《生日诗戏刘君东》之后。但诗的第四首说："种得江园千树橘，始应呼我作封君。"注说："君东以有佳儿当封，相戏。"可知这诗写成又当在万历二十八年汤士蘧死以前。汤诗还有《刘君东病足远游楼，寄问四绝》，如认为汤之"寄问"在前，"醉答"在刘答书以后，这诗写成却又当在"醉答"以前。"醉答"诗第三首有注说："君东约梅花开时，粗了人事，江上相寻。"可知汤诗《君东病足戏为临川之约二首》，也写成在"醉答"的前后。因此，可将此三诗都算作是本年所写的诗。刘渊从万历二十年建怡园后，一直就在泰和闲住。由于他有足疾，心情更加郁抑。因此他于六十生日，就托辞病足，辞谢了前来拜寿的客人。这一年，正当汤决计弃官回家，他对刘的隐居心情自然是很同情的。在汤这三首诗里，可看出他两人心情上极大的共鸣。《醉答》第五首说："说到弹珠爱我深，可堪消尽壮来心。《紫钗》一部无人唱，便是吴歈听不禁。"这首诗是不能单从戏曲的一方面来体味的。又《君东病足戏为临川之约二首》的第一首说："远游名字入楼清，面面江山看雨晴。赖是年来双脚稳，俗人行处不曾行。"远游楼当即是自怡园的南楼。

从汤这首诗，更可看出他和刘有相同的高尚风标。

汤诗《拾之偶有所缱，恨不从予同达公游，为咏此》说："扁舟予在水云间，汝逐娇歌去不还。今夜纸窗陪笑语，一灯分照万重山。"诗中所说，应是本年春间的事，当时吴拾之和汤同在临川，两人交往还很密。

去年冬天，丁此吕离广州戍所。德清在广州和丁订交后，两人就成了很要好的朋友。但丁是一个激烈慷慨的人，虽然敬爱德清，却不敬佛。直到两人相别的时候，德清向他说法，这回才信从了，德清因称他觉非居士。[25]丁此吕回新建原籍，应是本年的事情。汤有《右武粤归，云憨公道劳山修练处，意有动，欣然问之》一诗，也当是本年和丁相见后之所作。诗说："右武谈锋醉欲豪。"可见丁的豪气仍和往日一样。

汤《初归》诗说："彭泽孤舟一赋归，高云无尽恰低飞。烧丹纵辱金还是，抵鹊徒夸玉已非。便觉风尘随老大，那堪烟景入清微？春深小院啼莺午，残梦香销半掩扉。"这首诗也当和《移筑沙井》诗同是本年春天的作品。此诗虽不能像《移筑沙井》一诗那样，写出他一切归于恬澹的隐居心情，但此种心情也还能在其中体认出来。汤还有《却喜》一诗，也当是回家后的作品。诗说："却喜家公似壮年，登山着屐快鸣鞭。迟回阿母加餐少，早作休官侍药便。舞袖尚连金鹨补，歌笙时间《白华篇》。南游北望成何事？且及春光报眼前。"这也当是本年春天的作品。这时，汤父年已七十二岁，还像壮年人一样健康。汤母七十岁，却已衰老多病。汤虽弃官，但认为从此能长与父母相聚，也自有一种乐趣。本年，汤和王思任曾有书信来往。汤《答山阴王遂东》说："弃官一年，便有速贫之叹。"所指当是本年。汤因王的来信谈到"因贫折腰，待稍治生，当归读书"的话，所以在自己的信里也谈到他的近况说："斗水经营，室人交谪。意志不展，所记书亦尽忘。"又说："欲恣读书，治生诚急。门下可谓通人。但读书人治生，终不可得饶。"汤弃官回家刚一年。就发生了生计困难。只是这种困难，却是由于读书与治生两者间原有的矛盾。王思任中进士后，曾做过兴平、当涂两任知县，由于他是一个通脱自放的人，不为达官大吏所喜，所以每不如意。[26]汤信又说："世路良难，吏道殊迫，相为勉之。"这是他对朋友的肺腑之言。对此，汤和王是深有同感的。

本年三月，贵州巡抚江东之剿播州土官宣慰司使杨应龙兵败，神宗用郭子章代江东之为贵州巡抚，起前右佥都御史李化龙兼兵部侍郎总督湖广、川、贵军务兼理粮饷，巡抚四川，进剿杨应龙。六月，杨应龙破綦江，神宗追褫前四川巡抚谭希思、前贵州巡抚江东之职，赐李化龙剑，假便宜行事。㉗

本年五月，左中允袁宗道升左谕德兼翰林院侍讲。同月，光禄寺卿李三才升都察院右佥都御史总督漕运巡抚凤阳诸府。㉘

## 注释：

① 据《抚州府志》卷十《良牧传》。
② 达观呼吴为始光及达观给汤的信，据《紫柏大师全集》卷二十二"与汤义仍"。
③ 《雍正江西通志》卷十"山川·抚州府"："疏山在金溪县西北五十里，为白云禅师道场。"
④ 据明代揭尔曾著《海内奇观》。
⑤ 这三句唱词的意思是：有筹虑的心所依托的物境，只是心所造的一种影像，即所谓"景"；在梦境里所感触的物境也就是这种"景"。筹虑的心"缘"着这种"景"就已将所依托的物境"造成"一种"心境"，即所谓"景上缘，想内成"。在梦境的感触里，也即是在这种"因"里，它显现出来了，即所谓"因中见"。
⑥ 凡本年谱所引用的达观给汤的信，都据《紫柏大师全集》卷二十二"与汤义仍"。
⑦ 身是"身根"，指过去、未来、现在诸所有身，也即指四大种所造的身。器是"器世界"，指有成坏的世间。"身器"统指物质的人身和物质的世间而言。
⑧ 见眉公先生《晚香堂小品》卷二十二"题跋"。
⑨ 见郑元勋《媚幽阁文娱》。

⑩ ⑪ 据《独深居点定玉茗堂集》。

⑫ 据王国维《曲录》卷四"传奇部"上。

⑬ 据《新喻县志》卷十七"名宦"。

⑭ 见朱校《玉茗堂尺牍序》。

⑮ ⑯ 说见后文。

⑰ 据康熙《临川县志》十二"土产"。《雍正江西通志》卷二十七"土产"、卷十四"古迹"三。

⑱ 见《豫章黄先生文集》第一。

⑲ 据释德清《达观大师塔铭》。

⑳ 据《明实录》卷三百三十一。

㉑ 据释德清《达观大师塔铭》,《明史纪事本末》卷六十五"矿税之弊"。

㉒ 据《进贤县志》卷十三"职官",黄汝亨《寓林集》卷二十五"复汤若士"。

㉓ 《明史·吕坤传》:万历二十五年五月,吕坤疏陈天下安危说:"他若山西之绅,苏松之锦绮,岁额既盈,加造不已。"

㉔ 据《潞安府志》卷四"建置",卷十五"事迹",卷十八"艺文"三,赵南星《潞安府刘大夫生祠记》。

㉕ 据《憨山老人自序年谱实录》,憨山《梦游集》卷三"与达观禅师"。

㉖ 据《列朝诗集小传·王佥事思任》条。

㉗ 据《明史纪事本末》卷六十四"平杨应龙"。《明实录》卷三百三十二,《明史》"李化龙传"、"四川土司传"二。

㉘ 据《明实录》卷三百三十五,《明史纪事本末》卷六十六"东林党议"。

## 万历二十八年（1600）庚子　五十一岁

　　万历二十四年（1596），神宗借开矿收税，搜括民财。九月，山西巡抚魏允贞上疏请停矿税。十二月，神宗派宦官张忠到山西开矿。二十五年，魏允贞因与张忠互讦，被神宗切责。二十七年正月，神宗命宦官孙朝到山西管理税务。张、孙两人先后到山西，对地方官和老百姓百计诛求。孙朝对商税使用大秤，并向各路征求土仪、帐幔、手帕、绒衣、绒毡，多则千余件，少则数百件；他还在地方举官，干预科道抚按职权。魏允贞对他们的不法行为，每事都加以裁抑，因此，双方的矛盾就一天深似一天。直到本年春天，张忠经过太平县，因知县不曾迎接，将典史武三杰提责致死；建雄县丞李逢春，因张、孙两人向他索钱不遂，也被他们备施凌辱致死。三月，魏允贞疏陈时政得失，指称矿税二使交毒官民，自劾不职，乞请罢斥。四月，孙朝讦奏魏允贞抗旨阻税，神宗将允贞奏疏留中，将孙朝之讦奏下部院参看。吏部尚书李戴、都御史温纯等复疏说："魏允贞不能曲奉内臣，孙朝疏中欲食其肉而寝其皮，在皇上前尚骂詈之于此，其在彼中盛气以加抚臣可知。"因请下允贞奏疏，并请以百口保允贞，神宗留中不报。五月，魏允贞疏辩孙朝诬罔，神宗也留中不报。汤《答魏见泉中丞》说："部院复疏，公论昭宣。虽谕旨未行，而辨疏终当简在。大奏云：'一念为皇上保安宗社之心，甚于为家；维系天下之心，甚于为身。'三晋河山，与闻斯语。惟门下弥珍玉体，以重金瓯。"就指的是这件事情。据汤信所说，李、温等复疏和魏的辨疏，魏在致汤的信里都附寄给他看了，由此可看出魏、汤两人间的彼此关切。①

　　去年闰四月，谢廷谠还是个进士，尚未授官，他便疏陈内乱外变之形势，对当时矿税扰民的事，持论尤为激切，但神宗却留中不报。本年三月，谢授刑部主事，他又上疏言事，所陈如阁员当补，台省当选，矿税当撤，冠婚、册立当速，诏令当信。凡此，都是切要之事。当时内阁阁员和六部堂官、御史、给事中等官出缺，都已不加调补；争国本一事已成为党争的鲜明旗帜；开矿、收税已弄得天怒人怨。神宗对群臣之谏疏，经常留中不报，但听到建储一类的话，又不免喜怒为用。谢廷赞提到这些，尤其是提到矿税、册立，他疏里所说的话原都深中时弊。但他这回上疏，却要加一个易理的幌子，上奏后还要跪伏在文华门候命，这就有些书生气了。因此，神宗命太监田义传谕："上本自有旧规，如何沽名要挟君上，好生狂躁，着出去，照旧候旨。"谢廷赞因此得了一个出位邀功的罪名，被神宗褫职为民。②

本年四月，凤阳巡抚李三才请停矿税。他在奏疏里说："自矿税繁兴，万民失业。陛下为斯民主，不惟不衣之，且并其衣而夺之；不惟不食之，且并其食而夺之。"又说："陛下爱珠玉，民亦慕温饱；陛下爱子孙，民亦恋妻孥。奈何陛下欲崇聚财贿，而不使小民享升斗之需；欲绵祚万年，而不使小民适朝夕之乐。"他这封著名的奏疏，立论尤为深切。他在另疏里还说："如臣境内，抽税徐州则陈增、仪真则暨禄，理盐扬州则鲁保，芦政沿江则邢隆。千里之区，中使四布。加以无赖亡命，附翼虎狼，如中书程守训尤为无忌，假旨诈财，动以万数。"据李三才疏里所说，他这地方的情势确是很险恶的了；然而他却能"以气凌之，裁抑其爪牙肆恶者，且密令死囚引为党，辄捕杀之。"于是，陈增等人的气焰就也打下来了。只是他这封奏疏，仍被神宗束之高阁，和魏、谢两疏的运命相同。③

去年三月，神宗派御马监奉御陈奉征收湖广等处店税。陈奉到湖广后，在水路阻塞舟商，在陆路拦截贩卖，和所管十五府的官民为仇。他指令民间完解三倍之税款，而上缴者不及三分之一。本年正月，武昌、汉阳百姓群聚抚按衙门，控诉陈奉之罪恶，而抚按却不敢过问。这时，邹光弼在做钟祥县知县，对陈奉横征税款采取抵抗态度。上官劝他婉和一些，他说："钟祥县是承天府（安陆府）的属县，承天府是世宗潜邸所在地，龙飞王气宜完，兴都黎民当恤，不能因小官个人得失，使老百姓破产死亡相属。"本年七月，陈奉到承天府金花滩地方来了，他向居民勒索黄金，连妇人也横加拷打。邹光弼反对他这种淫威，他就把邹光弼拘禁起来。④

利玛窦本年入京。经过天津时，被税监马堂拦阻，将他携来的许多方物尽行劫去。直到明年二月里，才将利玛窦携来的天主像、圣母像呈进到京里来。当时，礼部却认为"大西洋不载会典，真伪不可知"，提请不让利玛窦"潜往京师"。一般朝士大夫也不能同意利玛窦的天体论，认为"天体如鸡子，天为青，地为黄，四方上下皆有世界"的科学理论是没有根据的话。利玛窦这次来京，对京里守旧派的思想引起了很大的一番纷扰，但对于当时士大夫中的开明思想却发生了推进作用。⑤

袁宗道万历二十六年（1598）再度入京，袁中道也同来北京，去年吴用先又内征为户部郎中，他们在城西崇国寺蒲桃林结社，聚谈禅学。同社的人有陶望龄、黄辉和潘士藻、刘日升、顾天竣、李腾芳、苏惟霖等。当时首辅沈一贯很不以他们讲学之事为然，对黄辉更深为痛恨。本年，达观来到北京。达观的幅巾弟子和崇信他的宦官们都如赴灵山佛会，游客们更多往听法，这和蒲桃林结社的情况又大不相同，因此，黄辉颇不以为然。⑥本年秋，袁宗道在北京病死，年仅四十一岁。这时候，袁中道因回公安原籍，陶望龄则因往南中主试离京，这社也就从此散了。⑦

本年十月，刘应秋病死。汤在《明故朝列大夫国子监祭酒刘公墓表》一文中，记刘死的情形甚详。《墓表》说："归二年，为庚子春，哭邓少宰文洁公于豫章，过信州，登龙虎而下，见仙人遗棺，慨然有遗世之想。归而秋病滞，服下药大过，竟不已。至冬十月七日，起，衣冠端坐而逝。"汤在《墓表》中认为刘的死因是不能"亡介介于怀"。更可知汤这一《墓表》的写成，时在本年十月以后。

本年，汤士蘧到南京应举人试。七月初，病滞下而死，年仅二十三岁。汤诗有《庚子七月晦吴观察得月亭举烛沾醉，云各有子秋试，望之，怅然成韵八绝》，这时候，汤还盼望着他的儿子能够高中回家。汤诗还有《庚子八月四日五鼓，忽然烦闷，起作三首》说："春风玉树长年在，为要先开眼里花。"他对他儿子中试，盼望得非常之迫切。汤诗《庚子八月五日得南京七月十六日亡蘧信十首》，可知在他"忽然烦闷"的第二天，就得到七月十六日从南京寄来的报丧信了。这对汤实实是一个晴天霹雳。汤诗更有《重得亡蘧讣二十二绝》，《亡蘧四异》，他在诗里对汤士蘧的哭悼都非常沉痛。汤士蘧三岁读书，五岁暗诵《三都赋》，八岁能文章。汤诗说："蘧儿原是佐王才，何但文心一路开。"又说："文章法里兼诸品，经济谈中得几分。"从中也可想见士蘧学习的成就。在士蘧未应秋试前，董其昌曾主张他到太学读书。死后，得到南京大理寺丞叶茂才、礼部尚书李廷机的周卹和帅从龙的料理。⑧汤诗说："地下儿曹知识浅，人间我辈结交深。泉台帅伯堪依止，为道从龙一片心。"由此可见汤显祖和帅机两家，两代交情都是十分深的。

本年二月，总督李化龙分八路进兵讨杨应龙，自将中军策应，十二日分道发兵。三月，李化龙三年考满，升右都御史，总督如故。四月，八路兵大集海龙屯下。五月，筑长围进攻苗兵。同月，李化龙之父丧，神宗诏以缞墨视师。六月四日，进克土城，杨应龙自缢死，播州平。十二月献俘北京，诏磔杨应龙尸。⑨

## 注释：

① 据《明实录》卷三百四十五、三百四十七，《明史纪事本末》卷六十五"矿税之弊"，《明史·魏允贞传》。

② 据《明实录》卷三百三十四、三百四十五，《明史·谢廷谠传》。

③ 据《明史纪事本末》卷六十五，《明史·李三才传》。

④ 据《抚州府志》卷十九"仕绩"下，《明史纪事本末》卷六十五。《明史纪事本末》误"光弼"为"尧弼"。

⑤ 据《明史纪事本末》卷六十五，《万历野获编》卷三十六"大西洋"条，袁小修《游居柿录》三六〇。

⑥ 据《万历野获编》卷二十七"紫柏祸本"条，袁小修《珂雪斋文集》"石浦先生传"，崇国寺据明张爵《京城五坊巷胡同考》，属积庆坊，在西四牌楼东北。

⑦ 袁宗道死据《石浦先生传》。陶望龄南中主试据《万历野获编》卷二十七"紫柏祸本"条，《明儒学案》"陶石篑先生传"。袁小修在公安原籍据《珂雪斋文集》"告伯修文"。

⑧ 据汤显祖诗《庚子八月五日得南京七月十六日亡蘧信十首》及《重得亡蘧讣二十二绝》之诗注,《哭丁元礼十二绝》序,《奉寄南少宰叶公》序。

⑨ 据《明实录》卷三百四十五,《明史纪事本末》卷六十四"平杨应龙",《明史》"李化龙传"、"四川土司传"二。

## 万历二十九年（1601）辛丑　五十二岁

本年正月吏部外察，汤显祖被追论削籍。当时对汤的考语是"不羁"两字，这考语和考察八法是不相合的，大概是属于新添的所谓"浮躁"法罢。①浙江按察使李维桢力争汤久已高尚而去，不应考法。左都御史温纯出"故相揭"于袖中说："正欲成其高耳。"外察的职权，归属吏部和都察院，温纯既有意坚执，汤之被黜就不能免了。温纯字景文，又字一斋，三原人。他虽然和沈一贯积不相能，但从卫道的立场说，又和沈是同一路的。"故相揭"是什么虽不能知，但申时行、王锡爵去相位的时候，都曾密将异己之朝臣姓名，写在一本簿子上，进献神宗，名叫"恶人簿"。②"故相揭"和"恶人簿"总当是同性质的东西罢。汤就由这件东西而被削籍了。

李维桢字本宁，京山人。隆庆二年（1568）进士，万历十七年任河南布政司右参政，前年闰四月升浙江按察使。他在翰林院里是一位前辈先生，博闻强记，和许国齐名。同馆的人说："记不得问老许，做不得问小李。"为人乐易阔达，爱惜文士，和汤以前并无一面之交，但这次却为之力争，因被礼科给事中王士昌，御史周盘劾奏，本年五月，以"浮躁"降一级为右参政。③汤《与冯文所大参》说："辛丑之计，仆三年杳然岩壑，不当入计中。时本宁李公大为不平。言于吏部堂，柅其笔。而李公亦复不免。"就指这件事情而言。

汤《答黄贞父》说："弟之知游，卧起论心，经有年岁者四五人，今皆开府而去。独郭希老能于吏部堂上昌言留遂昌令，魏见泉、石楚阳逢人作不平语。李翼轩生未一面，而为弟高谈。人生何必深也。"李翼轩即李维桢，魏见泉即魏允贞，郭希老即郭正域、亦即汤尺牍里提到的郭明龙。郭字美命，号明龙，江夏人。石楚阳名昆玉，字汝重，黄梅人。由汤信里所说，可知当时为汤抱不平的，除李维桢之外，还大有人在。又汤《答马心易》说："南皋书来，慰弟云：'茫茫海宇，遂不能容一若士。倘若士此中又不能容一海宇，即便为所弄矣。'"这时邹元标写信给汤，虽是一封表示慰藉的信，但却寄托着很深的慨叹。

汤诗《辛丑大计闻之哑然》说："孙刘要使不三公，点滓微云混太空。比似陶家栽五柳，便无槐棘也春风。"他写诗时的心情，和邹信有很多共鸣的地方。他在《次答邓远游溁并怀李本宁观察六十韵》诗序里说："本宁谓予久已高尚，人云便遂此君之高，并是知己，无妨啸歌。"他认为温纯和李维桢都是他的知己。汤诗有《辛丑京考后口号寄温都堂纯》，其第二首说："奉行故相偶然闻，点滓移时风卷云。独坐不羁高尚去，平生知己是温君。"他在这首诗里虽表现了自己的豁达，但同时也表现了内心极深的愤懑。

然而，汤对李维桢却表示出自己衷心的感激和倾慕。汤诗《辛丑闲住作怀李本宁廉访》说："江楚无涯亦有涯，轻鸥岸帻俯晴沙。芝从蕙叹才吟叶，李代桃僵旧借花。肯重千篇文士赋，拼归百世野人家。高斋昼静游峰出，梦到何年放午衙。"又《次答邓远游溁兼怀李本宁观察六十韵》说："官家未厌朱云直，吏部那争楚客私。丰狱地深埋剑语，汉皋天远弄珠疑。空攀蕙怨兰何得，故代桃僵李不辞。辨马只劳三反复，鼓琴终是一成亏。"他对于李维桢之廷争而被降级，再度深致叹惋。又汤《寄李本宁》的信说："门下江汉炳灵，为世儒宗。某水木之馀，风云之未，愿一见无从也。辛丑之计，一门下独于铨部堂中，渊洄山立，亹亹于不肖，若恐其一日去国。此所谓得一人知己为已足也。伊人一水，那得一苇航之。感念恩私，怅焉何极。"这封信是于本年稍后写的，但其中"得一人知己为已足"的话，却正和《次答邓远游溁兼怀李本宁观察》诗序所说的"此乃时人局置已定，得竟陵一知为足耳"。(《答邓远游侍御》同)是同样的心情。在这种早经内定的局势下，汤以能得一知己自慰，并对李维桢急欲一见的倾慕之情，都可以由此想见。

邓溁字远游，新城人。万历二十六年（1598）进士，除浦江县知县。二十七年调秀水县知县。汤《次答邓远游溁兼怀李本宁观察六十韵》诗序说："予自辛丑蹲伏家食，得交秀水令邓君远游，尊酒疏灯，久阔谈宴。而良书美韵，沨沨其来。情无泛源，藻有馀缛。"又《答邓远游侍御》说："慢门下甚。第尊酒疏灯，上下今昔，差不恶耳。"邓本年到北京上计，因便道访汤，得与之畅谈文学。别后更书札往来，论文赋诗。邓不久就诏拜河南道御史，所以汤在诗序中称秀水令，在答书中称邓侍御。邓举进士时三十岁，本年三十三岁。他不赞成王、李摹古的文学风气，也不赞成公安、竟陵。钱谦益说："远游当王、李末流，楚人崛起之会，欲箴砭两家之病，而集其所长。"并说邓在他的诗集自序里，称他自己的这种见解，是在拜御史之后才奠定基础的。而这时他正和汤显祖在通信。汤的诗序和答书都说："至于商发流品，归于才情，雅为要论。昔人已云，楚夏殊风，俱动于魂；兰茝异臭，并感于魄。固无容夸长以诎短，爱素而却丹。要于没世可选而已。"汤对邓的这种见解，表示了他的同意。可知邓的文学见解，在本年或稍后曾受到汤的启发。④

汤本年在家闲住，很少和朋友交往，除邓渼曾来临川访问之外，还有彭兴祖也在本年五月来临川访汤。汤之《芳草集题词》说："辛丑夏五，予坐废，交游殆绝。有客泠然数千里，叩玉茗堂扉而去，媒以《芳草诗》。盖吴下彭兴祖也。"又说："与兴祖宴游月馀，恂谨殆甚。问所尝游，必为坚护其所不足，而按衍其所长。于游道中好为长者。"彭兴祖于本年五月来临川访汤，在汤家住了一月有馀。他是一个"喜游"的人，但为人却是忠厚的长者；他既以《芳草诗》自作介绍，汤就替他的诗写了这一篇《题词》。《题词》中说："生且行还吴，见冯元敏先生；过广平，见大梁男子刘诚父。"冯元敏名时可；刘诚父名芳誉，陈留人，万历二十三年到二十六年任温州府知府。⑤汤又有诗，题曰《彭兴祖远过别去访刘广平。广平守温郡时，闻予且以平昌令擢丞温，喜甚，为起书楼五间，不果，然感其意焉》。这首诗也当是本年别彭所作。诗题中称"以平昌令擢丞温"，系指万历二十五年的事，这时刘正在知府任内，听说汤显祖要来温州，就先替他起书楼五间，于此也可知他对汤的情谊很厚。然而汤迁温丞之事，既被忌者所阻，刘替汤起书楼的工程也就因此中止了。汤这时的心情非常寂寥，因此对朋友的来访，认为是"跫然足音"；对朋友所表示的同情，也认为很可珍惜。

本年三月，武昌居民驱逐税监陈奉。陈奉诬劾武昌兵备冯应京，冯因之去任。当冯离任之时，陈又大贴告示，榜列罪状，诬冯过恶。为此，居民家家痛哭，送冯离任，并聚合数万人包围了陈奉的衙门，陈奉从后墙逃走，躲入楚王府里。居民恨巡抚支可大袒护陈奉，放火烧巡抚衙门。陈奉使骑兵追逐居民，射死数人，伤二十馀人。居民和骑兵对抗，并捉陈奉左右六人投入大江。陈奉躲在楚王府里一个多月，不敢出门。首辅沈一贯论陈奉激起民变，江西税监李道方也奏称陈奉侵匿，神宗这时才召陈奉回京。

钟祥县知县邹光弼也因此一事变，谪官为民。⑥他为官原很清廉，落籍回临川后，甚至穷到不能自活，他异想天开，竟借债从越客烧炼黄金。汤在《柬邹梅宇》中说："昨越客谭黄白之术，兄便欲举债从之。弟因思钟祥一大汞炉也，兄已错过，此会不宜更错。廉吏可为而不可悔。遂成口号，博笑。'余裁足食衰疲早，君幸衰迟足食难。独羡赃官归老健，一生赢得不求丹'。"汤诗原有两首，诗题为《送道兄邹华阳入越二首》。汤对于邹的处境，也只能付之苦笑。

汤诗《辛丑五日又病，听稚儿念书》说："酒珑都成药碗香，病禁风雨两蒲阳。扶床更作书声眂，不学群儿戏索郎。"可知汤去年、本年两度端阳都在病里度过。本年病中听稚儿念书，这稚儿当即是八岁的西儿。汤的沙井新居，去年已经落成。这时汤虽无意做官，但出处还终难一定。本年汤既被削籍，在家隐居就成定局了。因此，他在病后就移入新居。汤诗《七月念日移宅沙井，八月十九日殇我西儿，惨然成韵》说："乍有扬雄宅，童乌得几时。未知歌处所，先已哭于斯。兰玉阶何异，熊羆梦亦疑。绕枝无泪尽，不见旧巢儿。"汤于本年七月移入新居，但西儿在八月就夭亡了。汤诗用扬雄《法言》关于童乌的事，可知西儿是一个早慧的孩子。西儿是吕儿的兄长，是汤的第四个儿子，在八岁的时候死去。汤有诗说："八岁西儿爪发殊。"又有诗注说："时蘧、耆、远、西，吕方在娠也。"可以为证。又汤《为得月亭小仙祠四绝》诗序说："予前数殇子，为悲而弦之诗。"诗中说"世间难得老人儿"，也当是本年西儿死去以后所作。

汤本年写成《邯郸记》，并在八月付刻。据《明刻朱墨印本邯郸梦记》⑦汤亲书自序，序尾作"辛丑中秋前一日临川居士题于清远楼"。吕天成《曲品》是万历庚戌（1610）所成的书，就已著录了汤所作的五种传奇。并列入上上品内，可知《邯郸记》在这时已经通行海内了。青木正儿《中国近世戏曲史》说："《邯郸记》据自序成于万历四十一年（六十四岁）。"又说："吕天成《曲品》成于万历三十八年，然既有品评成于四十一年之汤显祖所著之《邯郸记》，则当系初稿成后犹加增补者。"万历四十一年是癸丑年，据汤亲书《自序》，《邯郸记》却是辛丑写成的书。青木把辛丑错成癸丑，因此，他只好说《曲品》所品评的《邯郸记》是汤的初稿。他无故把《邯郸记》的成书推迟了十二个年度，这当然是一种粗心的误解。

汤校点《虞初志》，在《枕中记》的评语里说："举世方熟邯郸一梦，予故演付伶人以歌舞之。"他说明自己写《邯郸记》是为了讽刺当时的显贵。汤写《南柯记》虽同是写显贵的一生，但其主旨却在写佛家思想，因此不曾大量反映当时显贵们的施为，却着重写"一切相，不真实"的"世间因缘"。《邯郸记》的悲欢离合，无头无绪，虽真像一场大梦，但实按这场梦境的所有情节，却全是当时显贵们的现形丑剧。所以他在"合仙"一出的【尾声】里说："把人情世故都高谈尽，则要你世上人梦回时心自忖。"却是他写这个剧本的主意所在，向仙人借来的那个枕头，只是他所放的烟幕罢了。显贵们的权位争夺，到头来是悲剧终场。如除去仙家作用的那层烟幕看卢生这个"痴人"，显贵们的终场就同样免不了这一条悲剧的路。因此，《南柯记》和《邯郸记》虽同具佛、道的逃世思想，但对《邯郸记》究竟应当另作估价。因为它反映了当时显贵们演出的种种活剧，具有充足的现实性。它不但绘声绘影地勾出了当时显贵们的腐朽面型，即作者的悲愤情感也能够从犀利的笔调里深切地体认出来。

在《枕中记》里是没有宇文融这个人物的。《邯郸记》中的宇文融是一位权相，但后来卢生显达，却也成了一位权相。汤借这两个人物写张居正，同时也写其他权贵；宇文融和卢生是张居正的分身，同时也是其他权贵的合体。当时的权贵们都爱延纳名士来做自己的门生，来加强他们的政治力量。张居正、申时行、张四维等先后对汤的罗致，就是明显的例证。只是他们的罗致，却先后都被汤拒绝了。《邯郸记》的"夺元"、"骄宴"两出戏，写卢生得中状元，却并非出自宇文融的门下，在赐宴的时候，卢生更借作诗奚落宇文融。宇文融就从此对卢生结下深仇大怨。宇文融在"骄宴"的下场诗里说："书生白面好轻人，只道文章稳立身。直待朝中难站立，始知世上有权臣。"这副险恶的权臣面孔，正是为张、申等人写照。

明朝科举弊端很多，权贵把持科第，试官大通关节，如丁丑、庚辰、癸未等科会试和戊子顺天乡试的科场弊端案都可以为例。丁丑科张嗣修的榜眼，庚辰科张懋修的状元，都是由神宗亲笔点的，从中斡旋的人又都是司礼监冯保。因此，在"夺元"一出中，写卢生借司礼监高力士的力量，由御笔亲点为头名状元。在癸未科场弊端案里，屠大壮是有名的富家子弟，这个人在被揭发的许多人里，是一个最不通的人。至于其他被取录的人，也都各有来历，如李鸿是申时行的女婿，所以被取录了。因此，"赠试"一出写崔氏使卢生进京会试，先遍拜崔家四门亲戚，并赠送金钱做贿赂之用。汤在这出戏里，把这些科场弊端都写进词曲里，如"则翰林院不看文章，没气力头白功名纸半张，直等那权门贵党"。如"有家兄打圆就方，上天梯有了他气长"。有时也发泄在下场诗里，如"开元天子重贤才，开元通宝是钱财。若道文章空使得，状元曾值几文来，"都讽刺得入骨三分，于字里行间充满了无比的气愤。

宇文融寻题目处置卢生，心毒手辣。汤从这些地方，反映出张居正与当时不附己的朝士大夫在政治上矛盾的尖锐性。宇文融和卢生结怨，是为了卢生不愿拜在他的门下。这不只是个有失宰相尊严的问题。实质上卢生越是才高，越是功高，宇文融在作为政敌的立场上就越是放他不过。在"飞语"一出中，宇文融唱："四马车，才下的这东华路。但是官僚多俯伏，有一班儿不睹事难容恕。（笑介）敢今番可图，敢今番可图。"这段曲辞，直写出张居正"于朝堂倨见九卿"⑧的宰相气派，同时也写出他在万历五年之后威权更重，趋附的朝臣更多，和不附己的朝士大夫的政治矛盾更深，也就更加不能不从事倾陷来延缓他政权危机的一种趋势。同一出中，宇文融的上场诗说："今生不要寻冤业，无奈前生作耗虫。"张居正在当时倒行逆施，已经是骑虎难下，通过这两句话，便将张的隐衷都揭露出来了。

地方官直接受张居正的嗾使，甘心做他的鹰犬，替他倾陷异己，如胡槚倾陷沈懋学，王宗载、于应昌倾陷刘台，当时真是大有人在。刘台遣戍浔州后，就在张居正死的同日,被戍长用药酒毒死,这也有可能是张居正病危时对刘台的一种摆布。"召还"一出,写卢生被安置在广南鬼门关后,崖州司户接到宇文融丞相密旨,叫他结果卢生性命,就写的是刘台被浔州戍长毒死的事。这司户正要结果卢生,钦取卢生回朝的天使却已到了。原来,这时宇文融已经伏诛。如果把刘台的遭遇和卢生相比,凶和吉所差的也只是这一刻的时间罢了。"召还"一出戏中,将这司户写得非常卑鄙,又非常险恶。卢生接旨以后,这司户自缚请死,卢生却饶恕了他,笑着说:"起来,此亦世情之常耳。"汤在这句话里,把当时受张嗾使,替张陷害异己的大官小官都骂绝了。

明朝的首辅权力很大,皇上的诏谕由他一人拟稿,其他辅臣只能旁观,不能参加意见。万历六年六月,张居正归葬后回到北京;七月,辅臣吕调阳回籍;十月,辅臣马自强病死。当时宰辅只剩下张居正和张四维、申时行三人,张居正大权独揽,张、申唯唯听命。张居正对张四维视同属吏,有时累日加以厉色。⑨"飞语"这出戏中,写宇文融诬奏卢生通番,逼迫同平章事肖嵩在他的奏疏上面画押,肖嵩不肯,就骂他"朋党欺君",要在他的奏疏中加添肖嵩"通同卖国"的罪名。汤在这出戏里,画出了张居正凌驾同僚的刚愎面貌。肖嵩在宇文融威权高压之下,不得不"情愿押花"。他表字一忠,便在花押的"一"字之下加了三点,把"一忠"的表字写成了"不忠",好给自己预留开脱的地步。虽说如此,却无补于伸张正气,更无救于卢生的死窜。张四维和申时行就和肖嵩是同一类的辅臣。正如王用汲奏疏所说:"今大臣未有不逢相之恶者。"⑩所以汤就用"不忠"两字,给这类柔懦的老官僚下一个千古定评。

刘台抗疏劾张居正,疏里说:"起大第于江陵,费至十万,制拟宫禁,遣锦衣官校监治,乡郡之脂膏尽矣。"又说:"辅政未几,即富甲全楚,何由致之?宫室舆马姬妾,奉御同于王者。"⑪刘台的话并不是无根之言。张居正在《与楚抚赵汝泉言严家范禁请托》的信里说:"小宅原拟赐金拘一书舍耳。不意锦衣庞君遂摹京师第宅,大事兴作,费至不赀。"由他自己承认了这件事情。当隆庆六年的时候,湖广巡抚、巡按就提议替张居正建坊,等他们把坊价送到张府以后,就在万历元年由锦衣卫的工匠兴建起大宅来了。在建成的时候,神宗给张居正亲题大字、对联，并御赐"纯忠堂"、"捧日楼"等名号。⑫因此，汤在"杂庆"这出戏里，写卢生起用后的恩荣，借工部大使的话说："自家工部营缮所一个大使，奉旨盖造卢老爷大功臣坊、敕书阁、宝翰楼、醉锦堂、翠华台、湖山、海子，约二十八所。"又借厩马大使的话说："万岁爷在御楼上见卢府各位公子，朝马肥瘦不一，诏选内厩马三十匹，送到卢府乘坐。"又借乐官的话说："万岁爷赐功臣女乐，钦拨仙音院二十四名……送去卢府。"把刘台在疏里所指的"宫室舆马姬妾"提出分写，并提到"建坊"（大功臣坊）和"锦衣官校（工部大使）监治"的事，这写的不是张居正又是什么人呢？

张居正是一个热恋权位的人，但他对李中溪还说是什么"宏愿未遂"。他在江陵大建宅第，大开贿门，对湖广巡抚却偏要说什么"严家范禁请托"的门面话。他儿子张懋修中状元，策问是他所代撰，但他对殷石汀却说是他儿子步趋老师汪南溟的古文笔法，以此辨明策论五篇全都是张懋修自己所作。在封建统治者的底里，有很多不可告人的事，然而他们在表面偏要装模做样，自加粉饰，以为世间的人无不可欺。在"极欲"这出戏中，写崔氏摆设家宴，卢生见到皇上御赐的二十四名女乐，先是说"教坊之女，咱人不可近他"，讲了一通很长、很酸的大道理，如什么"君子可视也，不可陷也；可弃也，不可往也。"什么"君子戒色，须戒其眼"，真不愧是一"道学之士"。但等到崔氏劝他写一奏本。送还朝廷，他又引经据典，说什么"不敢虚君之赐"。这写的是卢生，也写的是张居正及其他的达官贵人。张居正在五十八岁的时候生了病，他在奏疏和书牍里，都说自己得的是"痔"，可是沈德符在《万历野获编》的"秘方见幸"一条中，却说张之得病实是由于"采战"。嘉靖时有一个陶仲文，就因献房中秘术得幸。而明世宗却因用了他的方术，得病死了。后来谭纶也得到这种方术，并将它传给了张居正，他因此做到了兵部尚书。谭纶采用这种方术二十多年，最后终因之致死。临死前还嘱告张居正，劝他要谨慎一些。谭死之后，张临悼痛哭，但还是继续采用此一方术，也因之得病死了。在"友叹"这出戏中，裴光庭唱："好采战说长生事大，皇恩赐女娇娃。"汤借这两句唱词，揭露出了这一秘密。在"生寤"这出戏中，崔氏白："近因皇帝老儿，没缘没故送下几个教坊中人，歌舞吹弹，则道他老人家饮酒作乐而已。谁想听了个官儿，他希求进用，献了个采战之术。三月以前，偶然一失，因而一病蹉跎。"这一段话，其实就把张居正的死因，乃由于谭纶传送方术的事和盘托出来了。同一出戏中，卢生回答崔氏说："采战，采战，我也则是图些寿算，看护子孙。"汤写的是卢生的一句真话，也是张居正还不曾说出的一句真话。

　　张居正有敬修、嗣修、懋修、简修、允修、静修六个儿子。嗣修是丁丑榜眼，懋修是庚辰状元，敬修是懋修的同科进士，简修由武职出身，有官职的儿子是四人。在"极欲"这出戏中，写卢生有五个儿子："长子傅，翰林侍读学士；次子倜，吏部考功郎；三子俭，殿中侍御史；四子位，黄门给事中"，有官职的儿子也是四人。万历九年十月，张居正十二年考满，荫一子尚宝司丞。在"极欲"一出戏中，则说卢生有庶出的儿子卢倚，"因他年小，挂选尚宝司丞"。可知"极欲"一出说卢生有五个儿子，正指的是张居正六个儿子。当张居正生病以后，请假在家拟稿。凡是稍为重要的稿，张四维不敢专拟，都要送到他的病榻前来请示。他生病四个月后，六部大臣、九卿五府、公侯以及外省巡抚藩臬，都替他斋醮祈祷。因此，"友叹"一出中写卢生"一病三月，重大事机，诏就床前请决"，以及"遣礼部官各宫观建醮禳保"的事；"生寤"一出中写卢生病里，"公侯驸马伯各位老皇亲问安到堂"，"五府六部都通大堂上官"、"小九卿堂上官"、"合京大小各衙门官"都来卢府问安。张居正生病的时候，神宗累次派太监前来慰问，病重时派司礼监问病，并赏赐很多东西。因此，在"生寤"一出戏中，写卢生病里，万岁爷"遣中使时常问安"，又钦差高公公"领御医视药调膳"。这些写的虽是卢生，但这种恩荣，如不是张居正，谁又消受得了呢？

　　有人说，卢生和肖嵩、裴光庭同登鼎甲、同做宰相，是借用嘉靖四十一年（1562）申时行、余有丁、王锡爵一甲三人都入阁的事情。又有人说，"凿郏"和"大捷"两出戏的剧情，指的是万历七年潘季驯河工告成，和同年长定堡大捷，李成梁封爵的事。这两件事，也都是张居正所主张和提议的。但这一类事的引用并不重要，也不值得多谈它了。《邯郸记》是明中叶的官场现形记，它画出了封建统治阶级的腐朽面貌，也不但写张居正和申时行等人而已。当时的封建统治阶级，底里存在着很多的腐朽成分，夤缘纳贿，阿谀排挤，都已经视同故常。这在平时，彼此都心照不宣，若一旦有人揭露出来，就成了攻击的对象。因此当时的达官贵人，谁都被名利牵缠，又谁都经不起政敌的指摘。宇文融和卢生这两个人物，并不能看成是一忠一奸，他们正是一丘之貉，至于肖、裴等人就更不足道了。"友叹"一出写肖、裴知道卢生病已不救，肖却向裴恭贺说："且喜年兄大拜在即了。"官位在前，友情便抛在脑后，这也是官场的普通现象。汤显祖有一颗悲愤的心，又有一支冷峭的笔，他让这些人物的腐朽面貌，在自己的笔下无处隐藏，用他们来表现明代中叶封建统治阶级没落的必然性，这都是《邯郸记》写得成功的地方。

就《邯郸记》的人物描写说，卢生和宇文融这两个人物，都写得比较成功，汤显祖借张居正的性格来分写这两个人物。为使这两个人物性格上有所不同，就多用热骂的手法来对待宇文融，让他成为一个反面人物；同时又多用隐嘲的手法来对待卢生，让他成为一个正面人物。宇文融的净扮形象，加上张居正的机心用事，这人物在性格上是比较统一的。卢生这个人物，却要比宇文融复杂。汤着重描写了这个人物，却不曾全面铸造这个人物，因此有些地方显得单薄，不能像宇文融的性格那样统一。肖嵩和裴行俭是两个具有肮脏气骨的人，汤把握了这一特点，却不能发挥，并以之和卢生的急于功利互相配合。从"赠金"一出来看，崔氏应当是个有特点的人物，汤见到了特点，却不想加以把握，因此就写成一个普通的闺阁女郎。其他人物如唐明皇、高力士、王君㚟、吐番赞普、吐番丞相、吐番大将等，无非是心里想到，笔下就写了出来。可知汤写这部传奇，主要是对时事加以抨击，以发泄心头的积恨。这一群梦里游魂，全由他之悲愤驱遣，是假是真，在他却真无意作仔细推求。如果仍用《还魂记》的人物刻画来对《邯郸记》加以衡量，却是不适宜的。

本年，梅禹金有写给汤的一封回信，信里对汤被追论削籍的事，表示了同情和慰藉。信中说："仁兄未燥西河之泪，罢归南山之庐。即兄怡然不屑，而傍观有识，痛愤弥襟。"又说："奉良书，知彼鬼狐从横衡宇，助天为虐。兄往习之无著无亲，且有调达，何况相忌自古而然，我曹以不见不闻，任其伎俩耳。"他并劝汤来南京小住。信中说:"明秋兄携爱子一来秦淮之间,团瓢蓑笠,昕夕相从,且有所托者甚矩甚远,今不敢请也。"信里还提到汤曾请他为《紫钗记》题词,至今没有写成。但汤在万历二十六年付刻的《还魂记》,却已经由吕玉绳转交给他。他很称赞这部传奇,并准备为它写序。信中说:"玉茗《紫钗》,欲序未遑,亦是荆璧,使刻楮叶,良工尚不无束手耳。吕玉绳近致《还魂》,丽事奇文,相望蔚起,当为兄弁数语,以报章台之役。"⑬吕玉绳和汤是同年,又与沈璟交情很厚。汤刻成《还魂记》后,当先寄给他,并请他另将一册转交给梅。吕既将这书转交给梅,就也将这书介绍给沈。那么,沈在这时就已读过了汤的这部传奇,并起意写他的改本《同梦记》了。⑭由此以往,就从这星星之火,展开了汤、沈两家论曲的争端。

本年,龙宗武年已六十。他以差假得从合浦戍所回到泰和原籍,头发虽不曾斑白,两脚却已经残废。但他仍登临自喜。并说:"尚不废我蹒跚也。"汤诗《怀身之初度并吊杨临皋监军二首》,其第一绝说:"半百龙生又十年,绕天兵甲在西川。江湘一笑平蛮客,快阁秋风得醉眠。"第二绝说:"龙生六十看人间,两足虽残发未斑。独恨泰和好鸡酒,临皋生欲去平蛮。""绕天兵甲在西川",指前年和去年播州的事变。杨临皋名寅秋,字义叔,临皋是他的号,和龙宗武同是泰和县人。万历二年(1574)中进士后,历任东莞县知县、云南道御史、浙江按察佥事、云南副使等官。前年进剿杨应龙,加贵州按察使,任总兵李应祥监军。去年六月播州平定之后,以疾告休,回家不久就死去了。⑮杨死当在本年,因此汤说,龙虽遣戍生还,并得了足疾,还能在闲散的时光中度过他的六十岁;杨临皋勤劳王事。功成身退,却因此得病死了。"江湖一笑平蛮客,快阁秋风得醉眠","独恨泰和好鸡酒,临皋生欲去平蛮"。从这些诗句里,可看出汤削籍以后,对仕途险恶感到厌倦的情绪。

本年,达观在北京。因宫里有势力的宦官中崇信他的人很多,所以皇太后也很重视达观。据说太后赏赐达观很多,达观却一文不染。因此神宗对达观也有好感,并曾以御札和达观进行问答。⑯

本年会试,许獬得中会元,王衡会试、廷试都列第二,和许獬同授翰林院编修。许字子逊,号锺斗,同安人。王衡授编修后就乞假回里省亲,从此再不出仕。许獬授编修后,不久因危疾回里,许本年三十二岁,三十七岁时在家里病死了。据说这次会试,王衡先期把自己的文章贴在通衢,以为必中状元。但许獬却将他的文章贴在王衡文章的上边,王衡看了许的文章,也只好自叹不如,由此可知许獬的时文,确有他独到的地方。⑰

本年五月,巡抚山西右副都御史魏允贞回籍侍养。⑱

九月,命沈鲤、朱赓并兼东阁大学士,入内阁同沈一贯办事。⑲

十月,册立皇长子(光宗)为皇太子,册立皇三子(郑贵妃子)为福王。⑳

## 注释:

① 汤诗《辛丑京考后口号寄温都堂纯二首》说:"独坐不羁高尚去,平生知己是温君。"又《以歌代书答赵仲一》说:"温公袖中谁所写?坐我不羁置林下。"因知汤本年外察之考语是"不羁"两字。又据《万历野获编》补遗卷六"大计添浮躁"条,李戴、温纯建议本年外察增入"浮躁"来对付"才而轻佻"的人。李维桢就因"浮躁"降级,汤的削籍大概也是引用了这条新法罢。

② 见吴应箕《东林本末》卷中"门户始末"。

③ 据《明史·李维祯传》,《列朝诗集小传·李尚书维桢》下,《明实录》卷三百五十五、三百五十九,《万历野获编》补遗卷二"大计添浮躁"条。

④ 据《列朝诗集小传·邓佥都渼》条,《秀水县志》卷四"官师"。

⑤ 据《温州府志》卷十七"职官"。

⑥ 据《明史纪事本末》卷六十五"矿税之弊"。

⑦《明刻朱印本邯郸记》,北京图书馆藏,《古本戏曲丛刊》有影印本。

⑧ 据《明史·张居正传》。王世贞《首辅传》同。

⑨ 据《明史》"张居正传"、"张四维传"、"王用汲传"。

⑩ 据《明史·王用汲传》。

⑪ 据《明史·刘台传》。

⑫ 据《张太岳文集》"书牍"、"奏疏",王世贞《首辅传》。

⑬ 见梅禹金《鹿裘石室集》卷十一"答汤义仍"。

⑭ 《同梦记》,沈璟未刻稿,即串本《牡丹亭》改本。见沈自晋《重订南词新谱》、《古今入谱词曲传剧总目》。

⑮ 据汤显祖《前朝列大夫饬兵督学湖广少参兼金宪澄源龙公墓志铭》,罗大纮《紫原文集》卷十一"参议澄源龙公墓碑",《明史纪事本末》卷六十四"平杨应龙"条,郭景昌《吉州人文纪略》卷三《经济名臣·杨寅秋传》。

⑯ 据《万历野获编》卷二十七"释道盛衰"条,丁元荐《西山日记》卷上。

⑰ 据汪曾武《外家纪闻》"三元考",《许锺斗文集》"蔡献臣序",陈怡山《海滨外史》卷一"科举沿革"。

⑱ 据《明实录》卷三百五十九,谈迁《国榷》卷七十九。

⑲ 据《明实录》卷三百六十三。

⑳ 据《明实录》卷三百六十四。

## 万历三十年（1602）壬寅　五十三岁

　　袁宗道、陶望龄、黄辉、吴用先等在北京结社，聚讲禅学，对当时执政和正统理学家们是一种正面威胁。在张居正执政的时候，以悍然不顾的手段排除异己，在张失败之后，他的私党都被斥逐，而曾遭到张斥逐的正人，又都回到京里来了。从申时行到沈一贯，也一样排除异己，但他们却巧于借汲引后进来培植自己的势力，并假托宫中意旨来替自己排除异己，推卸责任。因此，他们的权位变迁，并非由于政见上真有什么不同。党同伐异的人，他们争的不是是非，而是互相咬啮。于是，在朝的正人日见减少，做官的大都是幸进诡随的人。在这种情势下面，开明的朝士大夫就只好逃遁于佛学中去，并由他们在当时的佛学里面注入了追求自由的进步思想因素。尤其是达观到北京之后，更形成为一种风气，使得当时执政和正统理学家们感到极其不安。

　　袁宗道等在蒲桃林结社，和李贽在麻城龙潭芝佛院讲学是颇有一些关系的。万历十八年（1590），李贽在麻城刻成了《焚书》，对当时正统理学家们展开了正面的进攻，因此被他们目为"异端"。就在这年春天，李贽到了公安，和袁宗道弟兄订交。①十九年，袁宏道到麻城访李贽，和李贽很谈得入港。②二十一年，袁宗道兄弟到麻城向李贽问学。李称誉宗道"稳实"，中道"英特"，但却赞袁宏道能够"入微"。③汤诗《读锦帆集怀卓老》说："世事玲珑说不周，慧心人远碧湘流。都将舌上青莲子，摘与公安袁六休。"《锦帆集》是袁宏道万历二十二年后做吴县知县时的诗文集。汤读《锦帆集》怀李卓吾，说李将他的辨才都交付给袁宏道了，可以看出李、袁两人的师承关系很深。袁宗道致李贽信说："忽得法语，助我精神不浅"；又说："陶石篑为人绝不俗"；又说："黄慎轩（辉）、顾开雍（天竣）皆可谓素心友。"④这封信应当是万历二十六年袁宗道再入京后所写，他在信里对李贽的鼓励表示谢意，并向李介绍他京里的知心朋友陶、黄、顾等。

这封信应是二十七年袁、陶、黄、顾等在北京结社谈禅的先声。袁等和李贽声气相通，也可以在这封信里看出个轮廓来了。

万历二十六年（1598），李贽因焦竑邀，到南京讲学⑤，因和利玛窦三次相见。他认为利玛窦这个人，"中极玲珑，外极朴实"，"是一极标致人"。又说："我所见人未有其比。"⑥可见他和利玛窦很谈得来。就在第二年，他的《藏书》在南京刊行了。⑦他在《藏书·世纪列传总目前论》里说："后三代，汉唐宋是也。中间千百余年，而独无是非者，岂其人无是非哉？咸以孔子之是非为是非，故未尝有是非耳。"他又在《藏书·世纪列传总目》里说。"始皇帝，自是千古一帝也。"他把李斯列为"才力名臣"，把吕不韦、李园列为"智谋名臣"，把冯道列为"吏隐外臣"。他评论卓文君说："斗筲小人，何足计事。徒失佳耦，空负良缘。不如早自决择，忍小耻而就大计。"他评论司马光说："若专以节用言，则必衣皂绨之衣，惜露台之费，而后可以有天下而为天子也。"他反对"天不变道亦不变"的封建教条。他赞美统一中国的秦政权。他主张增加社会财富。他主张封建妇女的婚姻自由。因此，在《藏书》刊行以后，连袁宗道也大吃一惊，认为"祸在是矣！"⑧李贽在《藏书》里，已具有资本主义因素萌芽时代的高瞻远瞩。他已经把长期封建社会的历史观点全部推翻。他这是一部开风气之先的书，对当时的执政和正统理学家们展开了正面的猛攻。他在《藏书》里说："儒臣虽名为知学，而实不学。"因此，和当时的道学家们结成了生死冤仇。

在《藏书》刊行的第三年，李贽由济宁回到麻城，被当地正统理学家们勾结地方官吏加以驱逐迫害，并将他讲经的芝佛院拆了。万历二十九年，李贽由马经纶迎往北通州，就在他家住宿，研究《易经》，并立好了自己的遗嘱。当时首辅沈一贯，既不以陶、黄和达观之谈禅说法为然；这时在北京又忽然出现一种流言，说李贽著书丑诋沈一贯。沈即派人调查李被逐后的去向，早想对李进行迫害。⑨到本年闰二月二十九日，礼科都给事中张问达上疏劾李贽。⑩李曾在《焚书》里揭露了理学家耿定向的丑恶面貌。在《焚书》刊行后的第二年，耿的学生蔡毅中著《焚书辨》反驳李的《焚书》。这人更是一个以"圣贤"自命的假道学家，于去年中了进士，在北京任翰林院检讨。去年和汤显祖为难的温纯，万历初任河南参政，是蔡的座师。⑪张问达是温纯的同乡。⑫蔡和张因为有这些关系，自然联在一起。温纯和沈一贯原有矛盾，但温排汤显祖，沈排陶、黄、达观和李贽等，他们都排斥开明的朝士大夫，而能气味相投。于是由张发难，向李贽放出一支毒箭来了。张的疏文说：

> 李贽壮岁为官，晚年削发，近又刻《藏书》、《焚书》、《卓吾大德》等书，流行海内，惑乱人心。以吕不韦、李园为智谋，以李斯为材力，以冯道为吏隐，以卓文君为善择佳耦，以司马光论桑弘羊欺武帝为可笑，以秦始皇为千古一帝，以孔子之是非为不足据，狂诞悖戾，未易枚举，大都刺谬不经，不可不毁者也。尤可恨者，寄居麻城，肆行不简，与无良辈游于庵，挟妓女白昼同浴，勾引士人妻女入庵讲法，至有携衾枕而宿庵观者，观者一境如狂。又作《观音问》一书，所谓观音者皆士人妻女也。⑬而后生小子，喜其猖狂放肆，相率煽惑，至于相劫人财，强搂人妇，同于禽兽而不之恤。迩来搢绅士大夫亦有唪经念佛，奉僧膜拜，手执念珠以为戒律，室悬妙象以为皈依，不知遵孔子家法，而溺意于禅教沙门者，往往出矣。近闻贽且移至通州。通州离都下仅四十里，倘一入都门，招致蛊惑，又为麻城之续。望敕礼部檄行通州地方官，将李贽解发原籍治罪。仍檄令两畿各省将贽刊行诸书，并搜简其家未刊者尽行烧毁，毋令贻乱于后。世道幸甚。⑭

从这篇疏文中，可看出代表封建地主阶级的正统理学家和当时植党倾轧的朝士大夫们两相勾结，对摆脱封建礼教传统思想，争取思想解放的开明朝士大夫们所采用的进攻手段是何等险恶毒辣。他们认为一切违反封建地主阶级利益的书，无论已刊未刊，都应当加以烧毁。他们为了维护这一阶级的利益，可以不顾是非公论，不择手段，以诬陷自己的思想敌人。张问达劾李贽还只是一个开端，疏里说"迩来搢绅士大夫亦有唪经念佛，奉僧膜拜，手执念珠以为戒律，室悬妙象以为皈依，不知遵孔子家法，而溺意于禅教沙门者"，足见这些人的险恶居心，还在于借李贽为开端，并将陶、黄、达观等人来个一网打尽。

张问达上疏以后，神宗降下一道严旨说："李贽敢倡乱道，惑世诬民，便令厂卫五城严拿治罪。其书籍已刊未刊者令所在有司尽搜烧毁，不许存留。如有徒党曲庇私藏，该科及各司访恭奏来，并治罪。"[15]这一副封建统治者的嘴脸，正和这些人的险恶意图如响斯应，于是，李贽被逮进京，马经纶也跟着来了。但李贽的招状，却只有"罪人著书甚多，具在于圣教有益无损"这样一句话。[16]他坚持真理，不肯向恶势力低头。政府既无法判他死罪，就只好勒令他回原籍去。但李却认为，如被勒令回原籍，就意味着他反抗正统理学的失败。他说："我年七十有六，死耳！何以归为？"[17]他就以自杀来作为最后的反抗，本年三月十五日，当他在剃发的时候，夺过侍者手里的剃刀自刭。到十六日夜间，竟因不救死去了。[18]马经纶因李自杀，不久也悔恨成病而死。[19]汤显祖诗《叹卓老》说："自是精灵爱出家，钵头何必向京华。知教笑舞临刀杖，烂醉诸天雨杂花。"他认为李贽寄居北通州，离京城太近，是惹人注目的事。并认为李以笑舞面临刀杖，是勇敢的思想解放者最生动的一次说法，当然，也只能说是他最后的一次说法了。

李贽死后，正统理学家和植党倾轧的朝士大夫们的联合势力，继续向当时的开明势力展开攻势。张问达上疏不到十天，礼部尚书冯琦接着又上一疏，其内容和张的疏文不相上下。[20]三月初三日，神宗采纳了冯琦的上疏，并降旨说："神宗维世立教，崇尚孔子；明经取士，表章宋儒。近来学者不但非毁宋儒，渐至诋讥孔子，扫灭是非，荡弃行简，复安得忠孝节义之士为朝廷用。"又说："仙佛原是异术，宜在山林独修，有好尚者任解官自便去，勿与儒术并进，以混人心。"[21]从此中可以推知，冯琦之疏文对"非毁宋儒，诋讥孔子"的开明势力进行了全面的攻击，因此，神宗降旨也表示了鲜明的态度。

和神宗降旨同一天[22]，御史康丕扬上疏攻击达观。康疏说：

僧达观狡黠善辨，工于笼术，动作大气魄以动士大夫。如广平太守蒋以忠，拜参公然坐受。先吏部尚书陆光祖，访于五台，盘桓十余日，地方官无不伺候。抚臣欲行提问，彼惧而随光祖归。后再至真定，从讲益多，甚有妻女出拜，崇奉茹斋，跪进饮食，指以五台刻经，借取重利。复令吴中极无赖之谬慕台者，鼓舞人心，捐财种福，一时收受，数盈三万。其自南入都也，贵人争侯，倒屣恨迟，入见跪伏，转相慕效。识连中外，交结奥援，近有一大臣，雅负时望，身止一子，缘其崇信流僧，遂即祝发从游，父死不奔丧，滥觞之极至此，况数年以来，遍历吴越，究其主念，总在京师。始而鬻丹阳金坛归于燕；继而从五台，留都再归于燕；终由真定，五台卒于入燕，意欲何为？夫尽人咸可说法，何必朝臣；深山尽可习静，何必都门而必恋恋长安，与搢绅日为伍者何耶？昨逮问李贽，往在留都，曾与此奴并时倡议。而今一经被逮，一在漏网，恐亦无以服贽心者。望并置于法，追赃遣解，严谕厂卫五城查明党众，尽行驱逐。㉓

冯琦和沈一贯原非一党，但张、康两疏却显然系由沈主使。沈德符说：沈一贯想借达观排挤黄辉㉔，但事实上还不只如此。张问达疏劾李贽，这是他们向当时开明势力开始作重点突破，康丕扬攻击达观，这是他们的主力进攻。他们想从此大做一手，先对付李贽和达观，再对付在北京的开明朝士大夫们。在康的疏文里，指出了李贽和达观曾在留都"并时倡议"，便想由此证明达观原是李贽的同谋。更说达观目的全在北京，"识连中外，交结奥援"，即诬指李贽和达观意图串通开明朝士大夫，用心已昭然若揭。他们以为劾李贽的奏疏已经得到成功，劾达观的奏疏再接再厉，就更能收到倾轧陷害的最大功效。却不想这一回，被神宗将奏疏留中了。因此，这些人对当时开明势力的进攻，就只能暂时和缓下来。

陶望龄《辛丑入都寄君奭弟书》说："卓吾先生虽非真悟正见，而气雄行洁，生平学道之志甚坚，但多口好奇，遂构此祸。当事者处之太重，似不专为一人。卓老之不宜居通州，犹吾辈不宜居官也。有逐我者，且夕即行；无之，亦当图抽身之策。"又一信说："此间诸人，日以攻禅逐僧为风力名行，吾辈虽不挂弹章，实在逐中矣。二三同志，皆相约携手而去，吾意辄欲先发。"又一信说："吾拟入秋便作归计，第以慎轩尚未发出，须索稍先后。"㉕从这三封信里，能准确说明当时开明朝士大夫被排挤的一般情势。这时，黄辉因遭受沈党暗抨，称病辞官回原籍去了；陶望龄意欲引退，卒因典试留京。㉖但达观却泰然留在北京，全不为当前的险恶势力所动。

这时，达观仍在北京居住是非常危险的事。因此，江南的信众们都劝他早回径山（天目），或仍往庐山驻锡。冯梦祯代表他们的意见，给达观写了一封信。达观于本年十一月初七接到此信，他回信说对寻常利害，不愿意加以计度："经称丈夫畏时，则非人得其便。非人即邪神小鬼耶？大都邪神小鬼得为祟者，不过我有欲；我若无欲，则彼伎俩穷矣。"又说："愿先生无忽勇猛，思之思之。则知杭之天目、江右之匡庐不在杭与江右，即在长安也。"又说："贫道未出家时，智勇不在人下，凡世间之计度无不计度过者，以为千计度、万计度，不如出家为僧为最上计度，宁有如此人又畏时计度而取舍之乎？又吾曹断发如断头也，更有何头可断哉？"㉗

达观在这封信里还说："贫道近年操守，较晚愈甚。"他坚持忘我无畏、不计利害的佛家精神，这是值得赞扬的。但一切从心出发，乃至不愿考虑客观利害，在现实的情势下，却难免不陷入危机。汤显祖深爱达观，曾劝阻他进京。这时，汤对达观所处的危险境地更难置之不说。达观曾有《与汤义仍》的信，虽还不能肯定是一封回信，但将此信的内容和他写给冯梦祯的那封回信加以比较，也能说明达观之所言，同是对当时问题的一种表示，而且还表示得更加深透。这封信说：

> 屡承公不见则已，见则必劝仆须披发入山始妙。仆虽感公教爱，然谓公知仆，则似未尽也。大抵仆辈披发入山易，与世浮沉难。公以易者爱仆，不以难者爱仆，此公以姑息爱我，不以大德爱我。昔二祖与世浮沉，或有嘲之者，祖曰："我有调心，非关汝事。"此等境界，卒难与世法中人道者。惟公体之，幸甚。又年来有等阐提，忌仆眼明多知。

凡所作为，彼谓终瞒仆不得。殊不知仆眼亦不甚明，智亦不甚深。此辈窥仆不破，徒横生疑忌耳。如其一窥破之，纵使有人教其疑忌仆，彼亦自然不生疑忌矣。但彼以未窥破，浪作此伎俩也。且仆一祝发后，断发如断头，岂有断头之人，怕人疑忌耶！㉘

有人称赞达观的聪明才辩，有人称赞达观的雄心霸气。他能以机锋笼罩当时的开明朝士大夫。他曾说："晦翁（朱熹）精神止可五百年"㉙，这正与李贽不以孔子之是非为是非的说法相同。又据说，这两年达观出入禁中，正统理学家和植党倾轧的朝士大夫们怕他眼明多知，倡明佛学，恐将压倒他们的正统理学；同时又怕他的明智将窥破他们的政治阴暗面。这都是客观事实，不能由达观加以否认。虽说他用"断发如断头"的精神来作最后的坚持，是值得称赞的，但过度强调"我有道心"，不愿"计度利害"，就因这种唯心的执着，造成了明年的"妖书之狱"。

当万历二十七年达观决计来北京的时候，汤显祖曾把自己的知友赵邦清介绍给他。赵是汤许为"霸才"的人，和这位有"霸气"的和尚自然很合得来。但赵的清廉梗直，却又和当时倾轧陷害的政治情势无法相容。当赵做滕县知县的时候，曾和当地地主势力展开正面斗争。地主势力请求大吏加以制止，却被他先发制人，给以迎头痛击，事后，地主势力向大吏散布谣言，赵不加理睬，谣言也自然平息了。赵虽因治行称最，内调为吏部主事，到本年更升为吏部稽勋司郎中，但滕县地主势力和山东大吏仍紧跟在他的后面，寻找机会来对他加以倾陷。他们在本年四月里，通过赵的同僚文选司郎中邓光祚、验封司郎中侯执躬，买通吏部尚书李戴。并由侯唆使贵州道御史沈正隆、刑部给事中张凤翔等言官诬奏赵险暴贪淫，有"三灭伦"、"六无耻"等罪状。赵尽发邓、侯两人丑恶私事，并持刀剑要杀诬奏他的言官，因此在吏部大堂造成一场哄闹。御史左宗郢、李培劾李戴表率无状。李戴引疾辞职，神宗慰留，降赵邦清三级，后又革职为民；准邓、侯两人辞职回里，把一场风波平息了。㉚ 赵的同僚考功司主事吴仁度论救赵邦清，也因为给事中梁有年、御史康丕扬所中伤，调南京刑部主事。吴仁

度字君重,号继跦,吴悌子,金溪人。㉛

赵邦清是一位清廉的官,罢官回家后,"几为债者所毙"。汤显祖在《与李九我宗伯》的信里,曾谈到这件事情。汤诗《以歌代书答赵仲一》说:"去官只有耕田手,处世都无避债台。"可知赵回家之后竟至无地可以避债。汤又有诗题曰:《寄赵仲一吏部真宁,仲一居常推尊某公师父不去口。失官归窘甚。其师父嗔责其负,至剧仲一子头创竟寸。县官因而恶之。书来云欲来过我与吴继跦君同住,答之》。可知赵回家后,既为债家所逼,又为县官所恼,在这进退失据的情境里,想来金溪和吴仁度同住,他写信给汤,商量这件事情。信里牢骚满纸,自不待言。汤《答真宁赵仲一》说:"初闻兄已愤懑为神,能杀谗者,虽疑之而亦壮之。后稍知有某公之啧言,公岂为债者哉。丧欲速贫,贫亦士之常。前弟附贻哲书中,劝兄无悔,但当加餐,一意经世出世之事。何得如来书不平满楮?兄与弟俱有二尊人,官根断续何论,但勿断命根耳。"汤信里所称之"某公",也就是诗题中所称的"某公"。汤对赵的动刀动剑,在信里颇有微词。但在《赵仲一鹤唳草序》和《以歌代书答赵仲一》、《送金溪吴继跦南祠》两诗里,都用蔺相如"睨柱碎璧成英雄"的故事,来比喻赵当时的"愤懑",因知汤信里所说"疑之"、"壮之"的话,也都是他当时的实感。汤和赵都有父母在堂,赵革职,汤弃官,两人的处境相同。因此,汤在这封信里真挚地道出了他对赵的关怀。在《以歌代书答赵仲一》的诗里,及《赵仲一乡行录序》里,汤谈到赵的处境,也就同时要谈到自己的处境。可知汤对赵关心很切,他们惺惺相惜,两人的交情已达到怎样的一种深度。

万历二十七年,潞安府知府刘天虞因贡篚之事,被贬为广东税官。本年秋天,刘从广东经鄱阳回陕西,迁道临川,与汤聚会数日。汤诗有《壬寅中秋后三夕,送刘天虞归秦至延桥别作。天虞以潞守清强忤中贵,谪税岭外。归道饶阳㉜,迂回过我。三日而别,能不心伤》和《刘天虞暂归汝南㉝别业,寄声赵梦白马长平》,都是这次会晤的赠别之作。汤《寄刘天虞》的信中说:"兄迁道半千,而存弟于玉茗堂中,为四日夜之谈,沉顿激昂,欢楚俱极。无从嗣音,言之哽塞。"可知他们这次会晤,两人将心中的许多郁抑,都在这三四天里倾吐出来了。

汤《答真宁赵仲一》说："前弟附贻哲书中，劝兄毋悔。"汤致书刘天虞，当在刘回陕以后，因知汤致书赵仲一，也当在今年年尾，或在明年上半年。

汤《寄刘天虞》说："同为失路，而兄才度超阔，世需有时。如弟迂愚，其亦已矣。姜养冲兄更欲于度外拂拭，而混沌未凿，终可如何？温公要不为不知我耳。"姜养冲即姜士昌㉞，当时在江西参政任内，他试图替汤显祖起复，但汤却早无意再做官了。汤诗《送姜仲文使君以上万寿行归里，并致常润诸君子三十韵》诗序说："仲文以司农郎抗疏忤时相，十年家食，起参江右政。一见怜予瘦生，常欲取道衡泌，大有援绝之语。心实感之，别际愈为怅然。"说的就是这件事情。汤诗《送仲文使君东归。使君每怜予瘦，念之》说："三年字灭心难寄，五柳门虚卧欲关。"汤在这两句诗里，道出了他当时的心境来了。

汤《寄刘天虞》说："右武病毁殊困，仁兄得无喟然。"丁右武病，也当是本年的事。汤诗《觉右武有病悲之》，就写的是这件事情。

汤《周青莱家谱序》说："岁在壬寅，比部郎周簌六先生，爰先子之意，于其宗秩而谱之，成，以示予。遫遫乎其欲予序之也。"周青莱家谱写成和汤序周的家谱，都是本年的事。汤在这篇序文里，写出周家的三个人物。一个是周宗武，《家谱序》说："宗武以乙科为浏阳令，卒廉州太守。所至有公方苦节之颂。死无以葬，妻子为人舂纴以活。"表彰周宗武是一位廉洁的官。一个是汤的知友周宗镐，《家谱序》说："其从弟宗镐，予友也。于古帝王将相儒者之略无所不窥，谈天下事厄塞如在履席。老而饥，自号无怀氏。于玄同性命之际，藏其身。死固无以葬也。谓其子曰：'吾无所负于人，止负某氏六斛粟，必反之。'子如命。予为立石表之。云：'生不负人，死不愧尸。'"汤的这位知友，是个清介的读书人，在万历十九年，已经很衰老了，这时当早已死去。第三个是周簌六，《家谱序》说："而比部君簌六者，于前二君为从孙，亦予友也。性奇颖，有气力。能挟发古今奇隐光怪之书，烂为文章，成一家言。琅琊王长公，世所称能文字讥评人者也。至于序比部之文，则曰：'雄博辨丽，或才溢而不自禁。然皆能以其才极其诣。思必物表，辞必境外。'其为世所推艳若此。竟以论劾首相太宰失官。乃筑鸿乙台，为楼三成以居。有终焉之意。"周簌六名献臣，万历十四年进士，曾任太康县知县、推官、刑部主事，免职回临川的时候，年纪不到四十岁。他在家抄选群书，编《鸿乙通》，用大瓮数百分类安放抄得的资料，因此，他这部书又名《瓮书》。㉟

邹愚公《与袁临川》说："周、汤诸贤，斯文襟领，天下归往。足下周旋其间，讨政问俗，考德谈艺，何必减陈豫章之于孺子？不佞于周公多国士之遇，深欲附问，属以病起，奈何？幸为我道此。"㊱袁临川为袁世振，字沧孺，蕲州人，万历二十七年继吴用先任临川县知县，三十三年去任。㊲本年，他恰好在临川县知县任内。邹愚公与周篆六原有旧交，但一直到后来邹替汤显祖作传的时候，邹和汤还不曾谋面。汤在《谢邹愚公》信中说："与明公无半面，乃为不佞弟作传。"就可以作为证明。邹名迪光，字彦吉，无锡人。钱谦益说他的文章"骨气猥弱"，但他和冯元成却都想在王世贞死后，执文坛牛耳。屠隆曾"游戏推之"，汤显祖也"漫浪应之"，他因此"沾沾自负，累见于词章"。但屠隆是一个"通脱"的人；汤显祖则"心薄王、李"，对王以后的文坛主盟属于何人，原不在他的意下，就随口承认了邹愚公了。㊳因知邹对汤的纳交和后来替汤作传，可能是别有动机。然而邹对汤的品德文章，却始终是很尊敬的。

黄贞父在《与汤若士》信中说："客岁从计吏后，几挂文网，而幸逃之，今且带过还官。钟陵之山川人民亦幸无恙，与之相对，面目差强，然猿心不调，龙性不驯，晨朝薰炼，比于初戒头陀，未知遂成活计否也。先生寄托风雅，游泳天性，即三公不屑；而往在京邸，犹闻刺刺唾天画水，何伤太清。本宁先生声辨如雷，今亦若此；此足添泣麟悲凤之叹耳。"㊴这封信说："客岁从计吏后"，当是本年所写。信里谈到他"几挂文网"的事，也谈到他去年在京闻知汤被削籍和李维桢为之力争而被降级的事。可知辛丑大计，黄贞父也难免"带过还官"，在党同伐异的情势下，不但汤一人独被排斥而已。

本年七月，谢耳伯来南城，游麻姑山。㊵汤在《耳伯麻姑游诗序》中说："卧疴罢客，忽传绥安谢耳伯游麻姑山诗数叶。讽之。古汉魏久无属者，耳伯始属之。溶溶英英，旁魄阴烟，有駘荡游夷之思。可谓足音空谷。"此文当成于本年或稍后，这时汤和谢好像还不曾谋面，但已经见到他的诗了。谢名兆申。绥安是福

建漳浦县，谢当是漳浦县人。㊵

汤诗《送胡瑞芝以东粤右丞入都，行仲秋大庆礼。万寿日十七，千秋日十三，奇逢盛际也，时君方以平播功贵，望之》。这诗是本年八月送胡进京之作。胡名桂芳，字永垂，金溪人。以湖广监军按察使随李化龙平定播州，去年正月调广东按察使。去年十月册立光宗为皇太子后，本年八月十一日庚子为皇太子千秋令节，十七日丙午为神宗万寿圣节，胡瑞芝进京行礼，因此汤在诗题中认为这次庆典是"奇逢盛际"。诗说："万岁岁当嵩九祝，千秋秋正月重轮。"正说的是本年八月的"仲秋大庆"。㊷

本年腊月，临川孔渡驿桥修成。驿桥毁于万历二十二年（1594）八月，二十六年（1598）汤回临川，倡议修桥。孔渡驿丞吴淞孙耀祖独任修桥的事，经过一年修建，桥工告成。本年八月在桥上迎春，百姓欢呼鼓舞。汤在《临川县孙驿丞去思碑》里，记载了修桥的事，并说："为大吏三五年，偷以去，固不如孙君力成一桥，功德于民不朽。"对当时尸位素餐的大吏们深致他的愤慨。

本年三月，升河南巡抚曾如春为工部右侍郎兼都察院右佥都御史总理河道。㊸

## 注释：

① 据《李温陵外纪》所载"袁中道柞林纪禅"。
② 详见《公安县志》卷四《袁宏道传》。
③ 据袁中道《珂雪斋文集》卷八《石浦先生传》，卷九"妙高山法云寺碑"。
④ 据《白苏斋类稿》卷十五。
⑤ 据《续焚书》"选录滕东志序"，"老人行序"，并据袁中道《李温陵传》。
⑥ 据《续焚书》卷一"与友人书"。
⑦《藏书》成于万历己亥，据《藏书序》。
⑧ 据袁中道《石浦先生传》。

⑨ 据《万历野获编》卷二十七"紫柏祸本","二大教主"条。

⑩ 张劾李贽之事，据《明实录》卷三百六十九，为闰二月乙卯、闰二月甲午朔，乙卯是二十二日。

⑪ 据《明史·蔡毅中传》。

⑫ 温纯是三原人，张问达是泾阳人，同属陕西西安府。

⑬ 《观音问》见《焚书》卷四。共十三条，计《答澹然师》五条，《与澄然》一条，《答自信》五条，《答明因》二条。澹然是梅国桢的女儿。袁中道《梅大中丞传》说："女澹然，以孀居为尼，公不之禁。澹然戒行甚严，于道有入。"就说的是这位女儿。《焚书》卷四"豫约·早晚守塔"条说："梅澹然是出世丈夫，虽是女身，然男子未易及之。……虽不曾拜我为师，——彼知我不肯为人师也——然已时时遣人走三十里问法，……故凡答彼请教之书，彼以师称我，我亦以澹然师答其称。"谈的也就是《观音问》里问答的事。又"豫约·感慨平生"条，谈到澹然的姊姊善因，并说："善因等众菩萨，见我涅槃，必定差人来看。"李贽在麻城依靠贵家妇女供养是可能的事。但张疏所说，却是故入人罪，血口诬人，不辨自明。

⑭ ⑮ 见《明实录》卷三百六十九。

⑯ 据袁中道《李温陵传》。

⑰ 据《列朝诗集小传·卓吾先生李贽》下。

⑱ 据《李温陵外纪》所载汪本钶"哭李卓吾先生文"。

⑲ 《万历野获编》卷二十七"二大教主"条。

⑳ 据《万历野获编》卷十"黄慎轩之逐"条。

㉑ 见《明实录》卷三百七十。神宗纳张疏，据《明实录》为三月乙丑，三月癸亥朔，乙丑是初三日。

㉒ 据《明实录》卷三百七十。

㉓ 见《明实录》卷三百七十。

㉔ 据《万历野获编》卷十"黄慎轩之逐"条。

㉕ 据《万历野获编》卷二十七"紫柏祸本"条。

㉖ 据陶望龄《歇庵集》卷十六。
㉗ 据《紫柏大师全集》卷二十三"与冯开之"。
㉘ 见《紫柏大师全集》卷二十三"与汤义仍"。
㉙ 据《万历野获编》卷二十七"紫柏评晦庵"条。
㉚ 据《明史·李戴传》,《明实录》卷三百七十一至三百七十三,《万历野获编》卷十一"老人渔色"条。
㉛ 据《明史·吴悌传》附"仁度传",《抚州府志》卷十九"仕迹"下。
㉜ 刘天虞归道饶阳,指江西鄱阳县境,不指河北深县。
㉝ 刘天虞暂归汝南别业,当指江西九江县,不指河南。
㉞ 据《玉茗堂尺牍》卷五"与姜仲文"。
㉟ 据《抚州府志》卷十九,"仕迹"下。
㊱ 据邹迪光《郁仪楼集》卷五十二。
㊲ 据《抚州府志》卷九"官师考"。
㊳ 据《列朝诗集小传·邹提学迪光》条。
㊴ 据黄汝亨《寓林集》卷二十五。
㊵ 《谢耳伯全集》卷一"哀讼歌序":"麻姑殿之三门内有松六章。壬寅季夏,南城梅庆生……与予游焉。"
㊶ 《宋楼藏书志》《芦浦笔记》十卷,有跋尾作"绥安大戈山樵谢兆申"。但徐渤《笔精》却说:"予友邵武谢兆申。"《明诗综》谢的小传也说:"谢兆申,邵武人。"
㊷ 据《金溪县志》卷十八"仕迹"上,《明实录》卷三百五十五,三百六十二。又据《明实录》:万历三十年八月庚寅朔,皇太子千秋令节为庚子,当是八月十一日。汤诗题曰"千秋日十三",当是一时误记。
㊸ 据《明实录》卷三百七十。

## 万历三十一年（1603）癸卯　五十四岁

　　隆庆五年（1571）楚恭王死。万历八年（1580）恭王遗腹孪生子华奎嗣立，华壁封宣化王。本年二月，楚府镇国将军宗人华越，使仪宾来京控诉华奎、华壁，说华奎是楚恭王妃兄王如言的儿子，华壁是王妃族人王如绮家人王玉儿的儿子，恭王原有废疾，因此抱养宫中，原都是异姓假王，不当冒封嗣立。沈一贯受华奎重贿，使通政司沈子木搁置华越奏疏。本年八月，华奎反控华越四罪疏到了北京，沈先上华奎奏疏，神宗将奏疏下交部议。不久华越来京，控诉通政司邀截实封和华奎行贿的事，沈子木将华越前疏更改月日，并交部议。署礼部尚书郭正域请行勘虚实，以定罪案。沈一贯却说亲王只当体访，不能行勘。这时，华奎使旗尉送郭正域寿仪百两，要求免予查究，事后当再酬万金，都被郭严词拒绝。当时湖北巡抚、巡按会勘疏到，他们都受了华奎重贿，因此报称会勘没有佐证。本年九月，神宗使公卿杂议。公卿各具议单，意见极不一致。这时，李廷机代郭正域署理部事，郭主张尽录公卿议单，但李却认为议单言词太繁，因先撮要点呈进。于是沈一贯使给事中杨应文，巡城御史康丕扬劾礼部"壅阏群议，不以实闻"。郭正域因尽发沈子木隐藏奏疏，以及沈一贯阻止行勘和华奎贿送寿仪的事。沈一贯反诬称华越来京，由郭派家人引导；并说郭议令华奎避位听勘，乃私庇华越。更嗾使给事中钱梦皋劾郭正域，辞连次辅沈鲤。神宗罢楚事不按，郭因四疏乞休去职。华奎既得保存，反疏劾郭正域不法。神宗下部议。李廷机认为郭已去职，可不苛求。因得不再加罪。①

　　当郭正域在翰林院时，沈一贯是他的教习馆师。后来郭授编修，并不曾以师礼待沈。沈一贯是首辅，沈鲤是次辅。同是郭的老师，但郭和沈鲤相厚，对沈一贯却难免疏远。沈一贯对朝廷政事每想上下其手，郭正域每每力争，与沈一贯相忤也不是一时一事了。②郭正域因争楚事去职，还不曾离开北京，这时京城里又发生了妖书事件。妖书是《忧危竑议》以后的另一种匿名刻本，外题"国本攸关"，内题"续忧危竑议"，内容是说万历二十九年册立皇太子系不得已之事，因此东官不设从官。并在同时特用朱赓入阁。"赓者更也"，即"寓他日更易之义"，更举出依附郑妃的朝官九人，和郑妃合为"十乱"，并攻击沈一贯"右郑左王，以规福避祸"。刻本后署"吏部给事中项应祁撰，四川道御史乔应甲书"。本年十一月十二日，朱赓在相府门外获得这种刻本，因将刻本随疏上进。神宗诏着严行访缉，务在必获。沈一贯因沈鲤地位和自己逼近，又因为郭正域新近去职，便想借此对沈、郭两人进行倾陷，遂先向神宗示意，说此事起于"臣下相倾"；又嗾使康丕扬上疏，请驱逐山人、僧道、游客，再展开去年对开明势力的险恶攻势。这时，东厂缉获了顺天府学生员皦生光，指认他是印造妖书的人，康丕扬却替他讼冤，并认为"妖书、楚事，同一根柢"。因此，他缉获了吴江医生沈令誉，说他是妖书的缮写人。沈令誉是达观的弟子，和郭正域也有交往。康称在沈的寓所搜得了达观给沈的信，信中说"慈圣太后欲建招提见处，而主上勒不与，安得云孝"。因此激恼了神宗，在本年十二月初五日诏将达观逮狱审讯。③

沈一贯更嗾使钱梦皋上疏攻击沈鲤和郭正域，疏中含沙射影，竟说郭去职以后，曾坐小轿私到沈鲤相府密谈，一连三次。康丕扬又使巡逻士兵包围沈的相府和郭的坐船，摇铃击柝，连宵达旦。康、钱等严讯沈令誉，沈几被他们拷掠至死，仍得不到他的口供。达观在本年十二月十一日，也曾被曹姓郎中加以刑讯，他只谈自己的"救世三大负"，并无其他供辞，康、钱等尽捕郭船上的媪婢及佣书者共十五人加以讯问，结果仍一无所得。最后拷问皦生光，勒逼他攀引郭正域。皦生光仰视康、钱等大骂道："死则死耳！奈何教我迎相公指，妄引郭侍郎乎？"沈一贯和康、钱等的所有计谋都成空了，就声称将逮问郭正域，欲逼使其自杀。郭正域却说："大臣有罪，当伏尸都市，安能自屏野外？"他坚持臣节，不肯上他们的当。他们又想私毙达观。达观听到这个消息，便说："世道如此，久驻何为？"他终因创伤和愤怒，在狱里死去了。有人说他临死的时候，曾索水入浴，端坐说偈，并高念三声救苦观世音，死得从容不迫。他死之日，为本年十二月十七，世寿六十一岁，僧腊四十多岁。自达观死后。妖书事渐渐平息了。问官们把此案之罪状，独坐皦生光头上。皦生光奉旨凌迟，其妻子戍边，沈令誉得从轻典放回原籍，郭正域幸得无事，沈鲤上疏乞归，得神宗温旨慰留。④

这时，明朝政治的黑暗与腐败，已达到前所未有的境地。在朝的正人不但日见减少，剩下的也立脚不牢。沈一贯及其党徒，为了巩固自己的政治势力，对正人之倾陷已不择一切手段。这在封建统治阶级内部造成了极大的混乱，但神宗却一概敷衍将就，这群人得以窥测他的意旨，对正人更不断进行危害。与此同时，开明的士大夫仍在发扬清议，追求自由的进步思想因素也开始萌芽，从封建统治阶级内部孕育出来的新兴思想，和封建统治阶级已不能相容。腐朽的封建统治者对这种新的力量不能不感到震惊，因此目为"异端"，竭尽全力进行攻击。本年的楚府事件和妖书事件，纷争的焦点是内阁的权位斗争和沈党对正人的排挤，但从去年李贽的死到本年达观的死，则显然是垂死挣扎的封建统治力量，企图扑灭那追求自由的进步思想因素，而无所不用其极。陶望龄在《紫柏大师像赞跋》里谈到达观的死说："袁景倩言，一国中有狂泉，人饮皆狂，独国王汲井以免。而通国狂者复以王为狂也。相与捽缚烧灼，不胜苦趣。饮其泉，狂作，国人喜，谓王病已也，始舍之。紫柏视众人为佛，不得不度；众人视紫柏为狂，不得不死。磋乎，何足恨哉！"⑤从这段话里，可知当时沈党处心积虑要对达观进行迫害，还不只是出于权位斗争、邪正斗争一方面的问题，更主要的，我们应当看成是当时封建力量对于新兴的进步思想因素所进行的残酷的扼杀。

达观曾说李贽不是"真龙"⑥，他两人的佛学见解是不尽相同的。但达观在狱里所写的《哭卓老》诗却说："去年曾哭焚书者，今日谈经一字空。死去不须论好恶，寂光三昧许相同。"⑦他两人既一同走上思想启蒙者的殉难之路，其不尽相同的理论枝节就大可不必多谈了。蒲桃林结社的那些人对达观原也不很理解，但陶望龄在《紫柏大师像赞跋》中却赞扬了达观的舍生度世精神。⑧汤显祖在任南京礼部祠祭司主事时就倾服达观和李贽，他曾说："见以可上人之雄，听以李百泉之杰，寻其吐属。如获美剑。"他所写的《还魂记》虽然是李贽、达观死难前的剧作，但这一剧作的精神见解，和李贽的精神见解是完全相同的。汤在写《还魂记》的前后，虽曾和达观展开了情和性的争辩，但达观一直是一位面冷心慈的多情的和尚，他不能不度人，也不能不死难。有人说他昧于明哲，但他的舍身度人，却正是为情驱使，他应当是一位能实践的情的哲人。

汤表现在《还魂记》里的追求自由的斗争精神，是一种时代精神，是资本主义因素萌芽期的启蒙精神。这种精神不但和李贽《藏书》的精神全然相同，和达观的度世精神，和当时开明士大夫追求自由的结社风气也全相一致。但《还魂记》是艺术作品，它刊行后的社会影响还不像李贽的《藏书》那样明显。可是在这个时候，李贽在称《水浒》为"发愤之作"，称《西厢》是"化工"，并称《西厢》、《水浒》是"古今至文"⑨，与此同时，有些礼教家庭却在开始禁演《西厢记》了。明末清初有一位汤来贺，他虽然和汤显祖同姓，而且是南丰县人，可称是汤显祖的同乡，但他在康熙五年却写了一篇《梨园说》的文章，立论极为迂腐，他把《西厢》、《红梅》、《桃花》、《玉簪》、《绿袍》等言情剧作都看做淫戏。他说："自元人王实甫、关汉卿等作俑为《西厢》，而后世淫词纷纷继作；然闻万历中年，家庭之间，犹相戒演此，恶其导淫也。"⑩汤来贺的《梨园说》写成在清政府查禁戏曲的时候，它代表清初正统理学对进步戏曲的正面进攻。因此，他这篇文章被收在康熙敕撰的《古今图书集成·艺术典》里，只是这种反动的戏曲观点，从万历中年礼教家庭禁演《西厢》就早已看出苗头来了，它和当时正统理学家对开明势力的全面进攻是分不开的。到清初，它已将进攻对象旁及一切言情剧作如《红梅》、《桃花》、《玉簪》、《绿袍》等。更稍后，王、关的《西厢》和汤的《还魂记》，竟成为当时两大进攻的对象了。

自万历二十七年达观去北京后，汤显祖对这位大师时刻放心不下。他听到达观死讯，曾写了《西哭》三首，作为悼诗。第一首说："一自去长安，无心拍马鞍。只应师在处，时复向西看。"就写出他和达观别后的担心和思念。第二首说："大笠覆无影，枯藤杖不萌。定知非狱苦，何得向天生。"他认为达观因冤狱而得到解脱，对这位与世浮沉的大师，也未始不是一种休息。第三首说："三年江上别，病余秋气栖，万物随黄落，伤心紫柏西。"他说他和达观相别三年，每年秋天都在病里度过，本年万物都随黄叶落尽了，在这个时候又悼唁达观的死。在这黑暗时代,他有的是说不出的冤苦,因此这三首诗的情调都极为低沉,他这时的悲痛一定是非常之深的。

据《明继志斋刊本董元卿〈旗亭记〉序》,尾作"万历岁癸卯小春临川汤显祖题"。⑪这序即汤显祖之《旗亭记题词》,可知此《题词》作于本年春天。《题词》说:"予读小史氏宋靖康间董元卿事,伉俪之义甚奇。""其事可歌可舞。常以语好事者。而友人郑君豹先遂以浃日成之。"可知郑应尼写《旗亭记》,汤显祖是故事的提供人。郑举乡试虽早在万历十八年(1590)⑫,但他直到本年却还是一位孝廉。黄汝亨《郑应尼出守真定记》说:"往予令钟陵时,应尼已举于乡。诗词甚俊丽,威容舆马甚都,予一见心折,以为天下之才美人也。"⑬这时候,郑应尼的才名很高,举动很阔绰,在江西结交很广。也就在这个时候,黄汝亨和南城县知县葛文炳有交情,因此也和郑相识。汤和黄更常有交往,也时常到南城,他和郑在这个时候应当是常见面的朋友。

黄汝亨《与汤若士》说:"每以事入南浦,则右武、幼安诸公时作入林谭,惟去先生江上,远劳我心耳。近觏一山寺,退居小胜。即无颍川五凤,然凡鸟亦不下。先生有意乎?其记实侈言之以自胜,方就石,奉去一纸。重刻稿并奉,以大序冠玉也。"⑭在进贤县城南一里多路的地方有一山寺,名福胜寺,寺后栽有几百竿竹子,几十株古树,黄汝亨在这里建了一所亭园,命名叫玉版居。宋时苏子瞻邀刘器之到廉景寺参玉版和尚,到寺后,却烧笋作食,向刘说:"这就是玉版诗师,使你知道禅悦的味。"玉版即指竹笋而言。玉版居在去年九月建成,⑮黄给汤这封信当去年九月以后所写。这时候,黄所作的《玉版居记》方才刻石,黄将原稿寄给汤,并附寄他重刻的诗文集,其中有汤的序,应当是汤的近作。黄在这封信里,邀汤到进贤看他的新筑,汤因在本年九月里到进贤访问了玉版居,并饱餐了寺后的竹笋。和汤同席的人有李乃始,当时他还是孝廉。汤有《答李乃始》的信和李论文,信里说:"仆年未及致仕,而世弃已久。……独丈每见有曙仆之色,每闻有赏仆之音。"又说:"比来人才未有听睹,才识如丈,年才不惑,庶其图之。"李和汤是文字相知,这时候李的年龄当不到四十,比汤年小十岁以上。汤有《玉版居诗》记他们这次小集,并做了诗序。这诗载同治《进贤县志》卷二十五"艺文"，在《玉茗堂全集》里是一篇佚稿。汤又有《玉版师别意赠贞父十绝》，当是这次聚会的纪别之作。

汤作《张洪阳相公七十寿序》说："今上御历之三十一年，春王正月之元旬，是为洪阳张老先生诞辰也。"张位在本年正月初旬做七十寿诞，汤代别人作了这篇寿序。汤诗《奉寿洪阳师二十八韵》说："天源才入癸，岁德首惟寅。花甲筹开七，蓂更瑞浃旬。"这里说的"开七"，表明本年张的实际年龄应是六十九岁。所以汤在《诗序》里说："公且七十矣。"这时，汤和张位常相往来，黄汝亨和张位也常有往来。汤有《从张相国桃花岭，敬次八韵》诗，黄有《张洪阳相公小集桃花岭，次韵一首》诗。[16] 这两诗应是同一小集的步韵诗，可知他三人的交往很密切。

本年，阮坚之做福州府推官，中秋节在乌石山[17]邻霄台大会名士，到会的人很多，分韵赋诗，推屠隆主盟。这一天，在王都尉家里设宴，钱谦益记当时宴集盛况说："梨园数部，观者如堵。酒阑乐罢，长卿幅巾白衲，奋袖作《渔阳掺》。鼓声一作，广场无人，山云怒飞，海水起立。林茂之（古度）少年下坐，长卿起，执其手曰：'子当为挝鼓歌以赠屠生。快哉，此夕千古矣。'"[18] 汤《答阮坚之》说："达观于章门舟中道我法中猛持，异日有坚之。"这说的是万历二十七年（1599）的旧话，但由此也可见阮的风格。这一天的盛大集会，袁中郎、谢耳伯和阮坚之的从孙阮大铖都在客座，谢有《阮师集诗序》记述当时之集会。

本年四月，总理河道工部侍郎曾如春死，同月，命李化龙以工部右侍郎总理河道。[19]

本年七月，命行人谢廷谅往广西主考。[20]

本年，袁中道举于乡。[21]

**注释：**

① 据《明史·郭正域传》，《明实录》卷三百八十七至三百八十八。
② 据《明史·郭正域传》。

③ 据《明史·郭正域传》,《罪惟录》"志"三十二上"万历逸纪",《明实录》卷三百九十,《万历野获编》卷二十七"紫柏祸本"、"二大教主"条,曹学程《圆中语录序》。

④ 据《明史·郭正域传》,《明实录》卷三百九十一至三百九十五,紫柏老人《圆中语录》"腊月十一日司审被杖偈",钱希言《狯园》卷五"释异",朱国桢《涌幢小品》"达观始末"条,释德清《达观大师塔铭》。《万历野获编》卷六"内官勘狱"条。

⑤ 见《歇庵集》卷十四,《紫柏尊者全集》。

⑥ 达观论李卓吾说:"卓吾果真龙也耶,果叶公之所画者耶?"见《紫柏大师全集》二十"杂说·卓吾天台"。

⑦ 见《紫柏老人圆中语录》。

⑧ 据《万历野获编》卷二十七"紫柏祸本"条,陶望龄《紫柏大师像赞跋》。

⑨ 据《焚书》卷三"杂说"、"童心说"、"忠义水浒传序"。

⑩ 据汤来贺《内省斋文集》卷七。

⑪ 《明继志斋刊本旗亭记》,北京图书馆藏。古本戏曲丛刊有影印本。

⑫ 据《南城县志》卷七之二"举人"。

⑬ 据黄汝亨《寓林诗集》卷四。

⑭ 据黄汝亨《寓林诗集》卷二十六。

⑮ 据《寓林集》卷九"玉版居记"。

⑯ 据黄汝亨《寓林诗集》卷一。

⑰ 乌石山在闽侯县城内西南隅。

⑱ 据《列朝诗集小传·屠仪部隆》下,参见同书"阮自华"下,《谢耳伯全集》卷八"阮师集序"。《列朝诗集小传,屠仪部隆》下说:"名士宴集者七十余人。"《阮师集序》说:"赋者百有十人。"与会人数,两书所记各异。

⑲ 据《明实录》卷三百八十三。

⑳ 据《明实录》卷三百八十六。

㉑ 据《明史·袁宏道传》。

## 万历三十二年（1604）甲辰　五十五岁

去年四月总理河道曾如春的死，和当时黄河从单县决口，泛滥丰、沛一带的灾情有关。李化龙继任河督，议开泇河，从直河到李家港二百六十多里，以避黄河之险。本年十月，李化龙丁母忧，已经四月，因为河工紧急，不能离任。本月叙平播前功，李化龙升兵部尚书，加少保，给应得诰命，荫一子锦衣卫指挥使世袭。一直到明年二月，李才得代，回家奔丧。汤《答太傅于田李公河上四十三韵》诗序说："北剪蓟狄，西平播囚，累进大司马宫傅。加恩锦衣之胄，终制墨缞之余。""北剪蓟狄"指李巡抚辽东平把兔儿的事情，"西平播囚"指平杨应龙的事情，"累进大司马宫傅。加恩锦衣之胄"指平播叙功的事情，"终制墨缞之余"指平播时闻父丧，神宗诏以墨缞视师的事情。汤写此诗，应是本年十月叙功后，明年二月得代前的答诗。序又说："乃辱专车驰问，授以经略鸿编，并诸大雅。非止律吕于师中，实乃金玉乎王度。"这时候，李曾派专使候汤，并将他自己近著的诗文和新刻的《平播全书》寄汤，李化龙《平播全书》十五卷，目见《明史·艺文志》。李将该书送给朋友，应当和叙功的事情有关，由此更可知李化龙派人候汤，也当在本年十月以后。①

汤诗《答淮抚李公五十韵》有序说："某奉戊戌计归，别公秣陵城外，于今七稔。驰使来迎，雅意殊厚。"汤和李三才于南京分别，是戊戌三月的事，到本年恰当七年，李三才驰使迎汤应当是本年的事。序中又说："独愧身与公等比肩事主，老而为客，亦非予所能也。"《明史·汤显祖传》说："三才督漕淮上，遣书迎之。谢不往。"所指也就是这回事情。汤在诗序里提到魏允贞和李化龙，所称之"公等"，亦当并指魏、李两人而言。去年四月，曾如春死，神宗曾使李三才就近暂管河督的事。到李化龙继任河督以后，他又曾和李三才一同奏开泇河。②这时候，李三才是李化龙开河建议的赞助人，他两人在一起，一定要商量到汤显祖的出处问题，因此两人的专函也就同在今年送到汤的手里来了。汤诗说："问骑从人诧，开书对客阑。谷中过履迹，淮上到情澜。"可知李三才函，也同样是专人送达的。汤在诗序里感谢李的来迎，兼提到李化龙，也自有他的原因了。

汤在《答淮抚李公五十韵》诗里写到他的隐居生活说："独坐知悬榻，衡门晤考槃。梦回琴石枕，兴发野蔬盘。三子牵裾弱，双亲舞袖团。始寻方士药，时应讲僧檀。弃置终何得，交游或永叹。赋心伤磊块，韵脚俨蹩跚。世逐多情重，身偏寡和单。营家差晏起，行路即朝湍。"从他这段诗里，可想见他当时的心情和在家的一些琐事，如蔬食、晏起、潦行、寻药、施僧等等。

本年是会试的年份，也同样是外察的年份。汤诗《玉版居》序说："贞父君上计，乃始君亦且计偕，食肉刺齿。他日过而存师者，非予林下人耶？"③从汤诗序所说，他访问玉版居既在去年九月，就可知本年外察，黄贞父当入京上计，李乃始也应当同时入京参加会试。本年江西地方官入京上计者，除黄贞父外，还有临川县知县袁世振。在袁动身的时候，汤曾写了一首《赠袁明府奏计二十二韵》，这首诗的写作时日虽应在去年年尾，但袁入京上计，却当是本年的事情了。

本年七月，丁此吕的长子丁元礼死。丁元礼是万历五年丁此吕任漳州推官时生的儿子，因此小名漳哥，和汤士蘧同一年生，到今年二十八岁。去年秋天到北京应试，回家后就病倒了，直到今年七月初病重身死。④汤显祖因丁元礼的死，更想到他儿子汤士蘧的死；汤、丁两家原是通家，因之他在《哭丁元礼十二绝》诗里写出了自己深深的悲痛。诗序说："两家之痛，易其已矣！每一断肠，辄成绝章，得十二首，歌之娱殡前。"他在一阵伤心后写出一首诗来，因此这十二首诗也正像他哀悼亡蘧的诗一样，写得都非常沉痛。诗的第十二首说："同生幻世壮如蘧，前后同殇七月初。大是中元无泪哭，兰盆烧尽读残书。"第九首说："眼枯还哭到何年，星聚长思十载前。同是白头伤壮子，章门肠断向临川。"第十首说："栽成玉树竟无成，对泣西河老弟兄。白发叫天难尽说，寻常只道是钟情。"汤士蘧在万历二十八年七月初身死，到本年相隔四年，丁元礼又在七月初旬身死。万历二十三年，丁此吕遣戍岭南，离今年也有十年。经过十年的悲欢离合，汤和丁都已经老了，却都死了年轻的儿子。因此，这年老的两位知友，他们的悲痛是说不尽的，很难和寻常的哀悼相比。

　　本年，顾宪成和他的兄弟允成，在无锡修筑了东林书院，东林书院又名龟山书院，在无锡东城弓河上，是宋儒杨时讲学的地方。顾宪成兄弟修复了这书院后。就聚会当时在野的正人君子讲论程朱道学，每岁一大会，每月初三日一小会。当时开明士大夫们到无锡来参加的如高攀龙、薛敷教等不下数百人。他们用"依庸"两字做讲堂的名称。他们的讲学不尚新奇险怪，"远必称孔孟，近必称程朱"，宗旨非常切实。他们认为"纪纲世界，全要是非黑白"；认为"官辇毂，念头不在君父上，官封疆，念头不在百姓上；至于水间林下，三三两两，相与讲求性命。切磨德义，念头不在世道上，即有他美，君子不齿也"⑤。他们的这种主张，比李贽、达观等离不开禅学的论点来批判当时的正统理学，抨击当时的黑暗政治更具有实际的政治性和斗争性。当沈一贯的党徒们对追求自由的开明士大夫正继续进行倾陷的时候；当他们对李贽的思想目为"异端"，对达观的才辨斥为"妖言"，不择一切手段对两人加以危害的时候，顾宪成等却在无锡东林书院树起了更坚强、更实际的斗争旗帜。虽说这个集团是由在野的绅士们组合的；虽说用程朱道学作为号召，他们的哲学思想也不能和具有唯物思想因素的民间泰州学派同日而语，但他们从"世道"着眼，也就是从改革朝政的实际活动着眼，借讲学和当时的邪党展开了政治斗争，这成为从本年奠立基础的一件大事。

## 注释：

① 据《明史·河渠志》二、三，《明实录》卷四百二、四百六，《明史·李化龙传》，《明史纪事本末》卷六十四。

② 据《明实录》卷三百八十三，《明史·李化龙传》。

③ 见同治《进贤县志》卷二十五"艺文"。
④ 据汤《哭丁元礼十二绝》序。
⑤ 据《无锡金匮县志》卷六"学校",陈定九《东林列传凡例》,《明儒学案》顾泾阳、顾泾凡、高景逸、薛元台各传,《泾阳藏稿》"先弟季时述",《邹子愿学案集》卷五"依庸堂记"。

## 万历三十三年（1605）乙巳　五十六岁

　　本年五月，黄汝亨内调礼部主事。黄《游麻姑诸山记》写到他离任时和汤显祖分别的情况说："乙巳夏五，余得释肩钟陵，以行从临汝入建武，辞直指徐公。余友汤若士在临汝，尝恨不得造其门；亦夙有姑山之兴未偿，十九朝，乃得抵临汝，诣同年袁沧孺，而后造若士。是晚沧孺邀予觞拟岘台……为若士迫而去，觞于玉茗堂。月色如昼，若士宁馨儿大耆，开远，及帅生廷镇、平昌门人叶干俱在座，歌者王郎声琅琅似笙簧中出。畅饮几夜分，与若士别去。若士黯结不已，次旦，肩舆追蹑予十五里，及东馆。予大喜，把臂曰：'灵山又一会也'。是时予以在钟陵有未了笔墨债，谢若士：'午以前，君且去'，日暮，即促膝纵谈，如是者两竟夕。南城门人黄元在公桃，陶西之仁庆，迟予东馆已三日，相聚快甚。廿二日鸡始鸣，别若士。若士见嘱曰，'敛精神爱日'，予不能答，登车去。"①汤诗《东馆别黄贞父》的序，也写到这次分别："乙巳夏小暑，贞父赴征仪曹，过建武辞谒。予送之郡南东馆。适伯东参知驰书来别贞父，因以墨客所作雪景卷并寄予，云'午日别贞父，时江阁风雨寒甚，因忆沈启南（周）六月添衣画雪，次韵为别'。贞父命予书其后。追忆十年前别贞父，湖上正雪，台殿竹树，萧然如此画中也。"②因知黄汝亨离南昌时当五月初，正值天雨，到临川时却已是五月尾了。从记、序可知，汤对朋友非常真切，并知汤当时意兴依然很高。

　　黄从万历二十七年任进贤县知县，到现在已经六年。他在这六年里面，公事虽然很忙，但交游却也很广。当时南昌的一些明宗室都很有学问，中尉摄石城王府事朱谋㙔郁仪，是黄所师事的人③，他和帅惟审、丁此吕、汤显祖、谢廷谅、谢廷赞都深有交情。④其他如奉国将军朱多煃用晦，朱多炡贞吉，宁藩镇国中尉朱多㷿宗良，宁藩王孙朱谋㙔康侯等，都时常和张位饮集赋诗，黄汝亨和汤显祖也时常参加这种诗会。⑤当时朱谋㙔在万历三十一年袭封建安王⑥，汤和黄也都曾参加过他的宴会。黄有《夏日建安王名园有作》的诗；⑦汤有《建安王夜宴即事二首》、《奉别建安王》、《建安曲池夜归醉和》、《口占奉期建安三月三二首》、《建安王驰贶蔷薇露天池茗却谢四首》等诗，这些诗的写作也大半要肯定是本年前后的事情。黄在任的时候，还常与学子们讲学论艺，他的门人除黄元在陶西之外，还有罗玄父和丁此吕的季子丁叔兼。⑧

邓渼《寄郁仪宗侯》说："亲裁同姓诸王表，家习中山孺子歌。"⑨ "同姓诸王表"指朱谋㙔万历二十八年所撰的《藩献记》⑩，"中山孺子歌"指他的家乐而言。汤诗《建安王夜宴即事二首》说："征歌一一从南楚。"《奉别建安王》说："尽日王门醉小伶。"《建安曲池夜归醉和》说："殿堂光发舞人衣。"《口占奉期建安三月三二首》说："排比新声接旧欢。"汤诗每提到王府宴集，就一定要提到演戏。可知当时南昌王侯宗室，每逢饮宴，就必用家乐或叫外边戏班侑酒。

汤接待黄汝亨，在玉茗堂演戏。据黄的记载说："歌者王郎声琅琅，似笙簧中出。"这王郎应当是指王有信。汤诗《滕王阁看王有信演牡丹亭二首》说："韵若笙箫气若丝，牡丹魂梦去来时。河移客散江波起，不解销魂不遣知。"写的就是这位艺人。当时汤已刻成《四梦》善本，黄这次内征，曾携带赠送朋友。⑪因此可以推知，汤接待黄汝亨，在玉茗堂演出的戏中也会有《牡丹亭》的。

黄汝亨《与汤海若》信中说："吴中友人钱简栖者，笔下目中俱无旁人，而独亟见海若先生。先生与之见，勿狂走季咸也。敝邑如秋，又会秋时至，荒凉殊甚，慕袁公以为知音。"⑫钱简栖是黄在新建任内介绍给汤的一位朋友。钱名希言，无锡人。他是一位刻意为诗，负才使气的人。万历二十四年曾游南京，同年和二十五年曾两客杭州，二十七年游荆南，二十八年回无锡，游江西在三十年后⑬，在江西经过两个秋天。黄将钱介绍给汤，应是万历三十一年秋天的事，钱从江西回无锡却应当是去年秋天的事。汤《送钱简栖还吴》说："中秋作客两重阳，残菊空江病绕床。归梦一尊何所属，离歌分付小宜黄。"可知汤去年、今年两度招待宾客，都曾在玉茗堂演戏。这时候汤家演戏，已不是什么偶然的事情了，汤又有《正唱南柯，忽闻从龙悼内杨，伤之》的诗；汤接待黄汝亨时，帅从龙和汤家子弟既都陪同在座，就可知这回演《南柯记》，也只是年前年后的一件事情。

　　汤接待钱简栖演的是宜黄戏班，因可知接待黄汝亨也演的是宜黄戏班。王有信是宜黄戏班的一位名角，但他却常到南昌，在南昌士大夫宴集时唱汤的名剧《牡丹亭》。由此可说明《还魂记》在当时南昌，已不但由宜黄艺人演出，而且成了名伶名剧，被当时南昌士大夫们所欣赏爱好。同时也可说明当时宜黄戏班在南昌、临川一带的流行情况。那时各地戏班在江西流行，可能和清代末年的情况一样。汤诗《建安王夜宴即事二首》说："征歌一一从南楚。"汤更有《别郢上弟子》的诗说："从来郢市夸能手，今日琵琶饭甑多。"⑭可知荆、沙艺人也时常到南昌、临川一带演出，并被建安王府征用。当时南昌宗室也征用到南昌来的广东戏班。汤诗《王孙家踏歌偶同黄太次，时粤姬初唱夜难禁之曲四首》说："上客何来看歌舞，暮妆微雨最宜怜。"又说："峨珂大舸载卿去，如此秋光愁奈何。"说的就是广东戏班从水路到南昌来演戏的事。汤诗《越舸以吴伶来，期之元夕，漫成二首》说："今宵又踏春阳雪，解傍吴欹记烛巡。"《临章楼闻越舸且别怅然二首》说："临章楼畔唱歌频，乱飐花枝记饮巡。"可知当时昆班也从浙江水路到江西演出，而汤对这个戏班的离开江西，竟也相当留恋。

　　汤的朋友谢廷谅自从万历二十八年褫职为民后，就在扬州居住，以教授门徒自给。⑮他家里蓄有一部昆班，他经常领着外出并曾带到自己的家乡临川演出。汤诗《口号付小葛送山子广陵三首》说："青来水榭三层出，山子吴欹一部游。为记临川荀伯子，寻常两事足千秋。"又说："烟月扬州一过家，五峰春作彩云遮。年来酒盏抛除得，唱尽江南白葛花。"就说的是这回事情。荀伯子，南朝宋人，是《临川记》的作者。山子是谢廷谅的别号。周献臣号青来先生。周家里有三层水阁，名叫青来阁，并常在阁上演戏。汤诗《饮青来阁即事八绝》说："小舫檀阁醉诸天，坐近氍毹不许眠。"又说："为道周郎常谢客，三层楼上殢红颜。"说的就是阁上演戏的事。谢这回带来昆班，当即在阁上演出。因此，汤诗认为"青来水阁"、"山子吴欹"是临川地方可记的两件事情。五峰三市是临川的景色。⑯谢廷谅领昆班来临川，当时正值深春。小葛是昆班里最优秀的艺人，汤认为谢已经有了小葛，就可以不再借酒来浇愁了。

这时候，临川官宦人家演戏还不止汤、周两家。汤诗《帅从升兄弟园上作四首》说："小园须着小宜伶。"更可知帅家小园在当时也有宜黄戏班演唱。同时，汤显祖在这段时期里还曾两次送宜黄戏班到别的地方为他的朋友祝寿。一次是送宜黄戏班到永新替甘雨祝寿。甘雨字子开，永新人，万历五年（1577）进士，曾做过湖广参政[17]，这时候，他已经退职在永新闲居。汤诗《寄甘子开》说："闻君何自不为霖，映带江山托卧深。人日西头送歌舞，一声吹断碧云心。"可知甘在退职以后，也时常在家里演戏，因此汤在他的生日，就送了个宜黄戏班到永新去为他祝寿。汤诗《九日遣宜伶赴甘参知永新》说："菊花杯酒劝须频，御史齐年兄弟亲。莫向南山轻一曲，千金曾是永新人。"汤和甘也是同年，而且交情颇深，也都从这首诗里可以见到。另一次是李袭美的儿子云鹄本年六月实授南京御史[18]，李袭美从内乡到南京来看他的儿子，就在儿子任上做生日。汤派遣宜黄艺人汝宁到南京为李祝寿，这可算宜黄戏班出省的一次演戏。汤诗《遣宜伶汝宁为前宛平令李袭美郎中寿，时袭美过视令子侍御江东[19]还内乡四首》说："赤县琴歌积梦思，宜伶尊酒寄新词。"又说："大有仙郎云汉里，绣衣长作舞衣看。"说的就是这回事情。

汤诗《唱二梦》说："半学侬歌小梵天，宜伶相伴酒中禅。缠头不用通明锦，一夜红氍四百钱。"宜黄戏班当时的戏价虽不能太高，但也不会廉价到一个晚场只值四百钱。从诗的意思看，可知这类演唱只是叫一位艺人来家清唱，不会是叫一个戏班在家演出。因此，汤诗《七夕醉答君东》第二首说："玉茗堂开春翠屏，新词传唱牡丹亭。伤心拍遍无人会，自摇檀痕教小伶。"汤诗《寄嘉兴马乐二丈兼怀陆五台太宰》说："往往催花临节鼓，自踏新词教歌舞。"邹愚公《临川汤先生传》说："若《紫箫》、《二梦》、《还魂》诸记，实驾元人而上。每谱一曲，令小史当歌，而自为之和，声振寥廓。"也就说的是这类演唱。汤在家中，叫一位宜黄艺人清唱他的《四梦》是经常的事。汤不但叫他们唱，而且还教他们怎样唱才能与他"原做的意趣"（《与宜伶罗章二》信里的话）相合。汤是深知曲律的人，但他所知的是"半学吴侬"的宜黄戏声腔，却不是沈璟的吴江曲律。他写出他的《四梦》，并时常把宜黄艺人叫到他家里来，和他们作唱腔上的探讨，他谐的是宜黄艺人所唱的曲，自不妨把吴中艺人嗓子全拗折了。由于他和宜黄艺人们常在一道，更由于他对宜黄艺人如对门人一样，他就和宜黄艺人们建立了很密切的关系。当时宜黄戏班的名艺人散见在他的诗和信札里的，除前述的王有信、汝宁，还有生角罗章二（在《寄生角张罗二恨吴迎旦口号二首》诗作张罗二，在《与宜伶罗章二》的信里作罗章二）、旦角吴迎、唱《牡丹》的于采和《伤歌者》诗里的某歌者等。

谭纶是万历五年四月死的，本年四月是他去世的二十八周年。汤显祖的《宜黄县戏神清源师庙记》，是戏曲史的重要文献之一。汤在这篇《庙记》里记述："大司马死二十余年矣，食其技者殆千余人。"可知《庙记》是本年稍前的一篇作品。这时候，宜黄艺人已发展到千余人之众了。这数目是相当大的。由这数目和前述宜黄戏班流行的广大地域，可看出当时宜黄戏班的盛况。汤诗《寄生脚张罗二恨吴迎旦口号二首》说："暗向清源祠下咒，教迎啼彻杜鹃声。"对此有注说："宜伶祠清源师灌口神。"清源师是宜黄戏班也就是弋阳腔戏班专祀的神，和灌口二郎神同是一神。汤有《遗张仙画乃作灌口像》一诗，灌口像也就是清源师像。清源师庙在宜黄县城西，宜黄县城西都是山地，庙就在山地的西坡，面对着西城城墙。《同治宜黄县志》卷十一"建置·坛庙"说："清源庙在治西，汤若士有记。"可知在晚清的时候，旧庙和庙碑还能够见到。据宜黄人说，旧庙是被火烧毁的，宜黄人又另建了一座新庙。1934年红军从江西大转移后，蒋军开进了宜黄县城，他们把新庙的砖墙拆毁，在庙前山上建筑堡垒。后来，堡垒也仅存遗址。宜黄人取残砖在旧庙原址后方建了三间小庙，时间是1941年。现在这小庙里面供的是一些佛像，庙的名称也改做西云阁，不叫清源庙了。庙碑在抗战初期还能够见到，现在也早没有了。据说，旧庙规模非常宏大，庙门在西坡下面，庙后进即西云阁的位置。庙里有大戏台，凡是外路戏班到宜黄后，一定先在庙里演戏。从旧庙的规模看，可知建庙当时，宜黄戏班在江西的势力已经很不小了。

袁世振从万历二十七年任临川县知县，到本年已满六年。本年秋天，调任金华府同知。[20]汤诗《秋初拟岘台送袁沧孺明府丞郡金华四首》，就是为他送别的诗。袁世振是黄汝亨的同年,是吴用先的后任,他三人都深信佛法,并和汤有深交。汤在《赠袁明府奏计二十二韵》的诗序里说:"昔在达老舟中,得共本如座下。……逮逢明府,愈辟昏衢。"说的就是和吴、袁两人的一段交往。袁世振在临川知县任内,曾恢复古永安寺寺田。古永安寺又名广寿寺,是抚州府的第一大寺。㉑寺里田产甚多,但先后已被削减十之二三,袁世振恢复了这些田产,并在寺里安放了僧大千购来的藏经,请浮梁僧水月来寺住持,请长干寺僧大初来寺说法。汤在《临川县古永安寺复寺田记》里记述了这些事情。他又曾在寺里集僧展藏。汤有《袁侯喜作佛事,广寿寺集僧展藏甚盛,寄问浮梁水月》的诗,记述了这件事情。袁时常和僧人往来,汤曾在他的斋中遇见一位僧人,就写了《东隐僧在袁明府斋头》的诗来记述这件事情。汤以上的三篇诗文,都应当是这六年里的作品。因此,汤在这几年里也不能不"时应野僧檀"了。汤开远最受袁的知遇。汤在《赠袁明府奏计二十二韵》的诗序里说:"乃至小儿开远,都归大德含弘。"在《秋初拟岘台送袁沧孺明府丞郡金华四首》的诗序里说:"三儿开远,最受特知。"在《答袁沧孺》信里说:"而开远小子无知,首甄拔于日省月试。"他三次都提到这一件可感激的事情。

继袁世振做临川县知县的人是刘胤昌。刘字燕及,号淯水,桐城人。去年会试举进士,授宜黄县知县,在宜黄不到一年,就调任临川县知县。㉒他在宜黄县做知县的时候,写成了一部类书,名叫《刘氏类山》。本年到临川任后,汤显祖曾替他这部书写了一篇序文。汤在《刘氏类山序》中说:刘燕及先生"来令宜川(宜黄),未能以期月耳。冠盖期会之所驰逐,簿书校稽之所结约,宜虽鄙,亦必有以烦心思而縻日力者。乃于自公暇余,尽舸家藏图书杂记,目捷手敏,三月而书成。"又说:"先生且以能治剧徙临。"可知刘得调临川,是因为他真有一些才干。即就他三个月写成一部类书来说,他还是一位捷才。

汤的知友帅机生前所写文稿,汤在遂昌任上曾替他初步订正一次。帅机在死前又将汤为之订正的文稿,再精削十之二三。㉓汤在《阳秋馆诗赋选序》中说:惟审"卒后十年,桐城刘君燕及实来"。本年是万历三十二年,刘来任临川县知县,前十年是万历二十三年,也就是帅机的死年。帅死后,汤又曾订正帅所亲订的文稿。汤在《阳秋馆诗赋选序》中又说:(刘燕及)"弦歌兹暇,钦企旧德,命刻以传。"因此,汤所手订的《阳秋馆集》当在本年或稍后付刻,汤并且还在本年或稍后替这部文集写成了这篇序。

屠隆从前年中秋在邻霄台大会上被推为诗会主盟后,"归而游吴,涉江,留连虞山狼五间,判年始还,未几而卒"。㉔因知屠隆的死当在本年。

本年八月,梅国桢死㉕。汤《寄梅琼宇》信中说:"弟受知克生兄最早,玉茗堂中有哭诗。时见梦言而已。"信里所指"哭诗"即汤《哭梅克生》二绝。诗说:"长安醉卧雪霏微,共枕貂裘复衲衣。"又说:"锦衣跃马吾何泣,十载穷交在两都。"汤在诗里叙说旧情,是哀悼老朋友的两首诗作。

本年春天,张了心到临川和汤相见,并往游从姑山。张了心是王子声的同乡,也是他的朋友。汤在《答张了心》信中说:"君子之至于斯也,吾未尝不得见。况如了心者,有江汉大国之风,又吾亡友子声之友乎。得子声之友,如吾子声在也。悲喜殊甚。"又说:"旴有明德夫子语录,当已醉心。无宝山相失也。"汤在信中对张了心来临川表示欢迎,并劝他往游从姑。又汤诗《答张了心往寻达公吊明德师处》说:"可到姑山一了心,罗公踪迹在禅林。门前便有西来意,紫柏香销涕泪深。"这首诗可能就是附在答信后面的一首诗作。汤在这首诗里,对达观的死表示了他的悲伤,由此可知张了心来临川是万历三十一年以后的事。汤还有《先寒食一日同张了心哭王太湖袁翰林四首》,这应当是他两人见面后汤和张的诗作。诗说:"十年江上子规啼,共醉长安踏雪泥。"所指当是万历二十三年的一件事情。汤《寄袁小修》的信说:"都下雪堂夜语,相看七八人。而三公并以名世之资,不能半百。"指的就是这件事情。汤《与袁六休》的信说:"念与君家兄弟五六人,相视而笑,恍若云天。"也指的是当年的这件事情。万历二十三年到本年恰好十年,在当年聚首的一班朋友里面,王子声和袁宗道都先后死了。因此,可依据这两句诗来断定张了心来临川是本年的事情。

本年六月,南京浙江道御史朱吾弼极论沈一贯结交近侍。阳施阴设。七月,兵部武库主事庞时雍论沈一贯欺罔十罪,误国四恶。奏疏都留中不报。㉖

本年七月,左都御史温纯致仕。十月,起原任参政李维桢为河西兵备。㉗

本年十二月二十三日,冯梦祯死,终年五十八岁。㉘

**注释:**

① 见黄汝亨《寓林集》卷五。
② 黄汝亨《寓林诗集》卷二有《五月从李伯东先生招饮得沈石田雪图披之依韵命作以志别思》的诗,可以参看。
③ 《列朝诗集小传·宁藩中尉贞静先生谋㙔》下说:"黄贞父为进贤令,投谒抗礼。剧谈久之,逡巡改席。次日,遂北面称弟子。"
④ 据朱谋㙔《藩献记》魏辟疆序。
⑤ 据《藩献记》,《列朝诗集小传闰集"宗室"》,《南昌郡乘》卷三十七"人物志"六。
⑥ 据《明史·诸王世表》三,谈迁《国榷》卷首之一"各藩宁王"下。
⑦ 据黄汝亨《寓林集》卷四。
⑧ 据黄汝亨《寓林集》卷二"哭门人丁叔兼二首",汤诗《忆黄贞父并其高弟罗玄父孝廉》。
⑨ 据《列朝诗集小传·邓金都渼》下所录诗。
⑩ 朱谋㙔《藩献记》有万历庚子春魏辟疆序。
⑪ 据汤显祖《与钱简栖》书,《万历野获编》卷二十五"杂剧"条。
⑫ 据黄汝亨《寓林集》卷二十七。
⑬ 据钱希言《桃叶编》万历丙申自序,万历壬寅陆君弼序。
⑭ 《类说》四十引《朝野佥载》说:"江陵号衣冠薮泽,人言琵琶多于饭甑,措大多于鲫鱼。"
⑮ 据《明史·谢廷谅》传。
⑯ 据汤显祖《临川县古永安寺复寺田记》。
⑰ 据《吉安府志》卷五、卷八"选举表"。

⑱ 据《内乡县志》卷七"选举"、卷八"人物",《明实录》卷四百一十。
⑲ 《魏禧日录》"杂说":"金陵、豫章俱在江南,对豫章言则金陵居江之东,对金陵言则豫章居江之西。"
⑳ 《金华府志》卷十一"官师"—"同知:袁世振,万历三十四年任。"袁离临川任当在本年秋天,到金华府同知任却在明年。
㉑ 据《临川县志》卷二十八"仙释"。
㉒ 据《抚州府志》卷十"良牧传",《宜黄县志》卷四"官职志"。
㉓ 据汤显祖《阳秋馆诗赋选序》。
㉔ 据《列朝诗集小传·屠仪部隆》下。
㉕ 据《明实录》卷四百十二,谈迁《国榷》卷八十。
㉖ 据谈迁《国榷》卷八十。
㉗ 温纯致仕,据《明实录》卷四百十一,李任兵备据《明实录》卷四百十四。
㉘ 丁元荐《尊拙斋文集》卷十一"祭冯司成",《列朝诗集小传·冯祭酒梦桢》下。

## 万历三十四年（1606）丙午　五十七岁

本年，汤父已七十九岁，也就是他做八十大寿的一年。罗大纮因有两位门人从安福到临川来给汤父拜寿，就托他们带来一篇《寿序》。《寿序》说："盖闻事亲之道，有犯无隐，严威俨若，古人绌焉。乃称色养，难哉！义仍气盖一世，至其庭闱之间，绰约若处子，而又善为变宫变徵之乐，时使歌者奏其新声，则不独以色养矣！色养养志，声养养神，神之听之，终和且平。声音人籁也，人籁通天籁，而其微入于谷神。谷神者，不死之道也，得其道，可以长生。夫长生者，哲人修士企慕蓬莱海上所不能致，而翁嬉笑樽俎间得之，抑尤奇矣。"① 这篇《寿序》虽谈的是一些大道理，但从中却能看出汤与老父之间的天伦乐趣和汤对父母的尽心体贴照顾。邹愚公《临川汤先生传》说：汤"与家人居，嗃嗃熙熙，相剂而出，笑謦不假，而光霁自若。与其两尊人居，则柔声愉色，逆所欲恶而先意为之。小不谐怪，茕茕忧虞，若负重辜"。邹传所说，也止是罗序中所说"色养"的一种注脚。但罗序说汤对父母除"色养"还有"声养"，因称道汤家的戏曲空气。汤诗也曾谈到他的伯父能够拍曲，可推知汤的父亲也有戏曲爱好。罗序说"时使歌者奏其新声"。可知汤家时常演戏，也是因为汤的父亲爱好戏曲。

罗大纮字公廓，号匡湖，安福人。万历十四年（1586）进士，十九年任礼科给事中。十九年八月，申时行、许国、王家屏同具疏文，请明春册立皇太子。神宗因此激怒，申时行又密揭自辨，说请册立不是他的本意，疏里的署名是许国代他签的。九月，罗上疏劾申，疏中说："观时行密奏，遁其辞以卖友，秘其语以误君，阳附群臣请立之议，而阴缓其事以为内交之计。"因此，被谪为揭阳典史。罗弃官回家，和邹元标同在家乡吉安讲学。他的理学属于江西王门学派，因此，他和邹都是汤所敬爱的两位知友。②

本年，汤写了《章本清先生八十寿序》。章本清名潢，南昌人，江西王门学派理学家。据《明儒学案》"徵君章本清先生潢",章于"万历戊申,年八十二卒。戊申为万历三十六年(1608),章当年八十二岁。本年章做八十寿辰,但实年是七十九岁。《南昌郡乘》"章传"说:"章明三才之理,认《易》八十四卦悉生于乾坤合一,作易象义。"汤在《寿序》中说:"吾过南州时,从章本清先生谈天人之际,而嗒然于《易》'观其生'。观其自养,殆所谓乐而寿,寿而乐者耶。"就说的是章的《易》学。汤是在南昌和章相识,并和他谈论过《易》学的。《南昌郡乘》"章传"又说:"万历间范知府涞特荐,章下所司。后巡按御史吴达可复以状闻,诏遥授顺天府训导,给以月米。"《明儒学案》"章传"也说:"御史吴安节疏荐,少宰杨止庵奏授顺天儒学训导。"范涞字原易,休宁人,万历十三年任南昌府知府,十八年离任,他特荐章本清,为时较早。吴达可字安节,宜兴人。杨止庵名时乔,字宜迁,上饶人。万历三十二年(1604),杨任吏部右侍郎,吴任江西巡按御史,当年九月,吴疏荐章"宜仿胡居仁,吴与弼例,优以清华京秩。"章遥授顺天府训导,即是当年的事,汤在《寿序》中说:"行年八十,而后乃闻于天子,以为吴聘君复起,重以官师之学而弗敢劳,亦艮之义也,'时行而行,时止而止'。"就说的是这件事情。③

连年以来,人民反抗矿税,各地不断激起民变,封建统治者不能不对此暂作让步。因此,在去年十二月,神宗诏罢采矿,并将矿务移交地方官办理。诏中说:"凡有矿洞,悉令各该地方官封关,不许私自擅开,务完地脉灵气。"④这诏书表面上雷厉风行,不久却都不兑现,只不过在眼前很短的时间里还不好虚词敷衍罢了。汤在《遂昌新作土城碑》中说:"而境旁数矿,近诏止采,盗亦时时有之。"可知遂昌新作土城,是神宗诏罢矿税不久的一件事情。碑文又说:"(余去治)历三政,得晋安辜公,以明德渊雅,来靖兹邑。"又说:"而公亦且上三年计最矣。"从万历二十六年(1598)汤离遂昌任,到本年恰好九年,明代外官三年一次考察,所以说"(余去治)历三政";这时候,辜来遂昌已经做了三年知县了,所以说"而公亦且上三年计最矣"。辜名志会⑤,字友吾,晋江人。明年外察,辜将入京上计,因见遂昌无城,他就集合当地士民,在"数十日之间",新修建一座土城。城修成后,辜写信给汤,请他替新城写一碑记。汤《答遂昌辜友吾》说:"谨顿首以谢来仪，尚剖心而谈往事。"这当是汤收到辜所寄润笔馈遗以后，答允替他写碑的一封回信。又汤诗《怀遂昌辜明府》说："远音发疵贱，心知寄琼玖。侧侧含谦尊，依依惜贫朽。宛变吏民意，感激为君寿。拜最及春明，云霄方矫首。"诗里说收到了辜的来信和所寄馈遗，并对辜要他作碑记的事很自谦，但遂昌吏民之情意却不推让，后两句提到辜将于明春入京上计的事，因此知汤之《遂昌新作土城碑》成于本年。⑥

汤得到辜志会的来信和润笔馈遗，应当在本年秋后。汤诗《答蓝翰卿莆中》有序说："立秋周仲先明府过此，而后括苍生叶干至，始得翰卿所贽诗草并良书千言，情诗三首。"叶干即去年汤在玉茗堂接待黄汝亨时曾和汤、帅两家子弟一同在座的那位门人。汤任遂昌县知县的时候，时常和遂昌诸生讲学问字，因此他在遂昌收了一些门人。他曾经派遣几位门人到江苏、浙江一带从师读书，等到他离任家居的时候，这些人也常到他家里来拜望。⑦在他家往来较密的是叶梧、叶干两兄弟和时君可。⑧叶干去年五月曾来过汤家，这次来时并携有蓝翰卿所投的诗稿和长信，请求拜汤为师。汤在《答蓝翰卿莆中》的诗里，对蓝翰卿的诗备极赞扬说："不谓岭海内，乃有渊云出。"《诗序》又说："独诣如此，退居弟子。谁是先醒？使人惭愧。虽然，必有以报。九日一问龙沙，取道麻源可也。"蓝在投诗所附的长信中，说他深秋时将到南昌，汤便约他取道临川，以便相见。汤诗还有《丁未上巳，同丁右武参知王孙孔阳郁仪图南侍张师相杏花楼小集，莆中蓝翰卿适至，分韵得楼字》一首。丁未是万历三十五年。蓝原定约在丁未前一年重九可到南昌，但他到南昌和汤第一次相见，却推迟到了来年丁未上巳。本年是丁未前一年。因可知叶干携来蓝所投的诗，是在本年立秋的时候。这次叶干来临川，秋间即到北京去了。汤诗《清远楼送平昌叶梧弟干太学上都》说："河梁秋未深，脂车良已遽。"即是汤送别叶干的诗。叶干这次来临川既携来蓝翰卿所投诗，可知辜的来信和润笔馈遗也应是托叶干一同送到的了。

前年秋天，钱简栖从江西回无锡。去年五月，黄汝亨从江西回杭州，到北京就礼部主事职务。黄动身的时候，曾携带汤新刻的《四梦》善本多部送给朋友，内里有汤托他送钱简栖的一部。汤《与钱简栖》信中说："上巳入章门一月，张相国、丁右武念兄甚。各云有佳客，草草别去。去后怀思何及。想兄更不欲西来，弟亦未便东往。把握何时。"写的即是本年上巳的事情。这时候，汤曾到南昌作一月的勾留。张位和丁此吕都向汤提到钱简栖，可惜草草别去，很是怀念。信中又说："贞父内徵过家，兄须一诣西子湖头，便取《四梦》善本，歌以丽人，如醉玉茗堂中也。"由此可以证明，汤这封信是本年上巳以后所写。汤在信里要钱就近到杭州一转，取去汤托黄送给钱的《四梦》善本。这善本是汤的《四梦》修订本，在修订的过程里曾经宜黄艺人的不断演唱，可称是宜黄戏声腔的串演本。并《紫钗记》在内，都不能说它们是"案头之书"，不是"台上之曲"。钱简栖在临川是曾经领教过宜黄艺人的《四梦》演出的。钱在江西住过两年，看宜黄艺人演戏，也不会仅止于和汤相别时的那次"离歌"，所以汤要求他"歌以丽人"，正说明汤的《四梦》善本，在钱的心目中也应当认为是经过考验的串演本了。

沈德符《万历野获编》说："黄贞甫以进贤令内召，还贻汤义仍新作牡丹亭记，真是一种奇文，未知于王实甫、施君美何如，恐断非近日诸贤所办也。"又说："汤义仍牡丹亭梦一出，家传户诵，几令西厢减色。"⑨沈是秀水人，秀水即今嘉兴县，离杭州很近。汤显祖《四梦》善本由黄汝亨带到杭州以后，《还魂记》在当地就盛极一时了。据沈当时的说法，那就是"家传户诵，几令西厢减色"。嘉兴在明代是海盐腔流行的地方，是一处对吴中昆曲标新立异的地方⑩，《还魂记》传到这里马上就传开了。沈对于《还魂记》虽曾有"不谐曲谱，用韵多任意处"的批评，和吴中曲家的见解并不相远。但他对吴中曲家却又说："年来俚儒之稍通音律者，伶人之稍通文墨者，动辄编成一传，自谓得沈吏部九宫正音之秘。然悠谬麤浅，登场闻之，秽及广坐。亦传奇之一厄也。"⑪在他的批评里面虽有意撇开沈璟，但就改窜《还魂记》说，却连沈璟也一齐骂在里面。"秽及广坐"、"传奇一厄"的话，可代表当时嘉兴人对吴中曲家的一种公正立场。

汤的《四梦》善本由黄汝亨传到浙江嘉兴，也同时传到江苏无锡。从《还魂记》在浙江盛行的情况，推及到江苏，可知王锡爵以家乐演《还魂记》是稍后的一件事情。另一件事，是娄江女子俞二娘因《还魂记》而情死。汤《哭娄江女子二首》之诗序说："吴士张元长，许子洽前后来言，娄江女子俞二娘秀慧能文词，未有所适。酷嗜《牡丹亭》传奇，蝇头细字，批注其侧，幽思苦韵，有痛于本词者。十七惋愤而终。元长得其别本寄谢耳伯，来示伤之。因忆周明行中丞言，向娄江王相国家劝驾，出家乐演此。相国曰：'吾老年人，近颇为此曲惆怅。'王宇泰亦云，乃至俞家女子好之至死，情之于人甚哉。"说的就是这件事情。在张元长《梅花草堂笔谈》里面也详记了俞二娘的事，并说："先生（汤）尝以书抵某（张），闻太仓公酷爱《牡丹亭》，未必至此。"这时候，沈璟的《同梦记》也当在该地演唱，然而世家大族所爱好的和最能感动一般人的还是汤的原作。因此，吴江沈璟的《同梦记》早已湮没无闻，而汤显祖的《还魂记》在今天昆曲里仍是一出名剧，就当时演出的情况来推断，这也不是一件奇怪的事。

《还魂记》所写的，是一个压在封建礼法下的贵家女郎，为追求爱情自由而进行的生死搏斗。它和《西厢记》、《拜月亭》是先后赢得广大观众共鸣的另一部优秀作品，在当时争取思想解放的时代情神下，也是一部富有战斗性的戏剧作品，因此，它一出现就能够"家传户诵"，尤其是有一些知书识字的弱女子，竟因为爱读《还魂记》而走向杜丽娘的道路。俞二娘为情而死，是当时的一件实事。其他如扬州女子金凤钿、杭州女伶商小玲、内江女子某等，虽可能实有其事，也可能由俞二娘情死的事演变为多种传言[12]，但《还魂记》对当时封建女性所具有的刺激性却真是极可惊人的。清人长白浩歌子的《萤窗异草》里有一首诗说："死死生生一缕情，临川妙笔可怜生。误他多少痴儿女，博得风流玉茗名。"从这里又可看出清代的正统道学家对这种刺激性而发的微弱叹息。

临川县广寿寺和临川学宫同在一条街上。学宫的学田很少，广寿寺的寺田很多。这些田产曾被削减，到袁世振做知县的时候，才由他得到恢复。但广寿寺的和尚却不愿用他们的寺田来供给游方僧人，即便间有游方僧人到寺里住宿，也大都是一些钝劣的和尚。汤曾有《广寿寺僧多土田眷属，嗔疾客僧乞食展藏二首》的诗记述了这种情况，可知他心里对这种情况也大为不满。刘胤昌到任以后，他的施政和前任大有出入。袁世振信佛，刘却崇儒。因此，他取出广寿寺田产的一部分给与府学，再取出田产的另一部分给予临川学宫。汤为刘写了一篇《临川县新置学田记》，大概就是本年前后的一件事情。⑬

汤代汀州府知府李某所写的《新建汀州府儒学记》说："今上岁丙午，予（李）以比部郎积岁来守是邦。"李本年到汀州府知府任，他新建汀州府儒学并请汤代他作序。也当是本年稍后的事。

刘胤昌去年调任临川县知县，赵邦梅由举人继任宜黄县知县。赵邦梅本年到任⑭，明年丁未，又逢外察入京。汤《送宜黄令武昌赵明府入觐并怀解元令侄》说："仙令宜人向一年。"此诗当是本年送赵所作。

本年秋天，周起元经过临川，汤在《答蓝翰卿莆中》诗序里提到这件事情。周字仲先，海澄人。万历二十八年乡试第一，二十九年中进士，选浮梁县知县。三十三年调南昌县知县。⑮他经过临川是由福建来江西上任，或是由南昌回福建，准备明年外察入京，已不得而知。周后来在天启三年（1623）任太仆少卿，升南京巡抚，因忤中官李实、魏党朱童蒙，被魏忠贤削籍回里。天启六年（1626）李实诬陷周起元、高攀龙、周顺昌、缪昌期、黄尊素、李应升、周宗建等七人，说周起元在巡抚任内乾没帑金十余万，周被逮毙死狱中，高攀龙自沉。周顺昌等五人也都被魏忠贤所杀害。⑯

沈一贯因倾害郭正域，不为清议所容，乃在本年七月，拉次辅沈鲤一同去职回籍。神宗命各赐路费彩缎，差官护送驰驿。丁元荐论沈一贯说："其阴贼似江陵（张居正），其闪烁似娄江（王锡爵）。妖书大计楚狱，自知无解于公论，借中旨拉归德公（沈鲤）同去。其鸷悍真卢杞、秦桧之流也。"从这种说法，可见当时公论之一斑。⑰

本年正月，魏允贞死。魏从万历二十九年九月回籍侍养，三十年回到南乐原籍，去年十一月叙宣大山西三镇修举功进兵部侍郎，本年正月死，从三十年到三十二年，在原籍居住前后共计三年。这一位耿直的人，休官后生活清贫，乃至举债养亲。汤《与魏见泉公子道冲》的信，讲到他与魏允贞的深交，并讲到辛丑大计魏替汤抱不平的事情。信中说："我公如在，犹可为言，而今已矣。为善之叹，终废之悲，其在兹矣。"言下大有知己之感。信又说："去春于田先生人来，言及公病且食贫，甚有交谪之苦。至勤公子长安举债，以欢二人。忠孝油然，可为流涕。"就说的是魏休官后的举债生活。信又说："公逝，当效南州故事，絮酒遄赴。而出山苦难。宿草生刍，寄吊于同人而已。"魏允贞的儿子名广微，万历三十二年进士，他借同乡同姓的关系结纳了魏忠贤，由礼部侍郎拜礼部尚书兼东阁大学士。赵南星曾说"见泉无子"，他真是魏允贞的不肖之子。魏道冲当即是魏广微。如果不错的话，汤信中说"公既全忠死孝，公子大孝移忠。"就不免失言了。⑱

本年二月，陶望龄回籍养病。五月，吴用先升任浙江右参政。八月，李维桢升任山西右参政。十二月，编修汤宾尹升中允兼编修。⑲

本年，袁宏道补礼部主事，与袁中道同入京。丘兆麟本年中乡试。丘字毛伯，临川人。⑳

## 注释：

① 见罗大纮《紫原文集》卷五。罗"序"说："予因李两生拜汤翁，修不敏之辞"。李两生当是罗的门人。

② 据《明实录》卷二百三十九、二百四十，《明史·罗大纮传》，《明儒学案》"给谏罗匡湖先生大纮"，谈迁《国榷》卷七十五。

③ 据《明儒学案》"徵君章本清先生潢"，《南昌郡乘》卷三十七"人物志"六，又卷十五"职官志"一，《明史》杨时乔、吴达可传，《明实录》卷三百九十六，谈迁《国榷》卷七十九。

④ 据《明史纪事本末》卷六十五"矿税之弊"，《明实录》卷四百十六。

⑤ 据《处州府志》卷九"宦迹"，又卷二"舆地"。

⑥ 据《处州府志》卷一"舆地志"，遂昌土城是明年丁未处州府知府郑怀魁移文遂昌县知县辜志会重加修葺的。移文的日期是丁未秋八月，移文的原因是辜将离遂昌任，所以要他限期将城筑好。府志所载和汤记所说显然有出入。汤记认为辜作土城系"请于上而谋于下"，主动的是辜自己和遂昌士民，并不

由于郑的移文，汤记认为辜作土城在辜上计的前一年，所以说"且上三年计最"，和府志所说"计侯将飞舄而去"的说法并不相合。但这种出入不过是记述上的两歧，事实上却并不矛盾。辜本年倡议作城，城工大部分在本年完成，汤的碑记也在本年写成，所以不提移文的事。辜明年入京上计，也就在明年迁官，这时候土城全工还不曾告成，所以郑移文催他限期完成。《处州府志》所载，可能是迁就知府一些，所以还应以汤记为准，认为土城大部分告成和汤作碑记是今年的事。如认为作城、作碑是明年的事，不但将新城的土功责成即要离任的知县在事实上说不过去，如移文在秋九月，那么，城工完成和汤碑写成就应推移到下一年了。

⑦ 汤诗有《平昌赘发弟子数人从师吴越，里居稍有来问者二首》。

⑧ 汤有《送叶梧从岭海归独山》，《叶时阳归书以期之》两诗。又有《与门人叶时阳》书。叶时阳当即叶梧。汤诗又有《寄平昌时叶诸生，为护郑太守碑金石之文也二首》和《与门人时君可》书。时即时君可，叶即叶氏兄弟。

⑨ 据《万历野获编》卷二十五"填词名手"和"杂剧"两条。

⑩ 嘉兴曲家自明代以来就崇尚海盐腔。到清代，嘉兴士大夫曲会时所唱，也不过是一支几段，唱全出并带白口，要到清同治年间方才开始，但宫调却不宗昆山，他们叫这种唱腔做"兴宫"。一直到民国初年，因浙江和江苏两省之间的接触较多，"兴宫"的唱法和苏、沪曲社的唱法不相一致，嘉兴曲家才渐变"兴宫"唱法，改从苏昆。

⑪ 据《万历野获编》卷二十五"填词名手"条。

⑫ 金凤钿事据邹弢《三借庐笔谈》。商小伶事据焦循《剧说》卷六引《硐房蛾术堂间笔》。内江女子据《渔矶漫钞》卷四，临川黎潇云语尤悔翁的话。内江当是娄江之语讹，因此，黎潇云所说的可能和俞二娘是同一件事。

⑬ 参见汤显祖《临川县新置学田记》。

⑭ 《宜黄县志》卷四"官职志"："万历三十四年，赵邦梅由举人任知县。"

⑮ 据陈鼎《东林列传》卷四"周起元传"，《南昌郡乘》卷十六"职官"卷二。

⑯ 据《明史·周起元传》，《明史纪事本末》卷七十一"魏忠贤乱政"。

⑰ 据《明实录》卷四百十八,丁元荐《西山日记》下。

⑱ 据《明实录》卷三百五十九、四百一十五、四百一十七,谈迁《国榷》卷七十九、八十,《明史·魏广微传》。

⑲ 陶回籍据《明实录》卷四百一十八。吴任右参政据《明实录》卷四百二十一。李任右参政据《明实录》卷四百二十四。汤升中允据《明实录》卷四百二十八。

⑳ 袁补官据袁中道《妙高山法云寺碑》。丘中乡试据《抚州府志》卷十四"选举考"。

## 万历三十五年（1607）丁未　五十八岁

汤诗《丁未元旦》说："春色曛曛向晓天，冠裳遥望一凄然。今朝太史书云朔，不见仙凫有十年。"汤从戊戌致仕，到今年已经十年。这是汤本年所写的第一首诗。

去年秋天，蓝翰卿托叶干向汤投诗，并说他重九要来南昌。到本年春天，蓝翰卿真到南昌来了。这时候，汤也到南昌和蓝会晤，并和南昌的士大夫、明宗室赋诗宴会。因此，他写了《丁未上巳，同丁右武参知王孙孔阳郁仪图南侍张师相杏花楼小集，莆中蓝翰卿适至，分韵得楼字》的诗。而蓝也并非这次诗会的不速之客。汤又有《上巳前一日永宁寺同莆中蓝翰卿宗侯郁仪孔阳孝廉邓太素》的诗，写本年上巳前一日招待蓝翰卿的一次宴集。诗说："发春如有期，扁舟一游此。"即指蓝于本年春天到了南昌。诗中又说："同声百年内，朱门二三子。零落在兹辰，留连及芳齿。"指这次宴集，主客们都应当行乐及时。诗中又说："且就声闻醉，将妨语言绮。"还说："所幸无俗物，吴讴稍清耳。萧条随曲终，局促非愿始。"可知这次集会，乃用昆曲侑觞。明代多借寺庙演戏宴客，这又是一个例证。但汤对上演昆曲却有贬辞，感到有些局促，并不是他始愿所及，可看出汤对这次昆曲演出的皮里阳秋。诗中又说："上巳即晨游，明湖恣清泚。"却指的是明日上巳杏花楼的那次小集。

蓝翰卿这一次游南昌，从士大夫、明宗室的招待和宴集，可知他的诗作很能够倾动一时名流。汤还有《澹台祠下别翰卿，有怀余德父用晦王孙》的诗，是这次与蓝分别时的所作。诗中说："上巳长林卧，寒食青烟起。凄凉江楚路，留连二三子。王孙良可游，交情及生死。"在诗里说到蓝这次来南昌游历，主客间的情投意合。诗中又说："翰卿莆中来，风义三千里。含情潇湘素，候气关门紫。追趋苦言别，兴属讵能已。"汤这时已不再作谦辞，借老聃和关尹的典故，在诗里以老师自居了。由此,也可见汤奖掖后进的谦虚和诚挚。

汤从削籍家居以后,几乎每年都来南昌。他在进贤有黄汝亨,在南昌有丁此吕和姜士昌都和他交情很深。他喜欢到南昌,并非全为了他的老师张位。不过,张位在削籍家居以后,专以"吟眺自娱,野服篚车,登览竟日,老僧不识为宰相",因此,汤对这位老师也不像他做宰相的时候那样地落寞了。汤到南昌,免不了和南昌的士大夫、明宗室宴集赋诗,因此,在汤的诗集里有一些在南昌的酬应之作。但他这些诗却不能认为是同一时期的作品。如汤《从张相国桃花岭,敬次八韵》的诗,在黄汝亨《寓林集》里也有同次原韵的一首诗作,就应当肯定汤这首诗作于万历三十三年以前。①

本年四月,李至清来临川访汤显祖。李字超无,江阴人。十二岁就出外游学,与当地名士结交。见同乡的庸夫俗子,也就是那一些地主富商,他就破口谩骂,或向他们学做驴叫,说是要用驴叫来回答他们的话,因此到处被人驱逐。他在二十岁的时候,到常熟访钱谦益,在破山居住三年,自号破山樵者。三年后离开常熟,在吴县尧峰山剃发为僧,不久又蓄发漫游。据李至清《虞山别受之短歌》说:"万历戊申春,余自临川访义仍先生还江上。"可知李来临川访汤是戊申前一年,也就是本年的事。汤在《李超无问剑集序》中说:"岁往浴佛,有驱乌漫刺,坐我堂东。揖之,知其奇。留之斋。云,不能断酒也。信宿而都无所断。偶尔破口,公案二三则耳。居常率尔成诗。心有目而目有睛。眉毫鼻吻间,尽奇侠之气。一日,问余,何师何友,更阅天下几何人?余曰:'无也。吾师明德夫子而友达观。其人皆已朽矣。达观以侠故,不可以竟行于世,天下悠悠,令人转思明德耳。'遂去之旴,拜明德夫子像。而复过我。则发已复顶额间矣。曰:'先生言侠不可竟行于世,而予之侠猝未可除。因而说剑,为天大将军得度耳。'余笑曰:'有是哉!'"汤在这篇序里,对本年李的来访,记述得很详细。汤又有《四月八日永安禅院期超无》的诗,这是他和李初次相见后的一首诗作。李这次来临川访汤,却是一位不速之客。他新近蓄发漫游,来到汤家,就在主人位上大模大样地坐下来了。汤接待了这个不平凡的青年人,并不曾问他的姓名。汤和他谈到罗明德和达观,认为"达观以侠故,不可以竟行于世。天下悠悠，令人转思明德耳"，这对李是一个极有益的劝告。因此，李一度到南城拜罗明德像。但李再回临川以后，却自认为"予之侠猝未可除"，竟想武装从军，"以天大将军得度"了。李这次到南城，曾在倒城太平桥宿娼。汤诗《问李生至清》说："麻姑山水蔚蓝天，醉墨横飞倚少年。却被倒城人笑煞，太平桥畔野僧眠。"汤对于这个青年蓄发和尚的放荡行为，只是赋诗嘲笑。②

本年，有一位姓商的书商，叫半野主人的，从吕天成的手里取去了沈璟《义侠记》的副本付刻。《明继志斋刊本义侠记》③有本年中秋吕天成的序，记述了这件事情。序文说："予尝从先生属玉堂乞得稿本，如《义侠》、《分柑》、《桃符》、《凿井》、《鸳衾》、《珠串》、《结发》、《四异》、《奇节》凡九记，手授副墨，藏之椟中。而《义侠》则半野主人索去，已梓行矣，始先生闻梓《义侠》，贻书于予曰：'此非盛世事，亟止勿传。'既而曰：'即梓矣，必尽校其讹而后可行。'"④可知沈对他的这部剧作，连自己也不敢自信，因此，他认为"非盛世事"，要求"亟止勿传"。沈这部剧作虽说是用《水浒传》做蓝本，写了从第二十二回到第三十四回有关武松的故事，但他却歪曲了这一段英雄事迹，在剧本里添出了武松的原聘贾氏，并用宋江受招安，武松夫妻团圆的情节作为结束。他在第一出"家门"里说："还相聚夫妻党类，同作宋朝臣。"在第三十六出"恩荣"里说："夫妇团圆偕老，弟兄荣贵无穷。君恩浩荡比苍穹，图报好凭忠勇。"在"恩荣"出里又说："但愿永团圆，共享太平福分。"他的这种写法，和当时书坊改编《水浒全传》，把梁山泊英雄排位次那个顶点移改到全伙受招安来⑤是深有关联的。但还不仅于此。他的"共享太平福分"，实即金批《水浒传》的那块招牌。金圣叹把"替天行道"改成"天下太平四个青字"，他竟比金圣叹先得心之所同然了。《义侠记》是一部歪曲水浒英雄，反对农民起义的剧作。在"恩荣"出里，还借掌礼人的口说出作者自己要说的话。掌礼人说："场上名为正旦，人间只叫贼婆。武家有个做私窠，好把门风改过。"这不是很露骨地对水浒英雄武松进行污蔑么？这就难怪作者会认为他的剧作"非盛世事"，要求"亟止勿传"了。沈的《义侠记》和汤的《还魂记》，从两剧的思想性说是截然相对立的。沈能够从《还魂记》的声律上表示他个人的不满，但《还魂记》的反抗精神，沈却全不理解。沈在他的《坠钗记》(《一种情》)里，剿袭了《还魂记》的故事情节，却遗弃了《还魂记》的反抗精神。他企图从声律的立场改《还魂记》为《同梦记》，汤则认为他的改本和"我原做的意趣大不相同"，从原作者的立场说，难道不是真实话么？

《义侠记》吕序说："先是世所梓行者惟《红蕖》、《十孝》、《分钱》、《埋剑》、《双鱼》凡五记，及考订《南曲全谱》、《南词韵选》。予所梓行者惟《合衫》。半野主人所梓行者惟《论词六则》，《唱曲当知》及宋人之《乐府指迷》。"可知沈璟考订的《南曲全谱》和《唱曲当知》两书，本年前早已经刻行了。吕玉绳和孙俟居原是姑表兄弟，又都是汤的同年。孙俟居家居以后，时常和吕天成商榷词学，而吕天成却是师事沈璟，倾服沈璟的人。⑥沈著《南曲全谱》、《唱曲当知》刻印以后，孙俟居和吕玉绳就将这两部书寄给汤显祖了。这也正像戊戌刻印《还魂记》后，他即将这部剧作寄吕，吕再转寄给沈的情形一样。汤在《答孙俟居》的信里，批评了沈的《南曲全谱》，在《答吕姜山》的信里批评了沈的《唱曲当知》，他的话是既犀利又中肯的，从汤的这两封信中，可看出他和沈的曲学见解有什么基点上的不同。

汤《答孙俟居》说："曲谱诸刻，其论良快。久玩之，要非大了者。庄子云：'彼乌知礼意。'此亦安知曲意哉。""周伯琦作《中原韵》，而伯琦于伯(德)辉、致远中无词名。沈伯时指乐府迷，而伯时于花庵、玉林间非词手。词之为词，九调四声而已哉！"他认为元代的周德清虽写了一部《中原音韵》，但他在元曲作家郑德辉、马致远等人当中并没有词名。宋代的沈义父虽写了一部《乐府指迷》，但他在黄升《花间词选》所选录的宋人词里也不是词手。⑦所以他说："词之为词，九调四声而已哉！"沈璟认为曲律本身就是词的一切，汤驳斥了这种主张，认为他不知"曲意"。沈璟说："宁协律而不工，读之不成句，而讴之始协、是曲中之工巧。"⑧汤将他的这种说法一气驳倒了。

汤在《答吕姜山》的信里，针对沈璟的《唱曲当知》，提出了"唱曲当知，作曲不尽当知"的见解。他说："凡文以意趣神色为主。四者到时，或有丽词俊音可用，尔时能一一顾九宫四声否？如必按字摸声，即有窒滞迸拽之苦，恐不能成句矣。"他说出他写作《四梦》的艰苦，但这却是沈璟所无从理解的。就沈璟的剧作说，只有平实易懂可以算是他的长处。然而他的《坠钗记》远不及汤显祖的《还魂记》，他的《桃符记》远不及郑廷玉的《后庭花》，他的《义侠记》远不及施耐庵的《水浒传》，他懂得的只是和文词、曲意全不相关的"九宫四声"，什么是"意趣神色"，什么是和意趣神色相浑融的"丽词俊音"，在他所严守的"曲律"下面是连做梦也想不到的。

汤《答孙俟居》说："弟在此自谓知曲意者。笔懒韵落，时时有之，正不妨拗折天下人嗓子。"他认为须懂得"曲意"的人，才可以自由发挥他的才情和胸襟抱负，才可以谈得到"意趣神色"。不懂"曲意"的人，只能死拖住他的"曲律"，而"意趣神色"就全被"曲律"束缚住了。王骥德说："吴江守法，斤斤三尺，不欲令一字乖律，而毫锋殊拙。"徐复祚说："《红蕖》时时为法所拘，遂不复条畅。"⑨他们对沈璟的剧作，都看到了这个缺点。汤说"不妨拗折天下人嗓子"，是从"曲意"立论，是反对拘于"曲律"，并不是说不管"曲律"，只问"曲意"就能够解决一切问题。因为汤所填的也是曲词，他不能不顾到曲的规律，但"曲律"却要为人所用，不应当把一个有才情、有胸襟抱负的剧作者囚禁在"曲律"里面，做一个仅仅只忠于"曲律"的人。

沈是以严守"曲律"自许的人，而汤在《答孙俟居》的信里，却认为他是一个"要非大了者"的曲学家。他说："且所引腔调，不云未知出何调、犯何调，则云又一体、又一体。彼所引曲未满十，然已如是，复何能纵观而定其字句音韵耶？"这是说沈璟的所谓"曲律"也不是很完整、很画一的东西，沈璟所著《考订南曲全谱》，是沿用蒋孝《旧编南九宫谱》而加以修订删补而成的。王骥德说："《南九宫》蒋氏旧谱，每调各辑一曲，功不可诬。然似集时义，只是遇一题便检一文备数，不问其佳否如何。故率多鄙俚及失调之曲。词隐又多仍其旧，便注了平仄作谱，其间是者固多，而亦有不能尽合处。故作词者遇有杌陧。须别寻数调，仔细参酌，务求字字合律，方可下手，不宜尽泥旧文。余非敢以翘先生之过，盖先生雅意，原欲世人共守画一，以成雅道。余稍参一隙，亦为先生作忠臣意也。"⑩由此可知，对沈谱有意见的也不但汤显祖，即沈的同情者如王骥德，也还是不能够完全满意的，不过汤的意见是认为"字句音韵"永不能有一个

"画一"的死硬规定,"出何调、犯何调","又一体,又一体",反倒是词曲流变进展所应有的一种规律。王骥德却说,"世人共守画一,以成雅道"的标准"曲律"是应当有的,他认为天不变、道不变的"画一"唱腔,可能由沈璟规定下来。但王骥德不能不承认"斤斤三尺"的沈璟本人,填起曲子来也没有个"画一"的准则。他说:(词隐)"生平于声韵宫调,言之甚毖,顾于己作,更韵更调,每折而是,良多自恕,殆不可晓耳。"⑪这又有什么不可晓呢?不掌握唱腔的变化规律,却想要规定一个世人共守的,一成不变的唱腔规律,这不但谁也无法遵守,就是沈璟本人也无法实现,这不是很明显的一件事么。

唱曲是不能没有准则的,但它应当取决于艺人的能唱和唱得美。只是这个地方的艺人不能唱的,而那个地方的艺人却能唱;这个艺人唱得不美,而那个艺人却能唱得很美。不能说吴江艺人不能唱,不能唱得美,中国各地艺人就都不能唱,都不能唱得美。从吴江一处地方,一种唱腔来肯定或否定中国一切地方的一切唱腔,企图用吴江唱腔来做准则,使中国各地唱腔共守它的"画一",以成所谓"雅道",这是一件绝无道理的事,即就吴江曲调说,像张新就不喜爱魏良辅的新腔,和赵瞻云、雷敷民、张小果等另创南码头调;张伯起也一变魏良辅的唱腔。竟成了当时的一种宗风。⑫吴江曲调本身也很难定于一尊,没有变易,又怎能有"画一"的准则让中国各地曲调共同遵守?李鸿是万历十六年顺天乡试由沈所取中的得意门生,他在为沈《南曲全谱》所写的一篇序里,也谈到当时的吴江曲调,借可可生陈述了自己的意见:"先生真苦心哉!然是吴歈也,不越方数百里,辄不能相通,又近而娄江,相去一衣带水耳。其东则主于婉转,故其音率多缭绕,而訾合拍者之粗;其西则主于投节,故其音率多迅直,而毁弄声者之拙。彼惟不知不可废一,犹然是其所非而非其所是,矧欲令作者引商刻羽,尽弃其学而是谱之从,彼不恒然而惊,则且溘然而笑。何也,烦奏之溺人已深,追趋逐嗜,靡靡成风,有未骤然使之易听而约之于度者。"⑬他认为吴江曲调在当时就已经变动很大,"约之于度"是一件很难的事情。因此,他怀疑自己的老师企图使中国各地唱腔同归一辙的做法,并认为即在吴江当地,这也一样是得不到好处的。沈璟对可可生的这个质疑,竟也无言可答,只说"苟非漫然无当,自可悬书以俟知者。"但沈的《南曲全谱》却至今还是悬着，今天的昆曲艺人和曲社的朋友，也并不一板一腔都遵守他的准则。

孙俟居于万历十四年谪潮阳典史，之后回家隐居。沈璟因万历十七年科场案也乞休回里。顾大典在万历十二年任山东按察副使，不久改福建提学副使，因被忌者中伤、罢官回家⑭，他们回家的时间相隔不远。孙俟居回家后就留心声律词曲，顾大典更自造新声，自教家乐。顾和沈璟的交情很好，两人时常讨论声律词曲。他们的隐居生活都很优裕，并不交通官府，除王骥德、吕天成一类的人，也不和别人往来，他们的交游范围是很窄的。因此，他们的曲学研究，也只能以当地昆曲做对象，向声律的夹缝里寻找出路。⑮汤显祖削籍回家以后，交游的范围却比较广。当时的宜黄戏声腔，流行地域很宽，艺人也非常发达。汤显祖最熟悉这种声腔。同时，由于各地的声腔常在江西流行，因此汤的眼界就和沈等不同了。汤显祖也并非不讲声律，他曾像顾道行自教家乐一样，自教宜黄艺人唱《牡丹亭》曲，只是他所教的乃"半学侬歌"的宜黄戏腔，并非沈璟的标准昆唱。沈璟对当地昆曲唱腔，也认为不谐五音，不调六律，应当加以厘正。汤显祖《还魂记》流传到他的手里，他企图从自己的声律标准着眼来一次大窜改，也是题中应有之义。沈璟的《同梦记》即汤所说的"吕家改本"⑯，汤对它的反感是非常大的。汤《与宜伶罗章二》说："《牡丹亭记》要依我原本，其吕家改的，切不可从。虽是增减一二字以便俗唱，却与我原做的意趣大不同了。"汤反对沈的改作，主要是从"意趣"，也即是从《还魂记》所发挥的反抗精神着眼。汤和沈的这番争执，早已越过声律问题，走向思想问题的路上来了。但吕天成却仍从声律着眼，将汤、沈两人"譬如狂狷"，认为"倘能守词隐先生之矩矱，而运以清远道人之才情，岂非合之双美者乎？"⑰他怎能认清问题主点已经不在声律，却全在两人的写作精神上找不出共同的地方，汤的话已说得很明白了。

就沈的《坠钗记》看，他在这部剧作里面剿袭了《还魂记》的故事情节，却遗弃了《还魂记》的反抗精神。《同梦记》虽不曾付刻，到现在早成了佚著，但从《坠钗记》推想到《同梦记》，其写作精神也不言可知了。吕天成在《义侠记》序里，列举了沈璟刻印的书和他自己录得副本的九种剧作。其中并没有《博笑记》的名目，可知沈的这剧作，是本年以后才脱稿的。《博笑记》共二十八出，分写了九个故事，全都是适合明士大夫闲散胃口的闲谈杂事，内里如安善处的故事还带有因果迷信的庸俗说教，将这些空洞无聊的情节，拉杂地拼凑成一本戏，也可见沈的隐居生活真是闲得太无味了。因此，他用自己闲散的心情写剧本、讲声律，这和汤写《四梦》的发愤，有为而发，自不当看成一回事情。

沈晚年为和光忍辱，自号聃和[⑬]，他命名的意思是想和明统治阶级和平共处。汤晚年自号茧翁[⑭]，他命名的意思是以茧自缚，也即是说，突不出封建势力的重重包围，就只好"大向此中干到死"了。汤之命名，说明了他自己的时代局限性，也说明了他不甘屈服的反抗性和斗争性。而沈的命名，却只求和明代统治阶级能够和平共处，对于汤显祖的曲学争执，态度上却是不怎样地"和"的。他的《博笑记》，全部剧作都只好博人一笑，但卷前却附有他论曲的一套曲子。他从唱曲的技巧，说出自己的心得和见解自然很好，但对汤的指责却一丝也不肯放松。他说："宁使时人不鉴赏，无使人挠喉捩嗓。说不得才长，越有才越当着意斟量。"又说："纵使词出绣肠，歌称绕梁，倘不谐律吕也难包奖。耳边厢，讹音俗调，羞问短和长。"全都是对汤的以牙还牙。汤在《与宜伶罗章二》信里说沈的改本是"俗唱"，沈在论曲里说汤的剧作是"俗调"，像这样争执下去是永难说得通的。

唯一的公正人是事实上的表现。汤的《还魂记》至今在昆曲里还是时常演唱，众口皆碑的名剧作；而沈璟的《同梦记》，到今天却早已和他所写的其他十六种传奇同归于默默无闻。就沈璟写作的十七种传奇说，只有他认为是"非盛世事"的《义侠记》，被昆曲的艺人剪去了那一条"盛世"的尾巴，演出了《打虎》、《戏叔》、《别兄》、《挑帘》、《做衣》、《捉奸》、《服毒》等七出"非盛世事"的标准节目。只是这七出戏又都不是唱清曲的曲社朋友所爱唱的，这却是沈璟自己有口也无从辩解的事。不过他在当时还全不觉察。他一直认为戏曲的能事就只是"合律依腔"，故事的思想性和文词的艺术性和他的"声律"相比全都是不重要的。他一生在声律里转，但他在《论曲》里却叹息着说："奈独力怎提防，讲得口唇干，空闹攘。当筵几度添惆怅！怎得词人当行，歌客守腔，大家细把音律讲。自心伤，萧萧白发，谁与共雌黄"。这位老先生，到了他眼前的这个境地，也只好唱低调了。

汤有自己对"曲律"的具体主张，写在《答凌初成》的一封信里，其见解可说是很精到的。他在信里说："上自葛天，下至胡元，皆是歌曲。曲者，句字转声而已。葛天短而胡元长，时势使然。总之，偶方奇圆，节数随异。四六之言，二字而节，五言三，七言四，歌诗者自然而然。乃至唱曲，三言四言，一字一节，故为缓音，以舒上下长句，使然而自然也。"他认为音律不应离开语言，文字更不应离开思想、情调而单独存在；葛天和胡元都是依照当时语文，当时思想情调制成乐歌的。刘勰《文心雕龙·乐府第七》说："诗为乐心，声为乐体。"又说："乐辞曰诗，诗声曰歌。"在《声律第三十三》说："器写人声，声非学器，"都和他这种主张相合。只是古代语文简单，越到近代语文就越加复杂。因此，古代有两言的短诗，由此而三言、四言、五言、六言，七言以至于唱曲的缓音长句。长时期的语文变化与声律的变化相关，汤认为这是"时势使然"、"自然而然"，"使然而自然"。这就应从发展上、变迁上看问题，不能够在今天去求得个离开语文发展变迁的"共守画一"的"曲律"准则。他认为曲的作用只是"句字转声"，如果脱离开语文，或不遵循语文的自然发展与变迁，也就不会有"曲"和"曲律"。他所说的"偶圆奇方，节数随异……"一段话，在刘勰《文心雕龙·章句第三十四》一章里也多有阐发。由此可知汤的曲律主张也并非没有依据，汤既然有自己的"曲律"主张，他和沈对"曲律"的争执就应看成是曲学上的一个问题，不应当把"曲律"和文词、意趣分开，把这种争执仅仅看成是沈的"曲律"和汤的文词意趣间的争执，更不能把这个争执看成是汤、沈两人间的意气之争。

汤在《与宜伶罗章二》的信里提到"吕家改的《牡丹亭记》"，在《答凌初成》的信里又提到"《牡丹亭记》大受吕玉绳改窜，云便吴歌"。好像除了沈改的《同梦记》外，还另有个吕家改本。但沈自晋《重订南词新谱》，《古今入谱词曲传剧总目》却只载有《同梦记》和冯梦龙改本《风流梦》，臧晋叔改本《还魂》书目，吕家改本更不见其他任何著录。冯、臧两种改本比沈改本的时间稍后，在汤写这两封信的时候还不曾见到，但他对吕家改本表示很大的不满而不提沈的改本，却显然是一件可疑的事。其实，汤所称之吕玉绳的改本，即是沈所改的《同梦记》。王骥德在《曲律》里说："（吴江）曾为临川改易《还魂》字句之不协者，吕吏部玉绳以致临川，临川不怿，复书吏部曰：彼恶知曲意哉！余意所至，不妨拗折天下人嗓子。"[20]王不提吕的改本，却只提沈改《还魂》，就说明吕并没有改《还魂记》这回事情。汤在《还魂记》刻成后，曾将书寄给吕，吕却将书转寄给沈，沈加以窜改后，又由吕转寄给汤。汤不满沈的改窜，但和沈却无一面之识。因此，他就说这个本子是吕玉绳的改本了。毛晋《六十种曲》收入了硕园删定的《牡丹亭》，"硕园"不知是谁，但新本却题为"吕硕园订"。吕玉绳并无"硕园"的别号，题名的人不过是想当然耳。

汤对沈《同梦记》的反感极大。他对自己的文词、意趣，自然不能不加意爱护。但由于他的反感，又让这场争执发展成为意气之争。然而我们自当重视汤对"曲律"的具体主张，认为这场争执乃是曲学上的一个问题。可是我们如不将"曲律"看成是孤立于文词、意趣之外的东西，就不应将这场争执都局限在曲学以内。汤诗《见改窜牡丹词者失笑》说："醉汉琼筵风味殊，通仙铁笛海云孤。总饶割就时人景，却媿王维旧雪图。"他在《答凌初成》的信里又说："不佞《牡丹亭记》。大受吕玉绳改窜，云便吴歌。不佞哑然笑曰，昔有人嫌摩诘之冬景芭蕉，割蕉加梅，冬则冬矣，然非王摩诘之冬景也。其中骀荡淫夷，转在笔墨之外耳。"他所说的"骀荡淫夷"，即明指他的文词、意趣而言。况且，他对于沈的改窜，心情上也是不能平静的。当时汤的剧作被人改窜，也不但《还魂记》为然。从事改窜汤之剧作的人相习成风，无非是"斲小巨木，规圆方竹"，都并不能使作者心服，如将《邯郸记》"赠试"一出中的"俺留着这一对画不了的愁眉待张敞"的句子，改成了"留着双眉待敞"，简直是胆大妄为极了。[21]

万历三十一年妖书事件平息以后，楚王华奎对郭正域的攻击还是不曾停止。他诬告郭正域私改卫籍，割占护卫衙门公地，侵占王府山场，借修志传播其祖父愍王过迹等事。当时沈一贯大权在握，华奎恃为靠山，因此有旨行勘，并限当年完销。但此事却推延了三年，而沈一贯在去年也罢职回籍去了。本年三月，湖广巡按史学迁勘结具报，认为华奎所告都和郭无关。并说："正域初无恨于楚王，楚王亦不得于此为正域累。"㉒这事情才算了结。史的话是真实的，郭正域并无恨于华奎。楚案因不能及时行勘，将案情扩大了，楚案死的人数不少，郭主行勘也并非不对。但当时郭对楚案却难免也有过听的地方。汤《答郭明龙》信中说："兄为诸生时，有以自立同异，为大臣而当更听人耳语耶？世病兄轻发大端，要亦独行其是，无所逃于天地之间，命也。"汤向郭说这些话，可见他对朋友的真挚坦率。信中又说："'中孚'未能感人，幸自出险，为'需'有庆。"又说："投弃幽虚，时作故人梦想。而公才公望，亦复以'明夷'出门庭矣"，从辛丑汤被削籍后已经六年，郭在这几年里不曾和汤通信，所以汤说："投弃幽虚，时作故人梦想。"到本年郭冤白之后，他写信给汤，因此汤回信说："幸自出险，为'需'有庆。""以'明夷'出门庭矣。"可知汤这封信是本年郭冤白之后向其致慰的一封答书。

本年五月，神宗命加礼部尚书于慎行太子太保和南京礼部右侍郎叶向高，礼部左侍郎李廷机并为礼部尚书兼东阁大学士，并加王锡爵少保兼太子太保，遣官趣召，同于、叶来京入阁。六月，李廷机入阁办事。万历十一年李廷机中进士后，沈一贯是他的教习馆师。这一回推阁员，李廷机被推入阁，当时科臣连续上疏排李，说李的被推是由于沈一贯的"密嘱"，因此他"紧跟辅臣而出"。㉓本年八月，江西布政司右参政姜士昌赍表来京，对沈一贯、王锡爵进行纠弹。弹章说："皇上听一贯、鲤并去，舆论无不快一贯而惜鲤。"又说："一贯招权罔利，大坏士风吏道。"又说："一贯既归，货财如山，金玉堆集；鲤家徒壁立，贫无馀资，较一贯贪廉远甚。一贯患鲤邪正相形，借妖书事倾害……辅臣若一贯险邪异常，直合古今奸臣卢杞、章惇而为三矣。"又说："一贯之用，由王锡爵所推毂。今一贯去，而锡爵代首揆，是一贯未尝去也。"又说："(锡爵)器量褊狭，嫉善如仇。"又说："皇上本无不用诸臣之心，而辅臣实决不用诸臣之策。"他这封弹章有两个重点，一是"别遗奸"，一是"录遗直"，弹章里有些话是对李廷机说的。九月，李廷机上疏自辩说："人才起用，臣等不惟不敢干至尊之权，亦何敢侵吏部职。"朱赓也上疏自辩。神宗降姜为广西佥事，十月，再降为兴安典史。㉔汤《答姜仲文》说："非仁兄一疏，千秋不知四明事。相国座右铭，非止去国馀忠已也。"汤对姜这封弹章是表示赞同的。"相国座右铭"乃指弹章对李廷机、朱赓的规谏而言。信中又说："弟自分袂，杳尔龙沙。'公来雪山重，公去雪山轻'，非虚语也。"可知汤自姜离南昌以后，也不常到南昌去了。

本年六月，王锡爵、于慎行、叶向高辞新命不许，各温旨趣任。九月，王锡爵再辞；十一月，三辞。神宗命明年交春，着原遣官守催，安车就道。㉕汤《哭娄江女子二首》诗序，曾提到王锡爵家劝驾，出家乐演《还魂记》的事情。劝驾演戏，可能即是本年六月间的事。

本年十一月，于慎行、叶向高入阁办事。同月，于慎行死。㉖

本年，东乡县知县曾遇迁廉州府同知。曾遇字传吾，四川富顺人。汤有诗题曰："见东人扶道遮留曾明府者，曾故蜀材暐朗，再考人无间言，数荐宜以高第内徵，苦贫甚，旁郡贵公子索之不能应，迁廉州丞。士民悲而祠之。婉娈三日，亦异也，廉吏不可为而可为。"曾遇在东乡县任知县五年，经历过两次外察。他在东乡施政，做到了简易近民，因此吏不扰民，民不畏吏。他这次回到廉州去，东乡老百姓扶道遮留，并给他立遗爱碑。他是个清廉的官，不但没有钱打点内徵，就是到廉州去的路费都无从取办。㉗他是携带着他的儿子到廉州去的。汤诗《送曾东乡廉州，以予前谪雷阳问路，答之》说："身将爱子入炎州"，可为证明。又汤《复汪云阳》信说："东乡令曾遇，去县时，士民环泣者千余人。清惠之声，科甲中所不能多见者。乃仅得知万州与丞廉州而已。"汤在这封信里，谈到当时之铨政说："弟观迩来言不忠信、行不笃敬，州里蛮貊都不可行，而可行于铨省之上，名利两盛者有之。"又说"铨瞆瞆若此，欲吏无贿得乎？"可知当时做官，要想在铨选里求得名利两盛，就必需进行贿买。清官如曾遇，手里无钱打点，就莫想内徵，即便你在察典里考得称职无过，也只能在外任里迁改。

本年，丁此吕的季子丁叔兼死。据汤诗《癸卯秋试过丁叔兼，下第，有来学之期。逾三年而叔兼死，检笥中得此诗，存之》，丁叔兼死于癸卯秋试的三年以后，癸卯是万历三十一年，三十四年秋后是癸卯秋试后的三周年，"逾三年而叔兼死"，丁叔兼当死于去年秋后或死于本年。又据汤《奇喜赋》的序文说："（丁右武）有子元礼、叔兼，弱冠上下，并积风霞之气，腾藻绣之文。谓可咫尺云天，承考宾王。发越未尽，三年之内，溘其萎而"。丁元礼是万历三十二年七月死的，到本年七月才满三周年，依所说"三年之内"，又当把叔兼死日移向本年。汤诗《丁未夏初，雨夜梦见右武，凄然之色，哽咽有言，记之》说："向后风云常藐尔，较前门户忽凄然。""门户凄然"指两家壮子相继死亡；"较前"和"忽"却指叔兼最近忽又死去而言，因知叔兼的死当在本年夏初之前不久。又汤有《丁未浴佛日，梦蘧儿持书颇乐，且语地下成进士，叹笑久之，觉而成句》的诗，他在同一时期梦见丁右武，梦见汤士蘧，但在他心的深处，更哀悼着新死的丁叔兼。由此可知，汤、丁两家也正如汤、帅两家一样，通家情谊是很不浅的。丁叔兼是黄汝亨的门人。叔兼死，黄有《哭门人丁叔兼三首》，载在他的《寓林集》第三卷里。

汤于本年夏天，曾替苏茂相写了篇《霞美山赋》。序中说："盖予岁丁未夏五，得拜苏弘家使君于大宪之府。"弘家即苏茂相的字。苏茂相字弘家，号石水，晋江人。万历二十年（1592）进士，授户部主事，出使山东。万历二十五年（1597）典试贵洲，假归省母。他母亲黄淑人，也就在这时期的前后弃养了。终丧后，他出任彰德府知府。汤赋说："时守邺郡，计奏言归。"本年苏在知府任内，进京上计后回晋江看他的父亲，因此和汤在南昌相见。苏的母亲死后，就葬在晋江（武荣）霞美山，苏在彰德府做知府的时候，时常忆念他的母亲，在和汤相见以后，就请汤替他母亲的葬地作赋。晋江倚山为险，清源山是它的主山，紫帽山是它的案山，福全山是晋江的海防险地，汤将这些山都写入他的赋里。赋序写霞美山说："山朝暮出云，五彩烨昱，婉姿甚美。"霞美山的苏母葬地，也真是一座佳城了。㉘

本年六月，起少保兵部尚书李化龙为兵部尚书协理京营戎政。㉙

本年三月，直隶巡按杨延筠荐举山人陈继儒。㉚

本年六月二十一日，顾允成死，终年五十四岁。㉛

**注释:**

① 张家居生活据朱彝尊《静志居诗话》。黄次韵诗见黄汝亨《寓林诗集》卷一"张洪阳相公小集桃花岭次韵一首"。

② 李至清据《列朝诗集小传·汤遂昌显祖》下所附李传。李《短歌序》据《列朝诗集》附选李诗。破山樵者据《列朝诗集》尹嘉宾寄破山樵者李超无诗。《列朝诗集小传》李传说:"所谓倒城太平桥者,皆临川构栏地也。"据《建昌府志》,太平桥在南城东门武胜门外,汤诗《闻黄太次计偕过别邓直指新城》有注说:"朵城太平桥,盱物在焉。"更可为证。

③ 大兴傅氏藏《明继志斋刊本义侠记》,《古本戏曲丛刊》有影印本。

④ 吕天成《曲品》卷下,《义侠记》说:"先生屡贻书于余,云:'此非盛世事,秘勿传。'乃半野商君得本。已梓,吴下竞演之矣。"可以参看。

⑤ 据郑振铎《中国文学研究》第二卷"水浒传的演化"。

⑥ 据王骥德《曲律》卷四。

⑦ 沈义父字伯时,宋吴江人。宋亡后,隐居不仕,著《乐府指迷》,半野商氏刻行了这部书。黄升字叔旸,号玉林,又号花间词客,朱闽人。编有《花间词选》二十卷,前十卷为《唐宋诸贤绝妙词选》,后十卷为《中兴以来绝妙词选》。黄本人工于填词,所以他的词选去取精审,是一部较好的书。

⑧ 见吕天成《曲品》卷上,并见王骥德《曲律》卷四。

⑨ 见王骥德《曲律》卷四,徐复祚《三家村老委谈》。

⑩ ⑪ 见王骥德《曲律》卷四。

⑫ 据张元长《梅花草堂笔谈》,徐复祚《花当阁丛谈》。

⑬ 见沈自晋《重订南词新谱》所录李鸿"《南词全谱》原序"。

⑭ ⑮ 据潘柽章《松陵文献》卷九《沈传》、《顾传》,王骥德《曲律》卷四。

⑯ 说见后文。

⑰ 见吕天成《曲品》卷上。

⑱ 据潘柽章《松陵文献》卷九沈传。
⑲ 汤诗《茧翁口号》注说:"周青来云:'我辈投老如住茧中。'喜其语隽,取以自号。"又在《答赵梦白》、《答林若抚》两信中,都提到他自号茧翁。林若抚曾替他作茧翁诗,他写诗向林致谢,在诗题里提到林这首诗作。《茧翁口号》说:"不随器界不成窠,不断因缘不弄蛾。大向此中干到死,世人休拟似苏何。"他认为人既入世,就不能不造成这个茧子;人不能咬穿这个茧子,就不能飞出茧子来;人既没法飞出这个茧子,就只好将自己缚在茧里,让自己干到死了。"
⑳ 见王骥德《曲律》卷四。
㉑ 据凌濛初《谭曲杂劄》。
㉒ 据《明实录》卷四百三十一。
㉓ 据《明实录》卷四百三十三、四百三十五。
㉔ 据《明史·姜士昌传》,《明实录》卷四百三十八、四百三十九。
㉕ 据《明实录》卷四百三十五、四百三十八、四百四十。
㉖ 据《明实录》卷四百四十。
㉗ 据《廉州府志》卷十六"职官表",卷十八"宦迹志",《东乡县志》卷十二"名宦志"。
㉘ 据《泉州府志》卷四十四"人物列传",卷六"山川志"。
㉙ 据《明实录》卷四百三十四。
㉚ 据《明实录》卷四百三十一。
㉛ 据《泾阳藏稿》"先弟季时述"。

## 万历三十六年（1608）戊申　五十九岁

　　本年春天，李至清从临川回江阴，并到常熟向钱谦益告别，准备担簦北游。李在《虞山别受之短歌》歌序里，提到这次和钱告别，并提到钱送他的一首诗。诗说："总为廉纤世上儿，漂零千里一军持。胸中块垒三生误，脚底嶙峋五岳知。使酒浪抛居士发，佯狂真插羽门旗。游燕莫问中朝事，紫柏龙湖是汝师。"这时候，他已经在实践他"为天大将军得度"的话，开始武装从军了。钱诗对李的狂言自放进行了规谏，并劝他到北京后莫谈时事，并指出达观、李贽不得其死，就是他的前车之鉴。李答诗说："青眼高歌能送予，眼中临川与吾子。"他认为他的知己，除了汤显祖，就只有钱谦益了。① 李本年到北京后，在九月里又回到临川来看汤显祖。汤《李超无问剑集序》说："明年秋九月，则已雄然冒武冠，带长剑而就余。有吴下诸生书，乃始知其江阴文士李至清也。曰：'业已去书生为头陀，去头陀为将军。弓剑之馀，时发愤为韵语，数十首。来豫章，题曰《问剑》。先生宜有以决之。'余笑而问曰：'既冠而娶乎？'曰：未也。''然则剑不可得而问矣。吴人而知干将乎？其师铸剑三年，而金铁之精不流。夫妻俱入冶炉中而剑就。干将夫妻，不能自投，断发剪指而已。今子独雄而无雌，而又奚铸焉。'"汤这次和李超无相见，从他所携来的"吴下诸生书"里，才弄清了他的籍贯和姓名。这时候，他应当是汤的门人了。汤替他的诗集《问剑集》写了一篇序，但序里关于"问剑"的一段话，汤却以戏言处之。他认为这个青年，忽僧忽俗，忽文忽武，徒然驰骋幻想，倒不如找到一个世俗的立脚点，再发挥他的反抗性，将他的才和力都用在更实际的地方，所以说，必先娶妻，然后才能"问剑"。他这话虽是戏言，但对李仍是极有益的劝告。汤见李冒武冠，带长剑，在和李分别的时候，却送李一把刀子。汤有《超然为里儿所挠，赠刀遣之》的诗，汤所指的"里儿"，也就是和李同乡的那些地主富商。这些人因李对他们谩骂相加，早想乘机报复，汤赠刀的意思，就是要李对这些人坚决斗争。可是汤在诗里却说："但是藕丝随逭去，箧中须惜我王刀。"他劝这位青年斩断一切葛藤，但仍须爱惜锋芒。由此可见，汤对李真不愧是一知己，更不愧是他的良师和诤友了。

有一位江阴的有钱人，曾被李至清醉后谩骂，骂他"若圈牢中养物，多藏阿堵，为大盗积耳"。李至清剃发为僧以后，忽又武冠长剑，这装束本来是会引人怀疑的。这个有钱人家中被盗，就因为李至清的武冠长剑和他的酒后狂言，便诬指李聚伙打劫，将李送江阴县了。知县派人搜查李的住房，搜不出半点赃证，却搜出许多信件，而这些信件又都是一时名人写给他的。知县慌了，他指着自己戴的纱帽说："此物戴吾头不久矣！"因欲苦打成招，坐李为盗，图谋杀李以自解。李至清在县牢里毫不屈服，写了很多信，做了很多诗，痛骂江阴县知县和那个有钱人。这又被人密告，那知县既痛恨又恐惧，就指使狱吏在牢里将李谋害死了。②

李在江阴县牢里曾给汤写信，汤有《与门人李超无》书，就是他的一封回信。汤的回信说："初弟以僧来见，大似可人。长发章门，便作残僧矣。学书学剑，拓落无成，重以交匪之嫌，致有窃铁之议，必自反也，又何尤焉。"又说："此时唯有痛自忏悔，尽消业缘，万一可回，自是神君好生之德。若妄拟求援，微彰怨恚，虽有善者，可如之何。"汤对李的狂态始终是采取批评态度的，最后在这封信里更不能不直言相告了。汤对李的冤狱感到很难处理，他曾向常州府同知陈翼愚去信疏通，回信虽允为设法，却好像不尽如人意。汤《与常州倅陈翼愚》说："承教，李超无倘今日存战栗之馀，当异日效投桃之报。江东儒侠，具感高谊，宁独不妄荣藉已哉。"汤此信措辞委婉，可知这场官司难于缓和。当时地主富商和江阴县知县的勾结是很牢固的，常州府同知对江阴县的有钱人也只好将就一点。这时，李至清只能安静自处，但他却不甘屈服，还不断对江阴县官和那个有钱人进行辱骂，并向外间写信诉冤，因此汤给李的信写得情词迫切。只可惜汤的劝告，并不能救李一死。这位拼命的青年人，竟由于对恶势力的反抗，枉死在江阴县知县的毒手之下。

汤在《与张大复》信中说："文字或一题数首，历落磊砢，笔意所至，昔人如在。李超无来，知门下抱丘明子野之疾，而听咏彻明，户屦满昼，何奇也。"又说："幸无更作时义，冥思《老》《易》《太玄》，著书可也。"信里提到"李超无来"，说明这封信写在本年秋天李来临川以后。李可能带来了张大复的近作文字，所以汤在信里谈论到张的文字，并劝张不要再写时文。由此可知除钱谦益外，李和张大复也有交情。并知本年张患眼疾，却不废填词听曲，而且他的家里也时常有宾客饮宴。

本年，抚州府苏宇庶倡议修建文昌桥。据《临川县志》，苏倡议修桥在本年，桥落成却在明年。据汤《苏公眉源新成文昌桥碑》，桥兴工在本年三月，十月而水门具，逾年而石道平。苏宇庶字嗣偕，号眉源，晋江人。万历二十年（1592）进士，曾做过旌德县知县，应天府通判，刑部主事。本年任抚州府知府。万历四十年（1612）八月，调南昌府知府。苏本年倡议修桥，明年桥工落成。苏在抚州府知府任内，兴教劝士，设法救荒，清寺田，筑文昌桥，禁革旧税，是一位贤明的好知府。他对汤的父亲很尊敬，认为这老人是一位"可闻不可见"的古之君子。大概文昌桥建筑成功，汤的父亲是尽了一些力的。③

本年汤五十九岁，八月里是他的六十寿辰。黄荆卿寄诗来向他祝寿。诗里的一联说："传闻去国谭犹剧，不道为郎罢即贫。"这是出色的诗句。汤《答黄荆卿》说："七年之官，二十年之别，千里之外，能忆六十岁老人，寿之以诗，可谓不忘之至矣。"他称谢了寄来的诗，并引出了诗里的句子，因连代提到了他和苏眉源所谈的一段话："太守苏公课赋，见弟家淮兑米只一十二石。问曰，'国租本折相半，公岁谷不满六百石。且公为宰几何年？'弟对曰，'四年矣'。苏公叹曰，'人言何足信'。弟笑而谢之。"可知这是本年所谈的一段话。丘兆麟《汤若士绝句选序》说："自平昌赤手归，橐不名一钱，一二鬻文，日为四方门人客子取酒用，馀金几何勿问。"汤家岁谷不满六百石，但他家来往的宾客、门人每年都很多，汤只能用卖文的钱做招待客人的费用。从苏、汤的这段谈话和丘序之所说，汤晚年家居时的经济情况，可由此概想而知。

万历二十一年，汤在遂昌任内建成了相圃射堂。汤离开遂昌以后，士民思念这位知县，因就相圃设立生祠，供祀汤的画象。本年，处州府知府郑怀魁写成了《遂昌相圃汤侯生祠记》。汤有《谢郑辂思郡伯为作相圃生祠画象记》，就是他因郑作记而写去的一封答谢信。郑辂思即怀魁，龙溪人，是一位长于文学的知府。汤更有《与孙见玄》、《与孙见玄学博》两封信，都是答谢孙替生祠作碣的信。孙名懋昭，乌程人，当时任遂昌县教谕。④他替汤生祠作碣，可能是郑碑以外的另一碑文，也可能是郑碑的碑阴。汤诗还有《十年后，平昌士民赍发徐画师来画像以祠，遣之四首》，也当是本年所作，因知汤生祠之立碑画像，都是本年的事。汤又有《与门人叶时阳》、《与门人时君可》两信，都是致谢平昌士民替他画像立祠的，和《寄平昌时叶诸生，为护郑太守碑金石之文也》一诗，当是同时所作。《与门人叶时阳》说："生去平昌十余年。"因知两信一诗，都是本年写的。寄《平昌时叶诸生》诗说："归去来兮二十年。""二十"当有差误。

　　钟宗望从东莞携家到临川，帅从升、从龙兄弟留在他们家里居住三年，从汤显祖读书。⑤汤在《如兰一集序》中说："宗望秀于才，常为广州诸文学冠。以其先人乐华君起名进士，出馆阁，能读父书。"可知他是一位能文学的贵游子弟。钟回东莞已是明年深秋的事。⑥汤有《东莞钟宗望帅家二从正觉寺晚眺，读达师龛岩童子铭三绝，各用韵掩泪和之，不能成声》的诗。汤诗第一绝哭他的殇子西儿，第二、三绝哭题诗的和尚达观。第二绝说："达公金骨也尘沙，万古彭殇此一家。恰是钟情浑忘却，十年红泪映袈裟。"达观来临川在万历二十六年十二月，二十七年上元后和汤在南昌分别。达观题诗正觉寺，当是二十七年初春的事情。汤和达观这次是他们的最后一次分别，却在舟中展开了"情"和"性"的论争。达观题诗和两人最后分别时在舟中展开论争，隔本年恰是十年，所以汤诗第二绝说："恰是钟情浑忘却，十年红泪映袈裟。"又第三绝说"无情师印有情文"，也指的是舟中论争的事。因知汤、钟和帅家兄弟在正觉寺同和达观题诗，是钟来临川的第二年，也就是本年的事情。

　　去年丁叔兼死后，有一个遗腹子，生下来七天就夭折了。丁叔兼的妾先怀孕，却为家庭间的争吵离开丁家，两月后生了一个男孩，就寄在民家抚养，已经过了周岁。丁此吕夫妇访知这个男孩，就将他带回家里，择吉告庙命名，并抱见丁家族人。新建士绅自张位以下也都赋诗称贺。丁写信给汤说："孤儿生处备极艰苦，此天赐也。"汤为此替这位知友写了一篇《奇喜赋》。丁叔兼有弃妾，这在当时的官宦人家是件常有的事。汤作赋为丁此吕志喜，是因他这位知友一生坎坷，到晚年才有这一点安慰。赋中说："伯兮已矣，叔也遗腹。庶其在兹，七日不复。恸余嫂其何如，兄展转而增触。悲有助兮号呼，爱无词兮劝勖。"又说："忽焉天开，叔兮有孩。色于室而弃路，取诸寄而置怀。"又说："祖抱孙兮顾笑，孙遇妣兮徙倚。觉痛定而逾痛，骤喜来其亦喜。"汤这篇赋是本年写的，他这支善于描写人情的笔，将丁此吕老夫妇的殇子得孙，悲喜交集，真写得淋漓尽致。

本年，汤替邹愚公写成了《调象庵集序》。邹的诗文集有《郁仪楼集》和《调象庵稿》。《郁仪楼集》是《调象庵稿》付刻前四年刻成的书，邹在《调象庵稿》的自序里曾谈到这一点。邹自序尾署"万历戊申孟秋既望梁溪邹彦吉甫识"，自序后有李本宁、汤显祖两序，汤序即《玉茗堂文集》所收的《调象庵集序》。邹集付刻在本年七月，汤序写成却还在邹稿付刻稍前。邹稿卷三十五收有《与汤义仍书》，邹在这封信里一开始就对汤的文章大加赞扬。信中说："我明作者林立，自北地、信阳、大梁、西蜀、弇州、新安而外，亦不数数见。裁制则推北地，秀润则归信阳，简净则举大梁，渊博则指西蜀，挺拔则称弇州，追琢则逊新安。各有独至，而鲜兼诣，盖萃美若斯之难也。惟我义仍，能方能圆，不离不即。时而沆瀣，时而沉郁，时而萧散，时而商憯，时而劲直，时而婉嫕，时而晶荧璀璨，时而平愉雅澹。玉茗一集，实兼北地、信阳六七君子而有之。至读《罗浮》诸斌，则又未始不整襟下拜顿足舞也。"又云："愚谓鹜鸟累百，不如一鹗。世有义仍，则馀可废。"可算是推崇备至。邹写这封信是求汤替他的诗文集写作序文。信中说："《郁仪》之后，复得《调象》。总之，瓦砾而欲借珠玉为饰以涂天下，不珠玉损而瓦砾受光，此是公家一饶益人事。"他谦卑地提出这个请求，因此汤不能不替他写这篇序，而且在序里对他的诗文也只好过当恭维。甚至说："至于今，四海人士鲜不引重公者，然犹大其才而高其气。则当时之岳岳一世何如矣。"虽说字里行间，褒中有贬，但已如钱谦益之所说，邹想执文坛牛耳，汤也"漫浪应之"，邹信中又说："外两诗，聊博喷饭。"此两诗即邹集卷四所收《寄汤义仍二首》，在其第二首中，对汤的著作，文学极尽恭维之能事。从邹寄汤的信和附寄的两诗，可知汤替邹集做序当在得信和诗以后，也就是在本年七月中旬邹集付刻稍前的一些日子。

邹《与汤义仍书》除对汤的文章大加赞扬以外，更谈到汤的传奇。信中说："义仍既肆力于文，又以其绪馀为传奇，丹青栩栩，备有生态，高出胜国词人上。所为《紫箫》、《还魂》诸本，不佞率令童子习之，亦因是以见神情，想丰度。诸童搬演曲折，洗去格套，羌亦不俗。义仍有意乎？鄱阳一苇直抵梁溪（无锡），公为我浮白，我为公征歌命舞，何如何如？"他这段话比赞扬汤的文章还更中听。邹在无锡有自己所蓄的几个昆班。在他的昆班里，曾演过屠隆的《昙花记》。邹稿卷二十一有《子阅搬演〈昙花〉传奇而有悟，立散两部梨园，将于空门置力焉。示曲师朱轮六首》，卷十八有《秋日尚热，西湖舟中命侍儿做剧，人来聚观，至夜分乃散，依（林）若抚兄韵纪事》，都可以作为证明。本年稍前，邹所蓄的昆班又演出了汤的传奇《紫钗记》和《还魂记》。邹信说："亦因是以见神情，想丰度。"又说："洗去格套，羌亦不俗。"邹用昆曲演出这两本戏，据他所说，总应当和汤剧之"原做意趣"能不相违。因可知沈璟一类的人，认为汤的传奇一定要经过他们一番窜改之后，才能用昆曲演出，实在是一件没有道理的事。一定要拘束在沈所制订的"格套"下面，自然难唱出汤的曲词。在臧晋叔、冯犹龙等自作聪明的偏见下，才会认为汤的曲词真不能用昆曲演唱。他们不怪自己的"格套"和偏见本身有问题，反来责怪汤的曲词，从这件事证明，他们窜改汤的曲词以便昆唱，也不过是多此一举罢了。

作为一位传奇作家的汤显祖，对于他的剧作能否被昆曲演唱，自然是很关心的。所以当邹愚公写信来邀他去无锡看昆曲演唱，当他的《还魂记》正被人加以改窜，说是为了便于昆唱的时候，在无锡却能有"洗去格套"的昆曲演唱，来证明《还魂记》不但能用昆曲演唱，而且能依据这传奇的"神情"、"丰度"来进行昆曲演唱，汤之急于想去无锡，这是不言可知的。因此他在得到邹的信后，就写了《答邹愚公毗陵秋约二首》，作为他的答诗。诗中说："忽忽远书至，惠我若琼玖。带钩水苍碧，晶晖映人手。小景缛怀袖，长图涨轩牖。""双诗气色重，契阔存善诱。"他感谢邹寄来的信和两诗，并感谢邹馈送的带钩和画轴。诗中又说："期我丝竹间，微言坐深酒。""既感新知乐，肯负云外友。春粮白露月，发兴秋水后。垂老适江湖，高歌傍南斗。"他决计整理行装，乘本年秋深，到无锡来听邹家戏班用昆曲演唱他的传奇《紫钗记》和《还魂记》。

前年，沈一贯因不为清议所容，拉沈鲤一同罢职回里。去年李廷机入阁，又因为沈一贯是他的教习馆师，被当时科臣所攻。本年九月前，内阁收到言官揭帖二十多本，攻击朱赓的揭帖占十之六七，大都针对楚案、妖书事件而言。九月，朱赓上疏自辩。他在疏里说："有天可吁而天不言，有皇上言之而人不信。"他已自陷于辩无可辩的情势中了。十一月，朱赓病重，仍上疏自辩说："今臣死在须臾，失此不言，无复可言之会。"上疏不久，朱赓就病死了。沈一贯罢职回家，逍遥林下，坐享贪污果实，却让朱赓在朝替他顶缸，替他和他的私党做掩护人，以致在临死前两三月内，还饱受言官的攻击。十二月，户科给事中顾士琦上疏说："天祚国家，奸赓忽殒，密勿之上，一旦维新，而振拔冤滞，尤维新首务。郭正域触迕旧辅，举朝知之；楚事与正域（无关），举朝知之；梦皋迎旧辅意以倾正域，亦举朝知之。乞亟下赐环之诏。"云南道御史史学迁更上书痛论楚案，妖书事件说："故辅朱赓临死一疏，惓惓以楚事、妖书为辩，盖一生病痛，全在于此；家身祸根，亦全在于此。故诸臣千参万弹，俱不关念，独于此一事为谆谆也。"⑦朱赓身死以后，朝堂言论已经彻底变改。汤《答石楚阳》说："弟齿六十，颜发如许。独丈弘材坚节，尚老江黄，有心共恻。江夏兄危苦安存，天意良厚。今始交口誉之乎？美成在久，伏念良深。恃爱，聊作局外之语。时方慎夏，有怀不尽。"汤这封信当是明年夏天所写。他对于石楚阳的久不出山，表示同情；但对于郭冤大白，舆情一变，却认为是一件奇快的事。

苏茂相因去年外察，考得了一个卓异。本年迁任云南巡按，八月里，在江西提学副使任内挂冠回家。苏回家后和父亲兄弟同居，楗户读书，著述不倦。⑧汤《与苏石水督学》说："门下即以紫帽为葛巾，以金粟为宝稆，而四海人士所望苏公者谓何。"这封信当是苏本年挂冠回里以后写的。汤认为苏这次休官，对江西是一件可惜的事，所以在他的信里希望苏能再出山。

本年九月，湖广左布政使胡桂芳升都察院右副都御史巡按贵州兼督湖北、湖南、川东等地军务。⑨汤诗《送胡瑞芝开府贵州。公美容温度，前以平播功赐一品服，及之》，是本年送胡之所作。

　　本年四月，江西按察司修正衙门落成，汤代为作记。汤《江西按察司修正衙宇记》说："是役也，昉丁未腊六日，落成戊申四月八日。始终其劳者，南昌周令君也。"

　　本年九月，汤作《豫章揽秀楼赋》。揽秀楼是江西布政司署陈列漏壶之处，本年改建三层，九月楼工告成。汤赋序说："岁戊之申，月日之九，陆公偕岳伯四明丁公、永春李公觞予此楼。""诸公粲然而笑曰：'然则子为我赋之。'"汤应在本年重九日后，写成了这一篇赋。

　　本年十二月，礼部主事袁宏道调吏部验封司主事。当时袁送妻柩回里并省亲，本年春暮，进京就任。⑩

　　本年八月，浙江右参政吴用先升本省按察使。⑪

　　本年十月，起升原任吏部文选司郎中顾宪成为南京光禄寺少卿，乞致仕。⑫


## 注释：

① 李《虞山别受之短歌》之序和诗，见《列朝诗集·汤遂昌显祖》下附选李至清诗。

② 据《列朝诗集小传·汤遂昌显祖》下附"李生至清"。

③ 据《临川县志》卷十三"陂梁"，《抚州府志》卷十《良牧传》，《泉州府志》卷四十九"循绩"，《明实录》卷四百九十八，汤显祖《答苏眉源郡伯》。

④ 郑万历三十六年为汤写生祠记，据《处州府志》卷三"建置志"。郑《遂昌相圃汤侯生祠记》之记文，见《处州府志》卷三十四"艺文志"。郑、孙小传见《处州府志》卷九"宦迹志"。

⑤ 据《谢耳伯全集》卷六《钟宗望自粤携家至临川，客帅氏伯仲所三年，子闻而

异之》。
⑥ 说见后文。
⑦ 据《明实录》卷四百五十、四百五十二、四百五十三。
⑧ 据《明实录》卷四百四十八、四百五十,《泉州府志》卷四十四"人物列传"。
⑨ 据《明实录》卷四百五十。
⑩ 据《明实录》卷四百四十一,袁中道《妙高山法云寺碑》见《游居柿录》卷一。
⑪ 据《明实录》卷四百四十九。
⑫ 据《明实录》卷四百五十一,《明儒学案》"顾泾阳先生传"。

## 万历三十七年（1609）己酉　六十岁

汤《如兰一集序》说："诗乎，机与禅言通，趣与游道合。禅在根尘之外，游在伶党之中。要皆以若有若无为美。"钟宗望来临川从汤读书三年，汤替他的诗集做序，称曰："深于游道也乎，诗道也。"汤论"游道"则曰："游在伶党之中。"独标出个"伶党"来，却是他对戏曲的一种看法。汤《复甘义麓》信说："弟之爱宜伶学《二梦》，道学也。性无善无恶，情有之。因情成梦，因梦成戏。"这说法就和他诗序之所说相近。他认为道学、禅机、诗情、游道，与他的戏曲好尚都是能相通的。他认真提到"情"字，又认为不必认真，这是他晚年的生活情调。钟宗望在临川留居三年，或是"旬日不出"，或是"累月忘归"，或是游山玩水，或是谈诗听戏。汤在诗序里称他的这种情调为"通之若有若无，都无迟疾欣厌之累。"汤诗《帅从升兄弟园上作四首》，当是本年春深时之所作。第三绝说："小园须着小宜伶，唱到玲珑入犯听。曲度尽传春梦景，不教人恨太惺惺。"在帅家的这次宴会上，宜伶所唱当是《还魂记》之"惊梦"、"寻梦"一类戏。这时候，钟宗望自然是座上客了。文昌桥新落成是本年的事。汤诗《九日闻钟宗望文昌桥畔思乡二首》之第二绝说："临水登山秋复秋，二从相殢好遨游。不应几滴黄花酒，扢向新桥作泪流。"因知钟三年来畅游临川一带山水，到本年九月里却忽然动了思乡的念头。汤诗《送宗望四首》之第三绝说："何处青光不可留，乱帆枫叶最宜秋。非因久客无知己，公子年来欲倦游。"其诗意也正是"通之若有若无"的一种注脚。钟宗望想回家乡，就从临川回东莞了。汤借八水庵演戏送别他这位门生。汤诗《八水庵作剧送宗望口号二首》第一绝说："送客庵头秋思微，蒲团初地亦依稀。看他昏散成何用，且借天花落舞衣。"汤在这首诗里谈到听戏，也谈到坐禅。他认为坐禅不成就不如听戏。他这种说法，也自应是"通之若有若无"的一种注脚。汤在《如兰一集序》中说："余宦游倦，而禅寂意多，渐致枯槁。于四方人士所作，时一过留，弗好也。"这是他年来生活情调的一种自述。丘兆麟《汤若士先生绝句选序》说："终日枯坐如蒲团上人，乃始得其静心，闲阅世人之闹；以其痴情，冥矻世人之黠。"写的也是汤晚年生活情调的实际一面。汤能用静观动，发为诗歌、戏曲，诚如丘序之所说。但汤随处说静，却随处都静不下去，因为他所讲的"情"不能够"无善无恶"，所以他的"通之若有若无"，也就无法通向空寂中去。因此，他便不能成为道学家、禅学家，却只能成为当时最卓越的文人、诗人和进步的戏曲家，在"情"里讨生活了。

钟宗望这次离开临川，是取道南昌回广州的。因此，汤诗《送宗望四首》说："思君独向章门去。"钟启程的时候，帅从升兄弟一同送他到了南昌。谢耳伯诗集卷六有《赠帅从升从龙》的诗，诗序说："从升伯仲以送钟生至章江上，赠予以其先子惟审集。予既尚其馆钟三岁之义，且喜先哲有隽子也，感而赋之。"帅家兄弟送钟到南昌的时候，谢耳伯也在南昌。钟、帅和谢在南昌见面，帅家兄弟将父亲的诗集送谢，也都是本年九月以后的事情。

万历三十五年，李廷机被推入阁，就被人所攻击。因此他累疏乞休，到三十六年十一月，更徙居演象所真武庙乞放，不再赴阁办事。只是攻他的人却又说他虚伪，数十人交章力攻。本年六月，李十七疏乞放；七月，李自劾之章疏已达五十封了。李既不敢不等免官，竟自回籍，就只好寒暑闭门，寄居野寺，但攻他的人仍不肯放手。①当时朝廷政事异常腐败，据本年八月叶向高的奏疏说："阎闾困于征税，边廷困于饥寒。"又说："逐臣无赐环之期，病臣无赐玦之日，纍臣无出狱之望。"又说："在廷之臣，痛痒不关，门户各立。"又说："御前之奏疏其积如山，列署之封章其沉如海。"简直是一切废弛，凡事高置。②汤《与丁长孺》说："兄今知命，天下事知之而已，命之而已。弟今耳顺，天下事耳之而已，顺之而已。吾辈得白头为佳，无须过量。"这封信是汤在本年写的，信里对当时朝政有一种无可奈何的慨叹。信中又说："长兴饶山水，盘阿寱言，绰有余思。视今闭门作阁部，不得去，不得死，何如也。""闭门做阁部，不得去，不得死"，指的就是李廷机当时之处境。李廷机是一位清介自持的人。汤《与李九我宗伯》，是李任礼部侍郎时，汤写给他的一封信。信中说："从京师来者，言丈蔬食敝衣，或以丈为贫，或以丈为伪。夫世人何足与言真伪也。"汤对于李之为人和世人的悠悠之口，早有一定的估计，但李如今饱受朝臣攻击，汤对他的处境是相当同情的，不过在这种时候，也只能付之一叹罢了。丁长孺名元荐，别号慎所，长兴人。万历十四年（1586）进士，中进士后即丁外艰、家居八年。二十一年授中书舍人，到任不满一月，上疏论时政，对王锡爵多所责备，为王不满。丁请使事离京，回京又丁内艰，二十七年京察以"浮躁"落级，因不赴调。这时候，正值丁在家闲居。丁初学于许孚远，稍后为顾宪成门人。为人慷慨负气，遇事奋前③，是和汤气味相投的一位朋友。

汤《寄姜守冲公子》说："生年六十，儿辈胜衣而已。"这封信也当是本年所写。汤在这封信里，历述他和姜父姜奇方交往的前情，并说他在万历十年（壬午）曾和姜奇方在杭州相见，但此后就"音徽渺焉"了。信中说："古人不可见矣。怀思至今，山川旷远，莫知公子几位，贤孙几人。明德之后，必有达者。幸悉示我，以慰遥思。先公当已祀于社，诸所为铭传，饰终信后之文，一一寄读。诗书孝友，弘绍先业，自是庆门饶事。益为勉之。"汤和姜奇方既久不见面，也久不通信，这当是他本年接到汤子的报丧信后写的悼念信。由此可知姜奇方死于不久以前，更可知汤得到姜的死讯是本年的事。又汤诗《寄怀监利姜公奇方公子》说："世情交态日纷纷，白雪朱弦更不闻。独傍愁魂向江水，荆台杨柳气如云。"这诗对与姜奇方的友情非常珍惜，但诗的气势英发，并不像闻丧后的悼诗。汤对朋友的儿子都非常亲切顾爱，也不但帅、丁两家如此。

本年三月八日，丁此吕死；六月，汤显祖将丁的死讯讣告了黄汝亨。本年，于中父曾来南昌，汤却不曾和他见面。汤《与于中父》信中说："兄在章门十馀日，有诸君子用世者日相从。弟落穆林下人，有语无缘请闻也，亦无庸请闻也。自当得弟于萧然眉目之外耳。庚阳古人，便已三月，家事有大难语者。骨肉意气之士，亦何可恃耶？"这封信当是本年六月写的，所以说："庚阳古人，便已三月。"丁此吕家以前曾有弃妾的事。弃妾的原因，是由于家庭间的争吵，但因弃妾所生之子乃丁叔兼的独生子，丁此吕遂将这个婴孩接回家里来了。丁此吕死后，他家里只有寡妇孤儿，家族间的问题，妻妾间的问题就一齐爆发起来了。

所以汤在信中说："家事有大难语者。"当时的新进御史、给事，十之八九都倾向东林党，因建言被废锢的海内朝臣也都以东林党为依归。于中父偶傥好事，和这些朝臣互通声气，就有人说于"遥制朝权"。④汤信说："有诸君子用世者日相从。"又说："弟落穆林下人，有语无缘请间也，"从这里可看出汤晚年已完全无心仕进，对时政虽然也有自己的见解，但对当时勇于论政的东林党人，却保有他个人的一定距离。

本年十月初二日，龙宗武死，终年六十八岁。⑤汤《前朝列大夫饬兵督学湖广少参兼佥宪澄源龙公墓志铭》说："龙公以高才猛气，不得为其所欲为，而顿挫外服，终于受俗重诬以死。海内知者伤之，而予与吉水邹公元标尤甚。"本年三月丁此吕死，十月龙宗武死，七个月内，汤便有两位知友死去。

万历三十四年，沈一贯罢职回家，在朝的小人党去了个领头的人。但沈和赵志皋、朱赓同是浙江人，赵在万历二十九年早已死了，三十四年沈一贯拉沈鲤同时去职以后，朝里还有朱赓，可以做小人党的掩护人。去年，朱赓却又死去。本年五月，礼部仪制清吏司主事郑振先劾朱赓等十二大罪，主点是攻击朱的贪污。疏里说："矿税棍徒皆其家人，所得御人之货尽归朱私囊。"⑥对死去的朱赓继续展开攻势。小人党是沈、赵、朱的同乡私人，沈去职以后，朱又身死，便都有"树倒猢狲散"的忧虑。在野的沈一贯，也感到朱赓身死前后曾饱受言官攻击，连类而及，感到自己坐享贪污果实也难以久远。因此，沈和小人党就只好扶植外援，来巩固自己的势位财产。他们的第一着，是扶植左谕德顾天峻。到本年二月，南给事段然向顾进攻，说顾想"扫除逼近揆地之臣"。此时左谕德李腾芳却疏称自己"与顾同志，顾既被诋，义不独留。"便与顾同时拜疏，弃官出城。六月，顾因此降行人司司正，李因此降太常寺博士。⑦小人党原想拥顾来继承沈的衣钵，这一着已告失败了。因此，他们又寻找汤宾尹来做他们扶植的第二个对象。汤宾尹当时是右中允，虽说他入馆的时日不久，但他见馆里的前辈不多，就颇为自负，平时折节下人，和小人党往来很密。本年七月，汤宾尹升左谕德兼国子监司业；十二月，升右庶子翰林院侍读。⑧小人党推戴这个对象，总以为是很顺手的了。当时有人称小人党为浙党。因顾天峻是昆山人，所以又称顾党为昆山党。因汤宾尹是宣城人，所以称汤党为宣党。

本年正月，漕运总督李三才因三品考满加户部尚书左副都御史。⑨当时李任淮抚日久，深得淮上人心，东林党和西北人士都以"冢宰、总宪"对李属望，因此更为浙党小人所忌。这时候，因补推阁员，有人建议阁臣不当专用词臣，应如祖宗故事参用外僚，其用意是想推李三才入阁。同时，因都御史出缺，李三才需次内召，李内召则一定入阁，李入阁就对浙党小人深为不利，因此他们大起恐慌。本年十二月，他们就由沈一贯的姻娅工部屯田司郎中邵辅忠首先发难，参论李三才了。邵疏说李"大奸似忠，大诈似直"，列举"贪、险、假、横"四大罪状。并说他"前则急图枚卜，今则急图总宪。总宪得，枚卜亦无不得。"这都道出了浙党小人怕李入任总宪、阁臣的恐惧心理。疏里所极论的如受鲁保"白金六万，黄金千两，珠玉玩器不可胜数"；如"听用将官以价之多寡为缺之高下。生日礼节，各有定式。开门之时，筐篚乱拥，礼帖乱投"；如"夸诩陛下之下一人"，"居常服饰僭拟王者"；如"杀人如刘草菅"；如"金钗十二，袨服艳装，尽是吴下部民，何论扬州名妓"；如"涂脸向人而肃坐其上，弯腰了事而莫之敢言"。⑩大都是捏辞耸听，不能取信于人的话。李三才以豪杰自许，平时噉名结客，用财如流水，因此能倾动一时贤士大夫。邹元标说："内多欲而外施仁义，修吾有之。"他这话能道出李的长处，同时也能道出李的短处。沈德符说李的后房音声甚盛，也自是当时的事实如此。⑪但邵的恶意攻击，却只是浙党小人对东林党进行反扑，先发制人的一支毒箭。浙党小人怕东林势盛，更怕李内召入阁对他们深有不利，因此铤而走险，出此一着。从此以后，"东林"、"淮抚"就成为浙党小人倾陷正人君子的口头话了。

本年八月，吏部员外袁宏道典陕西乡试。⑫汤《答袁中郎铨部》说："弟乃得萧然山中十余年。"这封信当是本年所写。信中说："弟于吏部交游，前后得二赵君。然梦白不能出弟于久在平昌之时，仲一不能白弟于未复平昌之后。世间惟意气之交，多成虚幻。弟乃得萧然山中十余年，二公亦以才大难用，不至作绝交书也。时忆长安夜雪。玉璠、子声，遂为故人。思白拓落，久无闻问。时把中郎《锦帆》，案头明月珠子，的皪江靡。此时小修鸿征雁行，回忆三珠树，曷尽忉忉"。汤在信里谈到交游近况和他对袁氏兄弟的怀思。这时候，汤虽已无心仕进，但心里却难免有牢骚。信里说："世间惟意气之交，多成虚幻。"对当时仕途更不免深有感慨。

金陵杨抡辑《琴谱》一种，上、中两卷名《太古遗音》，下卷名《伯牙心法》。在上卷里收有刘伯温所作琴曲《客窗夜话》，下卷也收有这个琴曲，但在琴谱旁边注有汤显祖所填的词，因将这个琴曲改名为《客窗新语》。杨抡解题说："《新语》者，徽音指法，我先勖刘诚意公载之详矣。近临川汤海若先生，博洽多闻，词林独步。乃祖述旧音，构措新词。上自唐虞，下迨五季，咸撮其纲领，而寄阳秋于皮里。庶几千载治道之兴衰，万世人物之得失，虞弦一奏，见在羹墙。而余言未议，又自写其吟风弄月之趣，如入万花谷中，令人应接不暇。是闻乐而知德之一助也。名曰《新语》，亶其然乎。"下卷卷首有万历己酉中元俞彦的序，可知下卷《伯牙心法》刊行在本年秋天。杨解题说《客窗新语》之曲词是汤显祖的近作，可知汤填《客窗新语》曲词是本年前不久的事。俞序说杨抡"生平嗜琴"，在当时应当是一位古琴家。杨在他所辑的《琴谱》里收入了汤的新词，并因此将旧曲名改为新曲名，如果从音乐的观点看汤显祖，汤也应是当时古琴的知音者了。⑬

《抚州府志》"良牧传"说："刘胤昌勤课士类，凡所甲乙，翕称藻鉴。己酉邑庠九隽，皆所奖拔。""己酉邑庠九隽"，是本年内临川的一件事情。⑭

本年正月，王衡死，终年四十九岁。⑮

**注释：**

① 据《明实录》卷四百五十八、四百五十九、四百六十，谈迁《国榷》卷八十，《明史》"宰辅年表"、《李廷机传》。

② 据《明实录》卷四百六十一。

③ 据《明史·丁元荐传》、丁元荐《尊拙堂文集》卷一"乞致仕疏"、卷十六附丁

墓表。

④ 据《明史·丁元荐传》附《于玉立传》。

⑤ 据罗大纮《紫原文集》卷十一"参议澄源龙公墓碑"。

⑥ 据《明实录》卷四百四十六,《万历野获编》卷九"言官论人"条。

⑦ 据《明实录》卷四百五十五、四百五十九,《东林本末》卷中。

⑧ 据《明实录》卷四百六十、四百六十五,《东林本末》卷中。

⑨ 据《明实录》卷四百五十四。

⑩ 据《东林本末》卷上、卷中,《明史·李三才传》,《明实录》卷四百六十五。又据《东林本末》卷下"辛亥京察"下说:"顾泾阳谓淮抚有功于国家,必无暮夜受金事。桐城马侍御至死时犹曰,谓修吾贪,吾不瞑目。通州范玺卿曰,淮抚固不贪,然豪侠人也。不善自匿饰,又挥金如土,以故来潜慝之口耳。"

⑪ 据《罪惟录》传十三下《李三才传》,《万历野获编》卷二十二"二李中丞"。

⑫ 据《明实录》卷四百六十一。

⑬ 杨抡《太古遗音》、《伯牙心法》,明刊本。当明永乐的时候,徐雪江把徐门琴传入宫廷,徐门琴没有唱词,因为明初的士大夫和琴工们都不重唱词,有词的琴曲在当时并没有力量。万历年间因内监、藩王好尚有词琴曲,士大夫和琴工们也一改明初之风气,好尚有词琴曲。有词琴曲兴起是当时琴曲的新的变革,汤填《客窗新语》曲词,却正当这个时候。

⑭ 据《抚州府志》卷一十。

⑮ 据汪曾武《外家纪闻引文肃年谱》。

## 万历三十八年（1610）庚戌　六十一岁

本年正月，浙江道御史徐兆魁继邵辅忠对李三才进行攻击，他在劾疏里竟说李"浑身污秽、廉耻丧尽，毕世奸险，讥弹难尽"，并称"沈旧相"（一贯）为"正人"，竟说李："阳附正人（沈），谬希大位，复阴嗾小人思倾正人。"疏里颠倒黑白，可说是极尽能事。李三才具疏力辩，并三疏乞休。给事中马从龙、御史董兆舒、彭端吾、南京给事中金在衡相继上疏为李雪冤。二月，大学士叶向高奏称："三才夙著儒名，屡效忠谟，在淮上十三年，甚有保障功。"并称"三才事皇上久，其行事人品，具在圣鉴"。又称"两淮重地，督漕重任，关系甚大"，请"简发诸疏，传示圣意"，速明"三才去就"。神宗对这些奏疏一概留中不报。于是，南京兵部职方司郎中钱策攻李三才和金在衡，认为"俱当连赐罢黜"。四月，户科给事中王绍徽、徐绍吉更先后请简发参救诸疏，从公勘处，"以畅人心之郁"。这两封奏疏，可称是对叶向高的回击。其他攻李的人，还有刘时俊、刘国缙、乔应甲、周永春、姚宗文、朱一桂、李瑾、张邦俊、王万祚等；救李的人则有胡忻、曹于汴、段然、史学迁、史记事、马孟祯、王基洪等。这时，顾宪成致书大学士叶向高，称李三才"至廉至澹漠，勤学力行，为古醇儒"。并致书吏部尚书孙丕扬，劝孙"拥卫淮抚，勿堕壬人计"。御史吴亮把这两封信都录在邸抄里面，排李的那些人就借此发难，对东林党全面进攻。本年五月，吏部考功司主事王三善因上疏说顾宪成"比三才为孔子"，则攻者"当属非圣之奸"，不一行勘，"何以服诸圣心"。并自请往勘，"以折群言"。当时邪正相攻，纷如聚讼，但神宗却一概留中，不加可否。①

本年三月十八日，利玛窦死，终年六十岁。利从万历二十八年入京，到本年已经十年。他在万历三十一年刊行了《天主实义》，用中国人所习知的孔孟哲理，宣传欧洲中世纪的天主教义，企图把这种教义移栽到孔孟哲理的园地里来。

他对孔孟哲理企图进行同化，但对于佛教哲理却采取视为异端的排斥态度。有少数的士大夫如徐光启、李之藻，向利氏学习天文、地理、历法、水利等西洋科学，替利氏翻译西洋科学书籍，润饰他传教的著作。利氏的天主教义，也就因他们的信奉而在北京传开了。但有些士大夫却只将其看成海外奇谈。汤《寄虞德园》信说，"读仁兄所为天主之徒文字序，甚深微妙。东方人护佛，西方人乃破佛耶！"他对虞的序文说了一句客套话，却提出一个疑问，这也是在猎奇的心情下提出来的，可知汤对天主教义并不很感兴趣。只是利氏留京十年，他带来的西洋科学，对当时的士大夫却有较多的影响。他们对地圆学说，已经不感到骇怪。吴中明说："利山人著山海舆地全图。其国人时经绝域，积渐年久，稍得其形之大全，然而南极一带亦未有至者。要之，三隅推之，亦无谬也。"他承认了地圆学说的事实根据。王锡爵说："将毋令东出蟠木而入于流沙，北自幽陵而归之交趾。"他虽不尽信地圆学说，但也能平心静气考虑问题。就一般情势说，中国士大夫对西方物质文明的输入，比利氏初来北京的时候，看法上总算进了一步。但有些顽固守旧的道学家，对西方的新事物仍不断攻击，对徐光启、李之藻等探究西学的人更啧有烦言。②

  本年考试贡士，韩敬中会元、状元，钱谦益中探花，丘兆麟、郑之文、钟惺成进士。三月，韩敬授翰林院修撰，钱谦益授翰林院编修。韩字简与，号求仲，又号止修、归安人。钟字伯敬，竟陵人。③

  本年九月初六日，袁宏道以血疾死，终年四十二岁。袁中道因兄死，也得了血疾。袁宏道有两个儿子，长彭年，次岳年，彭年为邑庠生。汤《寄袁小修》信说："天根来，知兄意气横绝，无损常时。而中郎有子而才，稍用为慰。"这应是汤闻袁宏道死讯之后，寄袁中道的一封唁信。信中说："都下雪堂夜语，相看七八人。而三公并以名世之资，不能半百。古来英杰不欲委化遗情，而争长生久视者，亦各其悲苦所至。然何可得也。弟不能世情怆恻事，而于此际无服之丧，无声之哭，时时有之，更在世情之外。小修当此，摧裂何如。"信里所称之"三公"，一指袁宗道，一指袁宏道，一指王子声。袁宗道是四十一岁死的，王子声死时年纪也很轻，所以说"并以名世之资，不能半百"。汤写这信的时候，情调是很低沉的。他认为有一些有作为的人，对世情很认真，当然无法免除悲苦；但有些遗弃世情的人，却也无法免除悲苦，求得长生。汤自称"禅寂意多"，正和袁宏道晚年"一意收敛精神"相同，但汤自称"不能世情怆恻事"，对于世情悲苦也自知无法摆脱，但在这时却偏有一些"无服之丧，无声之哭"，发生在"世情之外"。因此他随处说静，却随处都不能静，这种情调在此信中可说是发挥得淋漓尽致。"无服之丧，无声之哭"，指的是哪些事情虽不得而知，但汤晚年生活在邪正相攻，是非不明的黑暗腐败的政治局势下，有许多放不开的事搁在心上，自不是朋友死丧的一般悲伤能够概括得尽的。④

前年，邹愚公写信给汤，求他替自己的《调象庵集》写序，并约汤来游无锡。汤替他写好了序文，在答诗里应许了他的邀约，决计在深秋动身前往。这时候，冯时可、李维桢都将来到无锡。汤《调象庵集序》说："闻元成、本宁二公当过公所。"说的就是这回事情。本年九月，汤宾尹由右春坊右庶子兼翰林院侍读升任南京国子监祭酒⑤，于本年内到南京就任。当时李维桢也在南京。汤和汤宾尹文字交情很深，却也和李维桢一样，彼此一直不曾谋面。汤替汤宾尹《睡庵文集》作序说："已而以南祭酒出，书谓予题其《睡庵》文咏。予为拊几回翔，慨然有东下意。盖前闻李公本宁以有所不嗛，留寓东间，霍林复尔。皆予所未见，莫由梦寐者。逾年春，而霍林复为世人所疑，罢官矣。"汤更有《闻李观察本宁汤司成嘉宾集南都，欲下一晤，汤旋去官，有慨而作二首》，所指全都是本年九月的事。从前年秋天到本年秋天，汤时常想游江南。由于邹愚公、李维桢、汤宾尹都是汤显祖想见的人，可知他企盼游江南之心是十分迫切的。邹愚公在《临川汤先生传》中说："公与予约，游具区、灵岩、虎邱诸山川，而不能办三月粮，逡巡中辍（辍）。然不自言贫，人亦不尽知公贫。"可知汤一直无法实现江南之行，是因为他无法筹措到旅费。这情况，汤的一些朋友如邹愚公等自然是知道的，邹劝汤游江南也可能就含有为他解决经济困难的意思。这一点，汤似也知道，因此更增加他对江南之行的迟疑不决。

汤之友人王宇泰寄其所著的医书给汤，并劝汤往游江南。王精于医学，著有《医论》四卷，并有《证治准绳》全书。汤《答王宇泰》信中说："丈医书说受病因缘，对治本末，甚晰。且引'不得为良相，为良医'语。"指的就是这些医书。王在中进士的时候，和王锡爵的师友情谊已经很深。汤在答书中说："弟之右武，兄之辰玉，俱为故人。数十年弟兄情礼，知各极悲伤。"可知这封信是去年三月王衡、丁此吕前后身死以后，本年十二月王锡爵身死以前所写。汤在答书中又说："弟数动江东之兴，顾堂上有二佛，日以斑斓供养。且资旅乏，不宜上岸求人。"汤在这封信里说，他对江南之行之所以迟疑不决，第一是因为家有老亲，第二是因为难筹旅费，而更主要的原因还是不愿意"上岸求人"。汤诗有《吴序怜予乏绝，劝为黄山白岳之游，不果》说："欲识金银气，多从黄白游。一生痴绝处，无梦到徽州。"由此可知汤一生孤洁，在无法实现他江南之行的原因里，"乏绝"当是更其主要的一点。⑥

汤这首诗最能代表他晚年孤介的气骨，因此也最为朋辈称道。邹漪《启祯野乘》"丁尚宝传"说："公所居郡县，谢绝一切造请。凡知交当路，绝无一毫染指。尝吟临川诗以自况曰，'欲识金银气，多从黄白游。一生痴绝处，无梦到徽州'。其廉介绝尘如此。"⑦丁元荐孤介的气骨，也正和汤相同，他竟将汤的这首诗当作自己的座右铭了。

本年十月，汤写成《汤许二会元制义点阅题词》。汤显祖点阅之《汤许二会元制义》，北京图书馆有藏本，《题词》尾署"万历岁庚戌孟冬临川清远道人书于玉茗堂"。因知这篇题词是本年十月所写。《题词》说："时季子开远方学艺，求可为法者。予教之曰：'文字，起伏离合断接而已。极其变，自熟而自知之。父不能得其子也。虽然，尽于法与机耳。法若止而机若行。'钱、王远矣，因取汤、许二公文字数百篇，为指画以示。汤公止中有行，行而常止；许公行中有止，止而常行。皆所为'正清'者也。不从横气来，不从横袭见；得天高而人深，故法圣而机神。此予之所迁延流离而不能得者也。"汤点阅汤、许的制艺，是因为这两人的制义有法有机，有止有行，可用来教育他的季子开远。《题词》又说："生长子蘧，年孟舒早慧，因以所常悔者望之。取国朝省会诸元作，定为'正清'、'侧清'之目示之。……此目随蘧亡去。"据此，则汤在这制义点本以前还有一个选本，是为了教长子士蘧而选。汤、许二会元，即万历二十三年乙未科会元汤宾尹，和万历二十九年辛丑科会元许钟斗。钟伯敬《报蔡敬夫大参》说："吾邑谭元春字友夏者，其制义可出入嘉宾、子逊"。可知汤、许制义在当时很负盛名。《许钟斗文集》"李光缙序"说："国朝元品，自王守溪以来，辄推子逊为超乘。"可知许的制义是王后一人。汤宾尹《四奇稿序》说："然闻义仍课子，但取天下之至平如我辈者，而转自讳其奇。"他的话可能就指这个点本而言。⑧

本年，王思任任青浦县知县。万历四十年因事去任。⑨汤显祖《王季重小题文字序》说："而既以当涂令高第为郎矣，复抑而命青浦。青浦故屠长卿所治县也。长卿既以此出大越，名天下，而季重书来，乃更以归休读书为怀。"王前在兴平，及此次在当涂新任知县任内，都由于通脱自放，不为达官大吏所喜。他在万历二十七年曾写信给汤，说他"稍稍治生，当归读书"，在那时他就感到做官很受拘束，不如回家读书为好。后来他曾一度内调，又被外转为青浦县知县。在知县任内仍不自安，写信给汤，又云"以归休读书为怀"。据汤序所说，也能看出王这回做官，因事去任的原因来了。并由此可以推知，王托汤做序是他在青浦县知县任内的事。汤替王做这篇序，当是从本年到明年这一段时间之内的事。

本年十二月二十九日，吏部尚书建极殿大学士王锡爵死，终年七十七岁。王锡爵生前在奏疏中说："臣不欺一事，不私一人，不要一钱。"但他由寒士出身，晚年已成江南巨富，连他的家人王五都家资巨万。在他当政的时候，曾屡次裁抑言官。他死前，申时行曾到榻前问病。他睁开眼睛说："吾生平颇不喜曾点。"这矫伪贪污的老官僚，现在在他太仓的家中死了。⑩

本年正月，沈璟死，终年五十八岁。⑪王骥德《曲律》卷四说："先是数年，（顾）道行先生亦卒。自两先生殁，吴中遂无有继其迹者。"

本年正月，原任南京工部尚书朱天球死。朱天球，漳浦人，嘉靖二十九年（1550）进士，万历十六年（1588）由南京太常寺少卿升南京太仆寺卿。汤任南京太常寺博士，时在万历十一年到万历十七年的一段时间里，朱是汤的上司。汤在《答陈子显》信中说"朱澹老弟奉常堂尊"，朱澹老即朱天球，当时和汤情谊很深。汤《复朱澹庵司空》说："有怀函丈，忽拜良书，穆如清夙，不知其身之在炎粤也。"这是万历二十年汤在徐闻给朱写的一封复信,那时朱已升任南京工部尚书了。当年朱即乞休回里,到本年仍栖迟丘壑,已经十八年。汤诗《庚戌初夏梦侍漳浦朱澹翁尚书奉常》,是朱死三月后的一首悼诗。诗中说"二十年来才一梦",指的是万历十九年汤抗疏谪官离南京后的一段长远时日。从那时到本年四月,才得和朱一度梦中相见,"故人入我梦",汤在这首诗里感慨言之。⑫

本年冬,王骥德写《曲律序》,吕天成写《曲品序》成。据毛以燧《曲律跋》,《曲律》由毛校刻,时在天启四年(1624),王骥德已死之后。⑬

**注释:**

① 据《明实录》卷四百六十六、四百六十七、四百七十、四百七十一,《明史纪事本末》卷六十六"东林党议"。

② 据《徐文定公集》"行实",《游居柿录》卷四,谈迁《国榷》卷八十一。按利玛窦之《天主实义》有万历三十一年自引,二十九年冯应京序。

③ 据《明实录》卷四百六十八、四百六十九,《皇明三元考》,《牧斋先生年谱》,《抚州府志》卷十四"选举考",邹漪《启祯野乘》一集卷五《韩修撰传》,《明诗纪事》庚签卷五,卷二十。

④ 据袁中道《妙高山法云寺碑》,《告中郎兄文》,见《游居柿录》卷五。

⑤ 据《明实录》卷四百七十五。

⑥ 据《明史·王樵传》附《王肯堂传》,《明史·艺文志》三,《万历野获编》卷九"王文肃密揭之发"条。

⑦ 据《启祯野乘》一集卷三。

⑧ 汤点阅汤许二会元制义,所选为汤宾尹、许钟斗时文,据北京图书馆藏本。钟报蔡书见《隐秀轩文往集》。《四奇稿序》见《睡庵文集》卷四。

⑨ 据《青浦县志》卷十三"职官"。

⑩ 据《明实录》卷四百七十八、四百八十,谈迁《国榷》卷八十一、汪曾武《外

家纪闻》。
⑪ 据《沈璟家谱本传》。
⑫ 据《明实录》卷四百六十六、二百一。
⑬ 据《曲律》王骥德自序,《曲品》吕天成自序,《曲律》毛以燧跋。

## 万历三十九年（1611）辛亥　六十二岁

去年，小人党群起而攻李三才、顾宪成并及工科右给事王元翰，指称他们是东林党。汤宾尹、顾天峻各植徒党，干预时政，和浙党小人声势相倚，称为宣党、昆党。当时王国巡抚保定，其弟王图以吏部侍郎掌翰林院，孙丕扬任吏部尚书，他们都是陕西人。朝臣倾向东林党和李三才的，也同时倾向王图。其时叶向高独任内阁日久，有入阁资望的人，郭正域被逐，刘曰宁丁忧在籍，因此王图旦夕将入内阁。不满王图的小人党，便说王、孙等是秦党。去年十二月，御史金明时攻击王图，举发王图之子宝坻知县王淑抃赃私巨万，并说御史史记事，徐缙芳是王图的心腹。当时朝臣日以攻击为事，神宗都一概留中不问，因此一班小人更树党求胜。本年三月京察，孙丕扬和侍郎肖云举，副都御史许弘纲同掌察政，小人党陈治则、刘国缙、王绍徽、乔应甲和昆党顾天峻被察，金明时也被劾落职。去年会试，汤宾尹为同考官，越房拔置他的学生韩敬，强总裁王图、肖云举列为第一，因此也以素行不谨被察。一时群情翕服，小人党却大加鼓噪。小人党秦聚奎、朱一桂、郑继芳、徐兆魁、高节、王万祚、曾成易等连章攻击王图。王图也连章求去，出郊待命。

去年四月，丁元荐起广东按察司经历，升礼部主客清吏司主事。本年三月二十四日到任，正值察典将完。当时孙丕扬为小人党所攻击，许弘纲却屡请发察疏，在疏里持调停论，表示他的主张和孙微有异同。因此，小人党更借口攻孙。当时京察奏疏很久不曾发出，人情都忧虑事将中变。丁在四月二十一日上《正人心息纷嚣疏》，责许弘纲"调停不得，遂思弛担以谢诸臣"，并尽发小人党和昆、宣党合谋阻挠察典的奸计。于是小人党又交章攻击丁元荐，并交章攻击东林党。如朱一桂在奏疏中说东林党"把持有司，遥执朝政"，"近日公车之牍，多云起废，独今日一东林，明日一东林，即知时局。"如徐兆奎的奏章说："今日天下大势，尽趋东林。今年计典之误，实由于此。"丁元荐因之不能安于其位，连上两疏乞休回里。直到本年五月察疏发下以后，一场风波才渐归平息。汤宾尹卒因"不谨"罢官，翰林院编修韩敬也称病引去。当时韩敬颇有文名，人说他是宣党，但也有替他惋惜的人。①

万历二十三年正月外察，孙丕扬祖蒋时馨，攻沈思孝，谪丁此吕；二十四年又和张位相攻，以致两人先后去位。张位党丁此吕，沈思孝。孙丕扬的攻击对象除张、丁、沈三人以外，更旁及刘应秋、李三才等。据说孙、张结仇，仅由于两人的官轿在中途相值，孙下轿打拱，张却用扇遮脸，不顾而去。但两人相攻，自是当时的局势使然。②孙丕扬在二十四年八月罢吏部尚书职，到三十六年九月再起任吏部尚书，孙在第一任内，不满意沈思孝、李三才等，但本年京察却大为东林吐气。肖云举曾向孙说项，请免察汤宾尹，孙却说："老夫为今日去一严嵩，快哉。"③可知孙在当时是一位有风裁的太宰，只是狭隘偏私，仍不能免。本年京察开始。小人党给使孙发访单查东林得失。孙一时被他们蒙蔽，王图连夜叩扉劝说："若然，先生五十年立朝名节，一旦尽矣。"孙恍然大悟，才中止了这件事情。④可知当时正人，如顾宪成和王图，为争取这位太宰，也并非容易的事。孙丕扬的态度转变，和汤宾尹被小人党推戴后的许多施为，远在临川的汤显祖是不会详细知道的。他印象很深的只是孙的一些前事，如排张、谪丁、攻沈并旁及刘、李等人，这些事又全是汤最痛心的。另一面，汤显祖和汤宾尹同出张位的门下。汤宾尹历次主试荐拔的人才如阮坚之、孙子膏，都和汤显祖有书信往来。⑤去年中进士的丘兆麟是汤宾尹的门生，却和汤显祖是同乡，两人非常亲近。汤宾尹的门人王观生、刘敦复、王士烺等，同时也是汤显祖的门人。这时，汤显祖又介绍他的门人朱玺到宣城从汤宾尹求学。⑥汤显祖对汤宾尹的时文非常赞许，并选来教自己的儿子。汤宾尹写信给汤显祖，亦称"公制举文不可无一，古文词不能有二。"⑦因此，汤显祖在《寄汤霍林》信中说："前明公书，谓时议聚讼，何意至此。弟初闻之，愤愤至废寝食。近今每三日内辄为公喟然数声。诽俊疑杰，古今庸态。弟更得此排荡激发挥斥为序。匪惟吊屈，兼以诅秦。知有当于著作之庭否也。"这是去年汤宾尹曾致书汤显祖，请代他的

《睡庵文集》作序，本年汤显祖写成这篇序后，同时附寄给汤宾尹的一封信。信里对汤宾尹的罢官表示深切的惋惜，信里所称之"诅秦"，也就是对孙丕扬等秦人表示他自己的愤慨。

汤宾尹《睡庵稿》二十五卷，汤序尾署"万历岁辛亥秋一日清远道人临川汤显祖书于玉茗堂"。这序即汤集所收的《睡庵文集序》，可知作于本年秋天。序说："'欲杀众何意，千秋某在斯。'此非霍林前时过江之句乎？去予数千里，不见其人，而壮其心。时有所不怡，亦复吟此自壮。故岁，则其门人旌德刘生敦复、崇仁王生士烺先后从予游。问霍林容貌言笑，在长安安否？皆言吾师清颜美髭，与诸生谈，常极夜旦。游日益广，而貌故加肥。予喟然而止之，曰，以予所闻，霍林，道心人也。道心之人，必具智骨；具智骨者，必有深情。所与子墨流连，相为绰约耳。"汤不曾和汤宾尹见过面，但从门人口里知道他是一位有"道心之人"，由此而推及"智骨"、"深情"，认为他两人的文字交情并不是偶然的。序中又说："逾年春，而霍林复为世人所疑，罢官矣。于是天下有识之士起为不平，而予特甚。何也？霍林者，道心人也。孝友廉贞，足世师表，而当何疑于世乎"？又说："世之疑霍林者，惨其黄阁耳。亦太早计。"他认为汤宾尹本年被察，是有人怕他会做宰相，这更和孙丕扬"去一严嵩"的说法相合。因知汤显祖对汤宾尹的被察表示不平，是由于对汤宾尹人品的过信，以为他是一位"道人"、"文人"，一定能安于清高恬澹。正如汤序里所说："此其人胸怀喉吻中，殊有巨物。岂区区待一黄阁而后能与世吐咽者与。"汤将自己的"道心"、"智骨"、"深情"，来期许汤宾尹，却不知汤宾尹最近企图入阁，乃因被浙党小人推戴，他不但是个急于名利的人，而且也当是个不择手段的小人。

本年丁元荐自引回里以后，也曾写信给汤显祖。汤与丁长孺说："兄更以言归耶？轻垂晚之荣华，保方刚之亮节，难进易退，可谓君子矣。"这可看出汤对当时的东林党人，并不曾有政见上的参差。只是这封信接着又说："顷复有士人来云，霍林终是道人，求仲亦自奇士。审尔，则庄生所谓'两行'，固可存而勿论也。"信里所谓之"两行"，见庄子《齐物论》。《齐物论》说："是以圣人和之以是非，而休乎天钧，是之谓两行。"意思是说，世情所谓是非，可任它们两行无穷，所以说圣人"可存而勿论"。汤的意思是，东林党人对本年京察的事和小人党展开斗争是好的，而他对汤宾尹和韩敬两人却有他自己一定的估计，这并不能因同情东林党人而有动摇，所以说让它们"两行"去罢。

在本年京察的事件里，丁元荐虽是东林党的急先锋，但他与韩敬的交情却一直是很厚的。去年韩敬中了状元，丁写信给他说："得吾兄大魁报，令人喜之欲狂。然不以人世浮荣为贤者沾沾。简在出自圣裁，泥金之报，二亲躬逢其盛，此古今之罕遘也。"这时候，丁的父母都已经死去，因对韩的二亲健在，表示欣羡，由此也可见他两人的交情非同泛常。丁给韩的另一信中，就对他深下针砭了。信说："弟尝谓兄文如邓定宇先生，不意长安亦有具只眼者。总之，吾辈精神既透，千古未尝无知己，何论当世？虽然，弟更以文洁人品期足下也。畏途如百戏场中有独坐汉，魍魉自消矣。卒卒作此数行，不复作世套语，知足下犹然故吾也。"这封信当写在本年京察事件发生以后，丁相信韩"犹然故吾"，但因他和汤宾尹太接近了，所以在给韩的信里用邓定宇的"人品"相勉，可知丁对这位朋友是丝毫不肯轻放的，更可知丁对汤信所说"求仲亦自奇士"，是不会不首肯的。⑧

本年京察卅始，李三才、顾宪成便成为小人党主要的攻击对象。本年二月，李三才因势不可留，离漕抚职回家。神宗允李病免，使总河都御史刘士忠署漕抚事。⑨顾宪成致书叶、孙，反成为小人党攻击李、顾的口实。汤在《与马梁园》信中谈到这件事情时说："泾阳兄书大有义味，而细欠商量，乃致疑然并作。……吾徒侠骨何处不销耶"？汤对顾书的意见如此，更由此可看出汤对当时东林党人在政见上并没有什么歧异。

本年京察，浙党小人算是打了一场败仗。只是本年南察（南京京察），由南京吏部右侍郎史继偕主持，史是浙人之党，因此，凡是左袒李三才和王元翰的正人如段然等全部被察，南京刑部主事谢廷谅也同时以"不谨"被察。小人党郑继芳在论京察的疏里说："服南察者皆曰至公至明，极严极当。"可想见这班人的志得意满。丁元荐《万历辛亥京察记事序》说："时南计则史晋江为政，娄江、四明、昆、宣诸党抚掌称二十年快事。"可见本年京察，君子、小人两党斗争得非常激烈。⑩

汤《与门人王观生》说："霍林为世疑至此，门下宜往慰之。古人怀一饭，不佞于天下士怀一言也。"这封信也当是本年所写，时在《寄汤霍林》信稍前。汤《寄霍林》说："王观生时来，云冬当往候"，这时候，王已经依从了汤显祖的劝告，决定前往宣城去安慰汤宾尹了。由此可见汤对朋友出于一片真心和热情，因此对汤宾尹罢官的事，就不曾作政治性的冷静考虑。

汤诗《闻李观察本宁汤司成嘉宾集南都，欲下一晤，汤旋去官，有慨而作二首》，第二首说："鹿裘初染敬亭霜，江海相思云气长。不借风流为祭酒，荀卿垂晚立康庄。"这首诗由《玉茗堂绝句选》单独选出，题作《闻汤司成去官》。因知这两首诗当是汤本年的两首诗作。

本年七月，刘渼死，终年七十一岁。十二月，太子太保兵部尚书李化龙死，终年七十岁。⑪

## 注释：

① 据《明实录》卷四百七十九至四百八十四，谈迁《国榷》卷八十一，《明史》孙丕扬、王图、王元翰、丁元荐传，丁元荐《尊拙堂文集》卷一，"乞致仕疏"、卷十六附丁墓表。
② 据谈迁《国榷》卷七十七，《万历野获编》卷九"冢宰避内阁"条。
③ 据《东林本末》卷下"辛亥京察"。
④ 据《东林本末》卷中"门户始末"。
⑤ 据汤宾尹《睡庵稿》卷四"四奇稿序"，汤显祖《答阮坚之》、《与孙子啬》。
⑥ 据汤显祖《寄汤霍林》。
⑦ 据汤宾尹《四奇稿序》。
⑧ 据丁元荐《尊拙堂文集》卷九"启韩求仲"两信。邓定宇名以赞，字汝德，新建人。隆庆进士，官至吏部右侍郎，以清介为世所重。辛谥文洁。

⑨ 据《明实录》卷四百八十,谈迁《国榷》卷八十一。
⑩ 据《明实录》卷四百八十二、四百八十三,《明史·金士衡传》,《尊拙堂文集》卷三。
⑪ 据罗大纮《紫原文集》卷十"刘孝廉君东行状",《明实录》卷四百九十,《明史·李化龙传》。

## 万历四十年（1612）壬子　六十三岁

本年顺天乡试，房考进士邹之麟在别房搜得童学贤落卷，力荐为第二名举人。放榜数日后，为御史马孟祯、科臣杜士全先后论发，说学贤文理荒谬，之麟取中有私。御史孙居相继上《直发科场积弊疏》，追论庚戌科场之事，说庚戌会试，汤宾尹为同考官，在别房搜得韩敬落卷，强总裁肖云举、王图列为第一。并说邹之麟是汤、韩死友，请一并究处。神宗下吏部都察院议，却不及汤、韩前事，户科给事中孙振基因疏请并议。礼部左侍郎翁正春议黜学贤，谪之麟，也不及汤、韩前事，孙振基又再疏论劾翁正春。本年十一月，神宗将乡、会科场两事下部并议，因于同月革举人童学贤，夺主考右庶子郭淐俸，降房考邹之麟职。在这次并议里，韩敬原拟以"不谨"例冠带闲住，但有人认为"不谨"是考功法，关节律宁止不谨，韩敬当革职听勘，因之对于这件事情仍争论不决。①

本年二月，江西巡抚卫承芳内调南京兵部右侍郎，继任江西巡抚的人是王佐。② 张位在卫承芳任内时已经死去。汤《寄汤霍林》的第二封信里谈到这件事情说："洪阳师是弟少年所瞻敬者，既贵，便自落莫。难后较与周旋。前抚世局人，不与报丧，族子便尔喧哗。今抚王公，下车即谓法司郡县曰，'张公自有遗记，谁敢睥睨！当告者即与答六十。'旋定矣。此时妥然。而但有一真夫人者，全师于难中，与同出死、公所绝怜。虽为立一子非侈。而公子过约之，稍更为不平耳。余无足烦台虑也。第门下必须一来哭之。朋友不过宿草，而况大座师最为恩礼者乎？"张位死后，卫承芳不给他报丧，就因此产生了族人争产的问题。王佐到任以后，即向按察司和府县官说，张公自有遗嘱，不许张家族人告状，才将这场家产纠纷稳定下来。张位有一位同患难的如夫人，准备过继一个儿子，但张位的儿子却不赞成这件事情，因引起家庭间的另一纠纷，张家也和丁此吕家一样，真都"有大难语者"，这些事在官家大族也总是难免的。张死后，汤曾前往南昌吊丧；汤《与嘿庵宗侯》说："弟入省止有哭吾师一事，思之亦是世间法，于道人何与？"就指这次吊丧而言。汤显祖和汤宾尹既同是张位的门人，所以他在《寄汤霍林》的信中，详告他们这位老师身后的情况，并希望汤宾尹前来南昌吊丧。张位的死，大概在本年正月以前。汤在《与嘿庵宗侯》信中，感谢他赠送的茶叶和刻本诗集，说可以"销此永夏"，因知此信是本年夏天写的。信里谈到自己曾往南昌吊丧以后，随即引用了汤宾尹所赠诗集里的两句诗："为报故人憔悴尽，谁家池上又逢春。"汤这次到南昌当在本年春天，这时张位早已死去，他不能再陪同这位老师游春赋诗了。

汤《寄汤霍林》的第二封信说："此时弟护儿章门，主者未至，当是九月开场，便可登高望远，候紫气西游。"汤写这封信在本年秋天。本年正当秋试之年，汤送儿子开远到南昌应乡试。因为乡试开场要等到九月③，因此他希望汤宾尹能在九月来南昌一见。信中又说："邹愚公未有半面，而以所闻为传以寄，感勒良深，奉览。弟不敢当此也。弟更当累积功行，为异日大笔里子。"可知邹为汤所写的传，寄到临川当在本年秋天以前。汤《谢邹愚公》说："与明公无半面，乃为佞弟作传，至勤论赞……弟何修而得此于鸿钜也。"这封道谢的信，也当是本年秋天以前所写。

汤《寄汤霍林》的第一封信说："适南丰弟子诸生朱尔玉玺以名家子怀书远游，有观上国就名贤之志，首愿借辉门墙，因附拙序薄币侑呈。伏惟推分进朱生而教训维持之。"朱尔玉旧名玺④，后名廷诲，南丰人。汤死后的第二年，汤开远刻《玉茗堂尺牍》，由朱手校文字，并由帅廷铩和朱写序，附在汤开远序的后面，可知汤晚年和这位门人的关系非常密切。汤在去年秋天写好《睡庵文集序》，因朱将往宣城从汤宾尹求学，就托朱将这篇序文带去。朱到宣城以后，从汤宾尹学习时文。汤宾尹刻印邱兆麟、李能始、孙子啬、王启宇四人的时文，题名为《四奇稿》，他在序里说："建昌朱玺，来自义仍所，合李、孙、王数存稿受行之。"⑤可知汤宾尹刻这部书时，朱尔玉恰到宣城。朱对于这部书也尽了襄校的力量。汤《寄汤霍林》的第二封信说："朱尔玉以坌头陀进大宫厨，伙移之甚，非道心人安能普施若此。"朱到宣城以后，对时文有很多进益，也可知两汤在这时的交情很厚。

本年江西乡试，汤开远不曾中试。但广昌黄太次⑥却中了本科举人。这时候，邓渼正离任云南巡按御史⑦，回到原籍建昌新城。邓回乡后，原打算要去临川访汤显祖，却因为黄太次中举之后，进京赴明年会试，从广昌路过新城，来向邓渼辞行，两人曾同游南城从姑山。邓渼在南城又有所牵缠，因此，他到临川访汤的时日，已延迟到本年闰十一月冬至节后。邓渼自万历二十九年（1601）和汤在临川一别，到现在已有十一年了。邓到临川以后，汤留他在家中的芙蓉西馆住宿，从本年冬至节后直住到明年的立夏节后，整整住了半年。在这半年里面，汤和邓"尊酒疏灯，上下今昔"，正如十一年前相见时的情味一样。因此，汤诗有《闻黄太次计偕过别邓直指新城，遂游姑山，有所爱怜，特迟来桙。至闰冬仲过予，止其行，暂住芙蓉西馆，立夏南旋，燕言成韵，用纪胜集云尔》，共十四首七绝，从冬至、腊月、除夕、元旦、元宵、社日、花朝、上巳、寒食写到立夏言别。诗是在分别以后为追叙欢踪而写的，如《上巳》一首说："癸丑年逢今暮春，绕塘流水吐庚辛。超超一夜谈名理，玉茗斟兰是此人。"举这一首诗，可证知写诗的时日，和汤、邓这两位久别的知友，在这半年的聚首中是怎样从欢乐里度过的。

丘兆麟的母亲李氏，十六岁嫁丘的父亲，七年后，丘父死了，李成了孤孀。李抚养六岁的孤子丘兆麟，一直到他成人。前年丘中了进士，李年已六十一岁，闻喜二十六日，因滞下病死了。丘闻报请告回家丁忧。今年丘禫服后，才请汤为他的母亲写墓表。汤在《丘节母墓表》中说："进士君伏阙下自陈，得报可；而行省大吏亦交章以旌异为请，且下矣。无何而进士君奔赴，且暮孺子哭，踊躄无算，禫而后见予。"可知汤这篇墓表作于本年。

本年正月，孙丕扬上疏请放，并疏荐沈鲤、郭正域、邹元标、顾宪成、赵南星、于玉立、高攀龙等。二月，孙乞休疏已二十上，因具疏辞朝，挂冠出京。当时孙年已八十一岁，神宗见孙去志已不可挽，乃允放归。⑧

本年五月，顾宪成死，终年六十三。六月，郭正域死。七月，黄辉死。六月，礼科左给事中周曰庠上疏说："今日可以肩大事者，郭正域、顾宪成、黄辉等其人也。大小臣工屡疏乞用，奈何转圜无期，卒令赍志以没。天生正人，原自有数，人望如三臣而摧折之以至死，岂不可哀甚哉！"周上疏的时候，顾已前死，郭、黄两人也快要死了。⑨

本年七月，许王国休致养病。十月，许李廷机致仕，并加太子太保，遣官护送驰驿回籍。⑩

本年八月，巡抚贵州右副都御史胡桂芳升南京工部右侍郎。九月，荫胡桂芳男兆安为国子生。汤有《复胡瑞芝司空为二女纳采作》的信，汤二女配胡的儿子当是此后的事，胡的儿子即应是国子生胡兆安了。⑪

**注释：**

① 据《明实录》卷五百、五百一、五百六，《明史·孙振基传》、"选举志"上，《东林本末》卷下。
② 据《明实录》卷四百九十二、五百二十八、《江西通志》卷十二"职官"。
③ 据《明实录》卷四百九十七："七月庚申（二十七日）命简讨周如盘，给事中韩光祐往江西主考乡试"。乡试考官任命迟至七月底，因此，本年江西乡试开场就可能迟到九月。
④ 据汤显祖《寄汤霍林》第二封信。
⑤ 据汤宾尹《睡庵稿》卷四"四奇稿序"。
⑥ 据汤显祖《题静庵僧卷十绝》诗序。
⑦ 据《明实录》卷四百七十四，邓渼在万历三十八年八月任云南巡按御史。《列朝诗集小传·邓金都渼》下说："召为河南道御史，巡按云南，出为山东副使。"因知邓回新城是离任回家。
⑧ 据《明实录》卷四百九十一、四百九十二。
⑨ 顾死，据《明儒学案·顾泾阳先生传》，谈迁《国榷》卷八十一。郭死，周上

疏据《明实录》卷四百九十六。黄死,据《明实录》卷四百九十七。

⑩ 据《明实录》卷四百九十七、四百九十九。

⑪ 据《明实录》卷四百九十八、四百九十九。

## 万历四十一年（1613）癸丑　六十四岁

　　本年，宣城县发生了生员梅振祚、梅宣祚兄弟和宦媳徐氏通奸的事，被生员芮应元、芮永缙向官举发。前巡按御史王国桢劾奏捕治，因梅氏兄弟贿卖潜逃，不曾了案。巡按御史荆养乔和督学御史熊廷弼意见素不相合，他两人会审这件案子，对梅氏兄弟都不曾轻纵。稍后，熊廷弼治劣生案，劣生苏海望、李茂先和芮永缙同被杖责，芮被杖身死。荆养乔激于风闻，劾熊廷弼杀人媚人。并说汤宾尹家居时，曾夺生员施天德妻为妾，施妻不从，自缢身死，芮永缙等为施妻告官立祠，汤宾尹深以为耻。熊廷弼和汤宾尹交情很深，因借发奸案为汤宾尹雪耻，将芮永缙杖责死了。熊廷弼疏辩说，芮的受杖是因为他的劣行，劣生案和发奸案不是一案，不能混为一谈。当时南北科道因案涉汤宾尹，便大起论争。本年二月，巡按应天御史奏明这件案情，说"宾尹原与奸案无关，其于永缙生平绝无纤芥之隙"。因此可知，汤宾尹夺人之妻为妾，只是一种风闻罢了。汤显祖《寄罗柱宇中丞》的信说："宣城汤嘉宾，弟宗英也。在世为一时文章之师，在弟为千秋道义之友。韩生异才，自可暗中摸索。至以绝不相及之事累熊芝冈。夫学使者行法一奸生，何负于世，而纷纭若是。世多以酒解醒，弟意非清泉解之不可。兄天下之清泉也，南北之强，不如不倚，惟留意。"这是汤显祖为汤宾尹、熊廷弼说项的一封信。汤显祖对这件事情的意见如此，他所持的态度在信里也明显可以看出。当时汤宾尹虽已经罢官家居，但朝里的徒党未散。这次南北科道因熊案引起一场纷争，与其说是对汤宾尹的淫污和熊廷弼的行媚进行攻击，倒不如说它是借熊案对宣党进行政治性的攻击。这件事情，从荆养乔上疏后即挂冠回籍，熊廷弼解职听勘，以及此后左都御史孙玮因主勘熊廷弼被小人党攻击求去，本年十月也辞官回籍了。纷争将近一年，竟因此去了两位言官和一位总宪。①

这时候，也有人对汤显祖过信汤宾尹提出他的意见。汤显祖《寄汤霍林》的第三封信说："昨会中，吾乡一卿云：'某公绝笔仍及宣城'。弟云，当是主者为之。卿笑云，'近见寻常文序，知兄与宣厚也。'弟云，人自有真品，世自有公论，宁以厚私。因为别白往事及求仲之才，顾亦未知绝笔何来也。"信里所称之"寻常文序"，当即汤显祖写的《睡庵文集序》。汤显祖在这封信中坚持他的看法，认为"真品"、"公论"是不因"厚私"而增减的。因将话题转到其他往事和韩敬的文才上来，他认为自己的过信是没有错的。这封信中还说："寒途腊节，想应未便西行，春和乃得候迎江渚耳。"因知此信是汤显祖去年秋天约汤宾尹到南昌相见以后到今年春和前的一段时间内所写。

万历三十八年会考，汤宾尹越房取中五人，其他考官搜取落卷，共取中十七人。去年并议乡试、会试科场弊端，对韩敬的处理问题争论不决。本年三月，神宗命礼部严覆十七人试卷。十二月，礼部勘得韩敬、丘兆麟等十五人俱文优，无论；周士皋文劣，亦无论。② 在进士们仕宦以后再来一次衡文，是前所未有的一种做法。但这次衡文以后，对韩敬的处置问题，争论仍不曾停止。因知对韩敬的处置，其争论的主点也还是对宣党作政治性的进攻，并不关韩敬个人的文才究竟如何。

本年浙党小人对东林党的攻击仍很激烈，虽说昆党、宣党已被推倒了，但楚党、齐党又和浙党小人紧密勾结，对在朝的端人正士，不断进行排挤。他们的阵容有浙党的首领姚宗文、刘廷元，楚党的首领官应震、吴亮嗣、黄彦士，齐党的首领亓诗教、周永春和四川的田一甲等。这时，顾宪成已经死了，失去了对东林党攻击的主要对象。本年二月，于玉立新起光禄寺少卿，于虽辞不赴职，御史刘廷元仍上疏加以攻击。疏中说："于玉立依附名教，翻复风流，今日谋殊擢，明日攫要枢，必致举朝成水火玄黄之战，通国皆忧逸畏讥之人，善类一空，邪人充斥。"十月，孙玮被小人党排挤走了。礼科给事中亓诗教又赶着上疏论劾于玉立，疏中说："盖今日之事始于东林。东林之名倡于顾宪成，而其后于玉立附焉。然宪成自贤，玉立自奸，贤奸各还其人，名实不爽其辨。"又说："于玉立大开奔竞之门，广布招摇之令，横行笼罩之术，无识者误堕其术中，不肖者颇归其幕下。"③ 他撇开顾宪成来专攻于玉立，是因为顾宪成已经死了，于玉立在东林党的声望很大，他并非真想在顾、于之间分出贤奸优劣，而是想将自己的奸党立场隐蔽起来，更有效地对东林党作重点进攻。

浙党小人对于玉立的起用发动了极猛烈的攻击，于玉立虽不曾进京赴职，但他已身被数十疏，小人党仍随时伺衅，不肯停止进攻。④ 当时除于玉立外，汤兆京、孙居相、周起元、李邦华等正人，都成了小人党进攻的对象。本年十二月，户部郎中李朴大为东林不平，上疏弹劾浙、楚、齐党人姚宗文、刘廷元、亓诗教等，对小人党撒一大网。他说这群小人"深结戚畹近侍，威制大僚；日事请寄，广纳贿遗；亵衣小车，遨游市肆，押比娼优；或就饮商贾之家，流连山人之室。身则鬼蜮，反诬他人。此盖明欺至尊不览章奏，大臣柔弱无为，故猖狂恣肆，至于此极"。因此他说："臣谓此辈皆可斩也。"姚宗文、刘廷元等，因具公疏纠劾李朴"背公死党，污蔑言官"。神宗因李朴"出位妄言"，将其奏疏下部议处。部议拟降三级，调外任闲散。⑤

在这样贤奸对立的紧张情势下面，汤显祖对汤宾尹品德的过信，对韩敬文才的称许，自然是不适宜的。从个人的角度来看问题，汤宾尹和韩敬也并非全无枉屈，正如李三才和孙丕扬也并非全无弱点。但从政治情势发展来看问题，掌握政权的人究竟是李三才，抑或是汤宾尹，就不能当作是一回事了。汤显祖认为"公论"将会从君子党里公平产生，将汤宾尹、韩敬和其他小人党区别开来，也想得过于天真。他坚持自己那种"人自有真品，也自有公论"的看法，企图从汤宾尹、韩敬和其他小人之间分出贤奸优劣，这正好在无形中替小人党进行了一种辩解。他的这种说法，是不会为东林党的朋友们所赞许的。汤对朋友的真心和热情是可称许的，但这与他晚年的孤峭和自是结合起来，他的真心热情便离开了政治现实，更倾向于私人感情。这个时候，汤显祖毕竟脱离实际政治斗争的时间已经太久，而且他的年纪也太老了。

本年是丁此吕死后的第五年，张位死后的第三年。汤诗《郁仪从龙寄示禊诗，怀旧张丁二公作二首》，其第二首说："风物长宜章水滨，重逢癸丑暮之春。诗成欲序兰亭恨，相国参知是昔人。"此诗当是本年三月所作。

汤家本年失火，所藏书画又经过一度浩劫。汤诗有《癸丑火，书画尽毁，失去褚兰亭为缺，思万乘之力有不能存所宝，亦复了无恨耳》就写到这回事情。又有《癸丑四月十九日分三子口占》说："分器不分书，聊以惠群愚。分田不分屋，聊以示同居。"三子指次子耆、三子开远、四子开先。从"分器不分书"的话来看，汤家分家或当在失火以前。

本年汤的母亲八十四岁，父亲八十六岁。同年三月三日，赵仲一的母亲晋八十二岁。汤《寿赵仲一母太夫人八十二岁序》说："赵仲一虽废，常冀复用。数与我期，将东出武关，溯怀湘，会我汉沔之上。而余以家亲皆八十有六、不能西；君亦且以书来，母夫人岁以三月三日上寿，今八十二矣，固不能东出关。明庶风至，愿闻子之歌声也。"赵和汤从免官以后，两人曾屡约相见，都因亲老不能远行。本年赵母寿辰，赵来信请汤作寿序。汤诗《谢赵仲一远贶八绝》，其第八首咏"西宁延寿果"曰："何得对餐延寿果，与君长似十年前。"汤削籍在万历二十九年，赵革职在万历三十年，诗称"与君长似十年前"，就指的是这个时候。可知赵送汤土仪八种，是和请汤做寿序的信一同寄到临川来的。汤《谢赵仲一元贶八绝》的诗和所做之寿序，应当同是本年三月以前所作。

汤本年六十四岁，也是他六十岁后和赵仲一有书信来往的一年。汤中进士时在万历十一年，本年是他中进士的第三十一年。汤《答王宇泰》信中有"三十余年进士，六十余岁老人"的话，又有"赵真宁书亦语及此"的话，此信应是本年或稍后所写。王来信劝汤应稍见官府，并劝他做些应付文字，为了补救贫乏，为了少得罪人，崖岸就不当太高。汤回信说："来教令仆稍委蛇郡县，或可助三径之资，且不致得嗔。宇泰意良厚。第仆年来衰愦，岁时上谒，每不能如人。且近莅吾土者，多新贵人，气方盛，意未必有所惬。而欲以三十余年进士，六十余岁老人，时与未流后进，鱼贯雁序于郡县之前，却步而行，伺色而声，诚自觉其不类。因以自远。至若应付文字，原非仆所长。必縻肉调饴，作胡同中扁食，令市人尽鼓腹去，又窃自丑。因益以自远。其以远得嗔，仆固甘之矣。所幸鸡肋尊拳，长人者或为我一映耳。然因是益贫。田可耕，子可教，利用安身，仆亦有以观颐也。赵真宁书亦语及此。"汤这封回信，词锋犀利，能看出他晚年对朋友仍言无不尽。就信的语气看，也不减汤壮年时写的《与司吏部》那封长信。汤不惯做应付文字，因此得罪了一些时流。有人转托汤的门人向他提出请求，他也断然加以谢绝。汤《答门人桂仲雅》说："李公书币奉璧。不知其人可乎？仆今日耐骂文，当日亦耐骂爵也。"《答门人曾在中》说："仆不效君平卖卜也久矣。在中善为我辞焉。"他对于自己的门人也丝毫不讲情面，可见其孤介气骨到老不衰。

本年九月，命吏部左侍郎方从哲，原任礼部左侍郎吴道南并为礼部尚书兼东阁大学士入阁办事，仍命行人杨嗣修趣道南来京。方从哲字中涵，原籍德清人。吴道南字会甫，号曙谷，崇仁人，万历十七年（1589）进士。万历三十八年，吴知贡举，汤宾尹欲私韩敬，吴与之盛气相诟谇。出闱后，吴欲上疏劾汤宾尹，因王图劝阻中止。不久丁忧回籍。本年九月，忽有拜相的事，一时趋附的人都到崇仁来了。汤诗《笑语华山道者》说："往岁彭城欲降麻，仙官八百走龙沙。今秋又拜延陵相，天下纷纷来谒华。"就咏的是这件事情。"延陵相"指吴道南，"彭城"是刘曰宁的郡望。刘字幼安，南昌人。以少詹事养病回籍，万历四十年起协理詹事府兼礼部右侍郎，一时有拜相之望。刘被趣就道后，却在中途病死了。当刘起官的时候，趋附的人奔走南昌，也正和吴拜相时趋附者奔走崇仁一样。⑥华山指华盖山，在崇仁县南一百二十里，跨崇仁、乐安、宜黄三县，是仙人浮邱伯度王、郭二仙飞升的地方。山上有三仙观、上升坛、舍身岩等灵迹，从明到清，崇、乐、宜三县和江西各地每年来"谒华"的人都很多。⑦汤诗说，吴道南拜相后，来崇仁奔走的人们就好像"谒华"一样，正可以想见当时宦途趋附奔竞的风气极为盛行。汤是吴的同乡，也是罗汝芳的门人。⑧因此汤对吴的拜相也未能免俗，曾写来《贺吴曙谷相公》一信。

王图在万历四十九年屡次上疏辞职，并辞朝出城居住。十二月，更移到近郊候旨。神宗传旨慰留，坚卧不起。直到本年四月，王图病假期满，但仍继续借病辞官，这时神宗才放他回籍。⑨

**注释：**

① 据《明实录》卷五百五、五百十三，《明史·孙振基传》。
② 据《明实录》卷五百六，谈迁《国榷》卷八十二。
③ 据《明史·李朴传》,《明实录》卷五百五、五百十三。
④ 据《东林本末》卷中。
⑤ 据《明史·李朴传》,《明实录》卷五百十五。
⑥ 据《明实录》卷五百十二、四百九十九，《明史》之《方从哲传》、《吴道南传》，《崇仁县志》卷四"乡贤"，《明史·王图传》附《刘曰宁传》。
⑦ 据《崇仁县志》卷一"地理志·山川"，《江西通志》卷一百四"仙释"二。
⑧ 据《崇仁县志》"乡贤"。
⑨ 据《明实录》卷四百八十二、四百九十、五百七，《明史·王图传》。

## 万历四十二年（1614）甲寅　六十五岁

　　汤显祖在他的晚年更倾向于佛学。他那种"终为情使"的现实性的精神，好像已经逐渐地失去了主导作用。本年，汤显祖和栖贤乐愚上人组织栖贤莲社。汤在《续栖贤莲社求友文》中谈到他这时候的心情说："岁之与我甲寅者再矣。吾犹在此为情作使，劬于伎剧。为情转易，信于痎疟。时自悲悯，而力不能去。嗟夫，想明斯聪，情幽斯钝。情多想少，流入非类。吾行于世，其于情也不为不多矣，其于想也则不可谓少矣。随顺而入，将何及乎？应须绝想人间，澄清觉路，非西方莲社莫吾与归矣。"在他心中"情"和"理"的斗争，像逐渐要为"理"所战胜了。栖贤寺在江西星子县北庐山五老峰下，创寺在南齐时代，因唐李渤和他的从兄曾在这里隐居读书，所以称栖贤寺。后来，李渤又隐居在嵩山读书，因自称少室山人。所以汤文说："则有唐少室山人李公所隐栖贤故基。"栖贤寺在明洪武年间早已废了。去年冬和今年春天，汤到九江访葛屺瞻大参，但葛已休官回钱塘去了。汤见到乐愚上人，他约汤组织栖贤莲社，重兴栖贤，汤替他写这篇求友文作为缘起。[①] 汤《与葛屺瞻大参》说："拟过溢口，庶抱清真之色。而一琴一鹤，宭在逋仙亭际矣。"又说："乐愚禅老，以栖贤莲社见约，偶与题词。意此地是明公凤慈所留，非得明公发神鹫之音，号如龙之众，固不能振动榛砾，招延气味也。"说的就是这件事情。汤文又说："吾有二友，汤嘉宾久忾叹于栖贤，岳潜初近勤施于昭庆。兹之续斯盟也，成斯役也，二公首其许我乎。"这时候，汤宾尹在宣城闲居。岳潜初即岳元声。岳字之初，又字潜初，号石帆，嘉兴人。万历十一年（1583）进士，二十四年任工部郎中，因参兵部尚书石星，力主封事，谪为民。[②] 这时候也正在家里研究理学。汤在《续栖贤莲社求友文》里点出这两位朋友的姓名，是希望他们能更多捐助一些。汤不但在文章里提到他们的姓名，而且还将组织莲社的事专函告知他们两人。汤《与岳石帆》说："弟且续远公之会，二三石友其许我乎？"就和他提到了这件事情。他的《求友文》是和他的专函一同寄给汤宾尹、岳石帆的。但对方的反应却很冷淡。汤《答乐愚上人》说："两贵人俱无报书，亦无庸相报也。莲社文久附去"，即指已随专函一同寄去。这时候，汤对这两位朋友是不免要生气的，因此在《答乐愚上人》信中说："此时世路人情，大非昔比。做官人失势，出游亦难如意。况衰飒老僧，数百里外，向朱门求嚫，能悲施者几何人？安之矣。"汤因为汤、岳两人反应冷淡，竟劝乐愚中止游方募化，这又是汤"终为情使"的一种表现。佛理终是佛理，只是离开感情就没有汤显祖，这倒是铁定的一件事实。

汤和乐愚上人组织莲社，虽曾一度气恼、失意，但他对这件事，情绪却始终是非常之高的。汤诗《洁上人重修栖贤二首》之二说："五老峰前旧迹开，欲将莲社寄宗雷。陶家酒熟公先至，且作攒眉一笑回。"就可以看出他的这种情绪。他并不因一度气恼便停止活动，因此仍和乐愚一起向各方募化，莲社毕竟组织成功了。而且还刻成一躯丈六大像，用舟船运往社里安奉。汤《复徐钟汝》说："弟迎得丈六大像，安奉庐岳栖贤，正乏舟资，即以回施。更为绕礼三匝，奉祝吾兄宰官身功德无量也。"由此可知他组织莲社，曾向各方朋友募化的实际情况。只是这时候的汤显祖，已经十分衰老了。汤《莲池坠簪题壁二首》之诗序说："今春，五台僧乐愚来乞文，复栖贤寺修坠簪之约。予病苦，恐未能观厥成。"因知他晚年信佛，也自是他衰病中的精神表现。不过他之信佛，是仍有自己的见解的。汤《答王相如》说："秀才念佛，如秦皇海上求仙，是英雄末后偶兴耳。"他将他晚年信佛看成是"英雄末后偶兴耳"。这仍和一般信佛的人在见解上有所不同。

汤于晚年在情调上发生了一些波动，这也可能受朋友的影响。这时候，汤的儿子开远从邹元标讲授理学，并在里中结社讲学，正和汤少年时代从罗汝芳讲学的情况一样。他曾独建一所房屋，作为会友讲学的地方，命名为"归仁书院"。他亲自到吉水去请邹替书院做记，邹马上替他做了。汤《寄邹尔瞻》说："吾兄大笔，有中外时贵所必不能请者。而《归仁》一记，乃为儿开远应之如响。岂真以孺子为可教耶"？就指的是邹做记的事情。邹《归仁书院记》说："汤仪部义仍以词赋鸣一代,其子伯开,锐志圣学,一日贽而谒予,澹如也。予语之曰,'尊公从盱江游,深有契于象外之旨;顾性不受羁,常托迹以游于世,世鲜有知之深者。子起而绍明光大之,尊公明德有光矣。'伯开起而言曰,'不肖之不敢自陨队也,实家大人耳提之力。而不肖常维学必聚友,聚友必有地,近构一居业,地后为阁,祀先圣其中,前为堂,又前为门,凡数楹,颜曰归仁,诸耆硕秀彦欲商订疑义,共式临焉。惟吾师一言语之'。"从邹的记文里,可看出汤开远的性格和邹对这青年人的器重。邹在记文里面更提到汤显祖不受理学拘束的一贯作风。汤的这种作风,在邹看起来是很可惜的,因此在记文里向汤并远指出他父亲的这个"缺点",并在记文后写了规谏汤的一段话说:"其以闻之尊公曰,予两人年相若,彼此冉冉老矣。木落天空,栖泊何所。父子间自相师友,而又集以良朋,真生平奇缘。切无令仁者在侧,笑吾辈老无所归也。"他这段话和汤在《求友文》里所表露的心情是很一致的。虽说归佛、归儒还不是一回事情,但邹的说辞在汤的思想里发生了一定作用,却也无可否认。③

这时候,明代统治阶级已接近全部崩溃。神宗既久不视朝,更久不接见阁臣,一切章奏大都搁置不理,小人党对东林党的攻击却因此纠结难解。小人党只知道争权夺利,东林党也不是全无败类,党争就难免忠奸不分,造成了当时统治阶级的严重的内部矛盾。汤《答岳石帆》说:"读手笔云,世入乱萌,何言之徐徐也。喜外间把持差胜。吾辈或可恃以老,不至大颠越耳。"汤对当时的政局是很感痛心的,只好替个人设想,认为朝中朋党把持,却正好替自己造成个隐居终老的环境。又汤《与岳石梁》说:"顾亭之昨过云,兄似介然于东林,惟于乃翁犹存炤亮。仁兄可谓知人。凡过处的是泾阳本色,余或未尽然耳。"顾亭之是顾宪成的儿子,他这回到临川来见汤,却和汤谈到了岳石梁对东林党的异见。岳石梁即岳和声,是岳元声的兄弟。岳字之律,号石梁。万历二十年(1592)进士④,他和他的兄长都跟汤交情很厚。岳石梁对当时东林党人另有一种看法,他认为顾宪成主持清议,是不能厚非的;但此后的东林党人却难免驳杂狭隘,虽不尽如小人党只知争权夺利,但一直和小人党纠缠不休,这对当时危机的日益加深,还是当负应负的责任的。岳石帆写信给汤说"世入乱萌",也正是这种意思。再从汤给他的两封信看，汤对他的这种看法是表同情的。

去年十二月，礼部既勘得韩敬试卷"文优"，但攻击韩敬的人，却并不认为对韩敬的处理问题就已能一勘终结。本年三月，礼部复奏，认为韩敬试卷还缺少再度磨勘，应当取朱卷、墨卷互相对看。⑤不过这些做法也只是心劳日拙，想因此就免去言官们的攻击，自然是不可能的。韩敬在万历十四年时曾写信给汤，并附寄长律两首。汤《寄韩求仲》说："兹承壬子五月望日书，及长律二，可谓三岁字不灭。"可知汤的回信。是迟在今年才发出去的。汤在信里盛赞韩的"应制诸作"说："横目之徒，皆足惊殊叹异。而所遇稍有心期者，反复疑诽，力巨者逾甚。不佞所以辩说赞唱百端，觉为衰沮。第云子善于宣城乃尔。不已冤乎。"汤对韩的"应制诸作"只是就文论文，但和汤进行争辩的那些朋友却都是就党论党，因此他们就只能以"子善于宣城乃尔"作争辩的结论。这结论是不能不使汤叫冤的。汤在《寄韩求仲》的第二封信里又说："每快觌门下高文，自是当时第一义。痛览诸公深文，自是当今第一冤。"汤对于韩敬的文才评价很高，因之对于那些"稍有心期者"始终不敢苟同。但他在这两封信里，对韩敬还是尽了自己应尽的忠告的。第一封信说："美成在久，久乃论定。"又说："诸惟慎默自爱。"第二封信说："窃望门下静慎和恕，以竟此局。"可说是再三叮嘱。这些话对韩敬是极为有益的，因为争权夺利，死不相让，乃是小人党的一般作风，如韩敬能谦退自洁，就不能再认他是小人党了。

韩敬科场一案一直拖延七年，方才告一结束。韩敬仅谪为南行人司司副，但以后又被察典所中，因此回到家里。他在家校正明代文章，编成《文在》、《文间》两书。他说："崇侯能谮文王，而无可奈何文王之《易》；公伯寮、叔孙武叔能毁孔子，而无可奈何孔子之《易》、《诗》、《书》、《春秋》。"他究竟不当和汤宾尹相提并论，因为他居家能自安恬退，专力从事撰述。保存了读书人的本来面目。⑥

万历四十年，汤开远应乡试落第后，准备再接再厉，迎接明年乡试。汤《寄汤霍林》第三封信说："三儿改就《礼》经试，欲得包仪父题旨及其他习《礼》者讲义，幸惟垂神。恃爱，祈恳之至。"汤这信是去年"春和"前所写。汤宾尹如将显祖索寄的书寄来临川,却是去年或今年的事。由此可知汤显祖对他儿子开远明年的应试,准备得十分周到。

本年十二月二十一日,汤母吴氏死。死年八十五岁。⑦

本年八月,叶向高加少师兼太子太师致仕回里。叶既致仕,吴道南又不曾来京,乃由方从哲一人执政。方性柔懦,不能任大事,因被小人党所把持,一时台谏诸臣凡倾向东林党的都渐被排挤去位。⑧

本年七月十九日,申时行死。八月,孙丕扬死。⑨

**注释:**

① 据桑乔《庐山纪事》卷七,《南康府志》卷二"建置",《新唐书·李渤传》。
② 据《嘉兴府志》卷六"乡科",卷十七"列传"一。
③ 见《邹子愿学集》卷五。
④ 同注二。
⑤ 据《明实录》卷五百一十八。
⑥ 据《明史·孙振基传》,邹漪《启祯野乘》一集卷七《韩修撰传》。
⑦ 据《文昌汤氏宗谱》。
⑧ 据《明实录》卷五百二十三,《明史·方从哲传》,吴应箕《东林本末》卷上、卷中。
⑨ 据《明实录》卷五百二十四、五百二十三。

## 万历四十三年（1615）乙卯　六十六岁

　　本年正月十一日，汤父尚贤死。终年八十八岁。①汤《答马稚遥》说："先慈之哀，继以先严。创巨痛深。加以衰羸，溢粥强杖，不能起此坏墙，何暇及砚席间事。第痛定时作千里之想。"《答罗匡湖》说："弟朽人也。父母朽则朽矣。"又说："颓惫眩瘠，无复人形，时问栖梧土星何时划度尔。"汤去年就既衰且病，从去年十二月到本年正月，他的父母相继死亡，因此他的身体就更不能够支持，在这两封信里都可以看得出来。

　　当时苏宇庶在南昌府知府任内，他在汤的父母死后送来了一份吊礼。汤《答苏眉源郡伯》说："先严跧伏衡泌中，独台慈礼异，题之曰'可闻不可见'。悲夫，今真不可见矣。辱奠施，伤哉。乡饮祭酒之时，何时也。"汤在这封信里致谢苏的赙赠，更怀想到苏任临川府知府时对汤尚贤的一些旧情。

　　汤在本年春天刻印了自己评点的《花间集》。他虽然在哀痛之馀，总算精神上还有所寄托。汤显祖《玉茗堂评花间集序》，尾署"万历乙卯春日清远道人汤显祖题于玉茗堂"。这序当是本年春天所作。序中说："余于《牡丹亭》、《二梦》之暇，结习不忘，试取而点次之，评骘之。"便可知汤在晚年倾向佛学，忏悔情辞，像《续栖贤莲社求友文》里所说的那段话，原不过是心情上的一种摇摆。如认为汤之信佛，不过如他自己所说，是一种"英雄末后偶兴"，他信佛也还是为"情"所使，不只是为了信佛。他在自己所评的一些词里，仍坚持往日的一贯见解，卷三评顾敻【酒泉子】七首说："填词平仄断句皆定数，而词人语意所到，时有参差。古诗亦有此法，而词中尤多。即此词中字之多少，句之长短，更换不一，岂专恃歌者上下纵横而取协耶？""词人语意所到"，即是他所谓"曲意"的另一说法。他认为从乐府（古诗）到诗馀，都不能全不突破"平仄断句"的既定局限。这不但作曲为然，对于沈璟的"斤斤三尺"也当是有力的一种驳斥。又卷四评毛熙震【浣溪纱】七首说："北曲以郑、卫之淫，为梨园、教坊之习，然犹古总章北里之韵，而近者海盐、昆山一意纤靡，北曲不失其传，反雅从先，能无三叹。"他认为这时候北曲已失传了，"一意纤靡"的吴江唱腔，如用它来作中国各地戏曲唱腔的准则，却是件极无道理的事。他将自己的这种意见，掩盖在尊古崇正的外衣下面。但剥开这件外衣，他持论的主点所在，却是很明显的。②

本年乡试，汤开远中了举人。③他当准备应明年会试，但在这个时候，汤显祖的病更加深了。汤劝儿子明年进京，但汤开远却决计放弃明年会试，在家里看顾父亲。丘兆麟诗《题汤孝廉叔宁册》说："何哉汤叔宁，纯孝足仪轨。时方计偕初，名心已不侈。壹意事病亲，造次必如是。郡县劝驾殷，闭户以为耻。病亲亦谓言，我病未至痞。既去亦无妨，捷音我当俟。叔宁且愀然，曰不谅人只。父病方在床，子岂有去理。"④庚戌年丘进京会试，他母亲也在病中，因之对汤开远放弃明年会试深有所感，写出了这段事情。

汤显祖对汤开远的中举感到莫大欣慰，但同时又悲痛自己的父母不及见孙儿成名。汤《与男开远》说："祖望孙荣，孙荣而祖不待。儿举于乡，父叹于室矣。"就道出了这种情调。本年，汤的四儿开先考中了附学生员，这对他也是件快意的事。汤《寄汤霍林》第四封信说："四儿开先大收附弟子员，三儿开远复席大庇，幸辱贤书。知仁兄当一莞尔也。"他在舒畅的心情下，将儿子成名的事告诉了朋友。从信的词意里，可看出他当时真是心花怒放。信中又说："哀劳之后，伏枕月馀，稍起，遣儿北征。当先投礼天人师，冀开其觉路耳。"可知汤连遭父母丧事以后，曾大病月馀。汤开远中举和汤开先进学，正在他生病的时候。他原想要汤开远进京会试的，开远放弃明年的会试，却是他自己的主意。汤信所说"遣儿北征"，可以和前举之丘诗相印证。

汤丧父以后，汤宾尹曾送了很重的赙仪。汤显祖《寄汤霍林》第四封信说："惊承隆贶，弟意定交而求，亦极不欲以琐琐为大雅累。但薄求厚应，举室愧汗。然终夜思之，不敢不拜嘉者，恃鲍子之知我耳。"可知汤宾尹致送厚赙，含有解决汤家丧后一时穷困的意思。这时候，汤家经过一场火灾，两场大丧，光景更不如以前了。信中又说："蛊狱久羁，白日为黑。九华突兀，意有所摧。第知柔知刚，万夫之望，恐未可以群贤故迫为应也。门下人多不能无生得失，慎之慎之。"汤显祖对于汤宾尹的罢官，仍认为是一件不平的事，但这正和劝勉韩敬一样，他的话对汤宾尹也是极为有益的。他劝汤宾尹要"知柔知刚"，不应当在这个时候向对方应战；并认为他的门下虽"不能无生得失"，却不当为此气恼。他直到此时，还相信汤宾尹是个"道心人"。因此劝他恬退自安，以自别于那些争夺权力的小人党，并树立起师道的楷模。从此可以看出，汤显祖对于汤宾尹的真心和热情是始终不懈的。

汤《与王观生》说："世人如鳌山灯，裁有暖气，手足便动。吾弟可不一发愤耶？三儿已赴龙沙矣。"这封信是本年汤开远到南昌应乡试的时候，汤显祖写给王观生的。王是汤所器重的一位门生，同时也是汤宾尹的门生。他的时文是以汤宾尹为准则的，但屡次应试都不如意。⑤汤《答王观生》说："才如观生而长贫贱者乎"？他对于王观生的文章信心很大，所以写信劝他去应本年乡试。王观生这个人大概比较恬静，因此汤信里谈到一般世人，说他们"如鳌山灯，裁有暖气，手足便动"，可知他对当时之人的急于名利，反感是很大的。

汤《答门人李实夫》说："邪而有馀，不若正而不足。为子之节已终，何必求余也。"这信也是本年所写。这时汤家的光景虽更不如前，但他却不愿清白家风受到些微点污。汤《与男开远》说："柱联寄尔：'宝精神则本业固；谨财用而高志全。'"下半联真道出汤这时的高洁心志。

本年五月，有一男子张差，梃击皇太子所居的慈庆宫，造成了明末三案之一的梃击案。当时浙党刘廷元任巡皇城御史，和外戚郑国泰私相勾结，说张差语涉疯癫；刑部山东司郎中胡士相承审张差，胡和刘廷元同乡有亲，因以疯癫具狱。刑部主事王之采在狱中私诘张差，却证明张差不癫不狂，梃击东宫乃受内官庞保、刘成指使。因此案涉及皇太子和郑贵妃，神宗不愿多所株连，但小人党和东林党却因此案相攻更急。后又发生了红丸、移宫两案，都涉及宫闱隐秘，小人党和东林党更不断相攻，直到明熹宗天启六年，权阉魏忠贤造《三朝要典》，尽翻三案，并将东林党人一网打尽。⑥

本年五月，吴道南钦召到京；同月，入阁视事。⑦

本年正月，沈一贯死。六月，沈鲤死。⑧

**注释：**

① 据《文昌汤氏宗谱》。
② 《汤显祖评花间集》，北京图书馆藏。
③ 据《抚州府志》卷四"选举考"。
④ 据丘兆麟《玉书庭全集》卷一。
⑤ 据汤宾尹《睡庵集》卷三"王观生近义序"。
⑥ 参见《明史·王之采传》，《明史纪事本末》卷六十八"三案"。
⑦ 据《明实录》卷五百三十二。
⑧ 据《明实录》卷五百二十八、五百三十三。

## 万历四十四年（1616）丙辰  六十七岁

汤显祖在病重的时候，想念平生师友给他的鼓励启导，因而写了一首《负负吟》的五绝短诗，寄托他深心的感慨。并在诗序里列举他平生的师友如司谏徐公良傅，处州何公镗，太仓张公振之，婺源余公懋学，仁和沈公楠，余、许两相国，孟津刘公思问，余姚张公岳，嘉兴马公千乘，沈公自邠，四明戴公洵，东昌王公汝训和同乡李公东明、朱公试、罗公大纮、邹公元标等，自认为对以上这些师友多有惭愧。《玉茗堂绝句选》题这诗作"伏枕答邹尔瞻朱以功"，可知他写此诗，主要是为了回答这两位朋友。汤在《答朱以功》的一封信里附上了这首诗。信中说："如弟戛戛一生。寡过未能，盖棺已近。短歌志愧而已。"他说出了写诗时心情上的苦痛。《负负吟》一诗说："少小逢先觉，平生与德邻。行年逾六六，疑是死陈人。"（答朱信附诗第三句作"行年几望七"）汤做人非常认真，历来对自己不肯放过，他自知在生的时光已很短，因此对师友的鼓励启导，更感到弥足珍贵了。

朱以功即朱试的字。朱试是南昌的理学家，曾经从章潢受学，著有《时习录》、《就正篇》。晚年深研《易》理，但他的《易》理论著却没有脱稿。①汤《寄朱以功》说："弟与仁兄周旋道义，隐微不欺者，四十年于兹。"又在《与朱以功》信中说："时时念中惟有朱先生。"同信又说："三儿每见朱先生一度。即著里一度也。"可见汤显祖父子和朱的交情是何等的深厚。因此，汤在《寄朱以功》的信里又说："三儿或不陨家声，惟仁兄时而督教之。"更可见汤死前对开远的期望很切，并认为朱以功这位益友才是他儿子最为可托的一位良师。

邹元标在汤死前，一直和汤有书信往来。罗大纮也和汤有书信往来，汤《答罗匡湖》，就是他在父母死后答罗来函吊唁的一封信。信中说："如仁丈出为一世之重，处为大道之宗，皆大孝事，何复遗憾。而不孝能追孝万一耶？"由这信可知，罗和邹一样，在汤的朋友里都是他始终敬爱的两位朋友。但邹和罗对于汤晚年仍从事声歌词曲，也都各从他们的理学立场提出过批评。汤虽然很敬重这两位朋友，但对他们两人提出的批评却不愿接受，汤《答罗匡湖》说："忽得雅翰。读之，谓弟著作过耽绮语。但欲弟息念于声元，倘有所遇，如秋波一转者，夫秋波一转，思念便可遇耶？可得而遇，恐终是五百年前业冤耳。如何！《二梦》已完，绮语都尽。敬谢真爱不尽。"《答邹尔瞻》说："门下书云……不宜令听新声。大见闻全在新声，不令听新声，终恐吴下阿蒙耳。弟近已绝意词赋。道者万物之奥，吾保之而已。而益食贫，时或间作小文，所谓白云自怡悦耳。"汤在这两封信里，提到他无意再耽"绮语"，只是"时作小文"，并说他"食贫"益甚，信当是在近年所写。但他认为"大见闻全在新声"，并认为"秋波一转"，这不是什么禅机，它只是为"情"作使的风流业冤，不能和禅家之公案搅在一道。由此可知，汤晚年虽口称要"绝想人间"，但主观唯心论却始终不是他的家当。"师讲性，某讲情"。他回答罗大纮、邹元标，也正如回答他的老师张位一样。汤对他敬爱的老师如此说，一直到他死前，对他敬爱的两位朋友也还是如此说。汤此时不但不为一切世法低头，而且也不对他自己所倾向的理学、佛学低头。他坚持自己关于"情"的见解一直到死。这个"情的儿子"，不但和当时的假道学宣战，他的主要见解既然是主情论的，就也和他一生中曾经爱好的理学、佛学，在实际上所走的已经是不同的两条路了。

汤病里写给他儿子开远的三首诗，一首是《方圆吟》，一首是《志智咏示子》，一首是《粒粒歌》。《粒粒歌》说："米粒粒，我所入，不爱惜之真可泣。书篇篇，我所笺，不爱惜之真可怜。何足可怜何足泣，窖粟藏书争缓急。清远楼头笑一场，后辈谁开玉茗堂。无人解种丰年玉，不作书囊做饭囊。"他死前对于自己焚馀的一些藏书，虽不免难于舍弃，但又认为死后一切都无可惜，如果子孙不肯读书，就只好从此不开玉茗堂了。他这种说法和李卓吾《豫约小引》所说："我在则事体在我，人之敬慢亦在我。……若我死后，人皆唯尔辈之观矣。"所见正同。他认为死后的一切，都只能由儿子主张，他本人是管不到的。老人终当死亡，所以一切都无足惜，只是世间的事还总得有人继续，这就只好听之于后辈了。

汤显祖在病重的时候，不同于一般人对世间苦苦留恋，也不想在死后作种种迷信设施。他曾在《示数息僧》一诗里嘲笑坐禅和尚是"空悲长寿天"，他曾有《鬻百寿图》诗②，说"速贫"不如"速朽"；他曾在《香城寺口占，时洪都诸老有道术者与丰城李稠原侍御争此，讽之》一诗里说："卜兆已下策，讼言无远情。寸心埋不朽，何必在香城"；他曾在《中元题》的诗里嘲笑焚烧纸钱说："阴司总被人间赚，忘却司存鼓铸人"。这些诗都是他近年的诗作。他在病重的时候，更写了七首五绝，题作《诀世语》，分"一祈免哭"、"一祈免僧度"、"一祈免牲"、"一祈免冥钱"、"一祈免奠章"、"一祈免崖木"、"一祈免久露"等章，作为他死前的遗嘱，他反对一切丧葬迷信，反对"倩哭成礼"和谄谀虚伪的奠章，更不信世间僧度的事，这与前举四诗的精神互相吻合。其中"祈免僧度"说："便作普度事，都无清净僧。"可知汤晚年虽信佛却并不信僧。他虽有"旧在门下"的一些和尚，到此时都无所用。但他在七首诗里，不反对念《心经》，不主张杀性命，仍是他倾向佛学的情感表现。这时候，汤是能撒手人间的，但他却不能自外情感。他在《诀世语七首》的诗序里说："仆老矣。幸毕二尊人大事。苫块中发疾弥留，已不可起。慎终之容，仍用麻衣冠、草履以袭。厝二尊人之侧，庶便晨昏恒见。"他到临死还忘不了比他先死的父母。他在本年六月十五日写成了他最后的一首诗，题作《忽忽吟》说："望七孤哀子，茕茕不如死。含笑侍堂房，班衰拂蝼蚁。"③汤写这诗不久，这一位"情"的儿子，"情"的哲人和"情"的战斗者，便追随他的情感和他先已死去的父母相见于地下了。

据《文昌汤氏宗谱》，汤显祖是本年九月二十一日亥时死的。但钱谦益《列朝诗集小传·汤遂昌显祖》条下说："里居二十年，年六十馀始丧其父母，既葬，病卒。……年六十有八。"据此小传，汤从万历二十六年戊戌弃官家居，到明年为二十年；汤卒年六十有八，应当是明年死的。因此，蒋士铨之《玉茗先生传》也说："里居二十馀年。父母丧时，显祖已六十七龄。明年以哀毁卒。"他的根据应当就是钱的小传。但汤六十七岁是母死的第三年，父死的第二年，因此他的说法就比钱谦益的说法更支离了。《明史》是清乾隆四年（1739）张廷玉等修成的史书。《明史·汤显祖传》说:"夺官。家居二十年卒"。其根据也当是钱作的小传。但《明史》汤传所称之夺官,家居,指的却是万历二十九年的辛丑大计,那么,汤的卒年便被当做是万历四十八年了。钱、蒋为汤所写的小传和《明史》之本传,是以前常见的三种传记。以钱的小传作俑,给汤的卒年造成一误再误。于是,清人吴修的《续疑年录》和郑振铎的《中国文学年表》,姜亮夫的《历代名人年里碑传总表》,谭正璧的《中国文人大辞典》,都根据上述的一贯说法,肯定汤是六十八岁死的。终年不是本年,却是万历四十五年。

汤《答刘宗鲁》说:"拟为词哭尊公,而六十八岁之儿,忽焉失此怙恃。斑斓顿易,堂室交空。如割之怀,重创莫比。何能复毕诔挽之礼?远仪郑重,愧无以承,涕零而已。"刘宗鲁死了父亲,却对汤的父母之丧远致赙仪。汤在丧中致谢他的赙赠,并回他这一封吊唁的信。汤在信里自称"六十八岁之儿",当指虚岁而言。这封信是汤本年所写。汤在本年写这封信却又在本年死去,信中所称之"六十八岁",并不能作为汤死于明年的根据。汤《诀世语》一七首中之"祈免牲",前有一短释说:"肉食而鄙,六十七年于斯矣。"这里的"六十七年"和前信的"六十八岁",并非汤自相矛盾。汤《忽忽吟》之诗注说:"此苦次绝笔,在丙辰夏杪望日。"更说明汤的死年,系在本年而不在明年。王思任《尔尔集》有"题汤若士小像"之诗注说:"匡庐万八千丈,玉茗六十七年,豫章之贵抶破洪濛矣。叔宁至越,以先生小象索题,人琴忽涕,恍是遂昌仙令晤玄都观也。"④汤开远出以汤显祖的遗像,请王思任题词。王题称"玉茗六十七年",总应当是最确实的后人记录。汤开远《玉茗堂尺牍序》说:"岁在龙蛇,六月既望,家严祠部公遂弃藐诸孤去矣。""岁在龙蛇"系用"岁在龙蛇贤人嗟"的汉时谶语。这谶语和郑玄死年曾相应合,而郑玄是建安五年庚辰死的⑤,因此更可知汤的死年当在本年丙辰,不当在明年丁巳。汤开远称他父亲弃养在"六月既望",和汤显祖《忽忽吟》注称"丙辰夏杪望日"之绝笔恰相吻合。如《文昌汤氏宗谱》所称之"九月二十一日",实是六月二十一日,那么,汤在写《忽忽吟》后第七天就死去了。

汤口占《忽忽吟》,是为了回答门人甘伯声问病的信。《忽忽吟》是汤诗的绝笔，汤《答门人甘伯声》则当是汤信札的绝笔。汤在这封信里，除写寄了《忽忽吟》外，并说："病何足问。且夕从先人于地下，亦大快也。"汤这时快要死了，但出语豪迈，绝没有颓丧气象，可知他达观任运，原有素养。汤的死是因为年老多病，又连经两次大丧，因此原有的病就更加深了，卒致不救而死。但徐树丕《识小录》却说："闻若士死时，手足尽堕，非以绮语受恶报，则嘲笑仙真（指《还魂记》影射昙阳）亦应得此报也。然更闻若士具此风流才思，而室无姬妾，与夫人相庄至老，似不宜得此恶报，定坐嘲谑仙真耳。"徐树丕字武子，长洲人，卒于清康熙癸亥（1683）⑥，是明末清初的人。在当时，苏州一带已流行《还魂记》乃影射昙阳的流言，并流传汤的病死是由于老年梅毒发外。这对汤是一种恶毒的人身攻击。顾公燮《消夏闲记摘抄》卷下也说："昔有人游冥府，见阿鼻地狱中拘系二人甚苦楚，问为谁？鬼卒曰，此即阳世所作《还魂记》、《西厢记》者，永不超生也。"顾公燮字丹午，号澹湖，吴郡老诸生，《消夏闲记摘抄》是清乾隆五十年（1785）写成的书。⑦从两书的记载来看，可推知明代末年，苏州的秀才们已开始对汤显祖进行恶毒攻击。从康熙到乾隆年间，这种恶毒攻击更变本加厉，到了无所不至的卑劣程度。

苏州的秀才们不但对汤显祖加以恶毒攻击，即对李贽也同样加以恶毒攻击。这攻击的起源还早在万历年间。写《橘浦记》和《水浒记》的许自昌也是吴县人。《橘浦记》有万历丙辰新正秽道比邱的序⑧，这剧作的付刻也当在本年，因知许和汤是同时的人，只比汤略后一点。许在《樗斋漫录》卷六里说："吴郡钱功甫曰，《水浒传》成于南宋遗民杭人罗贯中，以后罗氏三世俱哑。"又说："李卓吾亦好此书，章为之批，句为之点，故后掇奇祸。"那么，许自昌又为什么要写《水浒记》呢？

李贽的《藏书》和汤显祖的《还魂记》，对当时正统理学家是两把照胆寒心的犀利宝剑。因此，李贽在万历二十七年刊成了他的《藏书》，二十八年就被当时正统理学家逐出麻城，三十年就被诬劾逮京，气愤自杀。当时正统理学家对李贽的陷害真无所不用其极，难道说李贽所身受的不是诬陷，却可以歪曲为一种报应么？李贽和当时正统理学家所展开的是思想的白刃战，因此他受祸很快。

汤显祖在《还魂记》里树起了"情"的战旗，这口剑比《藏书》虽更为犀利，但它却裹在文艺外衣里面，有许多伪君子如太仓王锡爵等，也还在欣赏它的情致缠绵，自称"颇为此曲惆怅"。可见它的感染力比《藏书》更大。凭李贽的辩才只能使妇女听信出家，用宗教的安慰来逃避她们身受的封建束缚，而李贽也竟因此得了个"勾引士人妻女"的罪名。《还魂记》能使娄江俞二娘惋愤而死，杜丽娘无声的反抗，拼死的斗争，给封建束缚以迎头痛击的事实，这使苏州的秀才们不能熟视无睹，他们为了维护封建权威，就企图把杜丽娘和昙阳联在一起，正如诬李贽"勾引"一样，说《还魂记》影射了王锡爵家的闺阃私事。因此牵扯附会，说杜平章影射的是王锡爵，陈斋长影射的是陈眉公，在徐和顾的笔记里面都渲染得像煞有介事了。但汤的文才、品德却不易为浮言动摇，于是在汤死后，这一群正统理学的卫道者便对汤进行所谓"手足尽堕"、打入"阿鼻地狱"、"永不超生"的恶毒攻击。只是这些人的攻击越恶毒，越能证明《还魂记》的感染力的强大。《还魂记》不像李贽的《藏书》，只将它"尽行烧毁"，就能让这些人安枕一时。《还魂记》和先后几种名著，如《西厢记》、《水浒传》和《红楼梦》等，在这争取思想解放的新时代里都成了不可扑灭的火。它们都是艺术作品，它们的感染力很大。《西厢》、《还魂》是当时最流行的两种戏曲，它们在不断演出的过程里和人民共呼吸，又怎能一"烧"便绝？因此，这些人就只好不断攻击，不断咒骂，到后来竟发展到诬蔑汤入冥狱，"人间演《牡丹亭》一日，则笞二十。""直待世界中更无一人歌此曲者，彼乃得解脱"。正统理学家们对《还魂记》的深仇大恨，竟达到如此可惊的荒谬程度。即对于王实甫、关汉卿、罗贯中、施耐庵、曹雪芹等作家，也无不受到他们的咀咒丑诋，不是"三世皆哑"，就是"千劫泥犁"，不是"嚼舌而死"，就是"为逆复宗"。他们用因果报应进行恐吓，这救不了封建礼教的崩溃，但他们的鬼蜮伎俩，从清初到清末，却表露得更难堪了。

在汤病重的时候，还有三件事情值得叙述一下。一件是他的门生李孺德从吉安来到临川，却接到了亲丧的家报，他原想进京的，此时只好回家奔丧。汤诗《送李孺德》二首说："可怜缥帷客，不作锦衣游。"又说："我自恸吾亲，因君倍怆神；十年师弟子，千古吉州人。"在诗里充满了对父母的哀伤和对门生的体念。一件是他接到他知友刘应秋之子刘同升问病的信。汤诗《得吉水刘年侄同升书喟然二首》说："凄然来问病，满纸不胜情"。又说："文情不厌新，交情不厌陈。能存先昔友，留示后来人。"他对于世交的情谊，一向极为珍贵；因此对刘同升来信的情真语挚，认为大可留示后人。一件是他的新女婿徐德胤在他病中前来拜门。汤诗《送徐婿德胤二首》说："拜门来问病，相见即依依。安得仙人杖，乘龙见汝归。"他对于这个女婿也非常之心爱。汤曾有一个女儿，许配了胡瑞芳的儿子，可知汤从詹秀死后，又生了两个女儿。这时候，汤既称刘同升为年侄，则刘已经不再是他的女婿，这由此可以见到。

本年十一月，李三才革职为民。李三才自罢官家居，小人党怕他再用，万历四十二年，御史刘光复劾李盗皇木营建私第，侵占木厂公地为园囿，御史刘廷元、给事中官应震等交章连劾，神宗使工科给事中吴亮嗣前往勘验，直到本年，勘无所得，吴却依刘光复疏里所说回报，李因被革职为民。当时台省由齐、楚、浙三小人党垄断，刘廷元是浙党，官应震、吴亮嗣是楚党，汤宾尹阴为谋主，对正人进行攻击。⑨因知汤显祖劝汤宾尹"知刚知柔"是错用了言语。汤宾尹原是个行险侥幸的人，他曾说："登山惟恐不涉危石，泛水惟恐不遇狂涛。"⑩汤宾尹辜负了汤显祖对他一贯的良好情意。

本年袁中道举进士。⑪

**注释：**

① 据《南昌郡乘》卷三十八"人物志"七。
② 《玉茗堂全集》十三卷汤诗《贫老叹》，于《玉茗堂绝句选》题作《鬻百寿图》。
③ 参见后文。
④ 《尔尔集》为王季重十种之一。王诗说："西江两堕碧霞莲，秀骨文心拔尽天。若较庐山真面目，神情清远更临川。"

⑤ 据《后汉书》卷三十五《郑玄传》。
⑥ 据留庵《识小录跋》。
⑦ 据菱舫闲人《顾澹湖传》,《消夏闲记摘抄》顾公燮自叙。
⑧《古本戏曲丛刊》影印,北京图书馆藏,日本影印明刊本。
⑨ 据《明实录》卷五百二十六、五百五十一,《明史》之《夏嘉遇传》、《李三才传》,《明史纪事本末》卷六十六,"东林党议"。
⑩ 据《识小录》卷一"汤嘉宾语"条。
⑪ 据袁小修《游居柿录》卷十一。

## 万历四十五年(1617)丁巳　死后一年

本年四月,黄汝亨由南京礼部郎中升江西副使提督学政,六月,黄动身到江西。①黄到江西后,曾来临川祭奠汤显祖。黄《寓林集》卷二十有他的一篇祭文。从这篇祭文,可看出黄汝亨对汤显祖的气骨、文章具有真赏。祭文说:"亦有山水,谁则牙期?"黄汝亨是可以说这话的。黄《祭汤若士先生文》说:

> 呜呼汤公,才高迹削!诗能穷人,文憎命达。昔在文人,才不尽同。汉魏代兴,异曲同工。我明作者,北地为雄。七子狎盟,时流趋风。濡沫拾瀋,其波如驰,畴无眉目,乃不自施。呜呼汤公,大方长笑,睥睨千秋,自辟堂奥。英灵郁秀,尊古得道。大雅擅场,好词绝妙。单言霏霏,大言浩浩。名流寓宇,垂光分照。呜呼哀哉!余自孝廉,托君声气,已令钟陵,得交君臂,片语宣心,一脔知味。论古之人,谈天下事,高谈微言,每出人意。呜呼哀哉!余今之来,君乃骑箕。亦有山水,谁则牙期?万事一棺,空名尔为!呜呼世人,死亦其常。造物忌名,公名乃当,惟三不朽,熟与文章?是物最神,存而不亡,日月经天,壹视彭殇。君去而仙,予何以伤?荐蘋陈些,我飨我将。

黄汝亨不但具有文名,也是个具有气骨的人。他此后曾升任分巡湖南参议,但卒因强项计处。他归隐西湖以后就一意从事著述。天启六年(1626),苏杭织造李实,在两湖建魏忠贤生祠,黄汝亨从祠旁路过,因不肯下拜,被守祠的官员呵斥。黄因此负气回家,郁郁成病,不久就死去了。②

《临川汤若士先生玉茗堂绝句选》在本年刊行,此选本由汤开远录次,岳元声点正,朱廷诲校勘,共选定五绝三十题,附三题;七绝七十八题,卷首有《岳元声序》和《万历丁巳夏抄丘兆麟徐州途次序》。丘序说："近有首事刻行汤若士先生绝句选者。"可知这书付刻在本年夏抄以后。③

**注释：**

① 据《明实录》卷五百五十六，黄汝亨《寓林集》卷十四《处士平麓吴公墓志铭》。
② 据《南昌郡乘》卷二十七"良吏传"二，《明史纪事本末》卷七十一"魏忠贤乱政"。
③ 据大兴傅氏藏本。

## 万历四十六年（1618）戊午　死后二年

本年，汤开远刊行了他父亲的《玉茗堂尺牍》。共六卷，由汤开远录次，沈何山点正，朱廷诲校勘。卷首有《西吴沈演何山序》，《戊午上元日雨中男开远序》，《戊午夏仲南丰门人朱廷诲序》和《通家子帅廷钺跋》。①汤开远序说："今春雨露之感，发故箧得祠部公尺牍凡若干首。"帅跋说："今观叔宁先生所汇尺牍。"可知《尺牍》是汤开远在本年春初汇录的。朱序说："今师谢世者二载，诸当道索之亟，叔宁因检笥中尺牍若干寿之梓，仅千百什一耳。"可知汤开远汇录其父之尺牍，是为了应诸当道的要求。更知汤遗存的尺牍不止此数，还有许多被汤开远删去了的，到现在都不可见了。汤《尺牍》的另一种，在卷二《复门人蓝翰卿》后多《寄汤霍林》四函，在卷六《答门人万可权》后多《寄韩求仲》两函，只是这个刊本却没有序，显见这六封信都是重刻时参入。汤开远不录出这六封信，或者是他对汤宾尹阴为谋主的政治面貌已有所认识，为爱惜自己的父亲，因此对这类函件就不愿加以选录。

汤显祖晚年好从文章、交谊一面取人，不看重汤宾尹政治方面的表现，自不免是贤者一失。汤显祖是感情胜于理智的人，汤开远却正和他的父亲相反。《明史·汤开远传》说他"早负器识，经济自许"。《尺牍》沈序说："临川有子举于乡，以文行著，其经世文似出临川上。"即指汤开远而言。汤开远是偏重理智的人，比他的父亲要实际一些。帅跋说："叔宁先生仰追夫子之文章，敬承夫子之性命。"可见汤开远更偏重于汤显祖的理学一面。朱序说："叔宁守父师家法，而昌明其道，克己而骄吝除，归仁而藩篱撤，裕为邦之略，将以施于礼乐刑政，溯流穷源，师之德，其大成矣哉。"这些话更实指汤开远能继承汤显祖理学的一面，并将以施于实用而言。汤开远是邹元标的门人，深信其师"归仁"的道理。邹元标说："学问原是家常茶饭。"这说法原就是王艮所说的"百姓日用即道"，亦即李贽所说的"穿衣吃饭即是人伦物理。"邹元标论"识仁"说:"夫子论仁,无过'仁者,人也'一语。"依孔子所说的"道不远人",就可知"道"和"仁"的本身原就在"人"的中间,原就是"穿衣吃饭",原就是毫无奇特的日常生活。所以邹元标说"离情无性",这更是一语破的的话。从王艮到李贽、邹元标,其对理学的基本主张就是如此,也即是王门学派的一贯主张。邹元标论"天下归仁"说:"子毋得看归仁是奇特事,胸中只芝麻大,外面有天大。子斋中有诸友,与诸友相处,无一毫间隔,即是归仁;与妻子童仆,无一毫间隔,便是归仁。若舍见在境界,说天下归仁,越远越不著身。"② 汤开远所深信的,就是邹的这种道理。这种道理认为,"斋中诸友",家里的"妻子童仆",再推而广之,乃至中国全体人民或是世界人类,他们合起来就是一个"仁",就是一个"圣人",除此以外,再没有玄之又玄的"仁"和高不可攀的"圣"。因此,朱序说汤开远的"归仁"是撤去"藩篱",且认为这种道理是邹元标的"家法",也是汤显祖的"家法"。汤显祖是罗汝芳的学生,"百姓日用即道"自是他的理学根据,只是他在"百姓日用"的进步途径里张开了反叛性的"情"的旗帜,提出一个寓于斗争性的"情"字,对当时的正统理学和封建统治展开正面搏斗。邹元标虽曾说过"离情无性",但他对汤的这个"情"字和它产生的反叛性的作用却不能不望而却步。钱谦益《列朝诗集小传·汤遂昌显祖》下说:"开远好讲学,取义仍续成《紫箫》残本及词曲未行者,悉焚弃之。"汤的这些著作不能和世人见面,比那些被删去的尺牍更是令人可惜的事。邹在《归仁书院记》里向汤致语说:"切毋令仁者在侧,笑吾辈老无所归也。"又写信给汤说:"不宜令听新声。"更知邹对汤的"日用",对汤所说的"大见闻",也即是汤所归的"仁",有着并非相同的理解。汤开远和邹元标对汤的"情"的哲理,不能够开怀接纳,这是应当从两种哲理的阶级性来作最后评断的。所以朱序说,汤开远的"归仁"撤去了"藩篱",也只是网开三面罢了。他开了三面网,是当时正统理学的"心学"标准所制成的神秘观点,因此把理学引向实用的途径上来,这却是邹和在野士绅集团东林学派所同具的实际倾向。而他所没有开的,却正是封建统治张开的那一面网。

钱谦益《列朝诗集小传·汤遂昌显祖》下说:"(义仍次子)大耆,才而佻,然有父风。"《抚州府志》"汤显祖传"下也说:"汤大耆,以才学显。"③汤大耆所继承的却不是汤之理学的一面,而是汤之文学的一面。他对于兄弟烧毁了父亲续成的《紫箫》残本和未行词曲是不以为然的。因此,钱谦益在汤显祖小传之下说:"开远好讲学,取义仍续成《紫箫》残本及词曲未行者,悉焚弃之,大耆实云。"他所说汤开远烧他父亲遗著词曲的话,却是从汤大耆的口里听到的。天启五年(1625),王思任曾来临川玉茗堂凭吊汤显祖。这时候,已经是汤死后的第九年了。汤大耆和兄弟季云在堂中设置"优觞",招待这位来宾,情景和汤显祖在日一样。④汤大耆"有父风",从此也可见其一斑。

汤季云名开先,号潭庵,汤显祖第四子。蒋士铨《玉茗先生传》说他"亦有隽才"。陈田《明诗纪事》引《江西诗话》说:"季云喜为诗,少慕徐文长,后嗜钟、谭。"又说:"季云诗,傅平叔序而传之,称其《哀国篇》雄深慷慨,似法少陵,惜亡其稿。又以乙酉(1645)后流离隐约,变徵之声不可复得为惜云。"乙酉是明亡的第二年,前两年癸未(1643)十一月和十二月。抚州被张献忠再度攻破。清顺治六年(1649)三月,清兵又攻入抚州。⑤因此,汤季云在明亡后深感国破家亡,写了些哀伤激楚的诗。他是一位爱国诗人,他的《哀国篇》是明亡前的诗作。他在乙酉前写的一些诗稿都不曾散佚,但他这首诗和乙酉后的一些诗稿都不可见了。这可能和清初的文字狱有些关系。由此可知,季云所继承的,仍是汤显祖的文学一面,并知他于清代初年还在临川。

崇祯元年(1628),太仓张采成进士。张采字受先,和同里张溥号称娄东二张。张溥字天如,号西铭。当张采成进士的时候,他两人名彻都下。张采和临川陈际泰深相爱慕。张中进士以后,因自请授临川县知县。张溥、张采同是复社创始人。复社原是以复古学相号召的文社,联络的是江浙一带经明行修的一些文士。从张采做临川县知县以后,他更和当时临川文士此唱彼和,因此临川文士也多数加入了复社。为汤季云做序的傅平叔,名占衡,临川人,他和陈际泰都是复社朋友。吴应箕《复社姓名录》"抚州府"下有陈际泰、傅平叔和罗万藻、曾亨应、汤大耆、汤开远的姓名;临川县下有章世纯、揭重熙、汤开先的姓名;吉水县下有刘同升的姓名。由此可知,汤、刘两家子弟和汤的门人陈、罗、章等同是复社朋友。⑥

汤开远敢于直谏,能和时君对面为难,正与他的父、师相同。但他比起汤显祖、邹元标来,却是个更实际的人,不像他老师的戆直,也不像他父亲的任情。他在崇祯五年(1632)由举人起河南推官后,曾上疏谏思宗持法过严。崇祯八年(1635)汤开远监左良玉军,又曾上疏谏思宗重武轻文,劝惩无当。思宗是一个褊急猜疑,自以为是的皇帝,他不爱听臣下的话,臣下都只能顺着他说,顺着他做。但汤开远这个小臣,却敢于针对他的弱点进谏。谏疏指陈既很切实,立言又明确庄重。思宗对他的两次上疏都责令指实,两次他都抗疏再陈,不愿稍有屈服。他第二次抗疏再陈,思宗真不能忍了,因命削籍解京讯治。当时,汤开远正和李自成的起义军队作战,打了几个胜仗,河南巡按备列汤的功状,左良玉更率领将士、士民合奏乞留。思宗没奈何,也只好责令他"戴罪办贼"。崇祯十年(1637)正月,因战败舞阳杨四起义军队,升按察金事,监安、庐两郡军。凤阳巡抚史可法更荐他治行卓异,晋秩副使。十三年(1640)正月,随总兵官黄得功等大破革里眼等起义军队,更因功将升河南巡抚,却因积劳在当年十二月里死了。汤开远一生事功,就在他累次战胜明末农民起义军队。他虽然是个有胆有识的干才,但当时明朝的封建统治已走到山穷水尽的地步,农民普遍起义更加速着它彻底崩溃的到来,他真也无计可施,因此虽耗尽一生精力,却无补于明朝的灭亡。在他死后的第四年,明代封建王朝的统治就告终了。他积劳致死,替汤显祖请到一个貤封,在汤的墓碑上加上了一个"诰赠巡抚都察院"的官衔。⑦

**注释:**

① 据大兴傅氏藏本。
② 据《明儒学案》引邹南皋先生"燕台会记"。"元潭会记"、"大仆会记"的话。并据李贽《焚书》卷一"答邓石阳"。

③《抚州府志》卷十九"仕绩"下。

④ 据王思任《谑庵自序年谱》。

⑤ 据戴笠《怀陵流寇始终录》卷十六,《清史稿》"本纪"四。

⑥ 张采中进士据《明史·张溥传》,《临川县志》卷三十五"职官"。张采自请临川知县并和临川文士深相结纳之事,据邹漪《启祯野乘》一集卷七《陈行人传》,陈际泰、罗万藻、章世纯见《万历十年评传》。曾亨应,揭重熙见"导言"。

⑦ 据《明史·汤开远传》,戴笠《怀陵流寇始终录》卷八、卷十一、卷十三。汤开远死月,据《怀陵流寇始终录》所载。《文昌汤氏宗谱》说汤开远死于崇祯十三年二月,似不大可靠。

# 后　记

在这春风和煦，万象更新的日子里，接到中国艺术研究院戏曲研究所陈曦同志来电，说根据郭汉城同志提议，要我为父亲黄芝冈遗著《汤显祖编年评传》再版写一个后记，我不由地想到田汉先生在1964年2月17日送给父亲的七十寿辰的祝诗后四句：

鸣鼓反修思短棍，
挑镫论曲有长篇，
东风又绿燕台柳，
同把新声入管弦。

父亲在《答寿昌》诗的后四句说：

早绝倦飞彭泽意，
难收欲旋杜陵襟。
胶煎弦续何须问，
老马为驹试一吟。

这里"长篇"指的正是《汤显祖编年评传》，他们虽有如此的雄心，但突如其来的"十年动乱"却使之遭受了灭顶之灾。但是，很多人一直没有忘记他们为国家文化事业所作的贡献。父亲好友龚饮冰当得知父亲逝世后就曾问我："你父亲还留下了什么东西？我们出钱给出版了吧！"此后还不断看到很多专家学者，如蒋星煜、石凌鹤、谭佛雏、曹昌武、孙毅等一再呼吁，盼望父亲遗著出版，1991年5月15日我们收到中国戏剧出版社编辑吴启文的来信说："令尊黄芝冈老先生的遗著《汤显祖编年评传》经戏曲研究所向我们推荐，我社已同意出版。"这次，戏曲所又再次计划将其收入《前海戏曲研究》丛书中，可见研究所老前辈对它的重视。

近些年，已有很多对《汤显祖编年评传》一书的评论问世，蒋星煜先生写道："他的《汤显祖编年评传》写作时间长达六七年之久，因为他对明代历史非常熟悉，对汤显祖的诗、文、传奇都有深入的研究。1956年（注：实为1955年），他为此还到江西抚州，对汤显祖的故乡、故居作了实地考察，所以写出来的虽说是初稿，却无一字无根据，而且观点新。"(《黄芝冈及其汤显祖研究》，《上海戏剧》2010年第4期)邹世毅先生评价它是：五四运动以来最全面、最详尽、最剀切评述汤显祖及其"四梦"的作品。(《精通民俗学的戏曲家——黄芝冈》，《湖湘文库·湘籍近现代名人·戏剧家传》，湖南师范大学出版社2012年版)

鉴于该书初版时没有作者介绍文字，为便于读者阅读参考，现将父亲的简历附注如下：

黄芝冈，原名黄衍仁，字德修，曾用名（笔名）有黄素、黄伯钧、黄芝岗、芝冈、芝岗、罗复、拔古等。1895年5月27日出生在湖南省长沙市。早年在长沙与毛泽东、谢觉哉、何叔衡、熊瑾玎等一起积极宣传马克思主义，与反动势力作斗争，被誉为"短棍老师"。历任湖南济难会常务委员、"自由大同盟"常委、"左翼作家联盟"执委、中华全国文艺界抗敌协会和中华全国戏剧界抗敌协会理事、监事、常务理事。新中国成立后为中国戏曲研究院研究员,"文革"中受"四人帮"迫害,1971年6月12日病故于原籍长沙。

主要著述有:

《中国的水神》,生活书店1933年版;2012年6月收入《三联经典文库》。

《从秧歌到地方戏》,中华书局1950年初版;上海文艺出版社1988年影印。

《汤显祖编年评传》(吴启文校订),中国戏剧出版社1992年版。

《粤风与刘三妹传说》,《中山文化教育馆季刊》1937年4月2日。

《论"黄巾起义"和"三国战争"》,《戏剧报》1950年10月第3卷第5期。

《黄、庞二烈士和湖南劳工会》(节录),《湖南工运史料选编》。

《论长沙湘剧的流变》,收入欧阳予倩主编:《中国戏曲研究资料初辑》,中国戏剧出版社1956年7月版。

《论"琵琶记"的封建性和人民性》,《剧本》(总54)1956年4月。

《论魏良辅新腔创立和他的〈南词引正〉》,《中华文史论丛》第二辑,中华书局1962年版。

《明代初、中期北杂剧的盛行和衰落》,《中华文史论丛》第四辑,中华书局1963年版。

此外,为了读者对父亲1955年的考察有更深的认识,我愿将珍藏已久的部分材料奉献出来,增补于书内,以飨读者。

2013年3月23日黄大定记

**图书在版编目（CIP）数据**

汤显祖编年评传/黄芝冈著.—北京：
文化艺术出版社，2013.8
（前海戏曲研究丛书）
ISBN 978-7-5039-5644-7

Ⅰ.①汤…　Ⅱ.①黄…　Ⅲ.①汤显祖（1550～1616）
—评传　Ⅳ.①K825.6

中国版本图书馆CIP数据核字（2013）第181060号

## 汤显祖编年评传

| | |
|---|---|
| 著　　者 | 黄芝冈 |
| 责任编辑 | 蔡宛若　王晓丽 |
| 装帧设计 | 姚雪媛 |
| 出版发行 | 文化藝術出版社 |
| 地　　址 | 北京市东城区东四八条52号　（100700） |
| 网　　址 | www.whyscbs.com |
| 电子邮箱 | whysbooks@263.net |
| 电　　话 | （010）84057666　84057660（总编室） |
| | （010）84057696　84057698（发行部） |
| 传　　真 | （010）84057660（总编室）84057670（办公室） |
| | （010）84057690（发行部） |
| 经　　销 | 新华书店 |
| 印　　刷 | 国英印务有限公司 |
| 版　　次 | 2014年1月第1版 |
| 印　　次 | 2014年1月第1次印刷 |
| 开　　本 | 710毫米×1000毫米　1/16 |
| 印　　张 | 22.75 |
| 字　　数 | 350千字 |
| 书　　号 | ISBN 978-7-5039-5644-7 |
| 定　　价 | 48.00 元 |

版权所有，侵权必究。如有印装错误，随时调换。